Manual da Locação Financeira

Manual da Locação Financeira

Fernando de Gravato Morais

Doutor em Direito
Professor Associado da Escola de Direito da Universidade do Minho

2011 · 2ª Edição

MANUAL DA LOCAÇÃO FINANCEIRA

AUTOR
Fernando de Gravato Morais
EDITOR
EDIÇÕES ALMEDINA, S.A.
Rua Fernandes Tomás, n°s 76, 78, 80
3000-174 Coimbra
Tel.: 239 851 904 · Fax: 239 851 901
www.almedina.net · editora@almedina.net
DESIGN DE CAPA
FBA.
PRÉ-IMPRESSÃO
G.C. – GRÁFICA DE COIMBRA, LDA.
Palheira Assafarge, 3001-153 Coimbra
producao@graficadecoimbra.pt
IMPRESSÃO E ACABAMENTO
Pentaedro, Lda.

Setembro, 2011
DEPÓSITO LEGAL
333367/11

Apesar do cuidado e rigor colocados na elaboração da presente obra, devem os diplomas legais dela constantes ser sempre objecto de confirmação com as publicações oficiais.
Toda a reprodução desta obra, por fotocópia ou outro qualquer processo, sem prévia autorização escrita do Editor, é ilícita e passível de procedimento judicial contra o infractor.

 GRUPOALMEDINA

BIBLIOTECA NACIONAL DE PORTUGAL – CATALOGAÇÃO NA PUBLICAÇÃO
GOMES, Fátima
MORAIS, Fernando de Gravato
Manual da locação financeira. - 2ª ed. - (Manuais universitários)
ISBN 978-972-40-4625-9
CDU 347
     336

NOTA PRÉVIA À 2ª EDIÇÃO

Decorridos cinco anos sobre a primeira edição, decidimos alargar o âmbito deste manual, considerando que seria proveitoso desenvolver alguns assuntos, suscitar novas questões e procurar outros caminhos.

A nível estrutural, operamos algumas modificações, embora com limitado alcance.

Em relação a cada uma das matérias que entendemos dever ser especialmente debatidas, exploramos as que nos últimos anos têm gerado mais discussão. Assim, entre outras, tratamos das questões referentes à locação financeira imobiliária (em particular, no tocante às fracções autónomas), aprofundamos o conceito de "bens de equipamento", abordamos a falta de entrega de documentos do veículo automóvel e vamos mais longe no tocante ao incumprimento da obrigação de pagamento da renda.

À nova jurisprudência foi ainda dado destaque, principalmente quanto aos arestos que consideramos mais importantes.

O propósito final foi o de tornar a obra mais completa, mais abrangente, mais clara e mais actual.

O presente trabalho é o resultado de algumas reflexões realizadas sobre uma matéria com grande relevo na nossa ordem jurídica desde o último quartel do século passado: a locação financeira.

A doutrina tem-lhe dedicado atenção e a jurisprudência tem sido vastíssima. Procuramos assinalar a importância de ambas neste manual.

Este estudo pretende essencialmente abarcar a maior parte das temáticas inerentes à vertente privatista da locação financeira, sem descurar os aspectos de natureza processual.

Uma última alusão ao título que escolhemos: o nosso propósito é o de que os juristas em geral, os estudantes de Direito e eventualmente outros leitores disponham de um livro de fácil consulta, que lhes permita identificar e captar os conceitos básicos, úteis e aplicáveis na resolução dos casos concretos.

ABREVIATURAS

A. (AA) Autor(res)
Ac. Acórdão
AC *Actualidad Civil*
AcP *Archiv für die civilistische Praxis*
ADC *Anuario de Derecho Civil*
art. artigo
Aufl. *Auflage*
BBTC *Banca, Borsa e Titoli di Credito*
BFDUC *Boletim da Faculdade de Direito da Universidade de Coimbra*
BGB *Bürgerliches Gesetzbuch*
BGH *Bundesgerichtshof*
BGHZ *Entscheidungen des Bundesgerichtshofes in Zivilsachen*
BMJ Boletim do Ministério da Justiça
BOA Boletim da Ordem dos Advogados
CAP. Capítulo
Cass. *Cassazione*
CCIt. *Codice Civile*
CCA *Consumer Credit Act*
CCom. Código Comercial
CDC *Cuadernos de Derecho y Comercio*
CI *Contratto e Impresa*
CIE *Contratto e Impresa – Europa*
cit. Citado
CJ Colectânea de Jurisprudência
CRP Código do Registo Predial
CTF Ciência e Técnica Fiscal

Dir.	Directiva
DJ	Direito e Justiça
DL	Decreto-lei
Ed.	Edição
ED	*Enciclopedia del Diritto*
EGT	*Enciclopedia Giuridica Treccani*
esp.	especialmente
FI	*Il Foro Italiano*
FLF	*Finanzierung, Leasing und Factoring*
FP	*Il Foro Padano*
FS	*Festschrift für*
GC	*Giurisprudenza Commerciale*
Giust. Civ.	*Giustizia Civile*
GI	*Giurisprudenza Italiana*
LCCEsp.	*Ley de Crédito al Consumo*
LDC	Lei de Defesa do Consumidor
LULL	Lei Uniforme sobre Letras e Livranças
MüKo	*Münchener Kommentar zum BGB*
NDI	*Novíssimo Digesto Italiano*
NLCC	*Nuova Legge Civile Commentata*
NGCC	*Nuova Giurisprudenza Civile Commentata*
NJW	*Neue Juristische Wochenschrift*
NRAU	Novo Regime do Arrendamento Urbano
p. (pp.)	página (s)
Q	*Quadrimestre – Rivista di Diritto Privato*
RDBB	*Revista de Derecho Bancário y Bursátil*
RDComm.	*Rivista del Diritto Commerciale e del Diritto Generale delle Obligazioni*
RDCiv.	*Rivista di Diritto Civile*
RDE	Revista de Direito e Economia
RDES	Revista de Direito e de Estudos Sociais
reimp.	Reimpressão
Rev. Trim. Dr. Civ.	*Revue Trimestrielle de Droit Civil*
Rev. Trim. Dr. Com.	*Revue Trimestrielle de Droit Commercial et de Droit Économique*
RFDUL	Revista da Faculdade de Direito da Universidade de Lisboa

RLJ	Revista de Legislação e de Jurisprudência
ROA	Revista da Ordem dos Advogados
RTDPC	*Rivista Trimestrale di Diritto e Procedura Civile*
RT	Revista dos Tribunais
SI	*Scientia Ivridica*
STJ	Supremo Tribunal de Justiça
v.g.	*verbi gratia*
Vol.	Volume
WM	*Zeitschrift für Wirtschaft und Bankrecht, Wertpapiermitteilungen*
ZHR	*Zeitschrift für das gesamte Handels- und Wirtschaftsrecht (antiga Zeitschrift für das gesamte Handelsrecht)*
ZIP	*Zeitschrift für Wirtschaftsrecht (antiga Zeitschrift für Wirtschaftsrecht und Insolvenzpraxis)*

PLANO

CAPÍTULO I Origem, evolução, razões da afirmação e enquadramento legal
§ 1. Origem e evolução
§ 2. Razões da afirmação
§ 3. Enquadramento legal
1. Outros ordenamentos jurídicos
2. O ordenamento jurídico português

CAPÍTULO II Caracterização, modalidades, figuras afins e situações específicas
§ 1. Caracterização
§ 2. Modalidades
1. Locação financeira mobiliária e imobiliária
2. Locação financeira de bens corpóreos e de bens incorpóreos
3. Locação financeira para consumo e empresarial
4. Locação financeira de amortização integral e de amortização parcial
§ 3. Outras formas de locação financeira
1. Locação financeira restitutiva
2. *Locação financeira* de bens objecto de restituição
§ 4. Figuras afins
1. Locação
2. Locação operacional
3. *Renting*
4. Locação com opção de compra
5. Locação-venda
6. Venda a prestações com reserva de propriedade
7. Aluguer de longa duração

CAPÍTULO III Sujeitos do contrato de locação financeira
§ 1. Os sujeitos do contrato de locação financeira
1. O locador financeiro
1.1. Tipos de locador financeiro
1.2. As sociedades de locação financeira
    1.2.1. O quadro legal: antecedentes e a situação actual
    1.2.2. O objecto das sociedades de locação financeira
    1.2.3. Constituição de consórcios para a realização de *operações* de locação financeira
    1.2.4. Actos proibidos
2. O locatário financeiro
§ 2. O fornecedor como sujeito que participa na operação globalmente considerada

CAPÍTULO IV Formação, celebração e eficácia do contrato de locação financeira
§ 1. Formação do contrato
§ 2. Celebração do contrato
1. O contrato de locação financeira como contrato de adesão
2. Forma e formalidades
2.1. Bens móveis não sujeitos a registo
2.2. Bens móveis sujeitos a registo
2.3. Bens imóveis
2.4. O caso especial dos bens de consumo
3. Publicidade
§ 4. Eficácia

CAPÍTULO V Prestações do locador e do locatário
§ 1. Prestações do locador financeiro: deveres
1. Dever de aquisição da coisa (ou de mandar construir a coisa)
1.1. Seus contornos
1.2. Algumas questões
    1.2.1. Da exclusão da responsabilidade do locador por incumprimento do dever de adquirir a coisa
        1.2.1.1. Existência de convenção das partes
        1.2.1.2. Omissão contratual

    1.2.2. Recusa do fornecedor em celebrar o contrato de compra e venda com o locador
    1.2.3. Efeitos da aquisição da coisa pelo locador financeiro
1.3. Qualificação do dever de aquisição do locador financeiro
2. Obrigação de concessão do gozo da coisa para os fins a que se destina
2.1. Caracterização
2.2. O caso particular da falta de entrega dos documentos do veículo automóvel
3. Dever de venda do bem ao locatário no termo do contrato
§ 2. Prestações do locador financeiro (cont.): direitos
1. Direito à defesa da integridade do bem
2. Direito de examinar o bem
3. Direito do locador a fazer seus, sem compensações, os elementos incorporados no bem pelo locatário
§ 3. Prestações do locatário financeiro: obrigações
1. Obrigação de pagamento da renda
1.1. Pagamento da renda
    1.1.1. Caracterização
    1.1.2. Tipos de rendas
    1.1.3. Outros aspectos: a liberdade contratual
    1.1.4. Elementos integrados na prestação
    1.1.5. Função
    1.1.6. Natureza da obrigação de pagamento da renda
1.2. Incumprimento da obrigação de pagamento
    1.2.1. A mora e os respectivos juros
    1.2.2. Cláusula de vencimento antecipado das rendas vincendas
    1.2.2.1. Cláusula tipo e suas consequências
    1.2.2.2. Valor jurídico da cláusula tipo
    1.2.2.3. Possibilidades de regulamentação convencional e consequências no caso de omissão contratual
    1.2.2.4. As prestações vincendas e os juros remuneratórios em especial
    1.2.3. Cláusula resolutiva expressa
    1.2.3.1. Cláusula tipo
    1.2.3.2. Admissibilidade
    1.2.3.3. Consequências da consagração da cláusula resolutiva tipo

2. Obrigação de pagamento das despesas correntes necessárias à fruição das partes comuns de edifício e aos serviços de interesse comum, no caso de locação financeira de fracção autónoma
   2.1. Se o locador financeiro pode exigir do locatário financeiro o pagamento das prestações do condomínio
   2.2. Se o condomínio pode exigir do locatário financeiro o pagamento das prestações
   2.3. Se o condomínio pode exigir do locador financeiro o pagamento das prestações
      2.3.1. Os interesses em jogo
      2.3.2. A situação do locatário financeiro e a situação do proprietário de bem hipotecado
      2.3.3. O registo da locação financeira
      2.3.4. A acta da reunião de condomínio como título executivo
3. Obrigação de facultar ao locador o exame do bem locado
4. Obrigação de não utilizar o bem a fim diverso a que se destina
5. Obrigação de não mover o bem para local diferente do contratualmente previsto
6. Obrigação de manutenção e de conservação da coisa locada
7. Obrigação de realizar as reparações, urgentes ou necessárias, assim como quaisquer obras ordenadas por autoridade pública
8. Obrigação de não proporcionar a outrem o gozo do bem locado
9. Obrigação de comunicar a cedência do gozo da coisa locada, quando permitida ou quando autorizada legalmente
10. Obrigação de aviso imediato ao locador sempre que se verifique dado circunstancialismo
11. Obrigação de efectuar o seguro da coisa locada
12. Obrigação de restituição do bem
13. Obrigação de pagamento de outros encargos

§ 4. Prestações do locatário financeiro (cont.): direitos
1. Direito de usar e de fruir o bem locado
2. Direito a defender a integridade do bem e o seu gozo, nos termos do seu direito
3. Direito a usar das acções possessórias, mesmo contra o locador
4. Direito a onerar, total ou parcialmente, o seu direito, mediante autorização expressa do locador

5. Direito a exercer, na locação financeira de fracção autónoma, os direitos próprios do locador, com excepção dos que, pela sua natureza, somente por aquele possam ser exercidos
6. Direito a adquirir o bem locado, findo o contrato, pelo preço estipulado

CAPÍTULO VI Duração do contrato, transmissibilidade da posição jurídica e cessão do crédito
§ 1. Duração do contrato
§ 2. Transmissibilidade das posições jurídicas
1. A posição jurídica do locador
2. A posição jurídica do locatário
2.1. Pessoa física
    2.1.1. Transmissão entre vivos
    2.1.1.1. Regra geral
    2.1.1.2. Locação financeira de bens de equipamento
        a) Pressupostos da transmissão da posição contratual de locatário financeiro; em especial, o conceito de bem de equipamento
        b) Efeitos da verificação dos requisitos
        c) A comunicação da cessão do gozo da coisa em especial
    2.1.2. Transmissão por morte
    2.1.2.1. Regra geral
    2.1.2.2. Locação financeira de bens de equipamento
2.2. Pessoa colectiva
    2.2.1. Transmissão da posição jurídica
    2.2.2. Extinção da pessoa colectiva
§ 3. Cessão do crédito
1. Admissibilidade jurídica
2. Regime aplicável

CAPÍTULO VII A coisa locada e as suas vicissitudes

SECÇÃO PRIMEIRA A propriedade da coisa locada
§ 1. Especialidades da propriedade da coisa locada
§ 2. Função do direito de propriedade

SECÇÃO SEGUNDA Entrega da coisa dada em locação financeira
§ 1. Entrega da coisa locada
1. Omissão de entrega da coisa

1.1. Orientações doutrinárias e jurisprudenciais
    1.1.1. Posição que defende a responsabilidade do locador no caso de omissão da entrega do bem
    1.1.2. Posição que sustenta a exoneração da responsabilidade do locador no caso de omissão da entrega do bem
1.2. Posição adoptada
    1.2.1. Seus argumentos
    1.2.2. O auto de recepção do bem

SECÇÃO TERCEIRA Desconformidade da coisa com o contrato
§ 1. Sequência
§ 2. Desconformidade da coisa com o contrato no regime jurídico da locação financeira
1. A exoneração da responsabilidade do locador como regra geral
1.1. Enquadramento legal
1.2. Orientações existentes
1.3. Posição adoptada
1.4. Casos de exoneração da responsabilidade
    1.4.1. Vícios do bem locado
    1.4.2. Inadequação face aos fins do contrato
    1.4.3. O bem locado
1.5. A exoneração da responsabilidade do locador e o direito do locatário reagir perante o fornecedor do bem: sua conexão
1.6. Casos de não exoneração da responsabilidade do locador
2. Responsabilidade do vendedor perante o locatário
2.1. Âmbito da tutela do locatário
2.2. Sentido da locução "pode [exercer]"
2.3. Razão de ser da protecção do locatário
3. Meios de defesa do locatário perante o vendedor
3.1. Considerações gerais
3.2. Desconformidade no momento da entrega: a recusa da prestação pelo locatário
3.3. Desconformidade constatada em momento posterior ao da entrega
    3.3.1. Apreciação analítica dos meios de defesa do locatário perante o vendedor
        3.3.1.1. Direito ao exacto cumprimento do contrato, sob a forma de reparação ou de substituição da coisa

    3.3.1.2. Excepção de não cumprimento do contrato
    3.3.1.3. Redução do preço e resolução do contrato de compra e venda
       a) Orientações existentes
       b) Posição adoptada
    3.3.1.4. Direito à indemnização
3.4. Prazos
4. Efeitos na locação financeira do exercício dos direitos junto do vendedor
4.1. Orientações vigentes
4.2. Posição adoptada: utilização de um método analítico
    4.2.1. Reparação e substituição da coisa; a excepção de não cumprimento
    4.2.2. Redução do preço e resolução do contrato
    4.2.2.1. Posições existentes
    4.2.2.2. Orientação acolhida
       a) Repercussão do direito à redução do preço ou do direito à resolução da venda na locação financeira
       b) Em especial, a relação de liquidação subsequente à resolução dos contratos
    4.2.3. Direito à indemnização
5. Dever de comunicação do vício ao locador
6. Utilização pelo comprador (locador) dos meios de defesa perante o vendedor
7. Quadro que concretiza as possíveis pretensões do locatário financeiro
8. Enquadramento dogmático
§ 3. Locação financeira para consumo e desconformidade da coisa com o contrato
1. A locação financeira como um contrato de crédito ao consumo
2. Aplicabilidade do regime especial dos contratos coligados à locação financeira para consumo
3. Direitos do consumidor (locatário financeiro)
3.1. Considerações gerais
3.2. Direitos do consumidor (locatário financeiro): método analítico
3.3. Relações de liquidação subsequentes à resolução dos contratos

SECÇÃO QUARTA Ilegitimidade do locador ou deficiência do seu direito
§ 1. Ilegitimidade do locador ou deficiência do seu direito
1. Responsabilidade do locador

1.1. Considerações gerais
1.2. Os vícios de direito em especial
2. Meios de defesa do locatário perante o locador

SECÇÃO QUINTA Risco de perda e risco de deterioração da coisa
§ 1. Imputação do risco ao locatário financeiro: alcance e razão de ser
§ 2. Obrigação de segurar a coisa
§ 3. Perda total e deterioração parcial da coisa

CAPÍTULO VIII Cessação do contrato
§ 1. Mútuo acordo
§ 2. Caducidade
§ 3. Resolução
1. Termos resolutivos gerais
2. Resolução do contrato pelo locador
2.1. Tipos de resolução
2.2. Alguns casos de incumprimento do locatário
    2.2.1. Não cumprimento da cláusula de fim
    2.2.2. Não cumprimento da obrigação de pagamento da renda
2.3. Efeitos da resolução por incumprimento do locatário
    2.3.1. Previsão contratual de um núcleo comum de deveres a cargo do locatário
    2.3.2. Análise casuística
        a) Dever de restituição imediata do bem locado e questões conexas
        b) Obrigação de pagamento das rendas vencidas e não pagas até à data da resolução
        c) Obrigação de pagamento de uma quantia igual a 20% da soma das rendas vincendas
        d) Dever de pagamento das despesas relacionadas com a coisa não realizadas pelo locatário
3. Resolução do contrato pelo locatário
§ 4. Revogação da declaração negocial dirigida à celebração do contrato de locação financeira para consumo

CAPÍTULO IX Garantias
§ 1. Garantias pessoais
1. Fiança

2. Aval
3. Seguro-caução
4. Pacto de reaquisição
§ 2. Garantias reais (breve referência)
1. Penhor
2. Hipoteca

CAPÍTULO X Penhora e locação financeira
§ 1. Penhora da expectativa de aquisição
1. Caracterização
2. Particularidades
2.1. O auto de penhora e a notificação da penhora
2.2. Apreensão da coisa
2.3. Vicissitudes que interferem na penhora
2.4. Meios de defesa
§ 2. Penhora da coisa
1. O exequente é credor do locador
2. O exequente é credor do locatário

CAPÍTULO XI O direito de escolha do locatário no termo do prazo
§ 1. O direito de escolha do locatário no termo do prazo: considerações gerais
§ 2. A tríplice escolha do locatário
1. Aquisição do bem
1.1. Questões de qualificação
1.2. Questões conexas
    1.2.1. Exercício antecipado do direito de compra do objecto
    1.2.2. Cessão do direito de aquisição
2. Restituição da coisa locada por efeito do não exercício do direito de aquisição
3. Prorrogação do contrato

CAPÍTULO XII Providência cautelar de entrega judicial
§ 1. Antecedentes e quadro actual
§ 2. Pressupostos de admissibilidade do procedimento cautelar e sua razão de ser
§ 3. Processamento e diferimento da providência
§ 4. Efeitos do procedimento cautelar decretado

CAPÍTULO XIII Natureza jurídica
§ 1. Razão de ordem
§ 2. Contrato de locação
§ 3. Venda a prestações com reserva de propriedade
§ 4. Locação financeira enquanto negócio situado entre a locação e a venda a prestações
§ 5. Contrato nominado misto
§ 6. Contrato de crédito *sui generis*
§ 7. Posição adoptada: a locação financeira como um contrato de crédito com características específicas

Capítulo I
Origem, evolução, razões da afirmação e enquadramento legal

§ 1. Origem e evolução. § 2. Razões da afirmação. § 3. Enquadramento legal.
1. Outros ordenamentos jurídicos. 2. O ordenamento jurídico português.

§ 1. Origem e evolução

Nos tempos modernos tem-se afirmado que a locação financeira, tal qual a conhecemos, surge nos Estados Unidos da América ainda no séc. XIX[1].

Se bem que na primeira metade desse século se realizassem já alguns negócios, designados de locação financeira, alude-se como data marcante aquela em que a companhia de telefones Bell utiliza o mecanismo do *financial leasing* tendo em vista a cessão do gozo dos seus aparelhos. Estávamos então em 1877.

Este tipo de negociação expandiu-se gradualmente ao longo do século XX. Num primeiro momento, ainda e só nos Estados Unidos. Aponta-se

---

[1] Se bem que possamos encontrar, já no terceiro milénio A.C. no Egipto, as primeiras formas de *leasing*, não se pode concluir que sejam figuras semelhantes, pois os seus contornos não são inteiramente coincidentes com os actuais (cfr. Lucio Ghia, I contratti di finanziamento dell'impresa, *Leasing* e *Factoring*, Milano, 1997, pp. 3 e 4).

de resto a *United States Corporation* como a primeira sociedade criada para o exercício da locação financeira, no ano de 1952[2].

Impõe-se, todavia, notar que o *financial leasing* tem, no quadro norte-americano, características bastante latas em relação à figura objecto do nosso estudo. Com efeito, não se exige que o locatário tenha o direito de aquisição da coisa locada, nem por outro lado se afasta essa via[3].

Na Europa, esta actividade começa a desenvolver-se no início da 2ª metade do século XX e é, nessa altura, que surgem também as primeiras sociedades de locação financeira. Para além da Inglaterra, onde a figura tem contornos particulares[4], devem salientar-se, como países pioneiros na Europa ocidental, a França[5], a Bélgica[6] e a Itália[7].

Em Portugal, na década de 60 a locação financeira ainda era desconhecida[8]. Foi em finais dos anos 70 que despontou entre nós. Expressão disso mesmo é consagração dos primeiros regimes legais sobre a

---

[2] Cfr. as considerações efectuadas por Duarte Pestana de Vasconcelos, "A locação financeira", ROA, 1985, pp. 263 e 264.

[3] Como observa Renato Clarizia "nos países da *common law*, o financial leasing não prevê a opção de aquisição final – podendo transformar-se num *hire-purchase* – ao contrário dos países da *civil law*" (I contratti nuovi, Factoring, Locazione finanziaria, Trattato do Diritto Privato, diretto da Mario Bessone, Vol. XV, Torino, 1999, pp. 93 e 94).
Aliás, o próprio locador não tem de ser uma instituição financeira. Ver ainda, sobre o assunto, Rui Pinto Duarte, Escritos sobre leasing e factoring, Cascais, 2001, pp. 17 ss. e Garcia Garnica, El régimen jurídico del leasing financiero inmobiliario em España, Navarra, 2001, pp. 46 e 47.

[4] Ver Rui Pinto Duarte, Escritos sobre leasing..., cit., pp. 19 ss., Garcia Garnica, El régimen jurídico..., cit., pp. 45 ss.

[5] Os primeiros contratos deste tipo datam do início da década de 60, propostos pela sociedade *Locafrance*, primeira sociedade de locação financeira constituída em França (ver C. Champaud, "Le leasing", JCP, 1965, I, p. 7).

[6] Afirma-se que a *location-financement* foi introduzida em Novembro de 1961, na sequência da constituição da sociedade *Locabel, SA*. No entanto, esperou-se ainda 6 anos pelo regime legal (*Arrêté Royal du 10 novembre 1967*).

[7] Também em Itália se reporta ao início dos anos 60 o aparecimento deste negócio. A primeira sociedade de locação financeira data de 1963 e o verdadeiro início da actividade, com investimentos de cerca de 2 milhões de liras, remonta a 1966 (Angelo Luminoso, I contratti tipici e atipici, Milano, 1995, p. 360, Lucio Ghia, I contratti di finanziamento..., cit., p. 4).

[8] Assim o indicava Carlos Mota Pinto ("Uma nova modalidade jurídica de financiamento industrial: o leasing", CTF, nº 99, 1967, p. 239), quando nessa data referia que "cremos ser esta fórmula (o leasing) de crédito desconhecida no nosso meio económico".

matéria no termo da última década mencionada: o DL 135/79, de 18 de Maio (que dispunha acerca das sociedades de locação financeira[9-10]) e o DL 171/79, de 6 de Junho (que estabelece o regime jurídico da locação financeira). Foi, no entanto, apenas a partir de 1980 que rapidamente proliferaram as sociedades de locação financeira e se expandiu a actividade em causa.

§ 2. Razões da afirmação

O crescimento gradual mas consolidado da operação de locação financeira impõe que se procurem as causas da sua afirmação generalizada e do seu crescimento sustentado.

Refira-se de antemão que não só são inúmeras as vantagens que dela resultam para todas as partes envolvidas, como tais benefícios actuam a vários níveis. Vejamos em traços breves alguns deles, sem pretendermos ser exaustivos.

O utilizador do bem – uma pessoa colectiva, um profissional liberal, um consumidor ou até o próprio Estado – dispõe da possibilidade de usar uma coisa sem necessidade (nem obrigatoriedade) de a adquirir. Por outro lado, não tem de despender inicialmente uma grande soma para aceder de imediato ao gozo da coisa. O negócio em causa possibilita em especial às empresas, a célere renovação tecnológica a baixo custo, assim como permite evitar a imobilização de capitais. Existem para alguns locatários, *maxime* para as empresas, importantes vantagens de ordem fiscal[11].

---

[9] A constituição de sociedades de locação financeira estava dependente de autorização do Ministro das Finanças e do Plano. Assim, a primeira sociedade deste tipo foi criada pela Portaria nº 484/81, de 15 de Junho.
Maria Teresa Veiga de Faria aponta, todavia, o ano de 1982 como aquele em que surgiu, entre nós, a locação financeira ("Leasing e locação financeira: aspectos contabilísticos, financeiros e fiscais", CTF, nºs 307/309, 1984, p. 430).
[10] Este diploma já dava a noção de locação financeira (art. 1º, nº 2), de resto transposta integralmente para o diploma subsequente e que não sofreu grandes variações até aos nossos dias.
[11] Por regra, os juros incluídos nas rendas são dedutíveis em sede de IRC, assim como as amortizações do bem locado, até ao limite legal. Note-se que é permitido ainda o registo integral

Do ponto de vista do locador, saliente-se primacialmente o interesse na obtenção de um rendimento em razão do capital investido, sem assumir, contudo, outros riscos que não os exclusivamente financeiros. Por outro lado, a segurança conferida ao locador pelo direito de propriedade do bem permite-lhe não só uma tomada de posição célere quanto ao financiamento a conceder, como também a possibilidade de recuperar o bem em caso de incumprimento do locatário, sem descurar que, em caso de restituição do bem, dispõe de um leque variado de opções (venda, locação...).

Para os fornecedores, representa um meio de dinamização do volume de vendas, para além de que beneficiam do pronto pagamento, não suportando por isso qualquer risco financeiro. Refira-se que o *financiamento da venda* permite ainda ao fornecedor a fidelização da sua clientela, assim como traz vantagens assinaláveis ao nível da exportação dos bens[12].

Assinale-se que a locação financeira, como expressava já Carlos Mota Pinto, "tem autonomia suficiente para se amoldar melhor a certas situa-

---

da reintegração anual do bem, independentemente da altura do ano em que este é adquirido, desde que o seu início se realize no ano da reintegração. Por sua vez, o IVA assume um menor impacto na tesouraria, uma vez que o seu pagamento se encontra repartido pela duração do contrato.

Numa perspectiva contabilística, e de acordo com o Plano Oficial de Contabilidade, os locatários possuidores de contabilidade organizada, devem inscrever no seu "imobilizado" o valor dos bens locados, registando igual montante na rubrica "fornecedores de imobilizado". Podem assim amortizar o bem em consentâneo com a política da empresa. Por sua vez, os custos incluídos nas rendas, para além da parcela de reembolso de capital, são considerados custos do exercício.

Deve realçar-se que, em Espanha, não se mostrava inicialmente necessário que a dívida resultante do contrato de locação financeira constasse do balanço da empresa (no que respeita ao seu passivo). O balanço não reflectia com rigor a situação da empresa. Daí que a doutrina aludisse ao "efeito cosmético" da locação financeira (Rojo Ajuria, Leasing financiero, Madrid, 1987, pp. 159 ss., Navarro Chincilla, "El contrato de arrendamiento financiero mobiliario", em Contratos Bancarios Y Parabancarios, Valladolid, 1998, p. 1147). A partir de 1990, com o *Plan General de Contabilidad,* aquele efeito desapareceu, devendo a contabilidade expressar uma imagem fiel do património e da situação financeira da empresa (ver últs. auts. obs. loc. cits.).

[12] Quanto a esta específica vantagem, ver Pascal Philippossian, Le crédit-bail et le leasing. Outils de financements locatifs, Montreal, 1998, esp. pp. 16 e 17.

ções de interesses"[13]. Acresce que o negócio é particularmente adaptável ao financiamento de materiais tecnológicos.

Mas esta operação globalmente considerada não traduz apenas vantagens para as partes nela envolvidas.

O locador suporta o risco de colocação no mercado dos objectos dados em locação financeira quando esta se extingue antes do tempo previsto, *v.g.*, por incumprimento do locatário, ou quando este último não pretende adquirir a coisa no fim do prazo contratual. Para além disso, também o risco de obsolescência do bem em razão dos avanços tecnológicos, designadamente aqueles que não são à partida previsíveis, podem provocar a sua desvalorização e repercutir-se negativamente na esfera do locador.

Por sua vez, o locatário corre o risco de perda e de deterioração da coisa, apesar de não ser o seu proprietário, suportando ainda, em princípio, o risco de incumprimento e de insolvência do vendedor em caso de desconformidade do bem com o contrato.

Já o fornecedor pode ver-se na contingência de ter que readquirir a coisa, assegurando junto do fornecedor o não cumprimento das prestações de renda por parte do locatário.

§ 3. Enquadramento legal

1. Outros ordenamentos jurídicos

Cumpre traçar uma sucinta panorâmica quanto ao estado actual da legislação existente, incidindo predominantemente a nossa análise nos países da União Europeia, culminando na referência ao caso português.

Ao contrário dos Estados Unidos da América, onde existem regras específicas sobre a matéria[14], na União Europeia a situação é a inversa. Não há na larga maioria das situações uma disciplina jurídica completa relativa à locação financeira, mas tão só normas esparsas e avulsas.

---

[13] "Uma nova modalidade jurídica...", cit., p. 235.
[14] Ver, quanto ao direito norte-americano, entre outros, García Garnica, El regímen jurídico..., cit., pp. 182 ss., Navarro Chincilla, "El contrato de arrendamiento financiero...", cit., pp. 1148 ss.

Em França, primeiro país a legislar sobre o assunto, foi dado, através da *Loi 66-455, de 2 juillet de 1966*, o conceito de *crédit-bail*. Mais tarde, o *Décret 72-665, de 4 juillet de 1972*, dispõe acerca da publicidade das operações de *crédit-bail* mobiliário. Também a *Loi 78-22, de 10 janvier de 1978* (*Loi Scrivener*), assim como a *Loi 79-596, de 13 juillet de 1979* (*Loi Scrivener II*) – actualmente integradas no *Code de la Consommation* (*Loi nº 93-949 du juillet 1993*) – consagram princípios relevantes ao nível da locação financeira para consumo.

A Bélgica seguiu o exemplo francês e adoptou uma legislação também esparsa. O *Arrêté Royal du 10 novembre 1967* caracteriza, no art. 1º, a *location-financement* (ou *leasing* como também se designa), definindo-se nas restantes disposições – arts. 2º a 4º – o exercício da actividade pelo locador (a autorização a que está sujeito tal exercício e as consequências do seu incumprimento pelo locador). O diploma foi ulteriormente modificado pela *Loi du 11 février 1994*, que transpôs a segunda directiva bancária para o direito belga. Existem ainda outros textos atinentes à matéria. Assim, o *Arrêté Royal du 8 octobre 1976* – modificado pelo *Arrêté Royal du 3 décembre 1993* – trata dos aspectos contabilísticos. Entretanto, em 22 de Maio de 2003 foi publicado um *Avis sur la révision de l'Arreté Royal du 10 novembre 1967*[15]. Refira-se ainda que, ao nível do crédito ao consumo, a *Loi du 12 juin 1991* (que está actualmente a ser objecto de modificação) contempla também a locação financeira (art. 1º, § 10).

Na Alemanha é também escassa a produção legislativa. A perspectiva liberal desde sempre adoptada, ressalvada a pontual regulação no domínio fiscal, foi circunstancialmente *limitada* num primeiro momento pela *Verbraucherkreditgesetz* e, após a reforma do direito das obrigações de 2001, pelo BGB (que revogou a citada lei). Com efeito, aí se consagram expressamente, no quadro do crédito ao consumo, os *Finanzierungsleasingverträge* (§ 500 BGB), efectuando uma remissão para os preceitos que, nessa área, lhe são aplicáveis com as necessárias adaptações.

Em Itália, existem algumas normas isoladas em vários diplomas que abordam a temática, sem contudo ter sido estabelecida uma disciplina específica[16]. Cite-se a noção que é dada no art. 17º, nº 2, da *Legge 2 maggio*

---

[15] Cfr. www.ccerb.fgov.be/txt/fr/doc03-418.pdf.
[16] Convém, todavia, notar que desde a década de 70, mais precisamente a partir de 1973, foram apresentadas várias propostas de lei, que sempre assim permaneceram por uma ou outra

1976, n. 183 que regula o *intervento straordinario nel Mezzogiorno per il quinquénio 1976-1980*[17], que, como refere Rodolfo La Torre, para além de ter constituído e de ainda hoje constituir um importante "ponto de referência normativo", "fotografava aquela que era a *facti-species* concreta difundida em 1970 e que assim permaneceu até aos dias de hoje"[18].

Em Espanha, há actualmente um conjunto de normas de natureza diversa sobre a matéria. Também aqui a regulamentação é fragmentária e dispersa. Realcem-se, entre outras, algumas disposições de cariz fiscal (*art. 128, nº 1 Ley 43/1995, del Impuesto sobre Sociedades – LIS*), outras de natureza processual (*Disp. Adic. 1ª nº 1 Ley de Venta a Plazos de Bienes Muebles e a Ley 1/2000, de Enjuiciamento Civil*) e outras ainda de transparência, de publicidade e de protecção contratual (*art. 48, nº 2 da Ley 26/1988, sobre Disciplina e Intervención de las Entidades de Crédito – LDIEC*).

2. O ordenamento jurídico português

Excepção à generalidade dos países da União Europeia é o caso português.

O primeiro diploma sobre a matéria remonta a 1979, justamente o DL 171/79, de 6 de Junho, que dispunha acerca do regime jurídico da locação financeira. Seguindo de perto os modelos francês e belga[19], mas sem prescindir dos ensinamentos doutrinários, o nosso legislador acolheu as características básicas da figura e disciplinou-a de forma ampla, integrada e completa.

---

razões. Tal ocorreu com a *Proposta di legge presentata alla Camera dei Deputati il 25 otttobre 1973*, com o *Disegni di legge presentato al Senato il 19 dicembre 1978*, com o *Progetto redatto nel 1980 dal Prof. Schlesinger per incarico (del Centro Studi per il leasing e poi) dell'Associazione Bancária Italiana*, com o *Progetto redatto nel 1981 dal Prof. G. Visentini per incarico del Ministério do Grazzia e Giustizia*, com o *Disegno di legge presentato al Senato il 10 giugno 1993* e com o *Disengo di legge presentato al Senato il 31 luglio 1997* – ver, sobre todos estes, Renato Clarizia, I contratti nuovi..., cit., pp. 80 ss., nota 2.

[17] Noutras áreas existem também regras avulsas atinentes à locação financeira. Citem-se, pela sua relevância, o *d. lgs. 385/93 (t.u.l.b.)*, o *d. lgs. 626/94*, modificado pelo *d. lgs. 242/96 (art. 6º, nº 2)*, a *legge n. 190/91, esp. art. 2 e o art. 91 c.d.s.* que a executou.

[18] Manuale della Locazione Finanziaria, Milano, 2002, p. 114.

[19] Ver Leite de Campos, "A locação financeira na óptica do utente", ROA, 1983, p. 320 (o autor refere que o modelo seguido foi "quase traço por traço" o francês), Rui Pinto Duarte, Escritos sobre leasing..., cit., p. 46 (comentava o jurista, no quadro do regime originário, que o legislador consagrou a disciplina "certamente com referência às legislações estrangeiras, e antes do mais às belga e francesa").

Nessa data, o Banco de Portugal tinha a faculdade de fixar, por aviso, regras sobre os mais variados aspectos (*v.g.*, o quantitativo da renda, a duração do contrato), encontrando-se o clausulado contratual inicialmente sujeito à aprovação de tal instituição (art. 4º).

Em paralelo – embora seja temporalmente anterior – foi consagrado um regime jurídico específico para as sociedades de locação financeira: o DL 135/79, de 18 de Maio. Também aqui a regulamentação pretendia ser tendencialmente completa.

Foram entretanto surgindo outros conjuntos de normas com algum relevo, cobrindo as mais diversas áreas. Em 1982, foi publicado um Aviso do Banco de Portugal acerca da contabilidade das sociedades de locação financeira. Em matéria fiscal, o DL 311/82, de 4 de Agosto, estabelece importantes regras tendo em vista o incentivo desta actividade[20-21].

Um novo quadro legal das sociedades de locação financeira foi introduzido pelo DL 103/86, de 19 de Maio.

Posteriormente, o DL 10/91, de 9 de Janeiro, alarga a locação financeira ao domínio da habitação, consagrando disposições específicas sobre a matéria.

Dezasseis anos mais tarde, por referência ao diploma de 1979, aproveitando o espaço deixado em aberto pelo DL 298/92, de 31 de Dezembro (Regime Geral das Instituições de Crédito e das Sociedades Financeiras), surge uma nova regulamentação – instituída pelo DL 149/95, de 24 de Junho –, tendo em vista a adaptação e a integração do mercado português no mercado único europeu, a harmonização com os preceitos dos países da união europeia e ainda afastar a concorrência desigual com as empresas desses países[22].

Este texto foi alterado significativamente pelo DL 265/97, de 2 de Outubro, que concomitantemente revogou o DL 10/91, de 9 de Janeiro. Tais modificações visaram a integração da disciplina da locação financeira de imóveis para habitação no regime geral, havendo consequen-

---

[20] Sobre o assunto, ver José Gomes Santos, "Enquadramento fiscal da locação financeira em Portugal. Algumas notas e comentários", CTF, nºs 319/321, 1985, pp. 205 ss.

[21] No sector da responsabilidade civil automóvel, vejam-se o DL 26/83, de 22 de Janeiro e o DL 522/85, de 31 de Dezembro.

[22] Ver os §§ 2 e 3 do preâmbulo do diploma em análise.

temente uma uniformização dos regimes, mas tocaram em paralelo matérias várias (*v.g*, a forma, a publicidade do contrato, as obrigações do locatário).

Já no novo século, por via do DL 285/2001, de 3 de Novembro, introduziram-se novas e relevantes modificações ditadas essencialmente pela necessidade de afastamento das disposições imperativas existentes. Desse modo, ficou aberta a possibilidade de as partes estabelecerem cláusulas sobre temas até então subtraídos à liberdade contratual, sendo supletivamente aplicáveis as regras gerais de direito quando os contraentes nada disponham. Assim, foram revogadas as normas relativas às rendas e ao valor residual (art. 4º), à redução das rendas (art. 5º), à mora no pagamento das rendas (art. 16º) e à antecipação das rendas (art. 20º). Foi ainda alterada a disposição relativa ao prazo dos contratos de locação financeira (art. 6º).

Por fim, o DL 30/2008, de 25 de Fevereiro, trouxe novidades em matéria de cancelamento do registo da locação financeira, ao nível da simplificação de procedimentos no sector dos registos e do notariado e no sentido de promover a utilização das vias electrónicas. Permite-se, por outro lado, ao juiz decidir a causa principal após decretar a providência cautelar de entrega do bem locado, extinguindo-se a obrigatoriedade de intentar uma acção declarativa apenas para prevenir a caducidade de uma providência cautelar requerida por um locador financeiro[23].

Praticamente em simultâneo com o diploma de 1995 – embora precedendo o regime legal, tal como sucedeu originariamente –, surge uma nova disciplina (a terceira) aplicável às sociedades de locação financeira – o DL 72/95, de 15 de Abril –, modificada apenas circunstancialmente pelo DL 285/2001, de 3 de Novembro. Se, num período inicial, existiam limites mais rígidos à sua actividade, ulteriormente confere-se a esta uma grande amplitude, especificando-se inclusivamente o âmbito da actividade acessória, sem prejuízo de se estabelecerem determinadas proibições no tocante à prática de dados actos (art. 1º-A).

Do exposto, pode portanto concluir-se pela existência de 3 fases distintas. Num primeiro momento, antes da entrada em vigor do primeiro

[23] Ver preâmbulo do diploma em causa.

regime jurídico, procura-se acima de tudo dar a conhecer este novo mecanismo e acertar os seus procedimentos básicos[24].

Depois de 1979, com o auxílio decorrente do diploma originário, pode afirmar-se que esta técnica tem um alcance limitado. Por exemplo, no tocante aos imóveis, mostrava-se imprescindível que aqueles se destinassem ao investimento produtivo, ou seja, que o imóvel fosse capaz de gerar os fundos necessários ao seu pagamento. Ficava assim fora deste processo, *v.g.*, o mercado imobiliário para habitação.

Por sua vez, o exercício da actividade de locação financeira vai ganhando a pouco e pouco expressão.

Para se perceber melhor o quadro subsequente à publicação da primeira lei, cite-se um inquérito, publicado em Dezembro de 1982, que dava conta de que, nessa data, 46% das empresas portuguesas desconheciam o regime jurídico da locação financeira[25].

Também a proliferação de sociedades de locação financeira é, numa fase inicial, muito incipiente, retirando benefícios da reformulação da disciplina em meados dos anos 80.

As alterações legislativas subsequentes foram modificando tenuemente o panorama originário. A criação de um quadro legal aplicável a locação financeira de imóveis para habitação constituiu a excepção.

Mais tarde, com a alteração de 1995 e, posteriormente, com os diplomas de 1997, de 2001 e de 2008, dá-se a expansão gradual e consolidada da locação financeira, quebrando-se paulatinamente as restrições existentes.

A redução do número de normas (de 31 – no DL 171/79 – para apenas 21, tendo em conta especialmente a revogação, em 2001, de 4 disposições ínsitas no originário diploma legal, o DL 149/95) torna o regime mais simplificado.

Sistematicamente, também houve alguns benefícios. Cite-se a matéria relativa aos vícios do bem locado, actualmente prevista, de modo sequencial, nos arts. 12º e 13º do DL 149/95, mas outrora regulada nos arts. 20º e 23º do DL 171/79.

---

[24] Já em 1967 Carlos Mota Pinto escrevia sobre a figura, questionando se o legislador deveria ou não, nessa época, intervir ("Uma nova modalidade...", pp. 239 e 240).
[25] E. Lopes Ferreira, "A locação financeira imobiliária em Portugal", BOA, nº 25, 1984, p. 4.

Pode, por outro lado, falar-se de uma liberalização da locação financeira em várias áreas: ao nível do objecto sobre que incide, ao nível do afastamento das restrições ao princípio da liberdade contratual e ainda atendendo aos vários sectores da actividade que a esta técnica recorrem[26].

---

[26] Assinale-se ainda, a nível legislativo, a relevância da *Convenção de Ottawa*, de 28 de Maio de 1988, sobre o *leasing* financeiro internacional.
Os contornos deste negócio não são inteiramente coincidentes com a figura da locação financeira que estudamos.
Assim, expressa o art. 1º da referida Convenção que *leasing* financeiro internacional é "a operação através da qual uma parte (locador ou concedente): a) estipula um contrato (de compra e venda), tendo por base as indicações da outra parte (utilizador ou locatário), com um terceiro (fornecedor), por força do qual o concedente adquire bens de acordo com as condições aprovadas pelo utilizador; b) estipula um contrato (de locação financeira) com o locatário concedendo a este último o direito de gozar o bem contra o pagamento de uma prestação.
Por sua vez, numa lista que não tem carácter exaustivo, determina-se ainda que o *leasing* financeiro deve incluir, entre outros, os seguintes elementos:
a) a especificação e a escolha dos bens é feita pelo locatário;
b) a aquisição do material é realizada pelo locador por força de um contrato de locação financeira já concluído ou que está para ser celebrado
c) as rendas são calculadas de modo a considerar a amortização total ou de uma parte substancial do custo do bem.
Tem sido entendido que, nesta sede, é dada uma "noção nova e autónoma" e que não deve ser feito nenhum esforço para a reconduzir à figura em estudo, atentas as suas especificidades (Andrea Cremonese, "Il *leasing* in Francia", CIE, 2004, 1, pp. 210 ss.).

Capítulo II
Caracterização, modalidades, figuras afins e situações específicas

§ 1. Caracterização. § 2. Modalidades. 1. Locação financeira mobiliária e imobiliária. 2. Locação financeira de bens corpóreos e de bens incorpóreos. 3. Locação financeira para consumo e empresarial. 4. Locação financeira de amortização integral e de amortização parcial. § 3. Outras formas de locação financeira. 1. Locação financeira restitutiva. 2. *Locação financeira* de bens objecto de restituição. § 4 Figuras afins. 1. Locação. 2. Locação operacional. 3. *Renting*. 4. Locação com opção de compra. 5. Locação-venda. 6. Venda a prestações com reserva de propriedade. 7. Aluguer de longa duração.

§ 1. Caracterização

Enunciemos as várias fases que comporta o negócio em causa.

O esquema típico da operação de locação financeira, globalmente considerada, é o seguinte:

– num primeiro momento, o interessado na celebração do contrato de locação financeira dirige-se a um dado fornecedor, inteirando-se das características essenciais do específico bem a locar (escolhendo, portanto, a coisa[27]) e estabelecendo as condições de aquisição do concedente;

---

[27] E também, pode dizer-se, o próprio fornecedor.

- em seguida, dirige-se à instituição de crédito (ou o fornecedor tem até na sua posse formulários do locador financeiro com quem mantém relações de colaboração mais ou menos estreitas) e preenche uma "proposta de contrato de locação financeira"[28], cujo texto foi por aquela entidade previamente elaborado;
- posteriormente, tal instituição, depois de apreciar e de (eventualmente) aprovar a proposta, envia o texto do contrato ao locatário, que o assina[29];
- concluído o negócio, o locador financeiro adquire ou manda construir a coisa,
- o bem é depois entregue pelo fornecedor (directamente) ao utente, subscrevendo este em seguida um "auto de recepção e de conformidade do equipamento", que tem por função atestar a entrega do bem e a inexistência de defeitos da coisa[30];
- durante o período de tempo pactuado, o utilizador goza o objecto em causa;
- no termo do prazo contratual, ao locatário assiste um direito de escolha, podendo optar pela restituição da coisa ao locador ou pela sua aquisição, sem prejuízo da faculdade, por via de regra prevista, de prorrogação do contrato.

É, pois, esta realidade que vamos, neste trabalho, estudar.
Dispõe o art. 1º do DL 149/95, de 24 de Junho que a locação financeira é

---

[28] O (já revogado) art. 7º DL 171/79 aludia a essa proposta.
[29] Por via de regra, o locador financeiro exige ainda um conjunto variado de elementos, a saber: uma autorização de débito em conta, o cheque correspondente à primeira renda, o valor correspondente aos custos do processo e ao prémio do seguro (se realizado na seguradora do locador financeiro), uma factura do bem emitida em nome do locador, uma letra ou uma livrança em branco, uma cópia dos elementos de identificação do locatário (e dos garantes), uma cópia da declaração de IRS (quanto aos particulares) ou o balanço dos dois últimos anos, assim como o balancete disponível (quanto às empresas), o comprovativo do número de identificação bancária e o comprovativo da residência, caso se trate de um particular, ou do local da sede, caso se trate de uma sociedade.
[30] Tal auto constitui o requisito formal para que o locador financeiro proceda à entrega da totalidade do preço ao fornecedor. Por sua vez, este pagamento representa, noutra perspectiva, a concessão do crédito ao locatário financeiro.

– "o contrato pelo qual uma das partes se obriga, mediante retribuição, a ceder à outra o gozo temporário de uma coisa, adquirida ou construída por indicação desta, e que o locatário poderá comprar, decorrido o período acordado, por um preço determinado ou determinável mediante simples aplicação dos critérios nele fixados"[31-32].

Quanto ao *nomen juris*, temos até aqui deliberadamente feito referência à expressão 'locação financeira' em vez de utilizarmos (apenas) o termo 'leasing'. Explicitemos as razões do uso daquela designação.

Com efeito, a palavra *leasing*, empregue nos países anglo-saxónicos (como uma das formas de locação), descreve uma realidade com contornos específicos. O *lessee*, ao contrário do que sucede no nosso ordenamento jurídico com o locatário financeiro, não dispõe da faculdade de aquisição da coisa locada[33].

Sublinha-se que a figura que, nesses países, mais se aproxima da nossa, é a designada por *hire-purchase*: o bem é seleccionado pelo loca-

---

[31] Em Itália, o art. 17º, legge 2 maggio 1976, n. 183 (*Disciplina dell' intervento straordinario nel Mezzogiorno per il quinquennio 1976-1980*) tem um conteúdo semelhante: "por operação de locação financeira entendem-se as operações de locação, de bens móveis e imóveis, adquiridos ou mandados construir pelo locador, tendo por base a escolha e as indicações do concedente, que assume todos os riscos, e com a faculdade de este último se tornar daqueles proprietário no termo da locação, mediante um preço estabelecido".
Em Espanha, a *Disposición Adicional Séptima da Ley 26/1988, de 29 de julio*, sobre a *Disciplina e Intervéncion de las Entidades de Crédito* (LDIEC) determinava que por *arrendamiento financiero* se consideravam os "contratos que tinham por objecto exclusivo a cessão do uso de bens móveis ou imóveis, adquiridos para essa finalidade segundo as especificações do futuro usuário, em troca de uma contraprestação... incluindo necessariamente uma opção de compra no seu termo a favor do usuário". Este diploma foi revogado pela *Ley 43/1995, del Impuesto sobre Sociedades*, sendo que o extenso art. 128º, que tem como epígrafe *contratos de arrendamiento financiero*, integra o conteúdo do anterior diploma, mas dele não faz parte a noção enunciada.
[32] A definição tem, para efeitos contabilísticos, um cariz distinto. Assim, a Directriz Contabilística nº 25 estabelece no seu nº 3 que "é uma locação em que, em substância, o locador transfere para o locatário todos os riscos e vantagens inerentes à detenção de um dado activo, independentemente de o título de propriedade poder ou não vir a ser transferido".
[33] O que significa coisa diversa de o locatário não poder comprar a coisa locada. O que se pretende afirmar é que este direito de aquisição não integra os elementos estruturantes do contrato, muito embora a compra seja possível.

tário; o seu gozo é concedido pelo locador temporariamente e de modo remunerado; uma vez pagas todas as prestações o locatário adquire a propriedade da coisa[34]. Só que tem aí fundamentalmente uma matriz consumerista forte. Daí a sua previsibilidade no *Consumer Credit Act* de 1974[35].

Por outro lado, o termo em causa pode ainda suscitar alguma confusão se for usado isoladamente, porquanto o *leasing* pode assumir duas modalidades: operacional ou financeiro[36].

Na nossa ordem jurídica, que seguiu de perto as orientações francesa (*crédit-bail*) e belga (*location-financement*)[37], adopta-se, na larga maioria dos casos, a expressão "locação financeira". Tal locução percorre desde sempre todo o regime, quer o originário, quer o subsequente. Nos outros diplomas e normativos atinentes à matéria são, de igual modo, preferencialmente utilizados os mesmos vocábulos.

No direito italiano, também Rodolfo La Torre observa que a primazia do legislador incide na expressão *locazione finanziaria* em lugar do "genérico e exótico *leasing*"[38].

No nosso país, realce-se porém que, ao longo do tempo, outros diplomas, já revogados, empregam circunstancialmente a palavra *leasing*, equiparando-a de resto a locação financeira. Tal ocorreu, entre outros, no nº 1 do preâmbulo do DL 135/79, de 18 de Maio, no nº 1 do preâmbulo

---

[34] Leite de Campos, A locação financeira, Lisboa, 1994, p. 78.
No *financial lease*, outras das figuras que apresenta caracteres muito próximos aos da nossa locação financeira, o locatário não se torna necessariamente proprietário da coisa no termo do contrato (ver últ. aut. e ob. loc. cits.).

[35] Cfr. Rui Pinto Duarte, Escritos sobre leasing..., cit., pp. 19 ss.

[36] Para uma primeira abordagem quanto a estes termos, *vide* Maria Teresa Veiga de Faria, "Leasing e locação financeira...", cit., pp. 430 a 432.
Ver, quanto à locação operacional, *infra* CAP. II, § 4, 2.

[37] É também esta a locução utilizada em Itália (*locazione finanziaria*) e em Espanha (*leasing financiero*).
A nível comunitário, no anexo da Dir. 89/646/CEE relativa à coordenação das disposições legislativas, regulamentares e administrativas respeitantes ao acesso à actividade das instituições de crédito e ao seu exercício, que altera a Dir. 77/780/CEE, usa-se a expressão "locação financeira".

[38] Manuale della Locazione Finanziaria, cit., p. 115. Diversamente, Giorgio de Nova prefere o termo *leasing*, por este evidenciar que se trata de um contrato atípico – de origem anglo-saxónica – e não de um sub-tipo de locação (Il contratto di leasing, cit., p. 3).

do DL 311/82, de 4 de Agosto, e no artigo único da Portaria 735/83, de 28 de Junho. Na legislação mais recente e em vigor, encontramos no art. 3º do DL 72/95 a alusão à "sociedade de *leasing*" (sublinhado nosso), assim como no art. 11º, nº 1, *in fine* do DL 298/92, de 31 de Dezembro, idêntico termo[39].

Enunciemos agora as características deste negócio.

Trata-se de um contrato legalmente típico, emergindo a sua disciplina essencialmente do citado DL 149/95.

É um contrato de adesão. Queremos com isto significar, por um lado, que as cláusulas contratuais se encontram pré-elaboradas pelo locador, limitando-se o locatário a elas aderir. Por outro lado, note-se que com a expressão se abrangem não só os "contratos padronizados através de cláusulas contratuais gerais como também [os] contratos individualizados contendo cláusulas especificamente concebidas por uma das partes para a aplicação em determinado contrato"[40].

É um contrato bilateral.

Dele emergem os seguintes elementos constitutivos:

– a indicação da coisa a comprar ou a construir (e também do fornecedor) por parte do locatário[41];

---

[39] A doutrina e a jurisprudência utilizam, em regra, uma e outra locuções.
Leite de Campos dá primazia, na esmagadora maioria dos casos, à expressão "locação financeira" (A locação financeira, cit., pp. 94 ss. e 121 ss., "Ensaio de análise tipológica...", cit., pp. 1 ss., e "A locação financeira na óptica do utente", cit., pp. 319 ss.) Calvão da Silva parece usar preferencialmente os termos locação (ou *leasing*) financeira(o), mas não deixa de empregar isoladamente o vocábulo *leasing* ("Locação financeira e garantia bancária", em Estudos de Direito Comercial (Pareceres), Coimbra, 1999, pp. 9, 13, 15 e pp. 15, 20, 27, respectivamente).
Na jurisprudência, ver, entre vários outros, o Ac. STJ, de 29.4.2004 (Quirino Soares), o Ac. Rel. Porto, de 20.10.2005 (Pinto de Almeida) e o Ac. Rel. Porto, de 7.10.1996 (Lázaro de Faria), todos em www.dgsi.pt.
[40] Carlos Ferreira de Almeida, Contratos, I, 2ª Ed., Coimbra, 2003, p. 160 (e também p. 144). Cfr. *infra* CAP. IV, § 2. 1.
[41] Tal escolha é prévia à conclusão do contrato de locação financeira.
[42] Concretiza-se na conclusão de um contrato de compra e venda entre locador financeiro, na qualidade de comprador, e fornecedor, na qualidade de vendedor. Este negócio reveste características especiais em face da típica compra e venda, porquanto o adquirente "dispensa-se de discutir as características da coisa e sua adequação aos fins visados pelo locatário" (Leite de Campos, "Ensaio de análise tipológica do contrato de locação financeira", BFD, 1987, p. 12).

- o dever de aquisição da coisa ao fornecedor que incumbe ao locador[42];
- o dever de (o locador) conceder temporariamente o gozo da coisa, previamente escolhida (ou mandada construir) pelo locatário;
- a obrigação do locatário de pagar uma "renda";
- a faculdade de aquisição da coisa locada no termo do contrato pelo locatário[43].

§ 2. Modalidades

Seguindo critérios distintos, podem enumerar-se várias modalidades de contratos de locação financeira. São, pois, alguns desses tipos que importa descrever e, em simultâneo, relevar as suas particularidades.

1. Locação financeira mobiliária e imobiliária

Em razão do objecto cujo gozo se concede – uma coisa móvel ou uma coisa imóvel – a locação financeira diz-se, respectivamente, mobiliária ou imobiliária. Esta diferenciação resulta directamente da lei, designadamente dos arts. 2º, nº 2, 3º e 6º do DL 149/95[44]. Aliás, a doutrina costuma analisar separadamente cada um destes negócios[45].

---

[43] Este é um contrato comercial. Na verdade configura um acto de comércio objectivo à luz do art. 2º, 1ª parte CCom. Trata-se, em regra, de uma operação de banco (art. 362º CCom.). Mas quando assim não for (v.g., porque a locação financeira configura um acto de comércio ocasional praticado por outra entidade) a explicação já não pode ser esta. Mesmo assim, pode afirmar-se que no DL 149/95, globalmente considerado, se regulam interesses de natureza comercial. Ver, em sentido não inteiramente coincidente, Coutinho de Abreu, Curso de Direito Comercial, Vol. I, 5ª Ed., 2004, pp. 62 ss.
Em Espanha, afirmando a natureza mercantil da locação financeira, entre outros, Ana López Frías, Los contratos conexos, Barcelona, 1994, p. 111 (objectiva e subjectivamente), Vara de Paz, "Leasing financiero", em Nuevas entidades, figuras contractuales y garantias en el mercado financiero, Madrid, 1990, p. 556).

[44] Já constava de resto do DL 171/79, de 6 de Junho (arts. 2º e 3º).

[45] Cfr., entre outros, Rodolfo la Torre, Manuale della Locazione Finanziaria, cit., pp. 459 ss. e pp. 497 ss., González Castilla, Leasing financiero mobiliario, cit., pp. 31 ss., Garcia Garnica, El régimen jurídico..., cit., pp. 1 ss.
Observe-se que Romano Martinez, em relação ao similar critério usado na locação, considera-o "discutível" e "um pouco alheado destes problemas actuais" (Direito das Obrigações, Coimbra, 2000, p. 167).

Retomando a distinção efectuada, refira-se que não se impõem, como outrora, quaisquer limites neste domínio.

Assim, os bens móveis, objecto de locação financeira, podem ser do mais variado tipo[46]: automóveis, navios[47], aeronaves[48], computadores, obras de arte, acções[49], entre outros. De resto, a lei é muito clara quanto a este aspecto: "a locação financeira tem como objecto <u>quaisquer bens</u> susceptíveis de serem dados em locação" (sublinhado nosso) – art. 2º, nº 1 DL 149/95. Não se restringe assim, como anteriormente[50], o leque de coisas a locar.

O mesmo se diga de resto quanto aos bens imóveis[51]. Se, num primeiro momento, era *conditio sine qua non* que o imóvel se destinasse exclusiva-

---

[46] A primeira sociedade de locação financeira mobiliária foi constituída através da Portaria 484/81, de 15 de Junho.

[47] Quanto à locação financeira de navios, ver na doutrina portuguesa o texto, datado da década de 80 do século passado, de Mário Raposo, "O Leasing de Navios", BOA, nº 25, Abril de 1984, pp. 8 ss. Na doutrina estrangeira, ver Rodolfo la Torre, Manuale della Locazione Finanziaria, cit., pp. 527 ss.

[48] Ver Rodolfo la Torre, Manuale della Locazione Finanziaria, cit., pp. 497 ss.

[49] Em face da lei vigente na altura, que, como afirmámos, revestia carácter restritivo, Leite de Campos, não deixando de manifestar o seu desagrado, considerava não ser possível a locação financeira de acções.
Tal tipo de locação traduz-se na possibilidade de uma sociedade de locação financeira subscrever o aumento de capital de uma determinada sociedade, sendo que a esta é concedido o gozo das acções subscritas (excluídos o direito de voto e o direito aos dividendos, que note-se também não pertencem ao locador) temporariamente e mediante retribuição. No termo do contrato, o locatário financeiro adquire as acções mediante o pagamento de um valor residual, sendo contabilizadas por um valor igual à soma do preço de aquisição e do seu valor nominal; anula as acções compradas; aumenta o capital social por incorporação do lucro realizado com a aquisição das acções (Leite de Campos, "A locação financeira na óptica do utente", cit., p. 345).
Em França, esta operação designa-se *crédit-bail d'actions*, tendo sido objecto de regulamentação específica (ver a recente *Loi nº 2005-882 du 2 août 2005*).
Quanto à admissibilidade da locação financeira de acções, enquanto coisas incorpóreas e móveis, ver Margarida Costa Andrade, A locação financeira de acções e o direito português, Coimbra, 2007, pp. 79 ss., esp. 83 ss.

[50] Ao abrigo do diploma de 1979, só os "bens de equipamento" podiam ser objecto de locação financeira mobiliária (art. 2º).

[51] A primeira sociedade de locação financeira imobiliária foi constituída em 1982, tendo sido autorizada pela Portaria nº 884/82, de 20 de Setembro. Os seus estatutos constam do Diário da República nº 272, III Série, de 24.11.1982.

mente a investimento produtivo na indústria, na agricultura, no comércio ou noutros sectores de serviços de interesse económico ou social (art. 3º, nº 1 DL 171/79), desde há muito tempo que tais peias desapareceram. Numa fase inicial – a partir de 1991 – os prédios destinados a habitação passaram também a ser objecto de operações deste género. Desde 1995, afastaram-se as limitações de qualquer ordem à celebração de contratos em que se concedia temporariamente o gozo de imóveis (conquanto houvesse inicialmente obstáculos – que já não existem – quanto a aspectos específicos da disciplina[52-53]).

Esta espécie de locação financeira tem particularidades relevantes que justificam um estudo autónomo aprofundado que não cabe aqui efectuar. Desde logo, as próprias características dos imóveis suscitam relevantes especificidades (a sua larga durabilidade, a sua valorização ao longo do tempo) que não deixam de ter reflexos na análise jurídica do negócio.

De resto, tais factos têm consequências no próprio regime legal. Vejam-se, entre outros, os arts. 2º, nº 2[54], 3º nºs 1 e 3, 6º, nº 3, 10º, nº 1 al. b) e nº 2, al. e), todos do DL 149/95[55]. Por outro lado, a não equivalência entre a duração da vida da coisa e o período contratual, assim como o montante que corresponde ao "valor residual", suscitam uma análise especial. Não se descurem também, os impostos que incidem sobre bens imóveis.

---

[52] Era o caso da inaplicabilidade da providência cautelar de entrega judicial aos contratos que tinham por objecto imóveis (art. 21º, nº 9 DL 149/95).
[53] Eliminou-se todavia, em 1995, a distinção entre sociedades de locação financeira mobiliária e imobiliária, porquanto "não correspond[ia] às exigências do sistema financeiro e do mercado e prejudica[va] a capacidade de concorrência das sociedades portuguesas de locação financeira, não só perante as congéneres estrangeiras que possam actuar em Portugal como perante os próprios bancos nacionais que se podem dedicar a qualquer dessas actividades de locação" (cfr. § 5 do Preâmbulo do DL 72/95, de 15 de Abril).
[54] Na locação financeira imobiliária, o locador não tem necessariamente de ser o proprietário da coisa, podendo mesmo ser apenas o superficiário. O locatário ou até um terceiro podem assumir a veste de proprietários.
[55] Ver, na doutrina estrangeira, acerca da locação financeira imobiliária, Garcia Garnica, El régimen jurídico..., cit., pp. 1 ss., Helmut R. Tacke, Leasing, 3. Auf., Stuttgart, 1999, pp. 226 ss., Rodolfo la Torre, Manuale della Locazione Finanziaria, cit., pp. 459 ss.

2. Locação financeira de bens corpóreos e de bens incorpóreos

2.1. A locação financeira de bens incorpóreos

É pacífica a locação financeira de bens corpóreos.

Deve discutir-se, porém, a admissibilidade da locação financeira de bens incorpóreos. Estamos a pensar, por exemplo, numa marca ou numa patente de invenção[56] ou até no próprio estabelecimento comercial, conquanto este seja, a nosso ver, um bem incorpóreo não puro, *sui generis*[57].

O art. 2º, nº 1 DL 149/95 estabelece um critério para determinar as coisas locáveis: "quaisquer bens susceptíveis de serem dados em locação".

Daqui emergem duas notas: por um lado, o carácter amplo dos objectos dado em locação financeira, o que decorre do uso da expressão "quaisquer bens"; por outro, impõe-se determinar quais os bens que podem ser dados em locação, visto que só estes são susceptíveis de locação financeira.

Deve ainda complementar-se este com um outro critério. Com efeito, a celebração de um contrato de locação financeira pressupõe a aquisição da propriedade de uma coisa[58], que eventualmente será vendida no termo do prazo previsto para a locação financeira. Portanto, o bem em causa deve também ser susceptível de ser alienado.

A doutrina italiana serve-se aliás deste último critério para justificar a admissibilidade da locação financeira de bens imateriais[59]. Rodolfo La Torre afirma mesmo que esta espécie de locação "não põe particulares problemas no plano jurídico"[60]. Em Espanha, também Navarro Chincilla se posiciona no mesmo sentido[61].

Ora, como se sabe, entre outros, os direitos de autor e os direitos da propriedade industrial – a que o nosso Código Civil alude no art. 1303º –

---

[56] Sobre estes direitos, cfr. Luís Couto Gonçalves, Manual de Direito Industrial. Patentes. Marcas. Concorrência desleal, Coimbra, 2005, pp. 93 ss. e 287 ss.
[57] Gravato Morais, Alienação e oneração de estabelecimento comercial, Coimbra, 2005, pp. 187 e 188.
[58] Cfr., no entanto, o art. 2º, nº 2 DL 149/95.
[59] Rodolfo la Torre, Manuale della Locazione Finanziaria, cit., p. 186.
[60] Últ. ob. cit., p. 495 e 496.
[61] "El contrato de arrendamiento financiero mobiliario", cit., p. 1187. Ver ainda Vilar Uribarri, Régimen jurídico del leasing, Madrid, 1993, p. 161.
Em França, cfr. Stéphane Peidelièvre, Droit bancaire, cit., p. 366.

podem ser objeto do direito de propriedade e consequentemente transmitidos ou susceptíveis de serem onerados (cfr. art. 31º e art. 6º do CPI)[62].

Pode assim concluir-se que os bens incorpóreos são passíveis de locação financeira.

2.2. Em especial, a locação financeira de estabelecimento comercial[63]

Quanto ao estabelecimento comercial – bem incorpóreo não puro –, seguindo este critério, a questão deve ser resolvida afirmativamente.

No entanto, deve dizer-se que a prática negocial – e a própria doutrina portuguesa – tem, tanto quanto nos é dado a conhecer, desconsiderado a locação financeira de estabelecimento comercial.

Por outro lado, também não se encontra qualquer normativo que expressamente trate a matéria.

A situação é, porém, distinta noutros países. Vejamos dois exemplos elucidativos. Em França, a *Loi 86-12 de 6 janvier de 1986*, introduziu um novo número (o 3º) no art. 1º da *Loi 66-455 de 2 juillet 1966*, prevendo-se a partir de então o *crédit-bail de fonds de commerce*[64]. Posteriormente, o *Code Monétaire et Financier*, no art. L-313, nº 3 *(Ordonnance nº 2005-429 du 6 mai 2005, art. 46 Journal Officiel du 7 mai 2005 – Loi nº 2005-882 du 2 août 2005 art. 27 I Journal Officiel du 3 août 2005)* alude a este específico negócio[65].

---

[62] Quanto à locação financeira de acções, enquanto coisas incorpóreas e móveis, ver Margarida Costa Andrade, A locação financeira de acções e o direito português, Coimbra, 2007, pp. 79 ss., esp. 83 ss.

[63] Gravato Morais, Locação financeira de estabelecimento comercial, Nos 20 anos do Código das Sociedades Comerciais, Homenagem aos Profs. Doutores A. Ferrer Correia, Orlando de Carvalho e Vasco Lobo Xavier, Coimbra, 2007, pp. 619 ss.

[64] Ulteriormente, a *Loi 89-1008 de 31 decembre 1989 (Loi Doubin)* veio permitir a locação financeira de elementos imateriais, *v.g.*, a marca.

[65] Dispõe o referido número o seguinte: "Les opérations de location de fonds de commerce, d'établissement artisanal ou de l'un de leurs éléments incorporels, assorties d'une promesse unilatérale de vente moyennant un prix convenu tenant compte, au moins pour partie, des versements effectués à titre de loyers, à l'exclusion de toute opération de location à l'ancien propriétaire du fonds de commerce ou de l'établissement artisanal".
Em http://www.legifrance.gouv.fr/WAspad/UnCode?code=CMONFINL.rcv
Os comentários da doutrina francesa são igualmente favoráveis à realização de um negócio deste género. Ver, entre outros, Louis Vogel, Traité de Droit Commercial, Georges Ripert, René Roblot, Tome 1, Volume 1, 18ème. Ed., Paris, 2001, pp. 353 e 354, pp. 413 a 415 e

Em Itália, embora o legislador não regule, em particular, o acto em apreço, a doutrina aceita, sem reservas, o *leasing finanziario di azienda*[66].
Vejamos agora alguns argumentos no sentido da admissibilidade deste leasing financeiro específico.

O estabelecimento comercial é justamente um coisa móvel, conquanto *sui generis*. A particular qualificação do bem em causa tem até expressão na lei, quer quando se qualifica a cessão do gozo do estabelecimento como "locação" (art. 1110º do CC, NRAU), quer quando não se concebe a organização mercantil como um bem imóvel, nem como bem móvel comum (art. 1682º-A, nº 1, al. b) do CC e art. 246º, nº 2, al. c) do CSC)[67].

Por outro lado, a adesão à tese que caracteriza o estabelecimento como um bem imaterial não puro[68] permite sustentar o entendimento expresso. Admite-se a existência de um direito de propriedade sobre tal coisa e, portanto, a sua alienação e a sua oneração. A organização mercantil é susceptível, em geral, de negociação, permitindo-se a sua transmissão, *v.g.*, por via do trespasse, da transferência no âmbito de operações societárias, da locação (ou como alguns também designam "cessão de exploração"), do usufruto ou do penhor.

Ora, a operação em apreço, globalmente considerada, envolve a celebração de um negócio de locação financeira e de, pelo menos, um contrato de compra e venda. Estão deste modo aqui em causa actos dos géneros mencionados.

Guingand, "Crédit-bail sur fonds de commerce et établissements artisanaux», Banque, 1986, pp. 566 ss.
[66] Afirma-o peremptoriamente, entre outros, Andrea Cremonese, "Il leasing in Francia", CI Europa, 2004, I, p. 190, nota 223.
[67] Deve notar-se, porém, que – pontualmente e quando tal se justifique em razão das circunstâncias concretas – deve aplicar-se ao estabelecimento comercial o regime dos bens imóveis (ver Gravato Morais, Alienação e oneração de estabelecimento comercial, Coimbra, 2005, pp. 18 e 19).
[68] Orlando de Carvalho, Direito das Coisas (Do direito das coisas em geral), Coimbra, 1977 (reimpressão 1994), p. 192, nota 4, Ferrer Correia, "Sobre a projectada reforma da legislação comercial portuguesa", ROA, 1984, p. 24, esp. nota 1, Coutinho de Abreu, Da empresarialidade. As empresas no Direito, Coimbra, 1996, p. 76, Curso de Direito Comercial, Vol. I, 5ª Ed., Coimbra, 2004, p. 237, e Gravato Morais, Alienação e oneração de estabelecimento comercial, cit., pp. 18 e 188.

Aduza-se ainda que a referência a "quaisquer bens" (art. 2º, nº 1 do DL 149/95) permite deduzir que não se criam obstáculos ao negócio que tratamos.

Acresce que, do ponto de vista literal, desapareceram os entraves resultantes da redacção anterior da lei (especificamente do art. 2º do DL 171/79), onde se exigia que "a locação financeira de bens móveis [deve] respeita[r] sempre a bens de equipamento".

Em relação aos sujeitos envolvidos na operação globalmente considerada, atentemos na pessoa do vendedor, já que quanto ao locador e ao locatário não se suscitam problemas de nenhuma ordem. Assim, aquele não será, como ocorre na larga maioria das situações em que subjaz um negócio de locação financeira, um comerciante que se dedica à venda de bens (*in casu*, entenda-se de estabelecimentos comerciais), mas um mero proprietário de uma (ou eventualmente até mais do que uma) organização mercantil que a pretende alienar. Mas também não é menos verdade que o DL 149/95 não exige que o vendedor exerça profissionalmente uma dada actividade (ou seja, a venda em globo de dado tipo de bens). Aliás, na única referência efectuada a este, o art. 13º (que trata dos meios de defesa do locatário perante aquele) nada menciona quanto ao assunto em discussão.

Observe-se que, em termos gerais, do próprio regime jurídico da locação financeira não decorre nenhuma incompatibilidade com o contrato em discussão.

Relevemos, no entanto, alguns aspectos específicos que são susceptíveis de gerar alguma controvérsia.

Por um lado, o locatário está obrigado a segurar o bem contra o risco da sua perda ou da sua deterioração (ao abrigo do art. 10º, nº 1, al. j) do DL 149/95). Como sabemos, não se mostra possível a celebração de um contrato de seguro sobre o estabelecimento comercial na sua globalidade. Apenas será viável, por exemplo, segurar contra furto, roubo ou incêndio os bens corpóreos do estabelecimento[69]. Esta é, segundo cremos, uma especificidade da locação financeira de uma organização mercantil que não afecta, nem põe em causa, a sua aceitação.

Por outro lado, as remissões, expressa (art. 9º e 10º do DL 149/95) ou "implícita" (art. 17º *a contrario sensu* do DL 149/95), para as regras locatí-

---

[69] Gravato Morais, Alienação e oneração de estabelecimento comercial, cit., p. 104.

cias do Código Civil constituem argumentos ponderosos no sentido da sua admissibilidade. Aliás, no nosso país, nunca foram colocados entraves à locação de estabelecimento comercial (veja-se o actual art. 1110º do CC, NRAU, e os anteriores arts. 110º do RAU e 1085º do CC), nem ao emprego das disposições locatícias. De todo o modo, deve dizer-se que este negócio configura, do ponto de vista dogmático, um contrato de crédito com características especiais, atento o facto de o locador financiar o gozo (e não a aquisição) do bem.

Pode ainda contrapor-se que os objectos dados em locação financeira são integralmente amortizáveis, sendo que a duração do contrato é, por via de regra, adequada à sua amortização total. Esta crítica também não parece colher, pois há coisas susceptíveis de serem dadas em locação que não têm esta característica, como é o caso dos bens imóveis (e até de alguns bens móveis), sendo, por outro lado, actualmente reconhecida, sem discussão, a locação financeira de amortização parcial.

Refira-se, finalmente, que o diploma que rege as sociedades de locação financeira permite a estas, como actividade acessória, "alienar, ceder a exploração, locar ou efectuar outros actos de administração sobre bens que lhes hajam sido restituídos..." (art. 2º, al. a) do DL 149/95). Utilizando um argumento de maioria de razão, pode afirmar-se que sendo possível a alienação de uma coisa pelo locador financeiro então também se mostra admissível, em geral, a sua oneração e, em especial, o *leasing* financeiro[70].

Impõe-se em seguida saber se do acto resultam particulares vantagens para as partes ou se, ao invés, há dificuldades que, de alguma forma, impedem a sua realização.

Restringimos a nossa análise aos intervenientes no contrato de locação financeira – deixando, à margem deste estudo, o vendedor[71].

---

[70] Cabe ainda aduzir que, do ponto de vista literal, a expressão "ceder à exploração" se aproxima até daquela outra usada noutros diplomas especificamente para os negócios que têm por objecto um estabelecimento comercial (*v.g.*, o anterior art. 111º do RAU ou o art. 269º, al. e) do Código da Insolvência e da Recuperação de Empresa).

[71] As vantagens para o vendedor são manifestas. Aliena o seu estabelecimento comercial, recebendo de imediato a totalidade do preço. No entanto, não deve desconsiderar-se a sua responsabilização perante o locatário financeiro, por exemplo, no caso de vícios de facto da coisa.

Em termos globais, o negócio parece ter mais inconvenientes para o locador do que para o locatário. Aliás, alguma doutrina refere-se mesmo a "numerosos riscos" e a "dificuldades" decorrentes da cessação da actividade pelo locatário ou do não exercício do direito de aquisição da organização mercantil[72].

Conquanto as ideias expressas manifestem uma visão correcta da realidade, também não é menos verdade que o locador pode, em larga medida, atenuar aqueles riscos e aquelas dificuldades, seja por força da sua supremacia contratual (o que permite a conformação adequada do contrato, de modo a não prejudicar os seus interesses), seja em razão das exigências de vária ordem (*v.g.*, ao nível das garantias a prestar) que pode fazer ao locatário.

Realce-se, de todo o modo, que os riscos se repartem por todas as "fases" do negócio. Na verdade, existem logo após a celebração do contrato de locação financeira (até porque, como se sabe, o locador, está a partir da respectiva conclusão, obrigado a adquirir a coisa – art. 9º, nº 1, al. a) do DL 149/95[73]), permanecem durante toda a sua vigência e,

---

[72] Andrea Cremonese, "Il leasing in Francia", cit., pp. 191 e 192.
[73] Conquanto possa condicionar a produção dos efeitos do contrato à aquisição da coisa (art. 8º, nº 2 do DL 149/95). O normativo tutela assim primacialmente o interesse do locador, permitindo que o contrato produza efeitos com a "efectiva aquisição". Trata-se, a nosso ver, de uma condição suspensiva que integra o negócio em causa.
Como afirmámos, "a faculdade de aposição desta condição parece desconsiderar a obrigação legal de aquisição". Esta conclusão revela-se falaciosa. A nosso ver, pode aqui transpor-se o raciocínio de Baptista Machado, a propósito do fundamento do regime do art. 275º, nº 2 do CC. Assim, "no caso de haver sido acordado um contrato, mas se subordinar a vinculação dele à conclusão de um outro, a patente má fé e falta de razoabilidade de uma das partes na negociação deste outro deveria levar à consequência de se considerar o primeiro contrato como vinculante, por se dever entender que tal contraente se conduziu deslealmente na negociação do segundo contrato e de modo a evitar, portanto, a condição de que dependeria o efeito vinculante do primeiro" ("A cláusula do razoável", em *João Baptista Machado, Obra dispersa*, Vol. I, Braga, 1991, p. 504). Aliás, como ainda observa o autor nesse contexto, "poder-se-ia ir até ao ponto de sancionar a responsabilidade pré-contratual por abandono injustificado das negociações com a obrigação de indemnizar o interesse positivo, senão com a ficção da conclusão do contrato em termos de razoabilidade, considerando que a conduta culposa e desleal de um dos contratantes deu causa à não conclusão do contrato que, doutro modo, teria sido concluído" (ob. loc. cit.).
Caso o contrato seja omisso – e portanto não contenha nenhuma cláusula deste teor –, todas as suas consequências operam desde logo. Assim, se, por razões que lhe são imputáveis,

nalguns casos, repercutem-se na esfera do locador mesmo após a sua cessação.

Note-se, no entanto, que à peculiar modalidade em apreço subjazem algumas das vantagens de uma locação financeira típica. Na perspectiva do locador, releve-se o interesse primordial da obtenção de um rendimento em razão do capital investido, embora não se descure o afastamento de quase todos os outros riscos que não os exclusivamente financeiros (*v.g.*, o risco de desconformidade da coisa com o contrato). Do ponto de vista do utilizador, assinale-se a possibilidade de gozar um bem sem que tenha necessidade de o adquirir, assim como o facto de evitar a imobilização de capitais, para além das inerentes vantagens fiscais.

Mas nesta operação estão igualmente presentes alguns dos inconvenientes de uma comum locação financeira. Por exemplo, o locador suporta o risco de incumprimento do locatário, sendo que este último corre o risco de inadimplemento (e de insolvência) do vendedor em caso de desconformidade do bem.

O que afirmámos não pode fazer esquecer a(s) especificidade(s) da coisa locada, devendo por isso ter-se em consideração ainda diversas circunstâncias.

Quanto ao gozo do bem, tal como sucede com outras formas de oneração, assinale-se que o objecto em causa tem um valor que deve manter-se inalterado na vigência do contrato. Por isso, cabe falar de um "poder-dever" de exploração do estabelecimento tendo em vista uma eventual restituição no fim do prazo. Portanto, o que o locador, em princípio, deve receber no termo daquele – caso o locatário não adquira o bem – é a organização mercantil "nas mesmas condições", com um valor semelhante. O exercente deve, desta sorte, assegurar a continuidade, a funcionalidade e a identidade da unidade jurídica, bem como lhe compete conservar a sua eficiência e uma similar capacidade produtiva.

Como se constata, o risco de não manutenção (por parte do locatário financeiro) do estabelecimento comercial no estado em que existia

---

o locador não adquirir a coisa, há incumprimento grave do contrato, podendo, consequentemente, o locatário resolver o mesmo e ainda exigir o ressarcimento dos danos causados.

aquando da celebração do contrato tem agora um grau especialmente elevado. Daí que, atento o valor do bem em apreço, o risco de perda para o locador seja bastante maior.

De todo o modo, há pelo menos uma circunstância susceptível de atenuar o risco: o utilizador está adstrito a "facultar ao locador o exame do bem..." (art. 10º, nº 1, al. c) do DL 149/95). O que configura uma razoável garantia para o locador. Aliás, este dispõe, complementarmente, de alguma liberdade para apor no contrato estipulações que restrinjam os efeitos de um eventual mau uso do estabelecimento pelo exercente (*v.g.*, cláusulas resolutivas e cláusulas penais).

Acresce que, em função do regime aplicável aos negócios ligados à organização mercantil, podem suscitar-se dificuldades de outra dimensão.

Pela sua importância, citem-se os problemas relativos à transmissão – por via da aquisição efectuada pelo comprador (locador financeiro) ao vendedor – de certas posições contratuais ligadas ao estabelecimento mercantil, em especial no tocante à situação do arrendatário do imóvel ou à posição da entidade empregadora.

Quanto à primeira hipótese, pense-se, por exemplo, na obrigação de pagamento da renda a que se encontra adstrito o locador financeiro do estabelecimento comercial, na qualidade de arrendatário do imóvel, ou no dever de utilização do prédio pelo exercente do estabelecimento para o fim previsto. A violação de qualquer dos factos pode motivar a resolução do contrato pelo senhorio (cfr. o art. 1083º, nº 3 e o art. 1084º, nº 1 e 3 do CC, NRAU, quanto àquele, e o art. 1083º, nº 2, al. c) do CC, NRAU, quanto a este)[74].

É, portanto, legítima a conclusão de que os riscos para o locador financeiro são mais elevados quando a organização mercantil se encontra instalada em prédio arrendado.

Em relação à segunda situação, assinale-se que os encargos dos trabalhadores – a suportar pelo locatário financeiro na vigência do contrato – podem ser também da responsabilidade do locador, em razão do disposto no art. 285º, nº 3 do Código do Trabalho.

---

[74] Gravato Morais, Novo Regime do Arrendamento Comercial, 2ª Ed., Coimbra, 2007, pp. 102 ss. e pp. 108 ss.

Salientem-se ainda os custos tidos pelo locador com a aquisição do estabelecimento, ao longo do próprio contrato de locação financeira e mesmo após o seu termo, no caso de não exercício do direito de aquisição pelo utilizador.

Mas se se pode falar de uma oneração do locador financeiro em determinados aspectos, também não é menos verdade que é possível atenuar ou ultrapassar os efeitos negativos criados pelo regime legal.

Desde logo, o risco de perda pode ser relativizado através da constituição de garantias, que assegurem eventuais casos de incumprimento pelo locatário.

Acresce que algumas dessas quantias a suportar pelo locador na vigência do contrato são transferidas *ex vi legis* ou podem ser repercutidas na esfera jurídica do exercente.

Mostra-se ainda viável a partilha, por mais do que um locador, da responsabilidade decorrente da celebração de negócios de cariz mais arriscado. Tal resulta, de resto, do art. 7º do DL 72/95, de 15 de Abril, que determina a possibilidade de constituição de "consórcios para a realização de operações de locação financeira".

Reafirma-se que o poder de fiscalização do locador pode ser mais intenso (art. 9º, nº 2, al. b) do DL 149/95)[75].

3. Locação financeira para consumo e empresarial

Seguindo o critério da finalidade de utilização da coisa, pode distinguir-se a locação financeira para consumo da locação financeira empresarial.

Se o bem é dado em locação financeira a um consumidor, pessoa física que actua com objectivos alheios à sua actividade comercial ou profissional, estamos perante um negócio daquele tipo. Originariamente, e durante um largo período de tempo, houve restrições legais à realização deste negócio com os consumidores. Tais limitações foram ultrapassadas com o DL 359/91, de 21 de Setembro (que disciplinava o crédito ao consumo).

---

[75] Para mais pormenores e quanto a alguns aspectos do regime jurídico, ver Gravato Morais, Locação financeira de estabelecimento comercial, Nos 20 anos do Código das Sociedades Comerciais, Homenagem aos Profs. Doutores A. Ferrer Correia, Orlando de Carvalho e Vasco Lobo Xavier, Coimbra, 2007, pp. 619 ss.

Com efeito, decorria expressamente do art. 3º, al. a), 2ª parte DL 359/91 que o diploma se aplica "se o locatário tiver o direito de adquirir a coisa locada, num prazo convencionado, eventualmente mediante o pagamento de um preço determinado ou determinável nos termos do próprio contrato". Ora, esta regra contempla, entre outras, a locação financeira para consumo. Cabia assim na ampla noção de contrato de crédito consagrada no art. 2º, nº 1, al. a), em especial quando se alude a "qualquer outro acordo de financiamento semelhante".

Actualmente, com a revogação do diploma de 1991 pelo DL 133//2009, de 2 de Junho (que transpôs para o ordenamento interno a Directiva 2008/48/CE, de 23 de Abril), a situação não se altera do ponto de vista do modelo a seguir. Apenas resultaram mais claras as regras a aplicar e a protecção do consumidor locatário financeiro tornou-se mais efectiva.

Assim, o art. 2º, nº 1, al. d) do DL 133/2009 determina o seguinte:

– "O presente decreto-lei não é aplicável aos contratos de locação de bens móveis de consumo duradouro que não prevejam o direito ou a obrigação de compra da coisa locada, seja no próprio contrato, seja em contrato separado".

Deste modo, o regime da protecção do consumidor/locatário é empregue na locação financeira. A regra é, desta sorte, substancialmente idêntica à da revogada al. a) do art. 3º do DL 359/91.

Prevê-se, no entanto, uma outra hipótese de aplicação do DL 133//2009: aquela em que o contrato de locação prevê a obrigação (do locatário) de aquisição. Releve-se, de todo o modo, que na Directiva apenas se tem vista esta possibilidade, aludindo a "contratos de aluguer ou de locação financeira que não prevejam uma obrigação de compra do objecto do contrato..." (sublinhado nosso); aliás, as suas várias versões são semelhantes neste aspecto, ao aludir sempre a "obrigação de compra"; o que significa que o texto comunitário se reporta directamente – apenas – aos contratos em causa que prevejam uma tal obrigação.

Ora, os contratos de locação financeira (ou os contratos de aluguer de longa duração) tão só prevêem, de acordo com a lei vigente – o DL 149//95 –, o direito de aquisição pelo locatário financeiro, aqui consumidor, nunca se suscitando aqui qualquer obrigatoriedade de compra por parte deste último. Assim, a transposição literal da al. d) da Directiva suscitaria problemas de inaplicabilidade aos referidos contratos, o que não se teve seguramente em vista. Muito pelo contrário. Desta sorte, à luz da realidade portuguesa, a norma de direito interno contém também a referência a "direito" de compra.

Dito isto, impõe-se, nesta fase, enunciar resumidamente as suas regras mais relevantes:

- os contratos devem ser exarados em papel ou noutro suporte duradouro, em condições de inteira legibilidade (art. 12º, nº 1 do DL 133/2009), sob pena de nulidade (art. 13º, nº 1 do DL 133//2009)[76];
- a todos os contraentes, incluindo os garantes, deve ser entregue, no momento da respectiva assinatura, um exemplar devidamente assinado do contrato de crédito;
- a possibilidade de o consumidor, locatário financeiro, revogar a declaração negocial dirigida à conclusão do contrato de crédito (art. 17º do DL 133/2009)[77].
- a faculdade de, em caso de incumprimento do vendedor, o locatário financeiro se dirigir ao locador financeiro exercendo os correlativos direitos (art. 18º, nº 3 do DL 133/2009)[78].

Ao invés, se se trata de um não consumidor caímos na segunda situação mencionada. Note-se que a adopção do termo "empresarial" se deve ao facto de ser usual a celebração de contratos deste género por parte das empresas comerciais[79]. No entanto, os profissionais liberais, as associações, as fundações, as corporações, sem esquecer a relevância que

---

[76] Cfr. *infra* CAP. IV, § 2, 2.
[77] Ver *infra* CAP. VIII, § 4.
[78] *Vide*, sobre o assunto, Gravato Morais, Crédito aos Consumidores – Anotação ao Decreto--Lei 133/2009, Coimbra, 2009, "Locação financeira e desconformidade da coisa com o contrato", SI, 2005, pp. 697 ss., esp. pp. 724 ss., União de contratos de crédito e de venda para consumo. Efeitos para o financiador do incumprimento pelo vendedor, Coimbra, 2004, pp. 441 ss., e ainda "Do regime jurídico do crédito ao consumo", SI, 2000, pp. 375 ss.
Na doutrina estrangeira, cfr. quanto à locação financeira para consumo, Helmut R. Tacke, Leasing, cit., pp. 206 ss.
[79] Adoptando designação semelhante Marín López. "El arrendamiento financiero", em Tratado de Los Derechos de Garantia, Navarra, 2002, p. 1025.

aqui assume o próprio Estado[80], entre outros, podem actuar na veste de locatários.

4. Locação financeira de amortização integral e de amortização parcial
Nesta distinção tem-se em consideração o valor total das rendas em confronto com o valor residual previsto no contrato que permite ao locatário proceder, a final, à aquisição da coisa[81].

Na locação financeira de amortização integral (*full-pay-out leasing* ou *Vollamortisation-Leasingvertrag*), a soma dos pagamentos a realizar pelo locatário cobre os montantes pagos pelo locador com a aquisição da coisa e outros encargos, assim como o lucro que este obtém. O valor residual previsto no contrato – que corresponde portanto à soma que não foi objecto de amortização – para o caso de compra do bem pelo locatário, é, portanto, muito reduzido.

Inversamente, na locação financeira de amortização parcial (*non--full-pay-out leasing* ou *Restamortisation-Leasingvertrag*) a importância global a pagar pelo locatário fica, em regra, muito aquém do valor despendido com a aquisição da coisa pelo locador e dos outros custos (*v.g.*, despesas com a aquisição – *Anschaffungskosten*). Só cobre portanto uma parte desse montante. O valor residual é, nesta hipótese, superior e relevante[82-83].

---

[80] É frequente até o tratamento doutrinário autónomo da locação financeira às entidades públicas (Rodolfo la Torre, Manuale della Locazione Finanziaria, cit., pp. 583 ss.).
Cfr., sobre a perspectiva publicista, Jorge Costa Santos, "Sobre a locação financeira pública de equipamento militar", Estudos em Homenagem ao Professsor Doutor Pedro Soares Martínez, Vol. II, Ciências Jurídico-Económicas, Coimbra, 2000, pp. 585 ss.
[81] Escritos sobre leasing..., cit., pp. 196 e 197.
[82] A parte não amortizada não deve confundir-se porém com o valor de mercado da coisa.
[83] Rui Pinto Duarte afirma que, no primeiro caso, "o exercício da opção de compra é certo, do ponto de vista económico"; nesta hipótese, "é meramente possível" (Escritos sobre leasing..., cit., p. 197 – Regime da locação financeira com opção de compra). De resto, o autor entende "parecer insensato tratar igualmente casos em que o valor total das rendas que o locatário tem que pagar representa 98% do valor da aquisição (inicial) e casos em que tal percentagem é de 49%" (últ. ob. loc. cit.).
Ver, na doutrina alemã, Helmut R. Tacke, Leasing, cit., pp. 13 ss. (para o autor o montante não amortizado situar-se-á entre os 40% e os 90%), Graf Von Westphalen, Der Leasingvertrag, 5. Auf., Köln, 1998, pp. 4 ss.

Segundo Rui Pinto Duarte, esta última modalidade configura uma verdadeira locação, conquanto acoplada de uma promessa unilateral de venda[84].

Ao contrário do que sucedeu outrora[85], no regime legal vigente qualquer destas formas é permitida. Com efeito, em nenhum momento se limita a celebração de contratos de locação financeira à primeira via mencionada.

§ 3. Outras formas de locação financeira

Para além da locação financeira típica ou tradicional, que aqui estudamos, impõe-se questionar se a figura pode assumir outros tipos. Impõe-se a descrição de duas específicas situações – a locação financeira restitutiva e a *locação financeira* de bens objecto de restituição –, no sentido de analisar as suas especificidades, para posteriormente as qualificar.

1. Locação financeira restitutiva

Deve começar por observar-se que a expressão "locação financeira restitutiva" transpõe a locução *(sale and) lease-back*, de origem norte-americana e inglesa[86].

Vejamos os seus contornos essenciais. O proprietário de um bem (por via de regra, um imóvel, nada impedindo que possa também ser um móvel – as mais das vezes de natureza infungível –, sendo até frequente que os bens sejam usados) vende-o a uma instituição de crédito, sendo que,

---

[84] Últ. ob. cit., p. 200. Leite de Campos afirma que esta modalidade "está normalmente muito próxima do renting, a ponto de aparecerem confundidas na prática e nos escritos dos autores ("Ensaio de análise tipológica...", cit., p. 5).

[85] Leite de Campos, "Ensaio de análise tipológica ...", cit., p. 9 (o autor em face da lei à data vigente entendia que "o modelo [inicialmente] adoptado foi o do contrato de amortização integral com opção de compra no fim").

[86] A expressão portuguesa foi usada por Leite de Campos, A locação financeira, cit., p. 155. Já Calvão da Silva emprega a locução "venda com locação financeira de retorno" ("Locação financeira e garantia bancária", cit., p. 12, nota 3).
Os franceses optaram pela designação *céssion-bail*, enquanto os italianos denominam a operação por *locazione finanziaria di ritorno*.

em seguida, entre os mesmos contraentes é celebrado um contrato de locação financeira[87].

Em princípio, a falta de disponibilidade financeira do proprietário original surge como um dos motivos para a conclusão deste negócio. Na verdade, com o valor patrimonial gerado pela alienação da coisa, o vendedor, agora locatário, passa a dispor de uma soma avultada que pode utilizar na sua actividade. Obtém assim liquidez a partir de algo que existia já no seu património, sem perder a disponibilidade da coisa.

No entanto, este negócio pode não ter somente esse específico propósito. Pense-se, por exemplo, no comerciante, proprietário de vários bens, que os aliena a uma instituição de crédito, para, de imediato, esta lhe conceder o seu gozo com a possibilidade de o comerciante os sub-locar[88].

Através desta modalidade, o comerciante pode assim financiar o uso de um vasto número de objectos.

Com origem nos Estados Unidos da América na década de 30 do séc. XIX, mas praticada também no Reino Unido no início dos anos 60, o *lease-back* surge como uma operação com largo relevo que precedeu, nestes países, a ordinária locação financeira[89].

Do confronto com a (típica) locação financeira, que neste trabalho analisamos, pode desde já concluir-se que o *lease-back* tem uma estrutura bilateral, conquanto se celebrem também aqui dois contratos, mas agora entre os mesmos contraentes. Com efeito, estão em causa apenas duas pessoas, não havendo intervenção de um terceiro. Concorrem numa mesma pessoa, em simultâneo, as posições de locatário financeiro e de

---

[87] Ver Ilaria Riva, "Il contratto di *sale and lease back* e il divieto di patto commissorio", CI, 2001, pp. 300 a 302, García Garnica, El régimen jurídico..., cit., p. 135, Parleani, "Le contrat de lease-back", Rev. Trim. Dr. Com., 1973, p. 703, n. 1.

[88] Leite de Campos, A locação financeira, cit., p. 117. Comerciante esse que pode mesmo ter adquirido os bens com o intuito referido: alienação e posterior celebração de um contrato de locação financeira com a possibilidade de sub-locação.

[89] Noutros países da União Europeia também foram sendo realizados negócios deste tipo. Ver, sobre a perspectiva histórica, Leite de Campos, "Ensaio de análise tipológica...", cit., p. 13.

Por exemplo, o legislador francês admitiu implicitamente no *Arrêt 67-837, du 28 septembre de 1967*, esta figura, como espécie do género "locação financeira", dando-lhe mais tarde a designação de *céssion-bail* (ver Andrea Cremonese, "Il *leasing* in Francia", cit., pp. 194 ss.).

vendedor (da coisa ao locador financeiro e também comprador). Simplesmente, o título pelo qual este detém o bem – que não sai sequer da esfera jurídica daquele – é distinto antes e depois da realização da operação.

Portanto, deve atender-se ao facto de algumas das questões postas em sede da (típica) locação financeira nem sequer se suscitarem ou deverem ser analisadas noutros termos. Estamos a referir-nos, por exemplo, aos direitos do locatário financeiro perante o fornecedor em caso de incumprimento deste, com expressão no art. 13º DL 149/95.

Cumpre afirmar que nem sempre foi pacífica a admissibilidade do *lease-back*, o mesmo se podendo dizer quanto à sua qualificação como espécie do género "locação financeira".

Na doutrina portuguesa, Diogo Leite de Campos[90], Calvão da Silva[91] e Duarte Pestana de Vasconcelos[92] sempre sustentaram a sua validade. Rui Pinto Duarte originariamente defendeu a sua proibição, mas admite-

---

[90] "Notas sobre a admissibilidade da locação financeira restitutiva (*Lease-back*) no direito português", ROA, 1982, pp. 775 ss., esp. 785 e 786 e 791 e 792 (a não exclusão pelo preâmbulo do DL 171/79 do *lease-back*, o não afastamento pelas próprias formulações dos seus arts. 1º e 3º de tal modalidade e a inexistência de razões de política económica que entravem essa operação, são alguns dos argumentos invocados à data por Leite de Campos).

[91] Afasta o autor a possibilidade de nulidade da figura com base na proibição do pacto comissório (arts. 694º, 665º e 678º CC). Por um lado, afirma que no pacto comissório, ao contrário do *lease-back* onde a transmissão da propriedade para o comprador opera ao invés por mero efeito do contrato (art. 408º, nº 1 CC), a transferência da propriedade opera no futuro, na data da falta de pagamento da dívida no prazo fixado. Na locação financeira restitutiva não se verifica a pré-existência de uma dívida, necessária à configuração do pacto comissório. Observa ainda que em face do pagamento integral das rendas, a venda não se resolve. Querendo adquirir a coisa, o locatário deve exercer o direito de escolha que lhe assiste. Conclui, pois, que a venda não está portanto sujeita a condição resolutiva ("Locação financeira e garantia...", cit., p. 12, nota 3).

[92] "A locação financeira", ROA, 1985, pp. 279 ss., esp. p. 282 (afirmava o autor que não lhe pareciam "relevantes os fundamentos indicados como impeditivos da admissibilidade do lease-back", aduzindo ainda "razões de ordem comparativa e de ordem interna, ... identidade de regimes jurídicos e de relançamento económico"; admitia assim "a figura como uma modalidade de locação financeira").

Vide igualmente Romano Martinez e Fuzeta da Ponte. Os autores consideram que o *lease-back* representa uma alternativa à hipoteca, pois prossegue a mesma finalidade desse negócio jurídico, sem a desvantagem da venda judicial em caso de incumprimento (Garantias de cumprimento, cit., p. 198).

o actualmente em face do quadro legal vigente[93]. A doutrina estrangeira dominante segue similar orientação[94].

Outros autores, em particular na doutrina italiana e francesa, tomavam posição distinta. Discutia-se a compatibilidade com a proibição do pacto comissório. Assimilava-se o *lease-back* à venda com *pacto di riscatto*, nula por violação do pacto comissório (art. 2744º CCIt.[95]), quando resultasse estipulado que a ele estivesse subjacente a intenção de garantia de um crédito do adquirente[96].

Nos nossos dias, não subsistem dúvidas quanto à admissibilidade da locação financeira restitutiva (ou de retorno). Para além da indiscutível tipicidade social do negócio, deve realçar-se o carácter amplo do diploma legal. Assinale-se que o próprio DL 149/95 permite que o bem restituído – no quadro de um anterior contrato de locação financeira que "findou por qualquer motivo e não exercendo o locatário a faculdade de compra" – possa ser objecto de um outro contrato "locação financeira ao anterior proprietário ou a terceiro" (art. 7º do DL 149/95).

De igual modo, incertezas não podem existir no tocante à caracterização do *lease-back* como uma das formas de locação financeira. A estrutura trilateral não é um requisito essencial mas tão só um elemento natural desta figura. Semelhantemente, são aqui celebrados dois negócios,

---

[93] Escritos sobre leasing..., cit., pp. 49 ss. (observava inicialmente o autor que "no *lease-back* nenhum bem novo vem directamente acrescer ao acervo daqueles que o locatário utiliza na sua actividade. Logo, pensamos que as sociedades de locação financeira não poderão praticar operações de *lease-back*"). Integrado no mesmo livro, mas num texto escrito mais tarde ("Quinze anos sobre leasing – balanço e perspectivas"), reconhece o autor a sua admissibilidade (últ. ob. cit., p. 180).

Afirmava ainda o autor que o *lease-back* não configurava uma locação financeira, sendo que não se encontrava compreendido nas operações a que aludia o art. 9º DL 135/79, logo as sociedades de locação financeira não podiam praticar tais operações.

Moitinho de Almeida parecia defender, em momento anterior ao diploma de 79, a admissibilidade da afigura, embora aludisse a algumas limitações ("A locação financeira (*leasing*)", BMJ, nº 231, 1973, pp. 9 e 10).

[94] Giorgio de Nova, Il contratto di leasing, cit., pp. 65 ss., Nicolò Visalli, "La problemática del leasing finanziario...", cit., p. 653, Alessandro Munari, Il leasing finanziario..., cit., pp. 264 ss., García Garnica, El régimen jurídico..., cit., pp. 147 ss.

[95] Cfr. o correspondente art. 694º CC.

[96] Cfr. Ferrarini, La locazione finanziaria, cit., pp. 15 ss. e Ilaria Riva, "Il contratto di *sale and lease back*...", cit., pp. 303 ss.

um de compra e venda, outro de locação financeira (na sequência do qual se cede o gozo da coisa, temporária e onerosamente, facultando ao locatário a sua aquisição no termo do contrato). No entanto, o vendedor é também o locatário. Mas, do ponto de vista estrutural, a operação tem fortes semelhanças.

Nem se diga que o *lease-back*, ao contrário da locação financeira, não tem por função conceder o gozo da coisa, mas a obtenção de uma dada soma em dinheiro. O que sucede é que o desembolso da importância é num caso entregue a um terceiro fornecedor, enquanto que no outro é entregue ao próprio locatário/vendedor. No entanto, a razão de ser da operação é a mesma[97].

Uma última nota quanto à natureza jurídica do *lease-back*. Leite de Campos entende que "oculta uma coligação de contratos" – o de compra e venda e o de crédito – "estruturalmente independentes", embora "ligados por um nexo funcional"[98].

Esta orientação é aquela que mais bem espelha o vínculo existente entre os dois contratos, não sofrendo de resto mutação relevante, do ponto de vista dogmático, quando confrontada com a operação de locação financeira típica, globalmente considerada[99].

2. *Locação financeira* de bens objecto de restituição

Como afirmámos, o art. 7º do DL 149/95 – que tem como epígrafe "destino do bem findo o contrato" – prevê expressamente a possibilidade de, no caso de não exercício pelo locatário da "faculdade de compra", o loca-

---

[97] Neste sentido, García Garnica, El régimen jurídico..., cit., p. 149.
No *lease-back*, como bem expressa Alessandro Munari, "apesar de faltar a trilateralidade, não falta o vínculo de destinação do valor mutuado pelo financiador: o importante é que este último seja destinado à aquisição de um bem especificamente indicado pelo locatário, não sendo decisiva a circunstância de que o bem seja fornecido pelo próprio utilizador" (Il leasing finanziario..., cit., p. 265).
Discordando da qualificação do *lease-back* como uma das modalidades de locação financeira, Marín López, "El arrendamiento financiero...", cit., p. 1050. Parecer ser esse também o entendimento de Calvão da Silva, quando observa que, por faltar a trilateralidade típica da locação financeira, "não seja *leasing* financeiro *sensu proprio*" ("Locação financeira e garantia bancária", cit., p. 12, nota 3).
[98] "Ensaio de análise tipológica...", cit., p. 14.
[99] CAP. VII, § 2, 2.1.6.

dor – entre várias outras possibilidades[100] – dar a coisa novamente em locação financeira.

A norma, que pretende atribuir ao locador a livre disponibilidade da coisa, assenta em dois pressupostos cumulativos: por um lado, que o contrato tenha cessado "por qualquer motivo"; por outro, que o locatário não tenha exercido a "faculdade de compra".

Põe-se, pois, a questão de saber se se pode falar, também nesta hipótese, de um (outro tipo de) contrato de locação financeira.

Alude-se textualmente à locação financeira ao "anterior locatário" e a um "terceiro".

Suscita-nos fortes reparos a primeira hipótese assinalada. Com efeito, no termo do prazo, o locatário, não pretendendo adquirir a coisa, restitui-a ou prorroga o contrato, mantendo-a em seu poder. Por outro lado, deve observar-se que, cessando o negócio por incumprimento do locatário, não cremos que o locador conceba sequer a celebração de um outro contrato de locação financeira com a mesma pessoa e sobre o mesmo (ou até outro) objecto[101].

Neste caso, é discutível que se possa falar de uma específica forma de locação financeira. Na verdade, nada impede que o locador ceda novamente o gozo temporário do bem agora a um terceiro mediante remuneração, e que este, no termo do prazo previsto, a possa adquirir exercendo o respectivo direito. No entanto, aqui o locador não comprou a coisa por indicação do (novo) locatário, embora se possa afirmar que a adquiriu em vista de um anterior negócio de locação financeira (que, todavia, já cessou).

§ 4. Figuras afins

Cabe estabelecer um confronto com algumas figuras próximas da locação financeira, mas que com ela se não devem confundir: analisamos, em primeiro lugar, alguns negócios de carácter locatício ou que têm uma

---

[100] Literalmente, a disposição refere-se, para além da locação financeira, à venda e à locação. No entanto, o uso do advérbio "nomeadamente" permite a realização de outro tipo de negócios sobre o bem.

[101] A lei refere-se como vimos à cessação do contrato "por qualquer motivo".

componente locatícia, tratando ulteriormente de algumas formas específicas de compra e venda, aludindo, em último lugar, ao aluguer de longa duração.

O estudo efectuado atende à caracterização do específico instituto em discussão, estabelecendo-se, em princípio, um confronto com a locação financeira. Nalgumas situações, porém, no sentido de evitar repetições e atenta a enunciação prévia dos elementos que caracterizam o contrato de locação financeira, dispensamos a comparação directa.

1. Locação

Embora a locação financeira tenha genérica e estruturalmente alguns pontos de contacto com a locação ordinária – como o comprova o dever de concessão do gozo da coisa, o carácter temporário e retribuído do negócio e o facto de a propriedade do objecto pertencer ao locador na vigência do contrato –, especificamente dela difere. Acresce que há outras características que são exclusivas da locação financeira e que não se encontram presentes na mera locação.

Assim, no tocante à primeira consideração tecida, temos que a obrigação de proporcionar o gozo da coisa (art. 1022º do CC) tem um conteúdo diverso do dever de conceder o gozo do bem (art. 1º do DL 149//95)[102].

Por outro lado, apesar de serem ambos negócios de cariz temporário, a duração do contrato envolve contornos peculiares no *leasing* financeiro (art. 6º do DL 149/95).

Também a retribuição tem funções diversas numa e noutra hipótese. Na locação corresponde à mera contrapartida do gozo que é proporcionado, ao passo que no *leasing* financeiro engloba outras vertentes. Por sua vez, as rendas são prestações periódicas na locação, mas prestações fraccionadas no *leasing* financeiro.

De igual forma, o conteúdo do direito de propriedade é substancialmente diverso. O locador financeiro, por exemplo, não suporta os riscos inerentes a um verdadeiro proprietário, designadamente o de perda ou o de deterioração da coisa (art. 15º DL 149/95).

---

[102] Cfr. *infra* CAP. VII, 2.1.

Relativamente ao segundo ponto assinalado, há características específicas da locação financeira que não se manifestam na mera locação. Vejamos algumas delas: a coisa a adquirir ou a construir é indicada ou é escolhida pelo locatário financeiro; no termo do prazo contratual, existe a possibilidade de este comprar a coisa locada, mediante o pagamento de um valor residual (art. 1º).

De todo o modo, podem encontrar-se alguns pontos intrinsecamente comuns, como o comprova a comparação entre os normativos de uma e de outra figura. Por exemplo, ao nível da obrigação de destinação da coisa que incumbe ao locatário (arts. 1038º al. c) do CC, e art. 10º, nº 1, al. d) do DL 149/95) ou em sede da obrigação de o locatário não proporcionar o gozo da coisa a outrem sem o consentimento do locador (arts. 1038º, al. f) do CC e art. 10º, nº 1, al. g) do DL 149/95).

De resto, algumas normas da locação são aplicáveis, com as necessárias adaptações, ao *leasing* financeiro, como resulta do art. 9º, nº 2, proémio, 1ª parte, do art. 10º, nº 2, proémio, 1ª parte, e ainda (*a contrario sensu*) do art. 17º, *in fine* do DL 149/95[103].

2. Locação operacional

A locação operacional configura um negócio através do qual o produtor ou o distribuidor de uma coisa, em regra *standardizada* ou de elevada incorporação tecnológica, proporciona a outrem o seu gozo temporário, mediante remuneração, prestando também, em princípio e de modo acessório, determinados serviços, *v.g.*, de manutenção do bem.

São as seguintes as suas características.

A relação jurídica constituída tem uma estrutura meramente bilateral.

Deve ainda realçar-se a específica natureza da coisa locada. Com efeito, trata-se, na maior parte dos casos, de bens móveis de natureza duradoura, com a particularidade de terem tendencialmente uma longa obsolescência técnica. Isto significa que a vida técnico-económica da coisa não se esgota no período de vigência do contrato. A duração média do contrato

---

[103] Ver, sobre o confronto entre estas figuras, Leite de Campos, "Locação financeira (Leasing) e Locação", ROA, 2002, pp. 759 ss., Mauro Bussani, Proprietà-garanzia e contratto. Formule e regole nel leasing finanziario, Trento, 1992, pp. 72 a 76.

é de um a três anos[104]. Aliás, no seu termo, os bens restituídos ao locador são novamente recolocados por este no mercado sem grande dificuldade.

Prevê-se, por outro lado, a "revogação" do contrato a qualquer momento pelo locatário operacional – havendo que respeitar um prazo de pré-aviso –, ao mesmo tempo que se possibilita a sua prorrogação. Inexiste geralmente um direito de escolha no termo do contrato.

Por outro lado, há um conjunto de serviços acessórios normalmente acoplados à locação operacional. Estamos a referir-nos aos serviços de manutenção ou de reparação da coisa e de assistência técnica a efectuar por terceiros ligados ao locador. No entanto, é este que assume tais obrigações colaterais.

O valor a pagar periodicamente pelo utilizador encontra-se relacionado, por um lado, com o gozo do bem e, por outro, com a prestação dos mencionados serviços. Não cobre, em princípio, o preço da aquisição pago pelo locador[105].

Para o concedente configura um meio de colocação dos seus próprios bens no mercado, em alternativa à sua alienação.

Para o locatário operacional, a coisa que utiliza mostra-se fundamental para o adequado funcionamento da sua actividade económico-empresarial. É usualmente uma operação privilegiada para a incorporação de tecnologia avançada na empresa.

Impõe-se ainda salientar que o locador operacional suporta um duplo risco: o da obsolescência técnica e financeira da coisa e o inerente à propriedade do bem.

Naquela hipótese, aquilo que o locador percebe durante o período de vigência do contrato não cobre o valor de aquisição do objecto. Acresce que ao locatário assiste, por via de regra, uma (dupla) escolha no termo do prazo contratual: ou restitui a coisa ou prorroga o negócio[106]. Caso o locatário tenha interesse na utilização de um novo bem, exclui-se a via da prorrogação contratual.

---

[104] Lucio Ghia, I contratti di finanziamento..., cit., p. 19.
[105] Salvatore Monticelli, "Leasing", BBTC, 1989, I, pp. 99 e 100.
[106] Ainda que possa eventualmente acrescer uma promessa unilateral de venda que confira ao locatário o direito de comprar a coisa, a transmissão da propriedade é meramente eventual (ver Guido Capozzi, citado por Teresa Anselmo Vaz, Alguns aspectos do contrato de compra e venda a prestações e contratos análogos, Coimbra, 1995, p. 82).

Nesta situação, aplica-se o regime geral: o locador, porque proprietário (jurídico e económico), suporta o risco de perda ou de deterioração da coisa[107].

A divergência é assinalável em relação ao *leasing* financeiro. Aliás, a locação operacional tem sido geralmente qualificada pela doutrina como um locação ordinária[108], atenta a sua similitude com os traços desta. Assim se deve considerar por estarem presentes os elementos essenciais dessa figura.

Note-se que, em face do nosso sistema jurídico, as sociedades de locação financeira podem – enquanto actividade acessória – realizar negócios de locação operacional – que no preâmbulo do DL 285/2001 se designam também por "operações de locação simples" –, mesmo fora dos casos em que os bens lhe hajam sido restituídos no termo do contrato de locação financeira. É o que resulta do art. 1º, nº 2, al. b) do DL 72/95, com a alteração constante do DL 285/2001, de 3 de Novembro e do art. 4º, nº 1, al. q) do DL 298/92, de 31 de Dezembro.

A prestação de serviços complementares da actividade de locação operacional – nomeadamente a manutenção e a assistência técnica dos bens locados – não pode, porém, ser efectuada por aquelas instituições. Conquanto proibida a actividade, nada impede aquelas entidades de contratarem a prestação desses serviços por terceiros (art. 1º-A do DL 72/95, com a modificação resultante do DL 285/2001).

3. Renting

Cumpre descrever os aspectos característicos do contrato de *renting*. Os seus contornos são distintos da locação financeira, existindo no entanto uma forte proximidade com a locação operacional.

Na figura em análise, de igual sorte uma das partes proporciona à outra o gozo temporário e retribuído de uma coisa (*standardizada*), tendo em vista um fim específico.

---

[107] Lucio Ghia, I contratti di finanziamento..., cit., p. 8 ss.
[108] Angelo Luminoso, I contratto tipici..., cit., p. 360 (e a doutrina aí citada); Rodolfo la Torre assimila-o à locação ordinária ou *noleggio* (Manuale della locazione finanziaria, cit., p. 300); Lucio Ghia assimila-o aos arts. 1571º ss. CCIt., considerando que a disciplina da locação lhe é aplicável directamente ou por via analógica (I contratti di finanziamento..., cit., p. 10); García Garnica, El régimen jurídico..., cit., p. 41, nota 55.

Do ponto de vista daquele que cede o gozo da coisa, realce-se que tê-la-á adquirido, em momento prévio, ao seu fabricante ou ao seu produtor[109]. Dispõe assim antecipadamente de um conjunto variado de bens que lhe pertencem. Com tal leque de bens, a empresa (locatícia) constitui uma gama variada de objectos cujo gozo pode proporcionar aos seus clientes habituais.

Por sua vez, o utilizador apenas pretende o uso da coisa de modo transitório e circunstancial. As suas necessidades são, portanto, pontuais, esporádicas e visam tarefas definidas e certas. Por exemplo, pretende usar por um curto período de tempo um camião para proceder ao transporte de vigas de aço para determinado local.

Na vigência do contrato, cabe ao locador suportar os custos da conservação e da reparação da coisa, sem prejuízo da sua substituição, caso se mostre necessário.

No tocante ao locatário, cumpridos os objectivos por si fixados, o objecto deixa de lhe ser útil e, portanto, de servir os seus intentos. Atendendo a que a coisa já não lhe interessa, o seu propósito é o da restituição ao locador. Em razão do exposto, o locatário não estará, de igual modo, interessado na aquisição, não lhe cabendo qualquer direito de escolha, como ocorre na locação financeira. Nem tão pouco pretende a sua compra por negociação particular, findo o contrato[110].

Pode pois concluir-se que o contrato de *renting* tem uma duração muito reduzida, em razão da finalidade temporalmente limitada do utilizador no tocante ao gozo da coisa.

Note-se que o locador geralmente oferece ainda serviços acessórios, quer sob o ponto de vista da incidência técnica dos bens, quer sob o prisma da atribuição de meios humanos para uma melhor utilização do equipamento[111].

Ora, como deixamos, antever, também aqui – apesar das particularidades de que se reveste a operação sob o ponto de vista económico – o negócio deve qualificar-se como de mera locação[112].

---

[109] Diversamente do *leasing operativo*, o locador não é o fabricante, mas sim o proprietário de um complexo de bens.
[110] Leite de Campos, "Ensaio de análise tipológica...", cit., p. 6.
[111] Ver Garcia Garnica, El régimen jurídico..., cit., p. 42, nota 56.
[112] Neste sentido, Garcia Garnica, El régimen jurídico..., cit., p. 42, nota 56 e Leite de Campos, "Ensaio de análise tipológica...", cit., p. 6.

4. Locação com opção de compra

Na locação com opção de compra, o proprietário de uma coisa concede a outrem o seu gozo temporário e remunerado, facultando-lhe, no fim do prazo de duração, a possibilidade da sua aquisição, por efeito do cumprimento do contrato – ou seja, do pagamento integral das prestações –, e do pagamento de um valor "nominal", tendo, porém, o locatário que exercer o seu "direito de compra"[113].

Este negócio encontra de alguma forma uma certa proximidade no direito inglês, na figura do *hire-purchase*[114].

Repare-se que, na nossa ordem jurídica, o art. 7º do DL 135/91, de 4 de Abril, que estabelece o regime jurídico das sociedades de gestão e de investimento imobiliário, dispõe expressamente acerca do arrendamento com opção de compra.

Deve ainda assinalar-se que o instituto em causa se deve considerar previsto no art. 2º, nº 1, al. d) do DL 133/2009, anterior art. 3º, al. a), parte final do DL 359/91. Esta disposição integra no seu âmbito de aplicação os contratos de locação (*maxime* os que têm por objecto bens de consumo duradouros), quaisquer que eles sejam, desde que haja a possibilidade de o locatário adquirir a coisa no termo do contrato. Na verdade, sem se fazer alusão expressa, pode ele entender-se contido naquele diploma.

---

[113] Por isso se aduz que, neste caso, "existe uma combinação da locação com uma proposta de venda que o locatário pode aceitar no fim do contrato" (A cláusula de reserva de propriedade. Algumas reflexões sobre a sua função, regime e natureza jurídica, Coimbra, 1988, p. 38, nota 41).

[114] No direito anglo-saxónico, a primeira regulamentação deste instituto remonta ao *Hire--Purchase Act 1938*, modificado ulteriormente pelo *Hire-Purchase Act 1965*. Actualmente, o regime está contido no *Consumer Credit Act 1974*.

Distingue-se da *conditional sale*, pois esta configura um contrato de compra e venda a prestações, sendo que a propriedade se transmite automaticamente com o pagamento da última prestação. Este instituto corresponde à nossa compra e venda a prestações (com ou sem reserva de propriedade).

Diverge ainda o *hire-purchase* do *credit sale*, pois aqui ocorre um negócio de compra e venda com transmissão automática da propriedade, sendo que aqui é o pagamento do preço que se difere.

Ver, sobre o assunto, Geraint Howells, Consumer debt, London, 1993, pp. 3 ss.

Luís Lima Pinheiro afirma que "o *hire-purchase agreement* é basicamente uma locação com *opção de compra*, ainda que esta seja hoje em dia, em regra, uma mera ficção jurídica" (A cláusula de reserva de propriedade, Coimbra, 1988, p. 37).

Retomando a caracterização da figura, cabe afirmar que o devedor não se encontra obrigado a adquirir o bem, apenas dispondo da "opção de compra", na sequência do cumprimento integral das prestações. Por isso, os contratos prevêem a possibilidade da sua cessação no decurso do período de vigência ou até um acordo com o locatário quanto ao prazo de pré-aviso para exercer o seu direito de aquisição[115].

No decurso do contrato, o locador permanece o proprietário da coisa, sendo que nesse período percebe uma quantia que corresponde ao preço do custo do bem e aos juros.

Confrontando este negócio com a locação financeira, pode afirmar-se, em breves traços, a prevalência, nesta, da função de financiamento, ao invés do que ocorre na locação com opção de compra, onde o lucro obtido emerge da alienação do bem.

5. Locação-venda

Vejamos os elementos essenciais da locação-venda, tendo sempre em vista a comparação com a locação financeira.

Na locação-venda um dos contraentes proporciona o gozo temporário de uma coisa a outrem, mediante retribuição, sendo que no seu termo, com o pagamento da última prestação, o utilizador adquire, de modo imediato e automático, a sua propriedade.

Realcem-se algumas das suas notas distintivas: a remuneração do locador-vendedor excede a retribuição que resultaria do mero gozo da coisa; findo o contrato, a propriedade transfere-se para o locatário com o pagamento de todas as rendas; acresce que tal transmissão não necessita de novas declarações negociais-contratuais.

Do ponto de vista legal, o negócio em causa é tratado em várias normas, sempre em paralelo com a venda a prestações (cfr., *v.g.*, o art. 936º do CC e o art. 104º, nº 2 do CIRE[116]).

A locação-venda apresenta semelhanças, a nível prático, com a venda a prestações com reserva de propriedade, mas a admissibilidade poste-

---

[115] Geraint Howells, Consumer debt, cit., p. 5.
[116] Também a locação-venda configura um contrato de crédito ao consumo sujeito à disciplina do actual DL 133/2009 (art. 2º, nº 1, al. d)), anterior DL 359/91 (cfr. art. 3º, al. a), parte final).

rior desta figura tornou aquela menos apetecível e menos usada na vida negocial[117].

A doutrina parece concordar, de resto, que a sua finalidade é a obtenção de um resultado equivalente ao da venda a prestações[118].

Já no tocante à natureza jurídica as opiniões divergem. Uns reconduzem-no à união alternativa de contratos[119]. Outros configuram-no como uma "compra e venda a prestações com reserva de propriedade por o seu resultado e a sua causa-função serem idênticos"[120]. Outros ainda afirmam que se trata de uma modalidade específica de venda[121].

A locação-venda não se confunde com a locação financeira. À transferência imediata e automática da propriedade no termo do período de vigência contrapõe-se a sua mera transmissão eventual, já que esta transmissão está dependente da vontade (potestativa) do locatário financeiro. Da mesma sorte, o conjunto das prestações, no quadro da locação-venda, corresponde ao pagamento da transferência da propriedade, ao passo que o valor total das rendas a pagar pelo locatário financeiro contempla, entre outros aspectos, o lucro do locador. Aduza-se ainda que à desnecessidade de novas declarações contratuais tendo em vista a aquisição do bem se opõe uma ulterior manifestação do locatário financeiro visando a aceitação do negócio[122].

---

[117] A sua origem antecede, portanto, a venda a prestações (com reserva de propriedade), em virtude de, à data, não ser esta admitida. Tal pacto era "considerado ilícito por violar a regra da transferência imediata da propriedade". Como ainda se afirma "a única utilidade prática que poderia determinar a adopção da locação-venda seria, agora, a de escapar ao regime imperativo que a lei estabelece para a venda a prestações... No entanto, como se verifica pelas disposições que à locação-venda se referem, o legislador acautelou essa possibilidade" (ver Teresa Anselmo Vaz, Alguns aspectos do contrato de compra e venda a prestações e contratos análogos, Coimbra, 1995, pp. 66 e 67).

[118] Ver Teresa Anselmo Vaz, Alguns aspectos do contrato..., cit., p. 73.

[119] Galvão Telles, Manual dos contratos em geral, 3ª Ed., Lisboa, 1965, p. 398, nota 2, Pereira Coelho, Arrendamento. Direito substantivo e processual, Coimbra, 1988, p. 24.
A alternatividade assinalada resulta da dupla via que o locatário pode seguir: pagando este todas as prestações tratar-se-á de uma compra e venda; optando por restituir a coisa, não procedendo portanto ao pagamento de todas as prestações, a disciplina aplicável é a da mera locação.

[120] Teresa Anselmo Vaz, Alguns aspectos do contrato..., cit., p. 73.

[121] Menezes Leitão, Direito das obrigações, Vol. III, 2ª Ed., Coimbra, 2004, p. 73.

[122] Na jurisprudência, distinguindo a locação-venda da locação financeira, o Ac. Rel. Lisboa, de 25.1.1990 (Mora do Vale), CJ, 1990, I, p. 150.

6. Venda a prestações com reserva de propriedade

A proximidade com a locação-venda determina que seguidamente se caracterize a venda a prestações com reserva de propriedade, tendo sempre em vista o cotejo com a locação financeira.

Como se sabe, é actualmente possível ao alienante reservar para si a propriedade da coisa até ao cumprimento total ou parcial das obrigações da outra parte (art. 409º, nº 1 do CC).

Durante o período de vigência do contrato, o comprador a prestações não é o proprietário da coisa, conquanto tenha a possibilidade de dela gozar. No entanto, suporta o risco do seu perecimento ou da sua deterioração[123].

O preço a pagar pelo adquirente a prestações é unitário, sendo contudo realizado de modo fraccionado. Com efeito, o objecto da prestação encontra-se determinado, não dependendo da duração da relação contratual. O pagamento da última prestação faz operar automaticamente a transmissão da propriedade da coisa com eficácia *ex tunc*. Note-se que o preço a pagar não é uma contrapartida do gozo da coisa mas o reflexo da transferência da propriedade.

A reserva de domínio representa para o vendedor uma garantia da satisfação do crédito que detém sobre o comprador. Por um lado, o incumprimento grave do adquirente, nos termos do art. 934º do CC (o não pagamento de uma prestação que seja superior à oitava parte do preço ou o não pagamento de duas prestações), permite ao vendedor resolver o contrato, com a consequente restituição da coisa[124]. Por outro lado, tal reserva obsta à alienação válida da coisa ou à sua execução por pessoa distinta do vendedor.

Refira-se ainda o regime especial (em relação ao art. 781º do CC) quanto à perda do benefício do prazo emergente da venda a prestações com reserva de propriedade (no pressuposto de que foi entregue a coisa): também aqui se impede que a falta de pagamento de uma prestação que não exceda a oitava parte do preço dê lugar ao vencimento de todas as restantes.

---

[123] Menezes Leitão, Direito das Obrigações, III, cit., p. 57.
[124] Alternativamente, pode exigir o pagamento do remanescente do preço.
Ver Teresa Anselmo Vaz, Alguns aspectos do contrato..., cit., p. 19.

A locação financeira apresenta algumas similitudes com a venda a prestações com reserva de propriedade, mas dele se distancia em muitas outras[125].

Em ambos os casos, não há lugar a transmissão da propriedade da coisa, mas tão só à cessão do seu gozo, sendo certo que quer o utilizador da coisa – considerado o seu proprietário económico –, quer o comprador a prestações suportam, entre outros, o risco do seu perecimento ou da sua deterioração (cfr., respectivamente, o art. 15º do DL 149/95 e o art. 796º, nº 3 do CC). Há ainda convergência ao nível da qualificação das prestações, dado que estão em causa parcelas de uma única prestação debitória[126]. Estes são alguns dos pontos de contacto entre os negócios, embora mesmo aqui o modo como operam as consequências descritas divirja num e noutro contrato.

Afasta-se, porém, em muitas outras vertentes. Estruturalmente, na venda a prestações com reserva de propriedade a relação jurídica é meramente bilateral, ao passo que na locação financeira – se bem que o contrato seja celebrado entre locador e locatário – encontra-se ainda envolvida uma terceira pessoa (o vendedor). A operação, globalmente considerada, tem aliás uma estrutura trilateral. Também ao nível da duração do contrato há diferenças substanciais: para além de não existirem restrições de nenhuma ordem na venda a prestações, temporalmente esta é mais limitada. Acresce que o risco de desconformidade da coisa com o contrato não é suportado pelo locador financeiro, ao invés do que ocorre na venda a prestações, já que o alienante corre o risco do cumprimento defeituoso do contrato.

Observe-se ainda que a transmissão da propriedade – que pode até não ocorrer em sede de locação financeira – opera de modo automático na venda a prestações com o pagamento da última parcela do preço, sendo que no *leasing* financeiro, caso se verifique, depende do cumprimento integral das prestações de renda, do exercício do direito de escolha e da posterior celebração do contrato de compra e venda.

Aliás, ao contrário do comprador a prestações, o locatário financeiro dispõe de uma tripla escolha no termo do prazo contratual: ou extingue

---

[125] Quanto à distinção, ver na jurisprudência, entre outros, o Ac. Rel. Lisboa, de 19.5.1992 (Machado Soares), www.dgsi.pt, pp. 3 e 4.
[126] Embora, nalguns casos, o regime a aplicar seja diverso.

o contrato, devendo naturalmente restituir a coisa; ou adquire a coisa, devendo para o efeito exercer o seu direito; ou continua a gozá-la em razão da prorrogação do contrato[127].

7. Aluguer de longa duração
A delimitação do contrato de locação financeira perante figuras que lhe são afins não pode prescindir, em razão da frequência com que é celebrado nos nossos dias e em função da sua proximidade, do estudo do aluguer de longa duração (vulgarmente designado por ALD).

Importa, assim, descrever os seus traços gerais, procurando estabelecer, à medida do desenvolvimento da exposição, a respectiva comparação.

Também aqui um dos contraentes concede ao outro o gozo temporário e retribuído de determinada coisa, *in casu*, um bem móvel. Contudo, o contrato pode conter uma promessa (unilateral ou bilateral) de venda ou pode ainda integrar uma proposta irrevogável de venda inserida na própria locação[128]. Naquele caso, a transferência da propriedade ocorre com a posterior celebração do contrato de compra e venda (na promessa unilateral, depende da vontade do locatário, enquanto que, sendo a promessa bilateral, ambos os contraentes se encontram vinculados à cele-

---

[127] Na jurisprudência, distinguindo a venda a prestações da locação financeira, entre outros, o Ac. STJ, de 17.3.1993 (Cura Mariano), CJ, Ac. STJ, 1993, pp. 10 e 11, e os Acs. Rel. Lisboa, de 21.5.1992 (Machado de Sousa), CJ, 1992, III, p. 179, de 25.1.1990 (Mora do Vale), CJ, 1990, I, p. 150, de 29.6.1989 (Rosa Raposo), CJ, 1989, IV, pp. 111 ss.

[128] Ver Teresa Anselmo Vaz, Alguns aspectos do contrato..., cit., pp. 77 ss.
No Ac. STJ, de 1.2.2011 (Hélder Roque), www.dgsi.pt, assinala-se que "a única semelhança que existe entre o contrato de compra e venda a prestações, instrumento pioneiro da concessão de crédito ao consumidor, em que o crédito é concedido pelo próprio vendedor, através do diferimento da exigibilidade da obrigação de pagamento do preço para um momento futuro, posterior ao imediato cumprimento do dever de entrega da coisa, e o ALD, traduz-se em que, em ambos os casos, existe uma obrigação pecuniária de execução fraccionada, no primeiro, de pagamento do preço, e, no segundo, de reembolso dos fundos adiantados pelo locador". E continua o aresto "embora no ALD, o efeito da transferência da propriedade só se produza com a celebração, em cumprimento do contrato-promessa que a operação comporta, de um futuro contrato prometido de compra e venda entre o locatário e o terceiro interposto pelo locador, este apenas adquire os bens que lhe são, especificamente, solicitados pelo locatário carecido, ao qual cabe suportar os riscos inerentes à qualidade de proprietário do bem de que usufrui o gozo, porquanto o locador age, por conta e risco do locatário".

bração)[129]. Nesta hipótese, tal efeito dá-se com a simples aceitação do locatário da proposta de venda, considerando-se deste modo concluído o contrato de compra e venda.

O locador, durante o período de vigência do negócio, percebe não só o valor suportado com a compra, mas ainda o lucro financeiro. Portanto, no seu termo, o objecto encontra-se integralmente pago, pelo que naturalmente o locatário tem todo o interesse na sua aquisição. Depois de manifestar essa vontade ao locador, concluir-se-á o contrato de compra e venda – só aqui se transferindo, com a celebração deste, a propriedade do bem – por um preço pré-determinado, em regra equivalente ao valor da coisa à data da realização do contrato de aluguer de longa duração.

A figura apresenta semelhanças com a locação financeira, mas desta se distancia em vários domínios[130].

Também aqui a operação globalmente considerada tem uma estrutura trilateral (locador, locatário e fornecedor), sendo que o processo de formação do contrato, de igual modo, não se esgota num só período temporal, prolongando-se ao invés por várias fases (sendo desencadeado normalmente pelo interessado e eventual locatário, que indica posteriormente ao locador qual a coisa que irá ser objecto do contrato). Acresce que tal negócio envolve a prévia aquisição do bem pelo locador com o intuito de, ulteriormente, conceder o seu gozo ao locatário. Este, por sua vez, obriga-se ao pagamento de uma renda que não corresponde ao mero gozo[131].

---

[129] Estando o seu conteúdo já pré-determinado no próprio aluguer de longa duração.

[130] Cfr. Ac. Rel. Guimarães, de 25.1.2011 (Teresa Pardal), www.dgsi.pt ("a diferença ente a locação financeira e o ALD reside no facto de, na primeira, o locatário poder optar pela aquisição do bem locado, sendo unilateral a promessa de venda por parte do locador, enquanto que, no segundo, o locatário fica obrigado à aquisição, tal como o locador fica obrigado à venda, sendo bilateral o compromisso, mediante a celebração do contrato promessa, embora submetido à condição de ter sido cumprido o contrato de aluguer pela locatária. Contudo, é manifesta a semelhança de objectivo e de estrutura entre a locação financeira e o ALD, ambos como figuras contratuais que transcendem o aluguer e a compra e venda e sendo certo que, no presente caso, o valor das rendas convencionadas como retribuição do contrato de aluguer é muito superior a metade do valor atribuído ao bem locado e que o preço de aquisição do veículo depois de decorrido o prazo do contrato de aluguer se encontra perfeitamente determinado").

[131] Aliás, o aluguer de longa duração também configura um contrato de crédito ao consumo (art. 2º, nº 1, al. d) do DL 133/2009, anteriores art. 3º, al. a), parte final e art. 2º, al. a) DL 359/91).

Porém, destaca-se da locação financeira noutras vertentes. Para além de ter por objecto apenas bens móveis[132], o prazo de vigência do contrato é, em regra, inferior. Na maior parte dos casos, ambos os contraentes vinculam-se à celebração do contrato de compra e venda. Aliás, a aquisição do bem é o objectivo primordial a atingir pelo locatário (de longa duração), dado que no termo do contrato já o pagou na totalidade[133]. Não dispõe o locatário (de longa duração) da tripla possibilidade de escolha (faculdade de compra[134], faculdade de não aquisição, prorrogação de contrato), que subjaz ao locatário financeiro[135].

---

[132] Originariamente, o aluguer de longa duração afirmou-se como um negócio que tinha em vista bens de consumo. Ao invés, inicialmente a locação financeira estava limitada aos bens de equipamento.

[133] Há quem entenda que tal objectivo é prosseguido pelo locatário financeiro no caso de *full-pay-out leasing* (locação financeira de amortização integral). Ver, neste sentido, Rui Pinto Duarte, Escritos sobre leasing..., cit., p. 190, nota 15, Paulo Duarte, "Algumas questões sobre o ALD", Estudos de Direito do Consumidor, 3, Coimbra, 2001, p. 323 (o autor sustenta-o com base na "única atitude racionalmente possível", de resto "mais imperativa quando se trata de bens de consumo").
A nosso ver, para além das hipóteses de *non-full-pay-out-leasing*, que não coincidem com tal entendimento, o locatário financeiro à partida parece pretender apenas o direito de usar uma coisa. Uma eventual aquisição é ponderada mais tarde, se o chegar a ser, até porque no termo do contrato a utilidade do bem pode ser escassíssima.

[134] Realce-se que esta faculdade de compra é um elemento caracterizador do contrato de locação financeira (cfr. art. 1º, art. 10º, nº 2, al. e) e art. 21º, nº 1 todos do DL 149/95).

[135] Neste sentido, o Ac. STJ, de 12.10.2010 (Moreira Alves), www.dgsi.pt. ("o contrato atípico de ALD distingue-se da locação financeira (regulada pelo DL nº 149/95, de 24-06, e suas alterações), no âmbito da qual a ideia fundamental não é a aquisição do bem locado, mas sim o seu gozo temporário e oneroso. Não é por via do contrato que o locatário adquire a propriedade da coisa, finda a locação; tal direito resulta directamente da lei, é um direito postestativo que o locatário pode ou não exercer, sem quaisquer consequências jurídicas, i.e., não se constitui em qualquer obrigação jurídica de adquirir o bem ou de indemnizar a locadora financeira, não o fazendo, diferentemente do que ocorre no contrato de ALD, em que o locador se obriga, através do contrato-promessa, a vender o bem ao locatário, finda a locação, sob pena de incorrer em responsabilidade pelo não cumprimento"), www.dgsi.pt, o Ac. Rel. Porto, de 19.12.2000 (Mário Cruz), www.dgsi.pt, esp. pp. 1, 8 e 9 (alude-se a um contrato atípico; assinala-se, como particularidade, a faculdade de o locatário se poder opor à renovação a qualquer momento, mediante comunicação a efectuar ao locador, ainda que se encontre obrigado a indemnizá-lo e releva-se que só nos contratos de *leasing* financeiro há a necessidade de vir explicitada a opção de compra com indicação do valor residual), o Ac. Rel. Coimbra, de 30.9.1997 – sumário (Araújo Ferreira), BMJ, nº 469, 1997, p. 661 (afirma-se que não se confunde a locação financeira com o aluguer de longa duração pois neste "não se encontra

Este é um contrato legalmente atípico – embora socialmente típico – podendo suscitar-se nalgumas hipóteses o recurso à analogia com algumas normas da locação financeira (*v.g.*, no tocante à aplicação do art. 15º do DL 149/95 relativo ao risco de perda ou deterioração do bem locado)[136-137].

---

consagrado o direito potestativo de aquisição futura, típica do leasing"); parece ser este o entendimento que subjaz ao Ac. Rel. Porto, de 14.2.2005 (Marques Pereira), www.dgsi.pt, p. 4, quando a certa altura se refere "a uma operação contratual complexa, ainda não tipificada na lei, conhecida na prática jurídica"..., "levada a cabo ao abrigo do princípio da liberdade contratual".

[136] Cfr Ac. Rel. Guimarães, de 25.1.2011 (Teresa Pardal), www.dgsi.pt ("se assim for convencionado, a resolução de um contrato de ALD, que tem por objecto um veículo, pode ser feita mediante comunicação à outra parte, quer por força da aplicação do regime da locação financeira, quer por aplicação do regime dos contratos de aluguer de veículo sem condutor, quer por aplicação do regime geral do artigo 1047º do CC").

[137] Note-se que Rui Pinto Duarte alude ao ALD como "uma das modalidades de leasing financeiro" (Escritos sobre leasing..., cit., p. 168). Também esta é a posição de Paulo Duarte que invoca o art. 23º do DL 149/95 e afirma consequentemente que o ALD constitui "uma *operação de natureza similar ou com resultados económicos equivalentes* aos da locação financeira" ("Algumas questões sobre o ALD", cit., p. 324, nota 53). Aduz ainda o autor que parece existir "uma essencial homogeneidade jurídico-estrutural entre as duas figuras, não representando aquelas nuances do ALD mais do que *acidentes* incapazes de lhe modificarem a *essência* de verdadeira locação financeira" (aut. ob. cit., p. 324). Conclui por isso que "ou se trata de um contrato estruturalmente assimilável à moldura da locação financeira... submetendo-se ao regime do Decreto-Lei 149/95; ou, diversamente, se trata de operação apenas economicamente similar e, então, desde que inserido numa prática habitual, não resistirá à nulidade provocada pelo desrespeito daquela proibição legal (art. 294º do Código Civil)" (aut. ob. cit., pp. 324 e 325). A nosso ver, a expressão "nenhuma entidade pode realizar...", prevista na parte inicial do art. 23º DL 149/95 deve interpretar-se no sentido de se considerar que nenhuma outra entidade – para além dos bancos, das sociedades de locação financeira e das instituições financeiras de crédito – pode realizar, com carácter de habitualidade tais operações.

Capítulo III
Sujeitos do contrato de locação financeira

§ 1. Os sujeitos do contrato de locação financeira. 1. O locador financeiro. 1.1. Tipos de locador financeiro. 1.2. As sociedades de locação financeira. 1.2.1. O quadro legal: antecedentes e a situação actual. 1.2.2. O objecto das sociedades de locação financeira. 1.2.3. Constituição de consórcios para a realização de *operações* de locação financeira. 1.2.4. Actos proibidos. 2. O locatário financeiro. § 2. O fornecedor como sujeito que participa na operação globalmente considerada.

Atendemos agora aos sujeitos do contrato de locação financeira. Aqui importa relevar, em larga medida, a figura do locador financeiro não só por ser o vértice da operação em causa, perspectivada globalmente, como ainda pela circunstância de existir uma regulamentação específica no tocante às sociedades de locação financeira, sem prejuízo da aplicação do regime geral relativo às instituições de crédito em geral. Abordamos ainda, sumariamente, alguns aspectos relativos à pessoa do locatário financeiro, contraparte no específico contrato celebrado. Por fim, embora não sendo parte no negócio em estudo, não deixamos de fazer uma referência ao fornecedor, pelo facto de integrar a operação complexa.

§ 1. Os sujeitos do contrato de locação financeira

1. O locador financeiro

1.1. Tipos de locador financeiro

Inicialmente apenas era permitidao a alguns tipos de instituições de crédito (adoptando-se aqui a designação actual) celebrar contratos de locação financeira na veste de locador. Assim, somente os bancos e as sociedades de locação financeira podiam concluir negócios deste tipo.

Tal resultava do art. 4º do DL 72/95, o qual determinava que "para além dos bancos, só as sociedades de locação financeira podem celebrar, de forma habitual, na qualidade de locador, contratos de locação financeira". Quanto àqueles, o art. 4º, nº 1, al. b) do DL 298/92 permitia-lhes efectuar "operações de crédito, incluindo... [a de] locação financeira". Relativamente a estas, é o art. 1º, nº 1 do DL 72/95 (que as regulamenta) a estabelecer que o seu objecto principal é o "exercício da actividade de locação financeira"[138].

A situação actual é distinta. Na verdade, com a recente criação das instituições financeiras de crédito – IFIC, através do DL 186/2002, de 21 de Agosto, estende-se o âmbito das entidades que podem realizar tais negócios. Essas entidades, que têm por objecto as "operações permitidas aos bancos, com excepção da recepção de depósitos" (art. 1º do DL 186/2002), podem também celebrar, com carácter de habitualidade, contratos de locação financeira. Tal emerge com clareza do próprio preâmbulo. Nele de afirma que "a existência de uma espécie de instituição de crédito que, nomeadamente, possa desenvolver todas as actividades hoje permitidas às sociedades de locação financeira... é um instrumento eficiente de concorrência em mercado aberto" (§ 3 Preâmbulo).

Mas, concomitantemente com a publicação deste último diploma, foi revogado o art. 4º DL 72/95 (art. 4º do DL 186/2002), o que permite

---

[138] Note-se que as sociedades financeiras não são instituições de crédito, embora possam exercer como actividade principal a maior parte das operações permitidas aos bancos, com ressalva, entre outras, das operações de locação financeira (art. 5º DL 298/92).

a outras instituições de crédito realizar também (com carácter de habitualidade) operações de locação financeira[139].

Não se esqueça que o art. 8º, nº 2 do DL 298/92 consagra o princípio da reserva ou da exclusividade quanto à actividade de locação financeira.

1.2. As sociedades de locação financeira

Pela sua particular importância, impõe-se uma descrição sumária das sociedades de locação financeira.

1.2.1. O quadro legal: antecedentes e a situação actual

As sociedades de locação financeira, desde os primórdios da regulamentação legal, encontram-se reguladas em diploma específico.

Como referimos, num primeiro momento, tal ocorreu através do DL 135/79, de 18 de Maio[140], tendo este sido posteriormente revogado pelo DL 103/86, de 19 de Maio[141].

---

[139] Em Espanha, a Ley 3/1994 contém uma reserva de actividade no tocante às operações de locação financeira. Assim, só as *entidades de crédito* e os *establecimientos financieros de crédito* podem celebrar contratos de locação financeira (ver, sobre o assunto, González Castilla, Leasing financiero mobiliario, cit., pp. 69 ss.
Por sua vez, em Itália, esta actividade encontra-se reservada aos *intermediari bancari e finanziari* – art. 10º, d. lgs. 385/93 e art. 106º t.u.l.b. (cfr., quanto ao estado da situação, Rodolfo la Torre, Manuale della Locazione Finanziaria, cit., pp. 130 ss.).

[140] O art. 7º, nº 2 desse diploma – que limitava as responsabilidades exigíveis a curto prazo das referidas sociedades em função das suas responsabilidades totais – foi alterado pelo DL 25/83, de 22 de Janeiro. Por sua vez, o art. 11º, nº 1 do diploma em causa – relativo ao regime de proibição de operações contratuais realizadas entre as sociedades de locação financeira e os membros dos órgãos de gestão ou de fiscalização – foi modificado pelo DL 97/83, de 17 de Fevereiro.
Ver ainda o DL 286/85, de 22 de Julho, que impôs limites às sociedades de locação financeira quanto à realização de operações com uma só entidade, tendo como propósito a defesa de solvabilidade daquelas.
Nessa data, as sociedades de locação financeira eram qualificadas como instituições parabancárias (ver, sobre o assunto, Rui Pinto Duarte, Escritos sobre leasing..., cit., pp. 31 ss).

[141] O propósito da introdução de uma distinta (embora só parcialmente) disciplina foi, como se salienta no preâmbulo, o de assegurar às referidas sociedades "plenas condições de operacionalidade" (§ 2), no sentido de, entre outros aspectos, "permitir um desenvolvimento mais harmonioso das várias modalidades de operações que estas sociedades são autorizadas a praticar" (§ 3).

Actualmente, o DL 72/95, de 15 de Abril – que revogou o texto legal de 86 –, rege os aspectos específicos relativos às sociedades de locação financeira, sem prejuízo da aplicação das disposições do regime geral das instituições de crédito e das sociedades financeiras (DL 298/92, de 31 de Dezembro). O DL 72/95 foi, contudo, objecto de pontuais, mas significativas, alterações. Umas decorrentes do DL 285/2001, de 3 de Novembro, outras, como se referiu, resultantes do DL 186/2002, de 21 de Agosto[142].

1.2.2. O objecto das sociedades de locação financeira

Determina-se no art. 1º do DL 72/95 que o "objecto exclusivo" de tais sociedades, de natureza mercantil[143], é "o exercício da actividade de locação financeira". Portanto, o que está aqui em causa é a conclusão de contratos de locação financeira por parte destas instituições de crédito (na qualidade de locadoras) com os respectivos locatários, sendo que, nesse âmbito, podem praticar todos os actos necessários para a prossecução dessa actividade (*v.g.*, a aquisição de bens para dar em locação).

Porém, tal não prejudica, como decorre do art. 1º, nº 2 do DL 72/95, a prática de outros actos, conquanto esta esteja sujeita a requisitos específicos. Em primeiro lugar, deve revestir natureza acessória, por contraposição à actividade de locação financeira exercida a título principal. Em segundo lugar, impõe-se a conexão dos actos executados com a locação financeira. Isto porque, em princípio, estão limitados aos bens que, no quadro do referido negócio, lhes tenham sido restituídos pelo locatário. Acresce que essa restituição deve ter na sua base a resolução do con-

---

[142] Também em Espanha ocorreu um alargamento quanto aos sujeitos habilitados a realizar contratos de locação financeira (ver, relativamente à evolução e quanto a algumas críticas que são efectuadas à extensão dos sujeitos, Garcia Garnica, El régimen jurídico..., cit., pp. 103 ss.). Deve ainda referir-se a discussão doutrinária existente no tocante à possibilidade de o locador não ser uma pessoa legalmente habilitada (ver o últ. aut. ob. cit., pp. 107 ss.).
Sobre a situação em Itália, ver Renato Clarizia, I contratti nuovi, cit., pp. 107 e 108.

[143] Não se suscitam duvidas quanto à qualificação das sociedades como mercantis (art. 13º, nº 2 do CCom.): o seu objecto consiste na prática de actos objectivos de comércio (art. 1º, nº 2 do CSC e art. 2º, 1ª parte do CCom.). As operações de banco assumem, como determina o art. 362º do CCom., "natureza comercial".

trato celebrado[144] ou a extinção do negócio em razão do não exercício do direito de aquisição pelo locatário[145].

Verificados estes pressupostos mostra-se então possível, em relação ao bem cujo gozo foi concedido, a prática de actos de natureza diversa.

Desde logo, a coisa é susceptível de alienação. Deve, porém, questionar-se o tipo de negócios que aqui se integram. Dúvidas não se suscitam quanto à compra e venda ou à dação em cumprimento, mas a resposta não é tão clara, *v.g.*, no tocante à troca, parecendo ser de afastar a doação em razão do seu carácter gratuito.

Mostra-se ainda possível a oneração dos bens entregues. Alude-se à "cessão de exploração" – em regra, um termo especificamente empregue para designar a transmissão temporária de um estabelecimento comercial[146] –, e à "locação" de bens que foram restituídos[147]. Portanto, é viável a realização de contratos de aluguer ou de arrendamento. Já não se mostram consentâneos com o teor da norma outros actos de oneração, como por exemplo o penhor ou a hipoteca.

Permite-se ainda a prática de actos de administração relativamente aos bens restituídos. Tem-se aqui em vista a distinção entre actos de administração e actos de disposição de bens, parecendo caber naqueles quer os actos de mera administração quer os actos de administração extraordinária[148]. É de notar que a locação (à qual o legislador se referiu expressamente), nos termos do art. 1024º, nº 1 do CC, configura um acto de administração ordinária.

---

[144] Tem-se aqui em vista, a nosso ver, a resolução do contrato de locação financeira por incumprimento do locatário. Note-se que no caso do inadimplemento do vendedor que possa originar a resolução dos contratos de compra e venda e (reflexamente) de locação financeira por parte do locatário não importa, em princípio, a restituição do bem ao locador mas sim ao vendedor.

[145] Do teor da lei parece não ser possível, no caso da cessação do contrato por mútuo acordo em que se preveja a restituição do bem ao locador, a prática dos actos mencionados no art. 1º, nº 2.

[146] Ver Gravato Morais, Alienação e oneração de estabelecimento comercial, cit., pp. 135 ss.

[147] Parece-nos suficiente a alusão à locação, já que a cessão de exploração é uma das formas que aquela pode assumir.

[148] Ver Menezes Cordeiro, Tratado de Direito Civil Português, I, 2ª Ed., Coimbra, 2000, pp. 322 e 323, Manuel de Andrade, Teoria geral da relação jurídica, Vol. II, Coimbra, 1992 (reimp.), pp. 61 ss.

Deve salientar-se, por fim, que as sociedades em causa podem ainda – fora do quadro agora descrito e, portanto, das restrições impostas – dar em locação bens móveis. Tem-se aqui em vista, como decorre do § 4 do Preâmbulo do DL 285/2001, "dotar as referidas instituições da possibilidade de realizar operações de locação simples (também designada *locação operacional*) de bens móveis".

1.2.3. Constituição de consórcios para a realização de *operações* de locação financeira

Qualquer das entidades habilitadas a exercer a actividade de locação financeira pode constituir consórcios tendo em vista a celebração de um ou de vários contratos de locação financeira (art. 7º do DL 72/95).

O recurso a esta figura data já do primeiro regime jurídico sobre a matéria – o art. 10º do DL 135/79 –, não sendo portanto uma novidade do diploma de 1995. No entanto, foram introduzidas várias modificações ao preceito no sentido de desburocratizar os trâmites originários[149].

Frequentemente, a constituição de consórcios tem na sua base a celebração de contratos de locação financeira com um valor bastante elevado (imagine-se que é concedido o gozo ao locatário de 500 tractores). A conclusão do negócio com uma única sociedade envolveria riscos desmesurados, designadamente no caso de incumprimento (ou de insolvência) do locatário. A figura do consórcio permite, desta sorte, efectuar uma repartição do risco do crédito por duas ou por mais sociedades de locação financeira[150].

---

[149] Na versão inicial, exigia-se a comunicação ao Banco de Portugal da constituição do consórcio (art. 10º, nº 2 DL 135/79).

[150] Em Itália, na falta de lei expressa, Rodolfo la Torre aborda a problemática aludindo às "operazione di locazione finanziaria in *pool*", entendendo como tal todas aquelas em que "participa uma pluralidade de intermediários na concessão do financiamento através da concessão do gozo de um bem em locação financeira". Assinala o autor que se pretende aqui repartir os riscos do crédito entre várias pessoas, especialmente quando o seu valor é muito relevante. Daí que tal suceda quando estão em causa navios ou grandes imóveis, devendo todavia tratar--se de bens indivisíveis. Ora, como se sustenta tal circunstância não afecta, a nenhum título, o contrato de locação financeira, sendo que os aspectos problemáticos suscitados resultam das relações entre os sujeitos participantes no *pool*. Na análise efectuada, Rodolfo la Torre rejeita, quanto à forma de organização dos referidos sujeitos, a recondução à associação em participação, assim como ao consórcio com actividade externa, defendendo aqui a subsunção à *joint-venture* (Manuale della locazione finanziaria, cit., pp. 290 ss.).

1.2.4. Actos proibidos
Enumera ainda o regime jurídico das sociedades de locação financeira alguns actos a estas vedados.

É o que sucede com "a prestação dos serviços complementares da actividade de locação operacional" (art. 1º-A do DL 72/95, introduzido pelo DL 285/2001, de 3 de Novembro).

Assim, não é, por exemplo, permitida às sociedades de locação financeira a realização de serviços de manutenção e de assistência técnica de bens locados.

Nada impede, todavia, que as sociedades de locação financeira celebrem contratos de prestação de serviços com terceiros, a elas estranhos.

2. O locatário financeiro
Ao contrário do que sucede com o locador, não se exigem requisitos específicos para que uma pessoa possa contratar com aquele, na qualidade de locatário.

Mostra-se suficiente a verificação dos requisitos gerais para a prática de qualquer negócio jurídico. Assim, o locatário pode ser qualquer pessoa, singular ou colectiva, com capacidade de gozo e de exercício de direitos.

A situação era, também quanto a este, distinta na fase inicial. Assim, em 1979, começou por se admitir apenas a locação financeira de bens de equipamento, no tocante aos móveis (art. 2º do DL 171/79), e de bens afectos exclusivamente ao investimento produtivo, na indústria, na agricultura, no comércio, entre outros, quanto aos bens imóveis (art. 3º, nº 1 do DL 171/79). A conclusão a extrair era a de que a locação financeira estava vedada relativamente aos bens de consumo e, portanto, aos consumidores. Este negócio estava limitado às empresas, singulares ou colectivas, entendidas estas em sentido lato (não englobando portanto apenas as comerciais), aos profissionais liberais, às entidades públicas, entre outras[151-152].

A perspectiva do legislador foi-se modificando ao longo dos tempos. O DL 149/95 veio afastar definitivamente as restrições resultantes do regime jurídico originário (cfr. art. 2º, nº 1). Contudo, parece poder afir-

---

[151] Cfr. Jorge Costa Santos, "Sobre a locação financeira pública de equipamento militar", cit., pp. 602 ss. e 618 ss.
[152] Ver Garcia Garnica, El Régímen Jurídico..., cit., pp. 112 ss.

mar-se que já desde 1991, no quadro do DL 359/91, relativo ao crédito ao consumo, se admitia que também um consumidor – pessoa física que actua com objectivos alheios à sua actividade comercial ou profissional[153] – pudesse celebrar contratos de locação financeira.

§ 2. O fornecedor

Não dispensamos uma breve referência à contraparte do locador financeiro. Estamos a referir-nos à figura do vendedor (ou do empreiteiro, como se assinala no art. 13º). Justifiquemos. Embora não sendo parte no contrato de locação financeira, ele não só integra a operação global (de estrutura triangular) tida em vista, como também estabelece relações de facto com o eventual locatário, sendo que nalgumas circunstâncias este último pode mesmo reagir junto de si (*v.g.*, no caso de desconformidade da coisa com o contrato).

Em regra, não se mostram necessárias, também aqui, condições particulares para a contratação com o locador financeiro. Assim, o fornecedor pode ser o produtor de bens ou pode ser um mero vendedor. Queremos com isto afirmar que será normalmente uma empresa cuja actividade principal ou secundária consiste na produção ou na venda de bens.

De todo o modo, em determinadas circunstâncias, há outros requisitos de carácter geral que se impõem (mas que não estão directamente relacionados com a actividade de locação financeira) e que, consequentemente, afectam esta específica negociação. Por exemplo, nos casos em que o locador mande construir um bem imóvel por indicação do locatário, o fornecedor deve ser uma empresa de construção devidamente licenciada.

---

[153] Esta é também a perspectiva geral adoptada nos países da União Europeia.
Ver, em Espanha, González Castilla, Leasing financiero mobiliario, cit., pp. 72 ss., Marín Lopez, "El arrendamiento financiero...", cit., p. 1025, e Garcia Garnica, El régimen jurídico..., cit., pp. 110 ss..
Em Itália é também este o perfil adoptado. Também aqui tal resulta da *t.u.l.b.*, no art. 121º, nº 4, al. f) (cfr. Rodolfo la Torre, Manuale della Locazione Financiaria, cit., p. 140 e Renato Clarizia, I contratti nuovi..., cit., pp. 108 e 109).
Note-se que em geral nos países citados a visão inicial era semelhante à primeira legislação portuguesa. O contrato de locação financeira era originariamente um *contratto di impresa bilaterale*, caracterizado pela necessidade de ambas as partes serem empresas (ver Rodolfo la Torre, Manuale della Locazione Financiaria, cit., p. 140).

Capítulo IV
Formação, celebração e eficácia do contrato de locação financeira

§ 1. Formação do contrato. § 2. Celebração do contrato. 1. O contrato de locação financeira como contrato de adesão. 2. Forma e formalidades. 2.1. Bens móveis não sujeitos a registo. 2.2. Bens móveis sujeitos a registo. 2.3. Bens imóveis. 2.4. O caso especial dos bens de consumo. 3. Publicidade. § 4. Eficácia.

§ 1. Formação do contrato

Como deixámos antever, o processo de formação do contrato de locação financeira não se esgota num único momento temporal. Antes se prolonga sucessivamente no tempo, diluindo-se em várias fases e envolvendo, por via de regra, a participação de três pessoas distintas.

Em princípio, o interessado na celebração do contrato de locação financeira efectua previamente um contacto com o fornecedor e escolhe a coisa a locar, assim como define as condições da sua aquisição pelo (futuro) locador. Posteriormente, dirige uma "proposta de financiamento" em documento elaborado pela própria instituição de crédito, o qual se encontra algumas vezes até na posse do fornecedor[154].

---

[154] Habitualmente, a doutrina distingue o *leasing* financeiro directo, em que é o próprio vendedor que *acorda* a locação financeira com o cliente, do *leasing* financeiro indirecto, que se caracteriza pela interposição de uma instituição de crédito entre o fornecedor e o utilizador

Tal "proposta de financiamento" não só identifica o potencial locatário financeiro (designado proponente) e o eventual fornecedor, como também descreve com precisão o objecto cujo gozo irá ser concedido e as "condições de financiamento" pretendidas (tais como, o valor da entrada inicial e o prazo da operação). Para além destes dados, há informações de cariz diverso relativas ao património, aos rendimentos mensais, às referências bancárias do "proponente", sem descurar o seu cônjuge e eventuais garantes (por exemplo, os fiadores ou os avalistas).

Juntamente com o documento, segue em anexo uma factura pró-forma que discrimina os dados do específico fornecedor e identifica com detalhe a coisa (*v.g.*, no caso de um automóvel, o tipo, a categoria, a marca e o modelo, com indicação do respectivo preço – com e sem IVA, e eventualmente os *extras* pretendidos).

Esta proposta é então avaliada pela instituição de crédito – em particular, os aspectos relativos à solvência do proponente, sem descurar os dados relativos ao próprio vendedor –, que emitirá em seguida um parecer.

Cumpre referir que aquela entidade não se encontra vinculada à aceitação da "proposta de financiamento". Cabe-lhe valorar o risco da operação, para depois se decidir pela sua aceitação ou pela sua recusa. Note-se que nada impede que, por exemplo, depois de tal avaliação, o locador exija, por exemplo, outro tipo de garantias.

Estamos assim numa fase pré-negocial que determina (caso se venha a concretizar a operação), por um lado, os moldes da compra e venda, mas também, por outro, os termos da locação financeira.

Aceitando os contornos da operação, a instituição de crédito, que dispõe de formulários por si elaborados previamente – donde constam no verso do documento as "condições gerais" e na sua frente as "condições particulares" – apresenta-os ao interessado para que se proceda ao preenchimento dos dados e à respectiva assinatura.

(cfr. González Castilla, Leasing financiero mobiliario, cit., p. 32). Ver Leite de Campos, "Análise tipológica...", cit., pp. 7 e 8.
Releve-se ainda que no designado "leasing convenzionato" a iniciativa parte do fornecedor e não do interessado em razão do contrato-quadro anteriormente celebrado e ao abrigo do qual o locador se vincula a adquirir o bem para posteriormente conceder o seu gozo ao utilizador indicado pelo fornecedor (Lucio Ghia, I contratti di finanziamento..., cit., p. 26).

Esta fase culmina, portanto, com a subscrição do contrato de locação financeira.

Note-se que se porventura o interessado procedeu à "encomenda dos bens" junto do fornecedor, tendo em vista um "contrato futuro" antes de ter celebrado o contrato de *leasing* financeiro, tal encomenda não vincula o locador, que não pode "ser, de modo algum, responsabilizado por prejuízos eventuais decorrentes da não conclusão do contrato" [de compra e venda] (art. 22º do DL 149/95).

O interessado actua, nesta fase, em nome e por conta própria, sendo que todos os actos praticados produzem efeitos directamente na sua esfera jurídica. Não se comporta como mandatário do locador tendo em vista a celebração do contrato de compra e venda[155].

Caso a compra e venda não se venha a realizar (porque, *v.g.*, a instituição de crédito não aprovou a proposta de financiamento) e no pressuposto de que foi encomendada a coisa pelo interessado junto do fornecedor, impõe-se saber se tal encomenda foi efectuada sem qualquer ressalva ou se dela resulta a eventualidade da compra e venda. Só naquela hipótese pode haver lugar à responsabilização do fornecedor pelos prejuízos decorrentes da não conclusão do contrato de compra e venda, tendo por base o art. 227º do CC[156].

§ 2. Celebração do contrato

1. O contrato de locação financeira como contrato de adesão

Como mencionámos, as estipulações apostas no contrato de locação financeira são elaboradas sem prévia negociação individual.

Normalmente, nos formulários encontram-se dois tipos de condições:

– as condições particulares, na sua frente, contêm a identificação dos contraentes (e também do fornecedor), a pormenorizada descrição do objecto a locar, assim como o preço de aquisição, os aspectos relativos à duração do contrato, às rendas (designadamente o montante de cada uma delas e a sua periodicidade) e a outras despesas,

---

[155] Calvão da Silva, "Locação financeira e garantia bancária", cit., p. 15.
[156] Cfr. Calvão da Silva, "Locação financeira e garantia bancária", cit., p. 16, notas 6 e 7, e Leite de Campos, "Ensaio de análise tipológica...", cit., pp. 11 e 12.

o valor residual, o local da entrega e da (eventual) restituição da coisa e o tipo de garantias prestadas;
- as condições gerais, no seu verso, integram a disciplina pormenorizada do contrato, desde as cláusulas relativas ao início de vigência da locação e à entrega do equipamento, passando pelas que isentam a locadora de responsabilidade, entre muitos outros aspectos.

Tais estipulações estão, em razão da sua pré-disposição, sujeitas ao regime jurídico das cláusulas contratuais gerais, o DL 446/85, de 25 de Outubro[157].

Assim, exige-se a sua comunicação "na íntegra", "de modo adequado" e "com a antecedência necessária" aos aderentes (*in casu*, aos locatários financeiros) – art. 5º DL 446/85.

Uma observação particular para o facto de não se considerar adequada, como afirma Carlos Ferreira de Almeida, "a comunicação que, para um aderente normal seja surpreendente em função do contexto, da epígrafe, da apresentação gráfica ou da inserção depois da assinatura do aderente (art. 8º, als. c) e d) do DL 446/85). Por exemplo, as cláusulas impressas no verso da página onde consta a assinatura do aderente devem considerar-se sempre como colocadas depois dela. Só através de algum outro meio adequado de inserção se pode salvar a ineficácia de tais cláusulas"[158].

Assinale-se que o ónus da prova da comunicação adequada e efectiva cabe aqui ao locador financeiro (art. 5º, nº 3 do DL 446/85).

Cabe ainda a este informar, de acordo com as circunstâncias, a outra parte dos aspectos compreendidos nas cláusulas cuja aclaração se justi-

---

[157] É neste aspecto pacífico o entendimento na doutrina e na jurisprudência portuguesas. Ver, entre outros, o Ac. Rel. Porto, de 23.11.1993 (Matos Fernandes), CJ, 1993, V, p. 227 (afirma-se que "tais características, as da pré-elaboração, da rigidez e da indeterminação... são ostensivas nas 'propostas de locação financeira', que são impressos fornecidos pela A. [a sociedade de locação financeira] de que já constam as 'cláusulas gerais', impressos que são colocados à disposição dos aderentes, a exemplo do que vulgarmente sucede com outros contratos de adesão, como os contratos de seguro ou de transporte").
Sobre o assunto, na doutrina italiana, ver Rodolfo la Torre, Manuale della Locazione Finanziaria, cit., pp. 194 ss. (observa o autor que tais contratos estão sujeitos à disciplina dos arts. 1341º e 1342º CCIt., relativos aos contratos de adesão) e Lucio Ghia, I contratti di finanziamento..., cit., pp. 26 e 27.
[158] Contratos, I, cit., p. 152.

fique, assim como todos os esclarecimentos razoáveis solicitados (art. 6º do DL 446/85).

Não sendo cumpridos tais deveres, as cláusulas consideram-se excluídas dos contratos singulares (art. 8º do DL 446/85), mantendo-se todavia estes em vigor (art. 9º do DL 446/85)[159].

De igual modo, estes contratos estão sujeitos a um controlo rigoroso do seu conteúdo. As suas cláusulas podem vir a ser consideradas proibidas – caso se verifique algumas das hipóteses previstas nos arts. 15º a 22º do DL 446/85 – e, por isso, nulas (art. 12º do DL 446/85). Todavia, a sanção que sobre aquelas impende não importa necessariamente a invalidade do contrato, já que o locatário pode optar pela sua manutenção, ao abrigo do art. 13º do DL 446/85, ou, se tal faculdade não for exercida, a aplicação do regime da redução dos negócios jurídicos, nos termos do art. 14º do DL 446/85.

Atendendo a que, ao longo deste estudo e sempre que se mostrar pertinente, iremos analisar o conteúdo de algumas dessas estipulações, não tratamos agora da sua análise em particular.

2. Forma e formalidades

Quanto à forma do contrato, determina-se a adopção de procedimentos distintos em razão da especificidade do bem em causa.

Face à disciplina originária, simplificaram-se – por via da alteração imposta pelo DL 265/97, de 2 de Outubro – as solenidades inicialmente exigidas[160], acentuando-se assim uma tendência que se manifesta também ao nível de outros contratos[161].

---

[159] No Ac. Rel. Porto, de 23.11.1993 (Matos Fernandes), cit., o locatário invocou a nulidade dos contratos – não entendendo o tribunal se tal se fundamentava na omissão do dever de comunicação ou na falta do dever de informação –, mas o aresto indica que "a sanção radical da nulidade dos contratos só ocorre nos casos do nº 2 do art. 9º do cit. Dec-Lei, depois de se verificar que os contratos não podem ser simplesmente reduzidos" (p. 227).

[160] Para os bens móveis exigia-se um documento particular com reconhecimento, por semelhança, da assinatura dos outorgantes. No tocante aos bens móveis sujeitos a registo, impunha-se também um documento particular, mas com autenticação notarial. Quanto aos bens imóveis, mostrava-se necessária a escritura pública.

[161] Pense-se por exemplo, no arrendamento comercial do imóvel, no trespasse ou na cessão de exploração de estabelecimento comercial.

2.1. Bens móveis não sujeitos a registo

Caso se trate de um mero bem móvel (ou seja, não sujeito a registo) é suficiente (conquanto também necessária) a redução a escrito do contrato, devidamente assinado pelas partes (art. 3º, nº 1, 1ª parte do DL 149/95). Embora aí se consagre o termo "podem", tal deve ser entendido como uma imposição. Interpretação esta que, de resto, se mostra consentânea com a 2ª parte do normativo. Aí utiliza-se a locução "exigindo-se".

2.2. Bens móveis sujeitos a registo

Se estivermos perante um bem móvel sujeito a registo (*v.g.*, um automóvel, um navio), o contrato deve igualmente ser celebrado por escrito.

Para além disso, deve conter um conjunto de menções que complementam a identificação do locatário financeiro – que deve subscrever o contrato – a saber:

– o número,
– a data,
– a entidade emitente do bilhete de identidade ou do documento equivalente emitido pela autoridade competente de um dos países da união europeia ou do passaporte.

É o que resulta do art. 3º, nº 4 do DL 149/95.

Pretende-se com tal procedimento uma identificação precisa e rigorosa do locatário, que facilite ao locador, num futuro e eventual conflito, *v.g.*, a instauração de uma acção judicial.

2.3. Bens imóveis

Estando em causa bens imóveis exige-se, de igual sorte, a redução a escrito do contrato.

A falta de redução a escrito do contrato importa a nulidade, nos termos do art. 220º do CC (o que se aplica nas duas hipóteses anteriormente assinaladas).

Por outro lado, mantém-se a possibilidade que resultava do texto anterior à alteração do DL 30/2008. Assim, há duas formalidades que se impõem:

– a exigência do reconhecimento presencial das assinaturas dos contratantes (art. 3º, nº 2, 1ª parte do DL 149/95); e

- a certificação, pela entidade que efectua o reconhecimento, da existência da licença de utilização ou de construção do imóvel (art. 3º, nº 2, 1ª parte do DL 149/95).

Pode discutir-se se a mesma sanção subjaz à inexistência de reconhecimento presencial das assinaturas[162], tal como à falta da licença de utilização ou de construção do prédio.

O propósito daquela exigência é o de tornar as partes cientes do vínculo que assumem, obrigando-as a uma maior reflexão no tocante ao acto que realizam. É por isso, a nosso ver, uma formalidade *ad substantiam*, acarretando a sua inobservância, de igual sorte, a nulidade do contrato. O mesmo se pode sustentar quanto à falta da licença de utilização ou de construção do imóvel.

Conquanto o contrato de locação financeira seja nulo (perante aquele ausência), parece-nos aqui aplicável – por analogia – o regime constante do art. 410º, nº 3, parte final do CC. Assim, o locador que cede o gozo do imóvel "só pode invocar a omissão destes requisitos quando a mesma tenha sido culposamente causada pela outra parte"[163].

---

[162] Em face do anterior regime, o reconhecimento presencial por semelhança não constituiu, para o Ac. STJ, de 10.2.2002 (Ferreira de Almeida) – na esteira do Ac. STJ, de 28.1.1997, citado na decisão –, uma formalidade *ad substantiam*, em razão de o reconhecimento da assinatura em contratos desta natureza ter a sua razão de ser "na preocupação de proteger os interesses dos locatários, a parte mais fraca, pondo-a a recato de eventuais irregularidades com as assinaturas do contrato, até porque nem sequer têm de se deslocar ao notário, o que os poderia obrigar a reflectir sobre o acto, podendo encarregar qualquer pessoa – normalmente a locadora – de tratar do reconhecimento" (CJ, Ac. STJ, 2002, I, p. 78).
Já no Ac. STJ, de 5.2.1998 (Torres Paulo), BMJ, nº 474, 1998, p. 443, se afirma peremptoriamente que a sanção para tal vício "à falta de disposição legal especial expressa é a nulidade, como prescreve o art. 220º do Código Civil". Aduz-se ainda que "são factores justificativos deste procedimento legal a melhor reflexão das partes que a defendam contra a precipitação, a facilidade de prova, a publicidade, a clareza do conteúdo, o acautelar a oposição de terceiros, a certeza e a segurança".
[163] Cfr. Gravato Morais, Contrato-promessa em geral. Contrato-promessa em especial, Coimbra, 2009, pp. 263 ss., esp. 267 ss.
Refira-se que, no quadro do regime do arrendamento urbano, a falta da licença de utilização pode acarretar as seguintes consequências: por um lado, o senhorio está sujeito ao pagamento de uma coima não inferior a um ano de renda; por outro, o arrendatário pode resolver o contrato, podendo a esta acrescer uma indemnização nos termos gerais (art. 5º, nºs 5, 6 e 7 do DL 160/2006, de 8 de Agosto).

Com a alteração decorrente do DL 30/2008, permite-se uma via alternativa, em sede de formalidades, a saber:

- as assinaturas das partes podem ser "efectuadas na presença dos funcionários dos serviços do registo, aquando da apresentação do pedido de registo" (art. 3º, nº 2, 2ª parte do DL 149/95);
- o funcionário do registo tem competência para verificar a existência da licença de utilização ou de construção do imóvel (art. 3º, nº 3, 2ª parte do DL 149/95).

2.4. O caso especial dos bens de consumo

As regras enunciadas modificam-se no âmbito da locação financeira para consumo (sendo que aqui estão em causa bens móveis), visto que se emprega o regime constante do art. 12º, nº 1 e nº 2 do DL 133/2009.

Esta disciplina especial determina a redução a escrito do contrato, a assinatura das partes e a entrega de um exemplar do contrato de locação financeira no momento da respectiva assinatura.

Não sendo observado qualquer dos procedimentos exigidos, o contrato é nulo (art. 13º, nº 1 do DL 133/2009). Tal invalidade presume-se imputável ao locador, apenas podendo ser invocada pelo locatário (art. 13º, nº 5 do DL 133/2009). Note-se que o locatário pode aproveitar-se do regime especial consagrado no art. 13º, nº 7, al. b) do DL 133/2009. Assim, se não tiver invocado a nulidade, desde que demonstre a existência do contrato (*v.g.*, através de prova testemunhal), pode – mantendo o contrato – beneficiar da redução da obrigação de pagamento da renda ao montante do crédito concedido (sem juros, portanto), ficando ainda com a possibilidade de efectuar o pagamento nos prazos acordados[164].

3. Publicidade

A locação financeira de bens móveis sujeitos a registo (*v.g*, automóveis, navios, aeronaves), assim como a locação financeira de bens imóveis, encontram-se sujeitas ao registo dos respectivos contratos (art. 3º, nº 5 do DL 149/95).

---

[164] Cfr. Gravato Morais, Crédito aos Consumidores – Anotação do DL nº 133/2009, cit., pp. 59 ss., Contratos de Crédito ao Consumo, Coimbra, 2007, pp. 95 ss., e "Do regime jurídico do crédito ao consumo", SI, 2000, pp. 390 ss.

Impõe-se assim o preenchimento de um formulário junto da competente conservatória. Nesse documento, procede-se à identificação do locador e do locatário.

O facto sujeito a registo é o próprio contrato de locação financeira (art. 2º, nº 1, al. l) do CRP)[165].

O início e o termo do negócio devem constar igualmente desse documento, visto que o extracto das inscrições deve conter tais elementos (art. 95º, nº 1, al. o) do CRP)[166].

Ao formulário em causa, devem juntar-se o contrato de locação financeira e o título de registo de propriedade do bem[167].

Rui Pinto Duarte critica a opção legislativa do registo da locação financeira, considerando que tem uma "escassa relevância" e que "não se justifica", em virtude de "em nada altera[r] os direitos das partes ou de terceiros". Atendendo a que o propósito do registo é o da oponibilidade a terceiros do direito do locador e sendo tal direito o de propriedade, mostrar-se-ia apenas necessário, para o autor, que esse direito (e não o contrato de locação financeira) fosse objecto de registo[168].

A nosso ver, revela-se bastante útil a inscrição do contrato no registo. Com efeito, da publicidade que daquele decorre, o credor exequente do locatário fica a conhecer que apenas pode penhorar a expectativa de aquisição da coisa dada em locação financeira. O mesmo raciocínio vale no tocante ao credor exequente do locador. Também ele fica a saber que a penhora da coisa onerada (com uma locação financeira) é susceptível de oposição (sob a forma de embargos de terceiro) por parte do locatário[169-170].

---

[165] Dispõe a alínea em causa que "estão sujeitos a registo, a locação financeira e as suas transmissões".
[166] Determina-se aí que "o extracto da inscrição deve ainda conter as seguintes menções especiais: al. o) na de locação financeira, o prazo e a data do seu início".
[167] O comprador (aqui também locador financeiro) tem o ónus de registar a propriedade da coisa.
[168] Rui Pinto Duarte, Escritos sobre leasing..., cit., p. 183 (Quinze Anos de Leis Sobre Leasing).
[169] Ver *infra*, sobre este assunto, o CAP. X.
[170] Em França, o contrato de *crédit-bail* é publicitado através da inscrição num registo especial no tribunal de comércio do domicílio ou da sede do utilizador. Esta inscrição – que se extingue no prazo de 5 anos, sem prejuízo da sua renovação – permite a identificação das partes e dos bens. Não sendo tal inscrição efectuada o *crédit-bailleur* não pode opor o seu direito aos ter-

§ 3. Eficácia

O art. 8º, nº 1 do DL 149/95 consagra a seguinte regra: sendo o contrato de locação financeira (formal e substancialmente) válido, ele produz os efeitos a que tende a partir do momento da sua conclusão.

Porém, esta regra tem natureza supletiva. Com efeito, o nº 2 permite às partes condicionar o "início da vigência" do contrato a quaisquer factos. Nele se enumeram exemplificativamente duas situações: a "efectiva aquisição" ou a "construção, quando disso seja caso, dos bens locados"; "a sua [da coisa] tradição a favor do locatário".

Verificando-se uma destas hipóteses (ou qualquer outra contratualmente prevista), o negócio deve entender-se celebrado sob condição suspensiva[171].

Assim, aquando da conclusão do contrato de locação financeira, a coisa é, em regra, propriedade de um terceiro. Por isso, o locador encontra-se obrigado legalmente a sua aquisição (art. 9º, nº 1, al. a) do DL 149/95), para poder conceder o seu gozo ao locatário. Dito de outro modo, encontra-se vinculado *ex lege* à celebração de um contrato de compra e venda com um terceiro. Realce-se que a coisa, à data da celebração do contrato de locação financeira, como ainda é propriedade de outrem, é dada em locação como um bem futuro (art. 211º, 399º, 880º todos do CC). Em face das circunstâncias assinaladas, mostra-se possível condicionar o início da vigência do contrato à "efectiva aquisição" do bem[172].

Expressa-se ainda que a produção dos efeitos do contrato pode coincidir com a entrega da coisa ao locatário[173].

---

ceiros. Se, ao invés, é realizada a inscrição, presume-se que os terceiros conhecem a operação (cfr. Stéphane Piedelièvre, Droit bnacaire, cit., p. 375).

[171] Calvão da Silva, "Locação financeira e garantia bancária", cit., p. 17.
[172] Cfr. *infra* CAP. V, § 1.
[173] Afirma-se no Ac. Rel. Lisboa, de 22.1.1998 – sumário (Pessoa dos Santos), www.dgsi.pt, que "tendo ficado clausulado que o contrato de locação financeira teria início na data da efectiva entrega do bem, e não tendo o bem sido entregue ao locatário, o contrato não produziu quaisquer efeitos (art. 270º CC), pelo que os pagamentos que a locatária haja efectuado deverão ser restituídos (art. 476º, nº 1 CC) com juros (art. 480º CC)".

Capítulo V
Prestações do locador e do locatário

§ 1. Prestações do locador financeiro: deveres. 1. Dever de aquisição da coisa (ou de mandar construir a coisa). 1.1. Seus contornos. 1.2. Algumas questões. 1.2.1. Da exclusão da responsabilidade do locador por incumprimento do dever de adquirir a coisa. 1.2.1.1. Existência de convenção das partes. 1.2.1.2. Omissão contratual. 1.2.2. Recusa do fornecedor em celebrar o contrato de compra e venda com o locador. 1.2.3. Efeitos da aquisição da coisa pelo locador financeiro. 1.3. Qualificação do dever de aquisição do locador financeiro. 2. Obrigação de concessão do gozo da coisa para os fins a que se destina. 2.1. Caracterização. 2.2. O caso particular da falta de entrega dos documentos do veículo automóvel. 3. Dever de venda do bem ao locatário no termo do contrato. § 2. Prestações do locador financeiro (cont.): direitos. 1. Direito à defesa da integridade do bem. 2. Direito de examinar o bem. 3. Direito do locador a fazer seus, sem compensações, os elementos incorporados no bem pelo locatário. § 3. Prestações do locatário financeiro: obrigações. 1. Obrigação de pagamento da renda. 1.1. Pagamento da renda. 1.1.1. Caracterização. 1.1.2. Tipos de rendas. 1.1.3. Outros aspectos: a liberdade contratual. 1.1.4. Elementos integrados na prestação. 1.1.5. Função. 1.1.6. Natureza da obrigação de pagamento da renda. 1.2. Incumprimento da obrigação de pagamento. 1.2.1. A mora e os respectivos juros. 1.2.2. Cláusula de vencimento antecipado das rendas vincendas. 1.2.2.1. Cláusula tipo e suas consequências. 1.2.2.2. Valor jurídico da cláusula tipo. 1.2.2.3. Possibilidades de regulamentação convencional e consequências no caso de omissão contratual. 1.2.2.4. As prestações vincendas e os juros remuneratórios em especial. 1.2.3. Cláusula resolutiva expressa. 1.2.3.1. Cláusula tipo. 1.2.3.2. Admissibilidade. 1.2.3.3. Consequências da consagração da cláusula resolutiva tipo. 2. Obrigação de pagamento das despesas correntes necessárias à fruição das partes comuns de edifício e aos serviços de interesse comum, no caso de locação financeira de fracção autónoma. 2.1. Se o locador financeiro pode exigir do locatário financeiro o pagamento das prestações do condomínio. 2.2. Se o condomínio pode exigir do locatário financeiro o pagamento das prestações. 2.3. Se o condomínio pode exigir do locador financeiro o pagamento das prestações. 2.3.1. Os interesses em jogo. 2.3.2. A situação do locatário financeiro e a situação do proprietário de bem hipotecado. 2.3.3. O registo da locação financeira. 2.3.4. A acta da reunião de condomínio como título executivo. 3. Obrigação de facultar ao locador o exame do bem locado. 4. Obrigação de não utilizar o bem a fim diverso a que se destina. 5. Obrigação de não mover o bem para local diferente do contratualmente previsto. 6. Obrigação de manutenção e de conservação da coisa locada. 7. Obrigação de realizar as reparações, urgentes ou necessárias, assim como quaisquer obras ordenadas por autoridade pública. 8. Obrigação de não proporcionar a outrem o gozo do bem locado. 9. Obrigação de comunicar a cedência do gozo da coisa locada, quando permitida ou quando autorizada legalmente. 10. Obrigação de aviso imediato ao locador sempre que se verifique dado circunstancialismo. 11. Obrigação de efectuar o seguro da coisa locada. 12. Obrigação de restituição do bem. 13. Obrigação de pagamento de outros encargos. § 4. Prestações do locatário financeiro (cont.): direitos. 1. Direito de usar e de fruir o bem locado. 2. Direito a defender a integridade do bem e o seu gozo, nos termos do seu direito. 3. Direito a usar das acções possessórias, mesmo contra o locador. 4. Direito a onerar, total ou parcialmente, o seu direito, mediante autorização expressa do locador. 5. Direito a exercer, na locação financeira de fracção autónoma, os direitos próprios do locador, com excepção dos que, pela sua natureza, somente por aquele possam ser exercidos. 6. Direito a adquirir o bem locado, findo o contrato, pelo preço estipulado.

Relevemos algumas das prestações a que se encontram adstritas as partes, podendo, desde já, afirmar-se que o leque dos deveres do locatário especificamente consagrados na lei é, em relação às obrigações do locador, bem mais amplo.

Comecemos pela análise sucinta das prestações deste, para, em momento ulterior, curar dos deveres daquele, tratando em particular dos aspectos relativos ao pagamento da renda.

§ 1. Prestações do locador financeiro: deveres
O art. 9º, nº 1 do DL 149/95 dispõe acerca das obrigações do locador financeiro. Enumeram-se 3 deveres, a saber:
- adquirir ou mandar construir o bem a locar (al. a));
- conceder o gozo do bem para os fins a que se destina (al. b));
- vender o bem ao locatário, caso este queira, findo o contrato (al. c));

Acrescente-se, no entanto, que tais obrigações são meramente exemplificativas, dada a utilização do advérbio "nomeadamente" no proémio do nº 1.

Faz-se, logo em seguida, no nº 2 do mesmo preceito uma remissão para os "... deveres gerais previstos no regime da locação que não se mostrem incompatíveis com o presente diploma". A questão deve ser apreciada casuisticamente.

1. Dever de aquisição da coisa (ou de mandar construir a coisa)

1.1. Seus contornos
Como referimos, o locador encontra-se vinculado, na sequência da indicação do locatário, a adquirir ou a mandar construir o bem a locar (art. 1º e art. 9º, nº 1, al. a) do DL 149/95).

Este é, portanto, um primeiro (do ponto de vista temporal) e relevante efeito da conclusão do contrato de locação financeira.

À data da celebração do negócio, o locador ainda não é o proprietário do bem cujo gozo vai conceder. Encontra-se, todavia, adstrito à realização de um contrato de compra e venda (ou de um contrato de empreitada) com um terceiro, em consonância com a instrução dada pelo locatário (art. 9º, nº 1, al. a) do DL 149/95).

Note-se que o locador está obrigado a contratar nos termos e segundo as indicações definidas pelo utente. Não pode, *v.g.*, adquirir um bem diverso ou com qualidades diversas (um automóvel de cor azul em vez da cor preta pretendida), nem limitar-se a proceder ao depósito do numerário correspondente à aquisição na conta bancária do locatário, como sucede por vezes no mútuo de dinheiro. Perante a não observância das suas instruções, este último pode legitimamente recusar o pagamento das rendas e até, em última instância, resolver o contrato[174].

Repare-se ainda que o locador adquire a coisa "exclusivamente" em função da específica operação tida em vista. Concomitantemente, o locatário assume os riscos conexos à aquisição e ao posterior gozo e conservação do bem. Como afirma Lucio Ghia, aquele assume o papel de um mero intermediário financeiro[175].

1.2. Algumas questões
Podem suscitar-se, nesta sede, algumas questões.
Cabe analisá-las e examiná-las.

1.2.1. Da exclusão da responsabilidade do locador por incumprimento do dever de adquirir a coisa
Desde logo, importa saber se o locador financeiro pode afastar, por convenção, a responsabilidade pelo incumprimento do dever de aquisição da coisa, devendo ainda averiguar-se eventuais consequências daí decorrentes se tal estipulação não for aposta no contrato.

1.2.1.1. Existência de convenção das partes
Dispõe o art. 8º, nº 2 do DL 149/95 – como desvio à regra geral ínsita no nº 1 –, que "as partes podem... condicionar o início da sua vigência [do contrato] à efectiva aquisição ou construção". Portanto, o nº 1, enquanto norma de cariz supletivo, pode ser derrogado por vontade das partes em sentido contrário. O nº 2 do art. 8º tutela assim primacialmente o interesse do locador, permitindo que o contrato produza efeitos com a "efectiva aquisição". Como expressámos, trata-se de uma condição suspensiva que integra o negócio em causa.

A faculdade de aposição desta condição parece desconsiderar a obrigação legal de aquisição. Esta conclusão revela-se falaciosa. A nosso ver, pode aqui transpor-se inteiramente o raciocínio de Baptista Machado, a propósito do fundamento do regime do art. 275º, nº 2 do CC. Assim,

---

[174] No mesmo sentido, Alessandro Munari, Il leasing finanziario..., cit., p. 60. Ver *infra* CAP. VII, § 2 e § 3.
[175] I contratti di finanziamento..., cit., p. 18.

"no caso de haver sido acordado um contrato, mas se subordinar a vinculação dele à conclusão de um outro, a patente má fé e falta de razoabilidade de uma das partes na negociação deste outro deveria levar à consequência de se considerar o primeiro contrato como vinculante, por se dever entender que tal contraente se conduziu deslealmente na negociação do segundo contrato e por forma a evitar, portanto, a condição de que dependeria o efeito vinculante do primeiro"[176].

1.2.1.2. Omissão contratual

Caso o contrato seja omisso – e, portanto, não contenha nenhuma cláusula deste teor –, todas as suas consequências operam desde logo. Deste modo, se, por razões que lhe são imputáveis, o locador não adquirir a coisa há incumprimento grave do contrato, podendo, consequentemente, o locatário resolver o mesmo e ainda exigir o ressarcimento dos danos causados.

1.2.2. Recusa do fornecedor em celebrar o contrato de compra e venda com o locador

Quid juris se é o fornecedor que se recusa a celebrar o contrato de compra e venda?

Nesta hipótese, podem naturalmente resultar vários prejuízos para as partes envolvidas na locação financeira. Por um lado, para além dos encargos tidos pelo locador com os actos preparatórios do contrato, o normal cumprimento do *leasing* financeiro encontra-se prejudicado. Com efeito, nem o locador pode conceder o gozo da coisa, nem o locatário pode usá-la para os fins previstos. Daí que as regras da responsabilidade pré-contratual possam ser aqui aplicáveis (art. 227º do CC)[177].

---

[176] "A cláusula do razoável", em João Baptista Machado, Obra dispersa, Vol. I, Braga, 1991, p. 504.
Aliás, como ainda observa o autor nesse contexto, "poder-se-ia ir até ao ponto de sancionar a responsabilidade pré-contratual por abandono injustificado das negociações com a obrigação de indemnizar o interesse positivo, senão com a ficção da conclusão do contrato em termos de razoabilidade, considerando que a conduta culposa e desleal de um dos contratantes deu causa à não conclusão do contrato que, doutro modo, teria sido concluído" (ob. loc. cit.).
[177] A solução em relação ao locatário, que estabeleceu contactos inicialmente com o vendedor, parte do pressuposto que este último deve proceder segundo os ditames da boa fé perante

1.2.3. Efeitos da aquisição da coisa pelo locador financeiro

Efectuadas estas considerações, impõe-se referir que o adimplemento do dever (legal) de aquisição (perante o locatário financeiro) ocorre no exacto momento em que se celebra o contrato de compra e venda. Aí se transfere a propriedade da coisa para a esfera jurídica do locador, por mero efeito do contrato de compra e venda (art. 408º, nº 1 do CC), situação jurídica que assim permanece na vigência do contrato de locação financeira[178-179].

Adquirida a coisa, pode discutir-se se o locador responde pela sua entrega. A nosso ver, parece ser suficiente que ele pratique todos os actos que tornem aquela exequível.

Aliás, na compra e venda realizada entre comprador (o locador) e fornecedor prevê-se a entrega a realizar directamente por este ao utente.

Realce-se que locador não escolheu a coisa (ao contrário do que ocorre com o típico comprador), desconhece-a fisicamente, sendo que ela não passa sequer pelas suas mãos.

Do próprio art. 8º, nº 2 do DL 149/95 não decorre que essa entrega caiba ao locador. Apenas se alude à tradição da coisa "a favor do locatário".

Sempre se pode é certo sustentar que tal entrega é realizada por um terceiro (o fornecedor), *estranho* ao contrato de locação de financeira.

---

aquele que também beneficia (de forma mediata) da aquisição. É o efeito (ou melhor, um outro efeito) da conexão contratual que subjaz à operação de locação financeira.
Cfr., sobre esta matéria, González Castilla, Leasing financiero mobiliario, cit., pp. 208 ss. (a opinião do autor é concordante quanto ao dever de indemnizar a que está adstrito o vendedor, conquanto os seus fundamentos sejam diversos).
[178] Discute-se, no entanto, qual o modo de actuação do locador no tocante à aquisição da coisa. Calvão da Silva sustenta que o locador conclui a compra e venda em nome próprio e por conta própria. Rejeita o autor que o locador tenha recebido um mandato para comprar a coisa ao vendedor por conta do locatário, nem mandato com representação, nem mandato sem representação ("Locação financeira e garantia bancária", cit., p. 18).
Também Alessandro Munari nega a existência de um mandato para adquirir a coisa, embora não prive o locatário da respectiva tutela (Il leasing finanziario..., cit., p. 61, nota 114, e ainda pp. 269 ss.).
Canaris, ao invés, considera que o locador celebra a compra e venda em nome próprio, mas por conta do locatário (citado por Calvão da Silva, "Locação financeira e garantia bancária", cit., p. 18).
[179] González Castilla, Leasing financiero mobiliario, cit., p. 88.

Mas o terceiro está não só ligado em especial à operação, como é inicialmente contactado pelo potencial locatário e indicado por este.

1.3. Qualificação do dever de aquisição do locador financeiro

Cumpre, por fim, qualificar a obrigação de aquisição que impende sobre o locador financeiro.

Várias construções têm sido sustentadas.

Desde limitar o seu relevo ao âmbito económico da operação[180] à sua caracterização como *pactum de contrahendo cum tertio*[181], passando por considerar a existência de elementos do empréstimo e da comissão[182] ou relevando apenas a vertente creditícia ou de financiamento da operação[183], muito se tem escrito.

Acompanhamos esta última orientação.

Na verdade, o locador parece vincular-se a *pôr à disposição* do locatário a coisa objecto do contrato, procurando obter apenas a sua *disponibilidade jurídica*. O dever *ex lege* de aquisição [da propriedade da coisa] a que se encontra vinculado o locador, que se reduz à celebração do contrato de compra e venda, é apenas o mecanismo encontrado que permite a entrega do dinheiro (directamente) ao vendedor (e não ao locatário) e a concessão do gozo da coisa ao locatário, assim se concretizando a sua prestação de capital.

2. Obrigação de concessão do gozo da coisa para os fins a que se destina

2.1. Caracterização

Outra das obrigações do locador financeiro é a de "conceder o gozo do bem para os fins a que se destina" (art. 9º, nº 1, al. b) do DL 149/95).

A doutrina e a jurisprudência têm qualificado tal dever do locador como nuclear.

---

[180] Buonocore, La locazione finanziaria...., cit., p. 30.
[181] Esta é a posição de Giorgio de Nova, para quem não deriva para o locatário um autónomo direito à conclusão do contrato de compra e venda (Il contratto di leasing, cit., p. 38). No mesmo sentido, Nicolò Visalli, "La problematica del leasing come tipo contrattuale", RDCivile, II, 2000, p. 682.
[182] González Castilla, Leasing financiero mobiliario, cit., p. 88.
[183] Alessandro Munari, Il leasing finanziario..., pp. 56 ss.

No entanto, as posições divergem quanto ao seu alcance. Senão vejamos:

- uns entendem que "não se pode conceder o gozo sem a entrega da mesma [ou seja, da coisa] ao locatário", de modo que "a entrega é instrumental" àquela concessão[184];
- outros reduzem o dever à concessão do gozo pacífico do bem, à não perturbação do seu uso[185].

Na esteira da orientação tomada anteriormente, aderimos a este último entendimento.

Com efeito, o dever de conceder o gozo do bem concretiza-se no facto de o locador não obstar à sua utilização, não impedir o seu uso pelo locatário. Instrumental à concessão desse gozo é a obrigação de o locador "procurar a entrega da coisa, adquirindo-a"[186].

Importa ainda relevar que tal dever de concessão do gozo tem acoplado a si o fim a que a coisa se destina (art. 9º, nº 1, al. b) do DL 149/95). Desta sorte, o fim contratual (amplo ou restrito) especificado assume importância decisiva quanto a esta obrigação. No caso de omissão contratual, deve atender-se ao destino usual da coisa, para efeito de determinar se o seu gozo foi efectivamente concedido pelo locador[187].

2.2. O caso particular da falta de entrega dos documentos do veículo automóvel

De todo o modo, cabe suscitar uma questão pertinente e recorrente na prática: a de saber se compete ao locador financeiro a entrega dos documentos do veículo automóvel (ou de bem similar registável).

---

[184] Calvão da Silva, "Locação financiera e garantia bancária", cit., p. 22, Illescas Ortiz, "El leasing, aproximación a los problemas planteados por nuevo contrato", RDMercantil, 1971, pp. 91 a 96.
[185] Alessandro Munari, Il leasing finanziario, cit., pp. 60 ss.
[186] González Castilla, Leasing financiero mobiliario, cit., p. 94.
Ver *infra*, sobre o assunto, CAP. VII, § 2, 1 e 2.
[187] É interessante verificar que a concessão do gozo para fins específicos (enquanto devedor do locador financeiro) tem o contrapólo na obrigação do locatário "não aplicar o bem a fim diverso daquele a que se destina" – art. 10º, nº 1, al. d) do DL 149/95. Portanto, interessa a ambas as partes a convenção de destinação.

Tem-se entendido – acertadamente – que o locador se encontra adstrito, no âmbito deste dever de concessão do gozo, a fornecer os documentos exigíveis para a circulação do automóvel.

Desta sorte, havendo incumprimento do contrato de locação financeira, o locatário, para além de poder exigir uma indemnização ao locador pelos danos causados, pode ainda exigir o cumprimento da obrigação em causa ou resolver o contrato, nos termos gerais.

Assim, no Ac. Rel. Porto, de 6.1.2011, assinala-se que "não se compreenderia que a locatária tivesse de pagar as rendas pela locação financeira ao locador e este pudesse exonerar-se da obrigação de lhe entregar os meios para o fim em vista". Com efeito, cabe-lhe "em primeira linha, assegurar o inteiro gozo do bem locado. Embora sobre o locador não recaia o dever de garantia da coisa, o dever de assegurar a isenção de vícios ou defeitos físicos (art. 913.º e ss. do CC), o que se compreende, porque é o locatário que indica o bem e o fornecedor, já sobre ele impende o de a entregar pontualmente ao locatário para que esta a possa gozar". Acresce que tal "falta de entrega da documentação que permitiria [ao locatário] circular legalmente... não podia deixar de ser do conhecimento do [locador], como dono e titular do direito de inscrever no registo a sua propriedade, que os documentos, que primeiramente lhe tinham de ser entregues, o não haviam sido e, consequentemente, estava deles privado o locatário"[188].

---

[188] Ac. Rel. Porto, de 6.1.2011 (Teles de Menezes), www.dgsi.pt.
Ver ainda o Ac. Rel. Porto, 11.3.2008 (Marques de Castilho), www.dgsi.pt, onde se refere que "estipulando-se no contrato de locação financeira o seguinte:
- tratando-se de bem sujeito a registo, o locatário deverá promover a respectiva realização;
- a obtenção das matrículas e licenças administrativas necessárias à utilização do bem será da responsabilidade do locatário,
- não podendo este utilizar o bem enquanto não obtiver toda a documentação,
- se o locatário se encontrar impossibilitado de utilizar o bem por qualquer razão alheia à vontade do Locador,
com a consequência de não poder exigir deste qualquer indemnização, suspensão do cumprimento das suas obrigações ou redução das rendas, estas cláusulas são ostensivamente nulas face ao disposto no art. 18º c) e d) do DL 446/85, na redacção dada pelo DL 220/95, de 31/8".
Ver ainda o Ac. Rel. Porto, de 13.3.2007 (MÁRIO CRUZ), www.dgsi.pt (realça-se que "pelo contrato de locação financeira em que o objecto é uma viatura automóvel, o gozo do objecto locado obriga à entrega dos indispensáveis documentos para que a viatura possa circular; a

3. Dever de venda do bem ao locatário no termo do contrato

Determina-se ainda, na al. c) do mesmo número e artigo, que o locador está obrigado a vender o bem ao locatário – caso este queira – no termo do contrato.

Esta é uma vinculação muito relevante para o locador, em virtude de até ao exercício da "faculdade de compra" pelo locatário – que está, em regra, limitada no tempo, encontrando-se definidas no contrato as condições do seu exercício – aquele "[não] pode dispor do bem, nomeadamente vendendo-o ou dando-o em locação ou locação financeira... a terceiro" (argumento "a contrario sensu" do art. 7º do DL 149/95).

§ 2. Prestações do locador financeiro (cont.): direitos

Quanto aos direitos do locador financeiro, o art. 9º, mas agora o nº 2 do mesmo diploma, dispõe acerca dos mesmos.

Enumeram-se igualmente 3 direitos em especial, a saber:

a) Defender a integridade do bem, nos termos gerais de direito;
b) Examinar o bem, sem prejuízo da actividade normal do locatário;
c) Fazer suas, sem compensações, as peças ou outros elementos acessórios incorporados no bem pelo locatário.

Quanto ao mais, os problemas são resolvidos semelhantemente àquele que vimos em sede de obrigações do locador: tais direitos são meramente exemplificativos; faz-se uma remissão para os "... direitos... gerais previstos no regime da locação que não se mostrem incompatíveis com o

---

locadora tem obrigação da entrega desses documentos ao locador, sendo nulas as cláusulas do contrato que digam o contrário; sobre o locador não recai o dever de garantia da coisa, o dever de assegurar a isenção de vícios ou defeitos físicos, mas isso não o livra do dever de a entregar pontualmente ao locatário para que este a possa gozar").

Observa-se no Ac. Rel. de Lisboa de 20.5.99, CJ 1999, III, p. 107 (tal como no Ac. do STJ de 17.2.2000, BMJ, 2000, nº 494, p. 317), que a cláusula que exonera o locador de responsabilidade perante tal circunstancialismo tem um " efeito perverso. Por um lado, o locador exime-se da sua responsabilidade, transferindo-a para um terceiro que não é parte no contrato, sem a sua anuência, e que poderá, mais tarde, excepcionar com êxito a sua própria ilegitimidade; por outro, faz com que o locatário, eufemisticamente, renuncie antecipadamente ao seu direito de pedir indemnização. Por isso, a referida cláusula é nula, por violar o art. 809º do CC, sendo ainda absolutamente proibida pelo art. 18º c) do DL 446/85").

presente diploma" (art. 9º, nº 2, proémio do DL 149/95). A temática deve ser apreciada, também aqui, em concreto.

1. Direito à defesa da integridade do bem

O direito à defesa da integridade do bem é a matriz das pretensões atribuídas ao locador.

Em primeiro lugar, tendo em conta que a coisa é propriedade do locador, o meio de defesa judicial[189] mais relevante que pode ser usado é a acção de reivindicação, que tem como propósito a obtenção da restituição do bem, nos termos do art. 1311º do Código Civil.

Por outro lado, o locador, enquanto possuidor em nome próprio da coisa, tem ao seus dispor os meios de defesa próprios. Assim, pode socorrer-se, por exemplo, dos meios de defesa da posse para assegurar a integridade da coisa.

2. Direito de examinar o bem

Outra das pretensões do locador é a de "examinar o bem" (art. 9º, nº 2, al. b) do DL 149/95). Tal direito confere ao locador a possibilidade de verificar a regular utilização do bem em função do fim contratual e de alertar para eventuais irregularidades que estejam a ser cometidas, sem prejuízo de permitir relevar eventuais incumprimentos contratuais do locatário, com expressão na obrigação de indemnização (a cargo do locatário) decorrente das regras da responsabilidade civil contratual.

De todo o modo, o direito do locador de examinar o bem tem limitações decorrentes da própria actividade normal do locatário. Com efeito, tal pretensão não pode pôr em causa a regular actividade do locatário (art. 9º, nº 2, al. b), parte final do DL 149/95). O que significa que a utilização do bem por parte deste último não pode ser afectada, *v.g.*, por constantes solicitações de exames do locador, de pedidos de exame que interfiram com a actividade comercial do locatário em especial. No fundo, é o princípio da boa fé que acaba por estabelecer restrições ao uso deste direito pelo locador.

---

[189] Embora também seja permitida a defesa por via extrajudicial, desde que preenchidos os requisitos das respectivas figuras (acção directa).

3. Direito do locador a fazer seus, sem compensações, os elementos incorporados no bem pelo locatário

Importante nota de destaque merece o direito do locador a fazer seus os elementos ("peças" ou "outros elementos acessórios") incorporados na coisa dada em locação financeira.

Claro que esta pretensão do locador está dependente da não aquisição pelo locatário, no termo do contrato, do bem em causa.

Não se distingue aqui – como se faz no art. 1046º, nº 1 do CC – se o locatário é equiparado ao posssuidor de boa fé ou de má fé. Nem, por outro lado, se enumeram os tipos de benfeitorias que estão em causa.

Para além do mais, este direito do locador a fazer seus tais elementos não importa, do ponto de vista do locatário, qualquer direito a compensação.

Repare-se que mesmo o possuidor de má fé tem direito a ser indemnizado das benfeitorias necessárias que haja feito e ainda a levantar as úteis (contanto que não haja detrimento para a coisa), mas nesta hipótese terá direito a ser ressarcido nos termos das regras do enriquecimento sem causa (art. 1273º, nºs 1 e 2 do CC).

§ 3. Prestações do locatário financeiro (obrigações)

O art. 10º, nº 1 do DL 149/95 consagra um conjunto vasto de obrigações do locatário financeiro. Mantém-se, porém, a mesma lógica do que sucede com os deveres do locador. Tais obrigações são meramente exemplificativas, atenta a utilização do advérbio "nomeadamente" no proémio do citado nº 1.

Cabe salientar as enumeradas no preceito e dar relevo adequado às mais importantes.

1. Obrigação de pagamento da renda

1.1. Pagamento da renda

1.1.1. Caracterização
Incumbe ao locatário o cumprimento de uma prestação de capital: o pagamento da renda.

Este dever resulta da al. a) do nº 1 do art. 10º do DL 149/95. Para além deste normativo, apenas o art. 19º do DL 149/95 designa por "renda" a prestação do locatário[190].

Originariamente, o termo "renda" está associado ao pagamento de uma prestação relativa a um imóvel (arts. 1038º, al. a) e 1039º do CC). No caso da locação financeira, o termo usado tem um cariz diverso. Assinale-se, desde logo, o seu carácter amplo, porque independente do tipo de bem cujo gozo é concedido. Mas, para além disso, o seu conteúdo, a sua função e a sua finalidade são distintas.

Está em causa o pagamento de uma retribuição (art. 1º do DL 149/95), que constitui invariavelmente uma obrigação pecuniária.

1.1.2. Tipos de rendas
Quanto ao tipo de renda podem figurar-se várias modalidades:

- rendas de valor constante (*Linearer Ratenverlauf*); na vigência do contrato as rendas a pagar são todas de igual valor, não sendo portanto susceptíveis de alteração;
- rendas de valor variável[191], que aqui podem assumir essencialmente duas formas; ou a prestação de renda é progressiva (*Progressiver Ratenverlauf*), aumentando com o decurso do tempo, ou é degressiva (*Degressiver Ratenverlauf*), diminuindo à medida em que se reduz o período de vigência do contrato[192-193].

Normalmente, no nosso país, as rendas assumem a primeira modalidade.

1.1.3. Outros aspectos: a liberdade contratual
Na locação financeira, a periodicidade é, por via de regra, mensal, mas nada impede que ocorra noutros termos (que seja, por exemplo, trimestral).

---

[190] Originariamente, o DL 149/95 continha vários preceitos referentes às rendas (arts. 4º, 5º, 16º e 20º), todos eles revogados pelo DL 285/2001.
[191] Através das designadas cláusulas de valor variável.
[192] Em regra, o locatário opta pela constância das rendas. É possível uma terceira via: a sua indexação à taxa Euribor, o que importa a sua variação ao longo do tempo, num ou noutro sentido. Ver, sobre esta matéria, Helmut R. Tacke, Leasing, cit., pp. 49 ss.
[193] Deve assinalar-se, no entanto, que a primeira renda tem normalmente um valor superior às restantes, sem prejuízo de uma entrada inicial do locatário.

Os aspectos relativos ao regime das rendas deixaram de estar contemplados expressamente no DL 149/95, por força da alteração resultante do DL 285/2001, pelo que, em princípio, prevalece a vontade das partes. Estamos a referir-nos, em particular, ao momento do vencimento da obrigação, à actualização e à antecipação das rendas, bem como às consequências da mora.

1.1.4. Elementos integrados na prestação

A prestação a pagar, calculada pelo locador, toma em consideração vários elementos.

Por um lado, nela se reflecte o preço suportado pelo locador com a aquisição da coisa e os vários encargos tidos (*v.g.*, despesas de gestão, custos de abertura do processo).

Por outro lado, nela se englobam os juros relativos ao capital investido pelo locador.

Contempla-se, pois, o lucro para o financiador, assim contabilizando-se ainda os riscos do crédito (em especial, o risco do incumprimento do locatário).

1.1.5. Função

Cumpre agora apreciar a função da prestação em causa.

Uns relevam a vertente meramente locatícia, afirmando que se trata de rendas dessa natureza[194]. Ora, tal construção não pode acolher-se. A renda *in casu* não representa a simples contrapartida da concessão do gozo da coisa. Acresce que excede claramente o valor que um mero locador cobraria pelo mero uso do bem. Tem de resto um conteúdo diverso. Nela se abarcam, como vimos, outros parâmetros, tais como o custo da coisa e a margem de lucro do locador[195].

---

[194] Cfr. Cabanilla Sánchez, "El leasing financiero y la Ley de venta a plazos de bienes muebles, ADC, 1980, pp. 759 ss., Vara de Paz, "Naturaleza y régimen jurídico del contrato de leasing", RDBB, 2001, pp. 193 ss.

[195] Como sustenta González Castilla "o que paga o cliente não são prestações arrendatícias, mas sim rendas relativas à locação financeira que integram a recuperação do custo da coisa e os encargos financeiros" (Leasing financiero mobiliario, cit., p. 106). Cfr. ainda Calvão da Silva, "Locação financeira e garantia bancária", cit., p. 25.

Outras defendem que estão em causa parcelas do preço enquanto correspectivo da transferência futura da propriedade[196]. Contra esta tese pode objectar-se, entre outras razões, que a transmissão da propriedade não é um efeito automático do termo do prazo do contrato. Como sabemos, o locatário financeiro não está vinculado a adquirir o bem. Esta é uma mera faculdade, como expressam alguns normativos: o art. 1º dispõe que "o locatário <u>poderá</u> comprar"; por sua vez, o art. 9º, nº 1, al. c) determina que o locador se encontra obrigado a "vender o bem ao locatário, <u>caso este queira</u>, findo o contrato"; também o art. 21º, nº 1 consagra que "se findo o contrato... pelo decurso do prazo <u>sem ter sido exercido o direito de compra</u>" (sublinhados nossos).

Outros ainda sustentam que a renda consubstancia o reembolso exclusivo do financiamento, enquanto "restituição da soma antecipada para a realização de uma operação de financiamento finalizada"[197].

Aderimos a esta construção. O valor global correspondente ao conjunto das rendas a pagar pelo locatário representa, no essencial, o capital investido pelo locador com a aquisição, os respectivos juros e a soma inerente aos riscos da concessão do crédito. Portanto, o locatário quando paga as rendas está a proceder ao reembolso da "soma mutuada"[198] ao locador (que assume a veste de um financiador, ainda que o negócio assuma características especiais).

1.1.6. Natureza da obrigação de pagamento da renda

Tem sido ainda discutida a natureza da obrigação de pagamento da renda. Uns entendem que se trata de uma prestação periódica[199]. Outros pre-

---

[196] Giorgio de Nova, Il contratto di leasing, cit., p. 48, Ferrarini, La locazione finanziaria..., cit., pp. 65 ss.
[197] Alessandro Munari, Il leasing finanziario..., p. 203 (e a doutrina citada na nota 48).
[198] Que reveste aqui uma faceta específica: opera mediante o pagamento ao fornecedor da compra do bem cujo gozo é posteriormente concedido ao locatário.
[199] É este o entendimento de Jorge Costa Santos, "Sobre a locação financeira pública...", cit., p. 592 (o autor alude a "uma renda periódica, como num vulgar contrato de arrendamento ou de aluguer").
Na jurisprudência portuguesa, ver o Ac. STJ, de 17.3.1993 (Cura Mariano), CJ, Ac. STJ, 1993, II, p. 10 (refere-se o aresto a um contrato de "execução periódica").
Cfr. ainda, neste sentido, Alessandro Munari, Il leasing finanziario..., cit., pp. 233, 235, nota 118.

conizam que está em causa uma prestação de carácter fraccionado. Assim o considera, por exemplo, Leite de Campos ao aludir a uma "obrigação de prestação *fraccionada* quanto ao cumprimento, mas *unitária* em si mesma, na medida em que o objecto da prestação se encontra pré-fixado, sem dependência da relação contratual"[200].

Este debate reflecte-se num problema assaz discutido nos nossos tribunais: o de saber qual o prazo aplicável para efeitos de prescrição da obrigação de pagamento da renda[201].

Numas decisões, aplica-se o art. 310º, als. b)[202] e d) do CC e, consequentemente, o prazo prescricional curto de 5 anos. A justificação assenta na circunstância de que "não há que fazer destrinças entre a renda do contrato de locação e a renda do contrato de locação financeira"[203].

Noutros arestos, diversamente, emprega-se o art. 309º do CC, logo o (extenso) prazo geral de prescrição de 20 anos[204]. Baseiam-se no facto de

---

[200] A locação financeira, cit., p. 132. Ver, no mesmo sentido, o Ac. STJ, de 21.5.1998 (Garcia Marques), BMJ, nº 477, 1998, p. 501.

[201] Note-se que para efeito de interrupção da prescrição se exige o uso de um meio judicial, não bastando a interpelação extra-judicial (neste sentido, o Ac. Rel. Porto, de 20.5.1997 – sumário (Luís Antas de Barros), www.dgsi.pt).

[202] É o caso dos seguintes arestos:
- Ac. STJ, de 12.1.2010 (Cardozo de Albuquerque), www.dgsi.pt. ("é aplicável à prescrição das rendas do contrato de locação financeira o prazo geral de 20 anos (art. 309º do CC) e não o prazo especial e próprio do contrato de locação de 5 anos (art. 310º, al. b), do CC); as rendas no contrato comercial de locação financeira não representam, apenas, a contrapartida da utilização de um bem locado, antes relevam, na sua composição, o valor decorrente da amortização do capital investido, isto é, o custo do bem, a gestão e os riscos próprios e inerentes da dita operação financeira; na locação financeira, ao invés, as rendas reconduzem--se a uma única prestação, pois que o seu objecto se encontra pré-fixado e apenas é fraccionado quanto ao seu cumprimento).
- Ac. Rel. Lisboa, de 28.10.1999 – sumário (Martins Lopes);
- Ac. Rel. Porto, de 2.11.1998 – sumário (Gonçalves Ferreira);
- Ac. Rel. Porto, de 20.5.1997 – sumário (Luís Antas de Barros);
- Ac. Rel. Porto, de 5.3.1996 – sumário (Lemos Jorge), todos em www.dgsi.pt.

[203] Ver o Ac. Rel. Porto, de 2.11.1998 – sumário (Gonçalves Ferreira), www.dgsi.pt.

[204] Neste sentido, cfr. o Ac. Rel. Lisboa, de 15.12.2005 (Olindo Geraldes), www.dgsi.pt (afirma-se aí que o "preço do veículo objecto da locação financeira foi de 2.431.624$00, a ser pago em dez prestações trimestrais, a primeira no valor de 800.000$00 e cada uma das restantes no valor de 236.247$00, acrescidas do IVA respectivo", pelo que se pode concluir que "a obrigação da locatária era apenas uma, fraccionada no tempo, com o seu objecto pré-fixado, sem dependência da duração da relação contratual"), o Ac. STJ, de 11.12.2003 (Oliveira Barros),

a prestação, que incumbe ao locatário financeiro, ter natureza fraccionada, encontrando-se o seu objecto fixado sem dependência da relação contratual.

Posição intercalar tem sido afirmada por outros tribunais que, embora rejeitando a aplicação do art. 310º al. b) do CC (valendo, portanto, o prazo ordinário de prescrição previsto no art. 309º CC), defendem o uso do art. 310º, al. d) CC – e assim o prazo curto de 5 anos – em relação aos juros vencidos sobre o montante em dívida[205-206].

---

www.dgsi.pt, pp. 1 e 2 (no caso, estava em causa um contrato de locação financeira relativo a uma prensa de fricção, tendo ocorrido a resolução do contrato pelo locador, por falta de pagamento das rendas, em 5.8.1992 e a instauração da competente acção – contra o locatário e contra o fiador – em 14.9.2000), o Ac. Rel. Lisboa, de 5.6.2003 (Granja da Fonseca), www.dgsi.pt, o Ac. Rel. Lisboa, de 29.11.2001 – sumário (Ferreira de Almeida), www.dgsi.pt, o Ac. Rel. Lisboa, de 12.7.2001 (Pais do Amaral), CJ, IV, pp. 85 ss. (também estava em causa uma situação semelhante: não foram pagas 16 rendas, entre Agosto de 1992 e Dezembro de 1993, sendo que o réu foi citado para contestar a acção apenas em Março de 2000) e o Ac. Rel. Porto, de 3.4.2000 – sumário (Azevedo Ramos), BMJ, nº 496, 2000, p. 311.

[205] Esta posição foi seguida no Ac. STJ, de 4.10.2000 (Barata Figueira), CJ, STJ, 2000, III, pp. 59 ss. No aresto citado, foram condenados o locatário financeiro (assim como os fiadores) no valor de 1.719.526$00, referente às rendas vencidas (desde Agosto de 1991 até Agosto de 1992) e não pagas, tendo sido, porém, aqueles absolvidos – por efeito da prescrição – no tocante ao pedido de pagamento da soma de 1.805.555$00, relativa aos juros moratórios vencidos sobre aquele montante.

[206] A problemática é similarmente debatida em Itália.
Questiona-se a aplicabilidade às rendas emergentes do contrato de *leasing finanziario* do prazo de prescrição ordinário de 10 anos (ao abrigo do art. 2946º do CCIt.) ou de 5 anos (nos termos do art. 2948º, nºs 3 e 4 CCIt.).
A primeira orientação foi defendida, por exemplo, pela sentença do *Trib. Appelo Milano*, de 23.12.1997 (NGCC, 1998, Parte Prima, p. 574). Mais recentemente, também a sentença da *Corte Appelo Milano*, de 4.7.2003 considerou aplicável o prazo (geral) de prescrição de 10 anos (justifica-o afirmando que está em causa o direito ao ressarcimento do dano derivado da resolução por incumprimento) – BBTC, 2004, pp. 536 ss. Esta tem sido, de resto, a posição dominante na jurisprudência de mérito italiana.
O segundo entendimento – prescrição quinquenal – foi preconizado pelos arestos do *Trib. Milano*, de 17.12.2001 (Contratti, 2002, p. 902) e de 4.11.1994 (Contratti, 1996, p. 58), considerando-se aqui que as prestações do locatário têm natureza periódica, sendo assim susceptíveis de cumprimento apenas mediante prestações repetidas no tempo e autónomas umas das outras.
Domenico Chindemi seguindo aquela orientação (e portanto a aplicabilidade do prazo ordinário de 10 anos), defende o emprego do art. 2948, nº 4 CCIt. aos juros moratórios convencionais (contando-se assim o prazo de cinco anos da data do vencimento de cada uma das

A nosso ver, a prestação global do locatário financeiro configura uma *dívida a prestações* (e não uma dívida periódica), estando portanto em causa o fraccionamento de uma obrigação de restituição. Na verdade, o objecto da prestação foi, desde o início, pré-fixado, não estando dependente da duração da relação contratual.

Todavia, conquanto não se identifique com aquelas prestações (periódicas), deve dizer-se que o pagamento da *renda* constitui uma contrapartida (do financiamento) do gozo da coisa. Aproxima-se assim, pelo menos sob este prisma, do que sucede com o reembolso da soma mutuada.

Por outro lado, refira-se que a prestação do locador tem carácter continuado, integrando-se num negócio considerado globalmente de natureza duradoura.

Acrescente-se que a consagração de prazos de prescrição curtos pretende que o credor seja diligente e que não acumule créditos, evitando-se, concomitantemente, com o decurso do tempo, encargos excessivos e desmesurados para o devedor[207].

Preconizamos, pois, na esteira do que expressa – em termos gerais – Henrique Mesquita, uma adaptação da disciplina "aos interesses em jogo, apreciados e valorados à luz das soluções ditadas pelo legislador para os problemas de que directa e expressamente se ocupa"[208].

As razões apresentadas impõem assim a aplicação, em via analógica, do art. 310º, al. b) do CC, devendo considerar-se que a obrigação de pagamento das rendas prescreve no prazo de 5 anos a contar do respectivo vencimento.

1.2. Incumprimento da obrigação de pagamento

Os contratos determinam vários meios de defesa do locador a partir do momento em que o locatário deixa de pagar uma só renda.

---

prestações). Com esta solução, "evita-se que, na sequência da estipulação de juros moratórios convencionados..., as somas exigidas a título de rendas vencidas sejam consideravelmente inferiores àquelas contratualmente devidas com juros no caso de atraso que exceda o período de 5 anos". – "Sul termine prescrizionale dei canoni del contratto di *leasing* e dei relativi interessi", NGCC, 1998, Parte Prima, pp. 576 e 577.

[207] Ver Manuel de Andrade, Teoria geral da relação jurídica, Vol. II, Coimbra, 1992 (reimp.), p. 452.

[208] Obrigações reais e ónus reais, Coimbra, 1990, p. 184.

1.2.1. A mora e os respectivos juros

Se, na data do vencimento da prestação, o locatário não paga a *renda* ao locador, dá-se a sua constituição em mora (art. 805º, nº 2, al. a) CC).

Deve referir-se que, por via de regra, o locador financeiro, num primeiro momento, tem algum interesse em tolerar o atraso no tocante ao pagamento das prestações de renda. Fá-lo porque percebe os juros moratórios relativos ao valor em dívida ainda não reembolsado[209].

1.2.2. Cláusula de vencimento antecipado das rendas vincendas

1.2.2.1. Cláusula tipo e suas consequências

Por via de regra, os contratos de locação financeira, em paralelo com a resolução contratual[210], prevêem, mesmo para o caso de falta de pagamento de uma só prestação de renda, a possibilidade de o locador exigir, para além das rendas vencidas e não pagas, o cumprimento antecipado das restantes prestações (vincendas)[211].

Desta sorte, por força de tal estipulação, o locatário, que dispõe, nos termos inicialmente previstos, do direito de pagar as rendas no momento do seu vencimento, perde agora – por força do incumprimento temporário – a faculdade de as entregar na data acordada, já que tem que realizar o pagamento de todas elas, quando tal for especificamente exigido pelo locador. Está em causa a perda (para o locatário) do benefício do prazo.

O locador pode, deste modo, exigir o pagamento das rendas vencidas e não pagas (acrescido dos correspondentes juros de mora), assim como as rendas antecipadamente vencidas (sem os correspondentes juros remuneratórios, como veremos). Não tem, no entanto, o direito à restituição da coisa locada[212].

---

[209] Estipula-se, por exemplo, que são devidos juros "calculados à taxa legal de juros de mora para créditos comerciais, acrescida da sobretaxa moratória legal, sem prejuízo do direito do locador à resolução do contrato".

[210] Note-se que não se mostra possível cumular a resolução do contrato com o vencimento antecipado das rendas. Ver o Ac. STJ, de 18.5.1995 (Costa Marques), CJ, Ac. STJ, 1995, II, p. 96.

[211] O locatário mantém a possibilidade de usar o bem até ao termo do contrato, não tendo que o restituir de imediato.

[212] Ver Garcia Garnica, El régimen jurídico..., cit., p. 235.

1.2.2.2. Valor jurídico da cláusula tipo

Impõe-se apreciar o valor jurídico de tal cláusula[213].

Em geral, a doutrina e a jurisprudência consideram admissíveis tais cláusulas.

É o caso, por exemplo, de Rui Pinto Duarte, que fundamenta tal validade em duas ordens de razão: por um lado, atenta a sua proximidade com o mútuo; por outro lado, em virtude da sua previsibilidade na Convenção de Ottawa. O autor destaca, todavia, que cada renda é uma prestação e não uma fracção da prestação[214].

Alguma jurisprudência tem-se pronunciado no mesmo sentido, em razão da "vultuosa mobilização de capitais" por parte do locador e do "risco que suporta com a deterioração do equipamento locado". Mais se afirma: a cláusula "não importa a compra forçada do bem locado, porque o locador não exige o valor residual"[215].

A nosso ver, não suscita dúvidas a validade deste tipo de convenções.

Do que se trata é de provocar o vencimento antecipado da obrigação pecuniária do locatário resultante de um contrato com uma duração definida e certa. Deve relevar-se ainda a compatibilidade de tais estipulações com a natureza da prestação do locador e com o carácter eminentemente

---

[213] A jurisprudência discute outro tipo de estipulações, que não configuram qualquer cláusula de perda do benefício do prazo. São apostas nos contratos, em alternativa ao direito de resolução, cláusulas que determinam "o pagamento de todas as rendas vencidas, das rendas vincendas e do valor residual". Ora, tem-se entendido que tais estipulações são contrárias à essência do contrato de locação financeira, por obrigar o locatário à aquisição do bem. Ver, entre outros, o Ac. STJ, de 20.1.1999 (Zeferino Faria), CJ, 1999, II, p. 131, o Ac. STJ, de 7.3.1991 – (Afonso de Albuquerque) – BMJ, nº 405, 1991, pp. 467 e 468). Cfr. *infra* CAP. VIII, § 3, 2.3.2, al. c).

[214] Escritos sobre leasing..., cit., p. 186.
Admitindo também a validade das cláusulas, Alessandro Munari (Il leasing finanziario..., cit., pp. 289 ss.).

[215] Ac. Rel. Lisboa, 7.12.2004 (Roque Nogueira), www.dgsi.pt, p. 5 (assinala-se ainda o seu carácter alternativo, por confronto com a resolução do contrato, observando-se que a exigência "corresponde à indemnização com base no interesse contratual positivo" e concluindo-se pela sua natureza proporcional ao montante dos danos a ressarcir). Cfr., neste sentido, o Ac. Rel. Porto, de 17.3.1998 – sumário (Emérico Soares), www.dgsi.pt (realça o aresto a natureza sancionatória da cláusula, assim como o seu carácter não desproporcionado).

creditício do negócio em estudo[216]. Refira-se também a sua perfeita sintonia com o art. 781º do CC: "se a obrigação puder ser liquidada em duas ou mais prestações, a falta de realização de uma delas importa o vencimento de todas"[217].

Observe-se que a exigibilidade imediata consagrada no preceito, isto é, o direito de exigir do devedor a realização de todas as prestações,

---

[216] O art. 781º CC é aplicável pela doutrina também ao mútuo (neste sentido, João Redinha, Direito das Obrigações, Vol. III, 2ª Ed., Rev. e Amp., Lisboa, 1991, pp. 241 e 242; Pires de Lima e Antunes Varela, Código Civil anotado, cit., II, p. 965, Galvão Telles, Direito das Obrigações, 7ª Ed., Rev. e Act., Coimbra, 1997, p. 225; na doutrina estrangeira, ver M. Fragali, Del mutuo, arts. 1813º-1822º, 2ª Ed., Ampliata e Aggiornata, Milano, 1981, p. 434, R. Teti, Il mutuo, Trattato di Diritto Privato, 12, Diretto da Pietro Rescigno, Torino, 1992, pp. 681 ss., na sequência do art. 1819º CCIt., relativo ao mútuo).

[217] A qualificação do direito a exigir o vencimento antecipado tem suscitado alguma controvérsia. A doutrina dominante italiana entende que configura uma hipótese de "recesso *ex lege*" (R. Teti, Il mutuo, Trattato di Diritto Privato, 12, Dir. Pietro Rescigno, Torino, 1992, p. 682; Luca Nivarra/Giuseppe Romagno, Il mutuo, Milano, 2000, p. 359; M. Fragalli, Del mutuo, cit., pp. 434 ss.; Francesco Alcaro, "Contratti tipo di prestiti personali", RDC, 1978, P. I, p. 115). Outros autores, como é o caso de Ernesto Simonetto, consideram que o art. 1819º CCIt prevê a resolução, na medida em que os seus pressupostos e efeitos são coincidentes (Los contratos de credito, tradução de Juan Martínez Valencia, Barcelona, 1958, p. 150).
Por sua vez, o Ac. Rel. Lisboa, de 18.2.1997 – sumário (Quinta Gomes), www.dgsi.pt, afirma que "ao exigir o vencimento antecipado das rendas..., o locador não está a resolver, nem a anular o contrato de locação financeira, o qual se mantém apesar desse vencimento antecipado das rendas vincendas, assistindo ao locatário o direito a utilizar e gozar o equipamento até final do prazo do contrato e só no termo desse prazo optar ou não pela aquisição do mesmo".
Na doutrina alemã, em sede de comentário ao (anterior) § 12 *VerbrKrG*, actual § 498 BGB (que limita o exercício do "direito de denúncia" – *Kündigungsrecht* –, evitando que um incumprimento de reduzida importância possa originar a perda do benefício do prazo), Habersack entende que o contrato de crédito não se extingue, tão só se vencendo a obrigação do consumidor que se encontrava sujeita a um cumprimento a prestações (§ 13, Münchener Kommentar zum Bürgerlichen Gesetzbuch, Band 3, Schuldrecht, Besonderer Teil, 3. Aufl., München, 1995, p. 823).
Sem embargo da similitude da perda do benefício do prazo com a resolução contratual, acompanhamos a posição de Habersack. Com efeito, o exercício do direito a exigir antecipadamente todas as prestações não acarreta a extinção do contrato de mútuo. Tão só o devedor (e apenas este) perde a possibilidade de cumprir no tempo estipulado. E tanto assim é que "a perda do benefício do prazo não se estende aos co-obrigados do devedor, nem a terceiro que a favor do crédito tenha constituído qualquer garantia" (art. 782º CC). Por outro lado, não há que fazer referência a relações de liquidação como sucede em sede de resolução contratual.

impõe, segundo cremos, a necessidade de interpelação do locatário, nos termos do art. 805º, nº 1 do CC[218].

Cumpre salientar que, como sustentam Pires de Lima e Antunes Varela, "a aplicação da sanção prevista neste artigo supõe a mora do devedor. É necessário, portanto, que o não cumprimento de uma das prestações lhe seja imputável"[219].

Aliás, caso não estivesse prevista qualquer convenção de perda do benefício do prazo, sempre caberia aplicar o art. 781º do CC, que representa o regime geral nesta matéria[220].

1.2.2.3. Possibilidades de regulamentação convencional e consequências no caso de omissão contratual

Em regra, os contratos de locação financeira pouco ou nada prevêem para além do mencionado. E podem fazê-lo. Tanto é assim que a própria regra geral citada – o art. 781º do CC – tem, nalguns aspectos, natureza supletiva.

Uma dessas possibilidades é a de a perda do benefício do prazo não prescindir da interpelação do devedor, de modo que sendo o contrato omisso se aplica o regime geral. Todavia, o contrato pode permitir uma actuação automática da figura – o que pode gerar algumas dificuldades no confronto com a via resolutiva. No entanto, tal hipótese está afastada quando o locatário for um consumidor.

Refira-se ainda que a perda do benefício do prazo "não se estende aos co-obrigados do devedor, nem a terceiro que a favor do crédito tenha constituído qualquer garantia" (art. 782º do CC).

---

[218] Neste sentido, Antunes Varela, Das Obrigações em geral, cit., II, p. 53; Almeida Costa, Direito das Obrigações, cit., p. 951; Vasco Lobo Xavier, "Venda a prestações: algumas notas sobre os artigos 934º e 935º do Código Civil", RDES, 1974, p. 201, nota 4; Teresa Anselmo Vaz, Alguns aspectos da compra e venda..., cit., p. 22; Ribeiro de Faria, Direito das Obrigações..., cit., II, p. 325, Menezes Leitão, Direito das Obrigações, cit., II, p. 160; diversamente, Galvão Telles entende que se trata de um caso de vencimento automático antecipado, portanto, não dependente de interpelação (Direito das Obrigações, cit., p. 270); na jurisprudência, ver o Ac. Rel. Lisboa, de 5.5.1998 (Pereira da Silva), CJ, 1998, III, p. 79.

[219] Código Civil anotado, cit., II, p. 32.

[220] Sobre esta temática, ver Gravato Morais, "Perda do benefício do prazo na dívida liquidável em prestações", Maia Jurídica, 2007, Ano V, Número 2, pp. 79 ss.

A figura tem, como se constata, um campo de actuação limitado à pessoa do devedor. Apenas este responde perante o credor pelo cumprimento antecipado da obrigação.

Em relação aos condevedores, mesmo na hipótese de a obrigação ser solidária, apenas àquele que deu causa ao vencimento antecipado pode ser exigido o cumprimento prévio (art. 782º, 1ª parte do CC).

Isso mesmo se reflecte noutra regra civilista: "os condevedores podem opor ao que satisfez o direito do credor a falta de decurso do prazo que lhes tenha sido concedido para o cumprimento da obrigação" (art. 525º, nº 1 do CC).

No tocante aos terceiros que asseguram o cumprimento da obrigação não se distingue o tipo de garantia em causa (pessoal ou real). Qualquer das garantias só pode fazer-se valer após o decurso regular da respectiva obrigação[221].

Saliente-se, porém, que a regra tem natureza supletiva, pelo que pode ser afastada mediante vontade das partes em sentido contrário. Deste modo, é admissível que, *v.g.*, o fiador assuma, ao lado do devedor principal, as consequências da perda do benefício do prazo[222].

1.2.2.4. As prestações vincendas e os juros remuneratórios em especial

Provocada a perda do benefício do prazo, importa saber se há lugar ao pagamento de juros remuneratórios.

Refira-se, em primeiro lugar, que a questão tem sido posta, na esmagadora maioria das hipóteses, no mútuo finalizado para consumo.

De um lado, acolhe-se a natureza distinta das duas prestações – de capital e de juros –, o que significa o seu tratamento diferenciado. Identifiquem-se os argumentos aduzidos:

- os juros remuneratórios, enquanto prestação duradoura periódica, não se podem vencer antes do período a que respeita, ao contrário da dívida de capital[223];

---

[221] Pires de Lima e Antunes Varela, *Código Civil anotado*, Vol. II, cit., p. 35.
[222] Neste sentido, Ac. Rel Lisboa, de 6.6.2002 – sumário (Vaz das Neves), www.dgsi.pt.
[223] Ver Ac. Rel. Lisboa, de 11.3.2008 (Tomé Gomes), www.dgsi.pt, p. 6 e 7, Ac. Rel. Lisboa, de 13.5.2008 (Rui Vouga), www.dgsi.pt, p. 13, Ac. Rel. Lisboa, de 22.1.2008 (João Aveiro Pereira), www.dgsi.pt, p. 4, Ac. Rel. Lisboa, de 20.11.2007 (Rui Vouga), www.dgsi.pt, pp. 9 ss., Ac. Rel. Lisboa, de 12.7.2007 (Teresa Pais), www.dgsi.pt, p. 3, Ac. Rel. Lisboa, de 12.6.2007 (Eurico

- as prestações de juros variam ao longo do tempo, "à medida e na medida em que o capital é amortizado"[224];
- o "benefício excessivo" para o financiador[225];
- "a prevalência do sentido mais favorável ao aderente" (art. 11º, nº 2 do DL 446/85)[226];
- a inaplicabilidade do art. 1147º do CC – relativo à antecipação do cumprimento pelo mutuário –, pois o que se discute é justamente o problema inverso[227];
- "a perda de confiança que se produz no credor, relativamente ao cumprimento, pela falta de realização de uma das prestações"; a inaplicabilidade da norma às prestação de juros, pois estes "só nascem com o decurso do tempo"[228].

De outro lado, sustenta-se orientação oposta. Assinalem-se os motivos principais invocados:

- a convenção das partes não pode ser desconsiderada, ultrapassando, deste modo, a natureza distinta das prestações (de juros e de capital)[229].

Reis), www.dgsi.pt, p. 5, Ac. STJ, de 6.2.2007 (Alves Velho), www.dgsi.pt, pp. 7 e 8, Ac. STJ, de 14.11.2006 (Bettencourt de Faria), www.dgsi.pt, pp. 4 e 5, Ac. STJ, de 14.11.2006 (Moreira Camilo), www.dgsi.pt, pp. 7 e 8.

[224] Ac. Rel. Lisboa, 9.11.2006 (Carla Mendes), pp. 10 e 11, www.dgsi.pt. A mesma orientação é seguida no Ac. Rel. Lisboa, de 28.9.2006 (Fátima Galante), pp. 9 a 11, www.dgsi.pt (ainda da mesma Juiz Desembargadora, *vide* o Ac. Rel. Lisboa, de 2.2.2006 (Fátima Galante), p. 19, www.dgsi.pt), no Ac. Rel. Lisboa, de 28.9.2006 (Farinha Alves), pp. 3 e 4, www.dgsi.pt, no Ac. STJ, de 12.9.2006 (Sebastião Póvoas), pp. 4 ss., www.dgsi.pt, no Ac. STJ, de 11.10.2005 (Oliveira Barros), pp. 10 ss., www.dgsi.pt, no Ac. STJ, de 27.4.2005 (Pires da Rosa), pp. 6 ss., www.dgsi.pt, no Ac. STJ, de 19.4.2005 (Faria Antunes), pp. 3 ss., www.dgsi.pt (os juros remuneratórios são retributivos, são rendimentos do capital em função do tempo em que o credor está privado da utilização do mesmo), no Ac. Rel. Lisboa, de 7.4.2005 (Salazar Casanova), pp. 3 a 11, www.dgsi.pt.

[225] Ver o Ac. Rel. Lisboa, de 2.5.2006 (Azadinho Loureiro), p. 7, www.dgsi.pt, e o Ac. STJ, de 7.3.2006 (João Camilo), pp. 11 e 12, www.dgsi.pt.

[226] Ac. Rel. Lisboa, de 2.5.2006 (Azadinho Loureiro), p. 7, www.dgsi.pt.

[227] Ac. STJ, de 7.3.2006 (João Camilo), pp. 11 e 12, www.dgsi.pt.

[228] Ac. Rel. Lisboa, de 27.9.2005 (Ana Grácio), CJ, 2005, IV, p. 108.

[229] Ac. Rel. Lisboa, de 15.5.2007 (Graça Amaral), pp. 3 e 4, www.dgsi.pt, Ac. Rel. Lisboa, de 29.6.2006 (Pereira Rodrigues), pp. 4 ss., www.dgsi.pt (nem o art. 11º DL 446/85, nem os arts. 236º CC são aqui considerados).

– a referência ao custo total do crédito expresso em percentagem, através da TAEG (art. 4º do DL 359/91, actual art. 24º do DL 133//2009), permite demonstrar igualmente a incindibilidade das prestações[230].

Partilhamos, no essencial, a fundamentação daqueles que afirmam que os juros remuneratórios não integram a previsão do art. 781º do CC.

Para além das pertinentes razões citadas, que consubstanciam essa posição, cabe reforçá-la com outros argumentos.

A nosso ver, não é a percentagem de incumprimento contratual do devedor, nem o seu total alheamento, seja quanto à assunção dos compromissos assumidos, seja quanto ao resultado das acções originadas pelo incumprimento, que permite justificar a cobrança de juros remuneratórios.

Seria, de resto, iníquo que o credor viesse cobrar o pagamento de juros remuneratórios correspondentes ao período que medeia entre a data da interpelação e a data em que a última prestação se venceria – que normalmente é muito longo.

De igual sorte, a capitalização de juros que se pretende é um motivo determinante para recusar a construção oposta.

Acresce que a perda do benefício do prazo implicaria uma maior vantagem para o credor do que a resolução do contrato, o que não se compreende.

Se assim não fosse, o credor teria todo o interesse em celebrar um contrato de locação financeira nessas condições, pois saberia de antemão que receberia – sempre e em qualquer situação, desde que invocasse o art. 781º do CC – todo o valor do crédito (capital, juros e outros encargos),

---

[230] Ac. Rel. Lisboa, de 29.6.2006 (Pereira Rodrigues), pp. 4 ss., www.dgsi.pt (nem o art. 11º DL 446/85, nem os arts. 236º CC são aqui considerados).
No mesmo sentido se posiciona o Ac. Rel. Lisboa, de 15.12.2005 (Carlos Valverde), pp. 5 ss., www.dgsi.pt.
Realce-se que a orientação que defende a admissibilidade do pagamento de juros remuneratórios faculta ainda ao credor a capitalização de juros, desde que se respeitem os limites impostos por lei (cfr. Ac. Rel. Lisboa, de 15.12.2005 (Carlos Valverde), p. 10, www.dgsi.pt, o Ac. Rel. Lisboa, de 3.3.2005 (Moreira Camilo), p. 4, www.dgsi.pt, o Ac. Rel. Lisboa, de 22.2.2005 (Pinto Monteiro), pp. 4 e 5, www.dgsi.pt.

mesmo que a contraparte apenas cumprisse, por suposição, uma só prestação.

Actualmente a questão encontra-se dirimida, com acerto, no Ac. Uniformizador de Jurisprudência, de 25.3.2009, que se pronunciou no sentido de não serem devidos juros remuneratórios quanto às prestações vincendas, no quadro do art. 781º do CC[231].

1.2.3. Cláusula resolutiva expressa

1.2.3.1. Cláusula tipo
Estipula-se também usualmente no contrato de *leasing* financeiro que o incumprimento de uma renda por parte do locatário permite ao locador declarar a sua resolução.

1.2.3.2. Admissibilidade
A circunstância de uma só renda poder gerar o efeito resolutivo tem proporcionado – em particular na doutrina italiana – alguma discussão quanto à sua validade. Isto porque se debate o problema da aplicabilidade à locação financeira do art. 1525º CCIt. – próximo do art. 934º do CC – que limita o mecanismo resolutivo às situações em que o valor de uma prestação supere a oitava parte do preço[232].

Cremos que tal como a homóloga convenção relativa à perda do benefício do prazo, a cláusula resolutiva de "incumprimento de uma só renda" parece, à partida, admissível[233]. O valor da renda (em regra, não escasso) confrontado com o valor a pagar globalmente serve de critério de referência para a análise.

---

[231] Cfr. o Ac. Uniformizador de Jurisprudência, de 25.3.2009 (Cardozo de Albuquerque), www.dgsi.pt.
[232] Nicolò Visalli, "La problematica del *leasing* finanziario...", cit., p. 682; Lucio Ghia, I contratti di finanziamento..., cit., p. 13 (justifica-o na diversa razão de ser da disciplina resultante do art. 1525º CCIt., tutelando-se aqui apenas a posição do comprador no quadro da venda a prestações – e não também a do locador financeiro). Ver ainda sobre o debate, que se estende de resto à jurisprudência, Mario Bussani, Proprietà-garanzia..., cit., pp. 47 ss.
[233] Ver Ac. Rel. Lisboa, de 2.7.2009 (Gilberto Jorge), www.dgsi.pt ("o contrato de locação financeira poderá ser resolvido, por iniciativa da locadora, no caso da locatária não pagar qualquer das prestações da renda").

Com efeito, a cláusula resolutiva predisposta apenas torna irrelevante uma eventual indagação acerca da gravidade do incumprimento[234].

Aduza-se, por outro lado, um argumento de índole histórica, que emerge da revogação do art. 16º (pelo DL 285/2001, de 3 de Novembro). No quadro do (anterior) art. 16º, nº 1, relativo à resolução por falta de pagamento de uma renda, determinava-se – imperativamente em relação ao locador – uma dilação temporal que impedia a extinção do negócio quando o atraso não superasse os 60 dias. Por sua vez, o nº 2 permitia ao locatário fazer caducar o direito de resolução exercido pelo locador, caso fosse pago o montante em dívida, acrescido de 50%, no prazo de 8 dias. Ora, da revogação do art. 16º, e também dos outros preceitos referentes às rendas, decorrem duas consequências de relevo: por um lado, o desaparecimento das normas de protecção dos interesses do locatário (tal tutela ressaltava em especial do art. 16º, nº 1); por outro, e em paralelo, a prevalência da vontade das partes[235].

Acresce que a fisionomia da prestação do locatário financeiro reforça a admissibilidade da cláusula. Note-se que apesar de se tratar de uma prestação fraccionada não cabe aplicar a regra ínsita no art. 934º, nº 1 do CC. A especificidade daquela assemelha-se antes à prestação do mutuário de dinheiro. Ora, nos contratos de empréstimo bancário aceita-se, também sem reservas, que a falta do pagamento de uma única prestação possa gerar a sua resolução.

1.2.3.3. Consequências da consagração da cláusula resolutiva tipo

Como afirmámos acima, o que resulta da cláusula resolutiva tipo consagrada nos contratos de locação financeira é tão só a desnecessidade da indagação da gravidade do incumprimento[236].

Quanto ao mais, mantém-se na íntegra o regime resolutivo civilista, se nada for convencionado em sentido contrário[237], desde que o possa ser

---

[234] Ver Rodolfo la Torre, Manuale della locazione finanziaria, cit., p. 219.
[235] "No exercício da liberdade de conformação do conteúdo negocial", como expressa o § 1 do Preâmbulo do DL 285/2001.
[236] Para além de estabelecer que um certo incumprimento é qualificado como grave, subtrai esse ponto a uma eventual apreciação do juiz (Baptista Machado, "Pressupostos da resolução por incumprimento", Obra Dispersa, cit., p. 185).
[237] No Ac. Rel. Lisboa, de 2.7.2009 (Gilberto Jorge), www.dgsi.pt, trata-se de uma situação semelhante à exposta: assim "à locadora assiste-lhe o direito potestativo de resolver o contrato

licitamente. Deste modo, *v.g.*, mostra-se necessário recorrer a uma interpelação admonitória[238] para transformar a mora em incumprimento definitivo, nos termos do art. 808º, nº 1 do CC[239].

mediante declaração unilateral à locatária, verificado que seja o pressuposto do incumprimento estipulado, resolução que opera imediatamente e de pleno direito no momento em que a declaração chega ao poder ou esfera de acção da parte incumpridora ou é dela conhecida. Dispõe a cláusula 22ª nº 2 das condições gerais que o incumprimento temporário, ou como tal reputado, quer de obrigações pecuniárias, quer doutras, tornar-se-á definitivo após comunicação feita com carta registada com aviso de recepção, pelo locador ao locatário, intimidando-o a cumprir ou a satisfazer as obrigações no prazo de trinta dias". De todo o modo, no caso, "não se demonstrando a existência de aviso de recepção de recepção não é possível considerar que houve incumprimento definitivo e, consequentemente não se operou a resolução do contrato".

[238] Para que se possa falar de uma interpelação admonitória que envolva a conversão da mora em incumprimento definitivo (art. 808º, nº 1 CC), impõe-se o preenchimento de três pressupostos: a existência de uma intimação para o cumprimento; a consagração de um prazo peremptório, suplementar, razoável e exacto para cumprir; – a declaração (cominatória) de que findo o prazo fixado sem que ocorra a execução do contrato se considera este definitivamente incumprido.

[239] Ver Ac. STJ, de 28.4.2009 (Hélder Roque), www.dgsi.pt, onde se destaca que "obrigando-se o réu ao pagamento de trinta e seis rendas mensais, a título de contra-prestação pela cedência da máquina, em locação financeira, e tendo pago apenas ao autor as primeiras nove rendas, vencidas entre 23 de Dezembro de 1993 e 23 de Abril de 1999, este enviou-lhe uma carta a comunicar que, por "deixar de pagar as aludidas rendas, e não ter respondido às diligências por si empreendidas, recorreria, de imediato, às vias judiciais competentes, se, no prazo oito dias, não fosse efectuado contacto com o intuito de regularizar a situação", acabando, cerca de dez dias depois, por o informar de que procedia, nessa mesma data, à resolução do contrato. A interpelação admonitória deve conter uma intimação formal dirigida ao devedor moroso para que cumpra a sua obrigação, dentro de certo prazo peremptório determinado, sob pena de se considerar o seu incumprimento como definitivo. Face à prova produzida, neste particular, atendendo a que o autor enviou ao réu uma carta em que lhe comunicava que, *por deixar de pagar as aludidas rendas, e não ter respondido às diligências por si empreendidas, recorreria, de imediato, às vias judiciais competentes, se, no prazo de oito dias, não fosse efectuado contacto com o intuito de regularizar a situação*, sem nada dizer quanto a considerar a obrigação por, definitivamente, não cumprida, não observou a finalidade prevista para a interpelação admonitória, de modo a poder qualificar a mora do réu como determinante de inadimplemento definitivo. Verificam-se, pois, todos os requisitos consagrados pelo artigo 804º do CC, para a existência da mora, ou seja, o retardamento ou atraso da prestação, por causa imputável ao devedor, que a não cumpriu, no tempo devido, sendo ainda possível, por continuar, no essencial, a corresponder ao interesse do credor, subsistindo a possibilidade futura da mesma. Assim sendo, não se demonstrando qualquer causa imputável ao autor pela falta do pagamento das rendas vencidas, por parte do réu, também, não se provou que o regime pactuado

2. Obrigação de pagamento das despesas correntes necessárias à fruição das partes comuns de edifício e aos serviços de interesse comum, no caso de locação financeira de fracção autónoma

Têm sido discutidas várias questões relacionadas com esta obrigação do locatário financeiro, que fundamentalmente estão ligadas à prestação a pagar pelos condóminos da fracção autónoma.

Impõe-se identificá-las, de acordo com a ordem em que as desenvolvemos:

– se o locador pode exigir do locatário o pagamento das prestações do condomínio;
– se o condomínio pode exigir do locatário o pagamento das prestações;
– se o condomínio pode exigir do locador o pagamento das prestações.

2.1. Se o locador financeiro pode exigir do locatário financeiro o pagamento das prestações do condomínio

O primeiro problema, o de saber se do art. 10º, nº 1, al. b) do DL 149/95 resulta um dever do locatário quanto ao pagamento das prestações do condomínio perante o locador, não suscita particulares dificuldades. A resposta é, sem dúvida, afirmativa.

A norma trata essencialmente das obrigações (no nº 1) e dos direitos (no nº 2) locatário financeiro perante o locador. É nesse quadro que dominantemente se insere, pelo que não se pode desconsiderar este contexto.

2.2. Se o condomínio pode exigir do locatário financeiro o pagamento das prestações

A segunda temática em discussão – a de analisar se da mesma disposição emerge um dever do locatário perante o condomínio quanto àquele pagamento –, não é tão pacífica.

Há quem responda afirmativamente ao problema, concedendo ao condomínio o poder de exigir do locatário financeiro o valor das res-

---

pelas partes conferisse aquele o direito à resolução do respectivo contrato, ou seja, que tivessem consagrado uma cláusula comissória ou de caducidade, modalidade especial da resolução convencional, admitida pelo artigo 432º, nº 1, do CC".

pectivas prestações. A regra em causa – o art. 10º, nº 1, al. b), do DL 149//95 – não tem, segundo alguns, eficácia meramente obrigacional, antes se impondo a terceiros e, desta sorte, ao condomínio[240].

À luz da situação concreta, atendendo em especial à utilização pelo locatário da fracção autónoma e das partes comuns a ela relativas, para daí retirar as suas utilidades e as suas funcionalidades, parece justificar-se a extensão do direito deste específico credor (o condomínio).

De todo o modo, dado que o clausulado prevê normalmente que o locatário financeiro se encontra adstrito a pagar as mencionadas prestações perante o condomínio, poderíamos chegar igualmente à mesma solução.

Com efeito, a figura da assunção de dívidas, regulada no art. 595º, nº 1, al. a), do CC, pode ser aqui empregue. O locador (antigo devedor) pretende, por essa via, transmitir a dívida em apreço ao locatário (novo devedor).

Tal "transferência" está, todavia, dependente da ratificação do credor (o condomínio), o que pode ocorrer até por via implícita, *v.g.*, se este último instaurar a acção contra ambos os devedores.

Trata-se, no entanto, de uma assunção cumulativa de dívida, não havendo lugar à exoneração do locador financeiro. Para que esta última hipótese opere, mostra-se necessária uma declaração expressa do condomínio (art. 595º, nº 2, do CC).

2.3. Se o condomínio pode exigir do locador financeiro o pagamento das prestações

A terceira questão – sem sombra, de dúvida, a mais polémica –, é a de saber se o locador fica exonerado do pagamento das prestações em causa perante o condomínio.

---

[240] Ver Ac. Rel. Porto, de 14.3.2006 (Mário Cruz), www.dgsi.pt.
Cfr., com semelhante argumentação, o Ac. Rel. Porto, de 14.3.2005 (Fonseca Ramos), p. 7, www.dgsi.pt.
Em sentido contrário, ver o Ac. Rel. Lisboa, de 27.6.2006 (Pimentel Marcos), p. 13, www.dgsi.pt.
O Ac. STJ, de 19.3.2002, não se pronuncia sobre o tema, por não ser objecto do aresto. ("se só ele [o locador] ou também o ... locatário financeiro é problema que não tem de ser aqui apreciado" – p. 3, www.dgsi.pt)

A al. b) do nº 1 do art. 10º do DL 149/95 não tem por função, tanto quanto nos parece, eximir o locador financeiro da responsabilidade pelo pagamento das prestações do condomínio.

Este preceito, sendo aplicável às relações locador/locatário e eventualmente às relações locatário/condomínio, tem carácter geral, mantendo intocada a relação jurídica entre o proprietário (jurídico) da fracção autónoma e o condomínio[241]. Justifiquemos.

2.3.1. Os interesses em jogo

A apreciação dos interesses subjacentes à locação financeira imobiliária reforça a conclusão a que chegamos.

Se bem que alguns entendam que por detrás da locação financeira imobiliária se encontra uma "forma de financiamento para aquisição de imóvel ou fracção", que o locatário se comporta "como potencial e previsível adquirente", "gozando de todas as [suas] utilidades", actuando como "suposto dono, mesmo ainda não o sendo"[242], isso não nos parece que justifique ser ele a suportar integralmente os custos decorrentes da situação.

Impõe-se, desde logo, afirmar que a este negócio locatício subjaz efectivamente uma função de financiamento. Mas consideramos que é o gozo do bem – e não a sua aquisição – o objecto de tal financiamento. Aliás, a lei vigente admite claramente a locação financeira de amortização parcial, donde o valor da compra é muitas vezes considerável e relevante. Mas, mesmo que assim não fosse, é discutível que se possa concluir que o locatário tem necessariamente em vista a aquisição ou que se comporta como "proprietário... sob reserva". Acresce que a larga durabilidade e a valorização dos imóveis são aspectos a ter em conta na lógica do finan-

---

[241] Em sentido contrário, cfr. Ac. STJ, de 10.7.2008 (Urbano Dias), www.dgsi.pt ("a obrigação do locatário financeiro de contribuir para o pagamento das despesas do condomínio a que nos estamos a referir (e não a outras como, por exemplo, despesas de conservação, pois estas são sem dúvida, da responsabilidade do locador financeiro) é, assim, em conformidade com o que ficou dito, uma obrigação *proptem rem* e não ambulatória. Vale isto por dizer que, no caso de o contrato de *leasing* ser resolvido, o condomínio deve obrigar o ex-locatário financeiro ao pagamento das dívidas correspondentes a tais despesas e não o locador ou um novo locatário financeiro: a isso obriga a natureza da obrigação assinalada").
[242] Ver Ac. Rel. Porto, de 14.3.2006 (Mário Cruz), www.dgsi.pt.

ciamento do gozo concedido ao locatário e que não devem aqui desconsiderar-se.

Cabe observar que a propriedade na locação financeira é entendida de forma *sui generis*, aludindo-se ao proprietário jurídico e ao proprietário económico.

Mas a esta propriedade encontram-se subjacentes dois objectivos: por um lado, o de assegurar ao locador a garantia do pagamento das prestações; por outro lado, o de transmitir para o locatário os riscos inerentes ao gozo do bem (em especial, o de desconformidade e o de perecimento ou de deterioração – cfr., respectivamente, os arts. 12º, 13º e 15º do DL 149/95).

Todavia, não pode esquecer-se que o locador permanece, para alguns efeitos, proprietário. Ora, este é, a nosso ver, um dos riscos – o de permanecer responsável pelo pagamento das prestações do condomínio – que comporta a propriedade jurídica do locador.

As consequências que uma orientação diversa acarretaria seriam extremamente vantajosas para o locador, muito onerosas para o locatário e, ao mesmo tempo, bastante prejudiciais para o credor (o condomínio). Concretizemos.

O locador, perante o incumprimento (de não escassa importância) das prestações do condomínio pelo locatário, sempre tem a faculdade de resolver extrajudicialmente o contrato de locação financeira (art. 17º do DL 149/95).

A extinção da locação financeira – por força da *convenção modelo* usualmente aposta nestes negócios – importa, para além de outras consequências pecuniárias gravosas expressas em estipulação específica (das quais se salienta a cláusula penal de 20% do valor das rendas vincendas, de resto *uniformizada* pela nossa jurisprudência), a restituição imediata do bem (*in casu*, o imóvel) ao locador, atento o facto de ser ele o verdadeiro proprietário da coisa.

Significa isto que, num cenário diverso, ao locatário financeiro – para além de vinculado ao pagamento das prestações perante o condomínio – caberia restituir o prédio ao locador, que, por sua vez, se encontrava exonerado do pagamento das prestações do condomínio vencidas e não pagas (na vigência do contrato de locação financeira). Note-se que a restituição do bem ao locador, no caso de não ser voluntária, pode até ser obtida por ele de forma célere, através do recurso ao procedimento cautelar específico previsto no art. 21º do DL 149/95.

Por outro lado, não pode esquecer-se que as garantias comummente exigidas pelo locador financeiro são frequentes, diversas, amplas e eficazes. Vão desde a mera fiança ao aval, passando pelo seguro-caução, entre outras.

O locador, querendo, encontra-se suficientemente tutelado quanto a uma eventual inexecução do contrato (*in casu*, entenda-se o não pagamento das prestações do condomínio) pelo locatário.

Aliás, reforçando a ideia de protecção do locador financeiro, a lei prevê expressamente a possibilidade de existência de garantias, pessoais ou reais, relativas a "outros encargos" (art. 19º do DL 149/95), de que a prestação de condomínio é exemplo manifesto.

Tais mecanismos permitem ao locador uma defesa assaz adequada contra eventuais incumprimentos nesta sede.

Não deve ainda descurar-se os interesses do credor (o condomínio)[243]. A exoneração do locador financeiro (ou dito de outro modo, a limitação da responsabilidade pelo pagamento ao locatário financeiro) poderia significar, na larga maioria das situações, a perda do crédito.

Na verdade, cremos que o locatário financeiro só deixará de pagar se se encontrar numa situação financeira muito débil (dado que isso implica, em última instância, a restituição do imóvel, para além de outras penalizações)[244].

Acresce que o locador beneficia, como demonstrámos, com a rentabilidade da fracção autónoma.

Cabe igualmente salientar-se que embora seja ele, na vigência do contrato de locação financeira, um proprietário limitado é, também durante esse mesmo período, virtual proprietário pleno (*v.g.*, em caso de incumprimento definitivo do locatário financeiro).

Ora, se se desconsiderassem os interesses deste credor (o condomínio) isso significaria pô-lo numa situação muitíssimo fragilizada (ao

---

[243] Na mesma linha argumentativa, ver o Ac. Rel. Lisboa, de 27.6.2006 (Pimentel Marcos), p. 14, www.dgsi.pt.
[244] Neste sentido, cfr. o Ac. STJ, de 19.3.2002 (Alípio Calheiros), p. 4, www.dgsi.pt (considera-se que "nem poderia ser de outra maneira", dado que o "proprietário é o principal interessado em que essas despesas se realizem", invocando-se ainda "a situação difícil ou mesmo irremediável em que se encontraria a administração do condomínio" quanto à cobrança dessas despesas se assim não fosse).

mesmo tempo que se desresponsabilizava o locador pela escolha do locatário), o que aliado à variabilidade e à imprevisibilidade das despesas de condomínio, não se justifica.

Cumpre relevar que, no caso de restituição do imóvel ao locador financeiro (seja porque o locatário não o quis adquirir no seu termo, seja porque aquele resolveu o contrato com base na falta de pagamento das prestações do condomínio), este torna-se proprietário pleno do prédio até que o aliene ou celebre novo contrato de locação financeira. E agora estaria naturalmente obrigado – enquanto proprietário pleno – ao pagamento das prestações de condomínio[245].

2.3.2. A situação do locatário financeiro e a situação do proprietário de bem hipotecado

Certos tribunais estabelecem uma comparação entre a situação do locatário financeiro com a do proprietário de imóvel hipotecado na sequência do recurso ao crédito, assinalando que, do ponto de vista prático, a situação "não é muito diferente"[246].

Discordamos desta análise.

O proprietário de um imóvel hipotecado não é, como o locatário financeiro, um "proprietário económico". É, ao contrário deste, um titular de um direito real, conquanto onerado. Pode dispor do bem (ao invés do locatário), ainda que a hipoteca o acompanhe. A penhora do bem hipotecado é possível[247], ao passo que ao credor do locatário financeiro apenas lhe é permitido penhorar a expectativa de aquisição do mesmo.

Ora, estas diferenças não podem deixar de repercutir-se no modo como encaramos estas duas realidades sob o aspecto pragmático. O bem imóvel hipotecado é propriedade de um único sujeito. O bem imóvel dado em locação financeira é "cindido", cabendo a cada um dos sujeitos, para específicos efeitos, uma "parcela" da propriedade.

---

[245] No Ac. Rel. Porto, de 6.5.2008 (Guerra Banha), www.dgsi.pt, observa-se que "num quadro em que a obrigação de pagar as despesas de condomínio cabe ao locatário, seja por transferência da lei (locação financeira)... a Assembleia de Condóminos, se lhe for comunicada a transferência dessa obrigação, pode exigir o pagamento quer ao locatário, quer ao locador; todavia, o proprietário locador só fica desonerado da dívida se e quando o locatário pagar".
[246] Ver Ac. Rel. Porto, de 14.3.2006 (Mário Cruz), www.dgsi.pt
[247] Isabel Menéres Campos, Da Hipoteca. Caracterização, constituição e efeitos, Coimbra, 2003, pp. 204 e 205.

2.3.3. O registo da locação financeira

Há um argumento registral que tem sido aduzido no sentido de defender a exoneração do locador financeiro do pagamento das prestações do condomínio. Sustenta-se que, por via do registo da locação financeira (e da publicidade que daí resulta), o administrador do condomínio pode desse modo conhecer, sem necessitar de diligência para lá do razoável, da situação jurídica da fracção[248].

A nosso ver, do registo da locação financeira, o condomínio fica tão só a conhecer que é admissível a penhora da expectativa de aquisição do bem, com as consequências associadas a esse facto, mas igualmente o próprio bem do locador, estando excluída, *in casu*, a possibilidade de o locatário deduzir embargos de terceiro.

2.3.4. A acta da reunião de condomínio como título executivo

Dispõe o art. 6º do DL 268/94, de 25 de Outubro, que a "acta de reunião da assembleia de condóminos que tiver deliberado o montante das contribuições devidas ao condomínio ou quaisquer despesas necessárias à conservação e fruição das partes comuns e ao pagamento de serviços de interesse comum que não devam ser suportadas pelo condomínio, <u>constitui título executivo contra o proprietário</u> que deixar de pagar, no prazo estabelecido na sua quota-parte" (sublinhado nosso).

Ora, o administrador de condomínio dispõe agora de um mecanismo célere de actuação, contra o locador – não devendo ser este considerado parte ilegítima na acção executiva[249] – e contra o locatário[250].

---

[248] Ver o Ac. Rel. Porto, de 14.3.2005 (Fonseca Ramos), p. 7, www.dgsi.pt.

[249] Considerando o locador financeiro parte ilegítima na acção executiva, o Ac. Rel. Porto, de 14.3.2005 (Fonseca Ramos), pp. 7 e 8, www.dgsi.pt.
Em sentido contrário se pronunciou o Ac. STJ, de 19.3.2003 (Alípio Calheiros), pp. 3 e 4, www.dgsi.pt.
Afirmando a ilegitimidade do locatário, ver o Ac. Rel. Lisboa, de 27.6.2006 (Pimentel Marcos).

[250] Outra questão regularmente suscitada neste domínio é o de saber quem o condómino sempre que é celebrado um contrato de locação financeira e quem tem legitimidade para impugnar as deliberações da assembleia de condomínio.
Cremos que o locador financeiro, como proprietário do imóvel, deve ser considerado condómino e, portanto, tem o poder de estar presente e de participar nas respectivas assembleias,

3. Obrigação de facultar ao locador o exame do bem locado

Esta obrigação do locatário financeiro de facultar o exame do bem locado tem como contrapólo o direito do locador financeiro de examinar a coisa, o que já abordámos supra e, portanto, para esse local remetemos.

sem prejuízo de se poder fazer representar por um procurador, que *in casu* pode até ser o locatário financeiro.
Cfr., neste sentido, o Ac. STJ, de 24.6.2008 (Moreira Camilo), www.dgsi.pt (afirma-se aí que "a legitimidade – activa ou passiva – para as acções de impugnação de deliberações da assembleia de condóminos radica-se nos próprios condóminos, sendo os demandados representados judiciariamente pelo Administrador do condomínio ou por pessoa que a assembleia designar para esse efeito. São eles, effectivamente, os titulares do interesse em demandar (legitimidade activa) ou em contradizer (legitimidade passiva), na definição constante do art. 26º do CPC. Não te[m] a [locatária] legitimidade para impugnar as deliberações das Assembleias de Condóminos, por ser simplesmente locatária [financeira] da fracção autónoma e não proprietária da fracção autónoma em causa, não é titular da relação controvertida, sendo de considerar parte ilegítima na acção". Mais se disse "sendo o locador o proprietário da fracção autónoma, será este o convocado para as Assembleias de Condóminos, e onde poderá tomar posição sobre as deliberações que possam afectar a sua fracção, bem como o imóvel do qual é condómino. Caso este não queira comparecer a tais Assembleias poderá ser representado por qualquer outra entidade, nomeadamente, e o que se mostra razoável, no locatário, onde este poderá reagir contra qualquer violação do regime condominal. Se quiser reagir contra qualquer deliberação tomada em Assembleia de Condóminos e que possa afectar a fracção, e caso obtenha anuência para tal, poderá obter procuração do locador para intentar a competente acção judicial. Caso contrário, se o locatário tivesse legitimidade para impugnar as deliberações tomadas em Assembleia de Condóminos, poderia pedir a anulação de uma deliberação em que o locador tivesse estado presente e com a qual tivesse concordado. Assim, não pode o locatário ter legitimidade para impugnar deliberações das Assembleias de Condóminos, pois caso a tivesse, poderia haver um conflito de interesses com o locador que, tendo estado presente, as tivesse votado favoravelmente").
No mesmo sentido, cfr. o Ac. Rel. Porto, de 26.11.2006 (Fernando Baptista), www.dgsi.pt ("o direito de voto na assembleia de condóminos relativamente a fracções objecto de contratos de locação financeira pertence ao locador e não ao locatário, dado que é aquele o proprietário das fracções enquanto tal locação se mantiver").
Com voto de vencido no 1º aresto citado (Urbano Dias), afirma-se o seguinte: "temos como certo que o locatário financeiro imobiliário (proprietário económico da coisa) é um verdadeiro condómino: é ele que usa e goza a fracção que lhe foi locada à custa de um financiamento. É ele, como decorrência dessa mesma realidade, que participa – que tem o direito de participar – na vontade do colectivo, na justa medida em que é ele que responde pelas despesas correspondentes às partes comuns, nos termos do disposto no artigo 1424° do Código Civil. "como locatária financeira de uma fracção, tinha (tem) toda a legitimidade, do ponto de vista formal, para impugnar as deliberações tomadas nas respectivas assembleias de condóminos. Como assim, nada a impedia (impede) de demandar as RR.: tinha (tem) para isso legitimidade".

4. Obrigação de não utilizar o bem a fim diverso a que se destina

Este dever de "não aplicar" (art. 10º, nº 1, al. d) do DL 149/95), ou melhor de não usar o bem para fim diverso – o que sugere a necessidade aposição de uma estipulação no contrato – está, por sua vez, interligado com a obrigação do locador de conceder o gozo do bem para os fins a que se destina.

Podem figurar-se cláusulas de vários tipos: de fim amplo (*v.g.*, utilização da coisa no exercício exclusivo da actividade comercial), de fim relativamente amplo, de fim plural e de fim restrito.

A utilização do bem para fim distinto do convencionado faculta ao locador a resolução do contrato (art. 17º, nº 1 do DL 149/95).

Já o emprego da coisa locada para fim acessório diverso – que não está prevista expressamente na primeira parte da al. d) do art. 10º, nº 1 do DL 149/95 – permite, em princípio, ao locador resolver o contrato. Trata-se de uma violação do contrato, que releva e que considera a cláusula de escopo, dando-lhe a importância devida e tida especialmente em conta pelas partes, promovendo em especial um equilíbrio entre elas.

De todo o modo, o princípio da boa fé pode servir de fundamento à exclusão do direito de resolução do locador, seja porque a actividade ligada à estipulada não se encontra afastada pelo contrato, sendo de presumir a sua não exclusão por um locador normal, seja em virtude da aplicação esporádica do bem a uma finalidade objectivamente insignificante.

Ressalva-se, em ambos os casos, o facto de o locador consentir na utilização da coisa para destino distinto (art. 10º, nº 1, al. d), parte final do DL 149/95).

5. Obrigação de não mover o bem para local diferente do contratualmente previsto

Este dever do locatário tem que ser entendido "cum granum salis".

Com efeito, há bens que são inamovíveis por natureza, como é o caso dos imóveis, e há outros que seguem um caminho totalmente diverso (estão constantemente a em movimento), *v.g.*, os automóveis, os camiões.

Tais coisas não integram o circunstancialismo do normativo.

O legislador teve aqui em vista os bens que tendencialmente não se devem (por imperativo contratual) deslocalizar. Estamos a pensar nas máquinas ou noutros bens de equipamento (móveis) usados pelas empresas no quadro da sua actividade.

Por outro lado, é necessário que tal esteja expressamente convencionado no contrato de locação financeira.

A razão de ser da norma é a de não permitir o extravio dos bens, por via da sua mobilidade para local incerto.

O incumprimento desta obrigação gera igualmente a resolução do contrato

6. Obrigação de manutenção e de conservação da coisa locada

Ao contrário do que sucede na mera locação – onde compete ao locador assegurar o gozo da coisa para os fins a que se destina (art. 1031º, al. b) do CC), o que pode acarretar para este o dever de fazer reparações tendo em vista a sua conservação (art. 1036º do CC)[251] – cabe ao locatário financeiro manter e conservar o bem, não o utilizando imprudentemente, procedendo ao pagamento das despesas necessárias para o efeito (art. 10º, nº 1, al. e) do DL 149/95)[252].

Este é o corolário lógico de determinados aspectos do regime legal que com esta obrigação se articulam.

Vejamos.

No tocante ao locatário, a assunção do risco do perecimento ou da deterioração da coisa (art. 15º do DL 149/95).

Quanto ao locador, a circunstância de ser ele o proprietário jurídico do bem na vigência do contrato e o facto de o objecto dado em locação ser susceptível de restituição (*v.g.*, porque o locatário não exerce o direito de aquisição), justificam que se encontre à margem dos riscos inerentes ao seu uso, conquanto disponha da possibilidade de a examinar (art. 9º, nº 2, al. b) do DL 149/95).

7. Obrigação de realizar as reparações, urgentes ou necessárias, assim como quaisquer obras ordenadas por autoridade pública

Esta obrigação do locatário financeiro, consagrada no art. 10º, nº 1, al. f) do DL 149/95 – cuja semelhança é evidente, no quadro da locação, com

---

[251] Ainda que se permita ao locatário, no caso de atraso do locador, efectuar as correspondentes obras, com direito ao respectivo reembolso (art. 1036º, nº 1 CC).
[252] Cabe-lhe ainda realizar as reparações, urgentes ou necessárias, bem como quaisquer obras ordenadas pela autoridade pública (art. 10, nº 1, al. f) DL 149/95).

o dever do mero locatário previsto no art. 1038º, al. e) do CC – tem a particularidade de impor àquele – e não apenas tolerar – o dever de realização das reparações (urgentes ou necesárias) ou das obras ordenadas por autoridade pública.

8. Obrigação de não proporcionar a outrem o gozo do bem locado
Dispõe o art. 10º, nº 1, al. g) do DL 149/95 que o locatário tem o dever de
- "não proporcionar a outrem o gozo total ou parcial do bem por meio de cessão onerosa ou gratuita da sua posição jurídica, sublocação ou comodato, excepto se a lei o permitir ou o locador a autorizar".

A regra em causa é a reprodução fiel do homólogo art. 1038º, al. f) do CC, quanto à mera locação.

Pretende-se assim evitar que um outro sujeito que não o locatário possa gozar o bem dado em locação financeira.

A norma é extremamente restritiva, dado que contempla um vasto conjunto de hipóteses:
- a cessão onerosa da posição jurídica do locatário financeiro;
- a cessão gratuita da posição jurídica do locatário financeiro;
- a sublocação;
- o comodato.

A regra geral comporta, no entanto, duas excepções:
- o locador financeiro consente que um outro sujeito possa gozar o bem;
- a lei permite que outrem gozo o bem, independentemente da autorização do locador financeiro.

Cumpre referir que não se definem os termos da autorização. Não cremos ser possível a aplicação do art. 1088º, nº 1 do CC, que tem o seu domínio em sede exclusivamente arrendatícia. Assim, a autorização por escrito ou o consentimento prestado em aditamento ao contrato de locação financeira configuram vias seguras para as partes, em especial para o locatário.

Em relação à permissibilidade legal, salientem-se os casos de transmissão de bens de equipamento em face do trespasse de estabelecimento comercial ou da transmissão por morte, a título de sucessão legal ou testamentária (art. 11º, nº 1 do DL 149/95).

9. Obrigação de comunicar a cedência do gozo da coisa locada, quando permitida ou quando autorizada legalmente

Nos dois casos de excepção previstos na parte final da al. h) do nº 1 do art. 10º do DL 149/95, impõe-se ao locatário o dever de comunicação ao locador da cedência do gozo da coisa e dos seus termos, sob pena de ineficácia do acto em relação ao locador, o que lhe permite resolver o contrato[253].

10. Obrigação de aviso imediato ao locador sempre que se verifique dado circunstancialismo

Determina, por outro lado, a al. i) do art. 10º do DL 149/95 que o locatário deve

– "avisar imediatamente o locador, sempre que tenha conhecimento de vícios no bem ou saiba que o ameaça algum perigo ou que terceiros se arrogam direitos em relação a ele, desde que o facto seja ignorado pelo locador".

Este dever lateral (acessório) de conduta tem, de igual sorte, uma regra homóloga no domínio da locação (art. 1038º, al. h) do CC).

Trata-se, por um lado, de uma obrigação de aviso imediato, ou seja, logo que for do conhecimento do locatário qualquer das vicissitudes referidas na norma.

São três as hipóteses previstas, a saber:

– o conhecimento pelo locatário de vícios no bem;
– o conhecimento pelo locatário de que recai sobre o bem algum perigo;
– o conhecimento pelo locatário de que terceiros se arrogam direitos em relação ao bem.

---

[253] Tendo em conta que este tema é estudado infra – CAP VI, § 2, 2.1.1.2., c) – remetemos para o que aí se afirmar.

Estas três possibilidades compreendem-se e justificam-se no facto de o locador financeiro ser o proprietário da coisa (ainda que só jurídico e ainda que só corra alguns riscos que são suportados por um verdadeiro proprietário), pelo menos, até final do prazo contratual.

Cessa, porém, tal dever de aviso imediato quando o facto em causa não seja ignorado pelo locador. Com efeito, sendo do conhecimento deste, o diploma atribui ao locador algumas formas de reacção e de defesa.

11. Obrigação de efectuar o seguro da coisa locada
Dispõe o art. 10º, nº 1, al. j) do DL 149/95 que o locatário se obriga a
- "efectuar o seguro do bem locado, contra o risco da sua perda ou deterioração e dos danos por ela provocados".

São, assim, determinados vários riscos a segurar:
- o de perda do bem;
- o da deterioração do bem;
- o dos danos causados pelo bem.

Resulta implicitamente da referida alínea que o locatário financeiro tem o dever de celebrar um contrato de seguro, na qualidade de tomador, com a entidade seguradora, cobrindo os mencionados riscos.

Das apólices deve constar que o locador financeiro é o proprietário da coisa e que, em caso de sinistro, a indemnização deve ser entregue pela entidade seguradora a um terceiro, justamente à contraparte no contrato de *leasing* financeiro, o locador.

Os contratos prevêem ainda que os prémios do seguro se encontram a cargo do locatário, que deve efectuar o respectivo pagamento directamente à entidade seguradora.

12. Obrigação de restituição do bem
Especifica, por fim, a al. k) do nº 1 do art. 10º do DL 149/95, que o locatário tem o dever de
- "restituir o bem locado, findo o contrato, em bom estado, salvo as deteriorações inerentes a uma utilização normal, quando não opte pela sua aquisição".

Caso não pretenda adquirir a coisa no termo do contrato, incumbe naturalmente ao locatário financeiro a sua obrigação de restituição.

Tal dever tem duas componentes, igualmente presentes no regime geral locatício:

- a coisa deve ser entregue em bom estado;
- a coisa pode ser entregue com as deteriorações inerentes a uma utilização normal.

Em caso de incumprimento daquela obrigação, há naturalmente um dever de ressarcir o locador dos danos provocados.

Nesta hipótese, onde parece poder presumir-se que "a coisa foi entregue ao locatário em bom estado de manutenção, quando não exista documento onde as partes tenham descrito o estado dela ao tempo da entrega" (art. 1043º, nº 2 do CC), qualquer uso anormal da coisa pelo locatário, que importe deterioração do bem, gera também um dever de indemnizar.

13. Obrigação de pagamento de outros encargos

Embora não esteja especificado no regime jurídico da locação financeira, o clausulado contratual expressa que ao locatário compete pagar todos os encargos conexos à locação financeira, assim como à coisa locada[254].

A estipulação é, pois, oposta ao art. 1030º CC. Este normativo, de cariz imperativo[255], dispõe que "os encargos da coisa locada, sem embargo de convenção em contrário, recaem sobre o locador, a menos que a lei os imponha ao locatário".

Não se suscita qualquer problema de (in)validade da cláusula. O facto de o locatário ser o "proprietário económico" do objeto na vigência do contrato justifica que seja ele a suportar tais encargos. Pretende-se com esta estipulação que o valor da renda a perceber pelo locador corresponda ao seu lucro real e efectivo.

Quer isto significar que os encargos fiscais (o IMT, se o objecto do contrato é um imóvel, assim como as taxas), os encargos tidos com o registo,

---

[254] Ver o Ac. STJ, de 5.11.1997 (Miranda Gusmão), CJ, Ac. STJ, 1997, III, pp. 122 e 123 (onde se encontram apostas várias cláusulas relativas a um contrato de locação financeira de um imóvel).

[255] Neste sentido, MENEZES LEITÃO, Direito das Obrigações, III, 2ª Ed., cit., p. 311.

com os requerimentos, com as certidões (camarárias, matriciais, registrais ou outras), as despesas de expediente que o locador tenha de efectuar para segurança ou para reembolso do crédito, os encargos de condomínio, no caso de locação financeira de imóvel (art. 10º, nº 1, al. b) DL 149/95), são, entre outros, suportados pelo locatário financeiro.

§ 4. Prestações do locatário financeiro (cont): direitos

Quanto aos direitos do locador, adopta-se uma formulação em todo semelhante à usada para o locador, ou seja, no proémio (1ª frase) do nº 2 do art. 10º do DL 149/95, remete-se para as regras locatícias que não se mostrem incompatíveis com o presente diploma. Esta redacção genérica pode acrescentar algumas dificuldades interpretativas, que não são de descurar.

Seguidamente, atribuem-se em especial os seguintes direitos:
- usar e fruir o bem locado (al. a));
- defender a integridade do bem e o seu gozo, nos termos do seu direito (al. b));
- usar das acções possessórias, mesmo contra o locador (al. c));
- onerar, total ou parcialmente, o seu direito, mediante autorização expressa do locador (al. d));
- exercer, na locação de fracção autónoma, os direitos próprios do locador, com excepção dos que, pela sua natureza, somente por aquele possam ser exercidos (al. e));
- adquirir o bem locado, findo o contrato, pelo preço estipulado (al. f)).

1. Direito de usar e de fruir o bem locado

Dispõe a al. a) do nº 2 do DL 149/95 que o locatário tem o direito de
- "usar e fruir o bem locado".

Ao locatário financeiro são atribuídos apenas alguns poderes, ao contrário do que ocorre com o proprietário, a quem são concedidos poderes amplos nos termos do art. 1305º do CC. Assim, especifica-se que
- "o proprietário gozo de modo pleno e exclusivo dos direitos de uso, fruição e disposição das coisas que lhe pertencem...".

E, mesmo assim, no tocante ao uso e à fruição da coisa, o locatário está muito limitado no alcance da sua actuação, como tivemos oportunidade de assinalar.

2. Direito a defender a integridade do bem e o seu gozo, nos termos do seu direito

Procura-se ainda tornar efectivo o direito do locatário usar e fruir da coisa, ao permitir – obviamente – a este defender a integridade da coisa, em especial o seu gozo (art. 10º, nº 2, al. b) do DL 149/95).

3. Direito a usar das acções possessórias, mesmo contra o locador

Determina, por outro lado, o al. a) do nº 2 do DL 149/95 que o locatário tem o direito de

– "usar das acções possessórias, mesmo contra o locador".

Também esta regra tem similitude com o art. 1037º, nº 2 do CC. Todavia, esta norma civilista encontra-se mais bem elaborada[256].

Embora o locatário não seja um possuidor, mas sim um mero detentor (ou se quisermos possuidor em nome alheio), este – tal como o mero locador – pode socorrer-se dos meios de defesa da posse – judiciais e extrajudiciais –, nos termos, respectivamente, dos arts. 1276º ss. do CC e dos arts. 336º e 337º do CC.

Quanto aos meios extrajudiciais, refira-se que o locatário pode defender-se por via da acção directa, como resulta da remissão efectuada pelo art. 1277º, 1ª parte do CC para o art. 336º do CC, e também – por maioria de razão – actuar em legítima defesa, nos termos do art. 337º do CC[257]. Portanto, a sua actuação pressupõe a impossibilidade de recurso aos meios coercivos normais e no quadro estritamente limitado pelas respectivas figuras.

---

[256] Determina o art. 1037º, nº 2 do CC que "o locatário que for privado da coisa ou perturbado no exercício dos seus direitos pode usar, mesmo contra o locador, dos meios facultados ao possuidor nos artigos 1276º e seguintes".

[257] Neste sentido, em relação aos meios de defesa da posse em geral, Pires de Lima e Antunes Varela, Código Civil Anotado, II, 3ª Ed., Rev. e Act., Coimbra, 1986, p. 48.

No tocante aos instrumentos de natureza judicial, cumpre aludir, em primeiro lugar, à acção de prevenção (art. 1276º do CC), enquanto mecanismo de carácter preventivo que visa remover o perigo de perturbação ou de esbulho da posse. Tal perigo é provocado pela prática de actos por parte de outrem que envolvem justo (porque fundado) receio de lesão.

Dispõe ainda o locatário financeiro de instrumentos dirigidos contra actos de agressão à posse: a acção de manutenção (art. 1278º, nº 1 do CC), a acção de restituição por mero esbulho (art. 1278º, nº 1 do CC) e a acção de restituição no caso de esbulho violento (art. 1279º do CC)[258].

Na primeira hipótese – acção de manutenção – há uma turbação real e efectiva da posse, originando a diminuição do gozo da coisa. No entanto, o locatário, apesar da pretensão contrária de outrem, conserva ainda aquela (não houve, portanto, esbulho), embora afectada por um acto material praticado pelo autor da turbação.

No segundo caso – acção de restituição por simples esbulho – o locatário encontra-se privado da fruição do objecto ou impossibilitado de continuar essa fruição.

Na última situação – o esbulho que se verifica é violento (coacção física ou moral, segundo o art. 1261º, nº 2 do CC). Tal violência pode incidir sobre os sujeitos que defendem a posse ou mesmo sobre as coisas que são obstáculo ao esbulho, podendo mesmo revestir a forma de ameaça[259].

Para o exercício célere e eficaz da sua pretensão, o locatário financeiro pode usar os chamados "procedimentos cautelares". Em sede de esbulho violento, tem ao seu dispor uma providência cautelar especificada de "restituição provisória de posse" (arts. 393º e 394º do CPC), enquanto que, nos outros casos, o procedimento cautelar é o comum (arts. 381º ss. *ex vi* art. 395º do CPC)[260].

---

[258] Seguindo todas estas acções a forma do processo declarativo comum.

[259] Em qualquer destas hipóteses, há que intentar a respectiva acção dentro do prazo de um ano – contado desde o facto da turbação, do esbulho ou do seu conhecimento quando tenha sido exercido a ocultas –, sob pena de caducidade do direito (art. 1282º do CC).
Note-se ainda que os danos sofridos pelos possuidores são objecto de ressarcimento (art. 1284º do CC).

[260] Vejamos um caso concreto de esbulho violento e de utilização da procedimento cautelar específico, exposto no Ac. Rel. Lisboa, de 23.6.2005 (Granja da Fonseca), www.dgsi.pt: provou-se que, no dia 9 de Março de 2005, pelas 17H, o locatário foi abordado, na Rua... quando

Releve-se, por fim, um importante meio de defesa usado como meio de reacção perante uma diligência judicial – *v.g.*, a penhora, o arresto, o arrolamento – que afecte aquela: os embargos de terceiro (art. 1285º do CC). Nesta situação, mostra-se suficiente para fazer cair tal diligência que o embargante comprove a sua qualidade de terceiro[261] e demonstre a sua qualidade de locatário.

Note-se que a figura dos embargos de terceiro, prevista nos arts. 351º ss. do CPC, pode revestir duas modalidades: preventiva (art. 359º do CPC) e repressiva. Aquela actua *a priori*, ou seja, depois de ordenada, mas antes de realizada a diligência judicial. Esta actua apenas depois da privação da posse na sequência de diligência judicial já executada.

4. Direito a onerar, total ou parcialmente, o seu direito, mediante autorização expressa do locador

Quanto ao direito do locatário a onerar o "seu direito", em bom rigor só existe em via de excepção. Na verdade, está dependente do consentimento expresso (não tácito) – à luz do art. 217º, nº 1 do CC – do locador.

5. Direito a exercer, na locação financeira de fracção autónoma, os direitos próprios do locador, com excepção dos que, pela sua natureza, somente por aquele possam ser exercidos

Tratando-se de locação financeira de fracção autónoma, ao locatário só é permitido exercer os direitos próprios do locador, sempre que a natureza desses mesmos direitos não determine o exercício exclusivo pelo próprio locador (art. 10º, nº 2, al. e) do DL 149/95).

---

se encontrava junto da viatura locada, e foi-lhe comunicou que tinha recebido ordens da [locadora] no sentido de levar consigo a referida viatura. De seguida, foi colocada a sua viatura em frente da viatura locada por forma a impedir a sua circulação. Tendo esta conseguido sair, aquele sujeito conduzindo a sua viatura, perseguiu a requerente, desde a Rua... até à sua residência... Aí, auxiliado por outrem, bloqueou as rodas da viatura locada e removeu-a para um reboque, apesar da oposição manifestada pela locatária, ficou esta privada do gozo da viatura locada, desde o dia 9 de Março de 2005, em consequência dos meios utilizados pelo esbulhador. Trata-se, pois, de um esbulho violento, pelo que se verificam, no caso, todos os requisitos para que a providência requerida possa proceder".

[261] Terceiro é todo aquele que não interveio no processo, nem no acto de que emana a diligência.

6. Direito a adquirir o bem locado, findo o contrato, pelo preço estipulado

Um dos elementos caracterizadores do contrato de locação financeira, decorrente da própria noção (art. 1º do DL 149/95) é agora destacado na al. f) do nº 2 do art. 10º do mesmo diploma.

Não representa assim nenhuma novidade, sendo por sua vez o contrapólo da obrigação do locador de "vender o bem ao locatário, caso este queira, findo o contrato" (art. 9º, nº 1, al. c) do DL 149/95).

Dado que esta temática é tratada infra detalhadamente, nesse domínio daremos o enquadramento devido.

Capítulo VI
Duração do contrato, transmissibilidade da posição jurídica e cessão do crédito

§ 1. Duração do contrato. § 2. Transmissibilidade das posições jurídicas. 1. A posição jurídica do locador. 2. A posição jurídica do locatário. 2.1. Pessoa física. 2.1.1. Transmissão entre vivos. 2.1.1.1. Regra geral; 2.1.1.2. Locação financeira de bens de equipamento; a) Pressupostos da transmissão da posição contratual de locatário financeiro; em especial, o conceito de bem de equipamento; b) Efeitos da verificação dos requisitos; c) A comunicação da cessão do gozo da coisa em especial. 2.1.2. Transmissão por morte. 2.1.2.1. Regra geral. 2.1.2.2. Locação financeira de bens de equipamento. 2.2. Pessoa colectiva. 2.2.1. Transmissão da posição jurídica. 2.2.2. Extinção da pessoa colectiva. § 3. Cessão do crédito. 1. Admissibilidade jurídica. 2. Regime aplicável.

§ 1. Duração do contrato

Habitualmente, os contratos de locação financeira consagram o seu prazo de duração, que difere, de resto, em razão do tipo de bem em causa.

Os aspectos relativos à duração do contrato sempre encontraram previsão expressa na lei[262].

---

[262] Ver quanto ao primeiro regime jurídico sobre a matéria, Rui Pinto Duarte, Escritos sobre leasing..., cit., pp. 60 e 61.

Na sua primeira versão, o art. 6º do DL 149/95 determinava limites mínimos e máximos. Considerava-se, no entanto, que sendo o contrato omisso quanto ao prazo se aplicava o prazo mínimo[263].

Na actual versão da lei – decorrente do DL 285/2001, de 3 de Novembro – operou-se uma modificação parcial da perspectiva: não se prevêem limites temporais mínimos concretos para o contrato de locação financeira.

Mantêm-se, contudo, os limites máximos.

Assim, "o prazo na locação financeira de coisas móveis <u>não deve ultrapassar</u> o que corresponde ao período presumível de utilização económica da coisa" (art. 6º, nº 1 do DL 149/95) – sublinhado nosso[264].

A regra é a de que o uso do bem não pode exceder o período da sua vida tecnológica ou da sua vida técnico-económica. Portanto, a circunstância de as coisas móveis se tornarem obsoletas é aqui considerada. O prazo máximo da locação financeira é, pois, variável em função do específico bem em causa (um computador, um televisor, um automóvel).

No entanto, o nº 2 dispõe que "o contrato de locação financeira não pode ter duração superior a 30 anos". Caso exceda, há lugar apenas à sua redução ao limite máximo previsto. A disposição é similar ao art. 1025º do CC.

Põe-se a questão de saber se o número em causa se aplica – embora a lei não o refira expressamente – apenas aos bens imóveis[265], já que o nº 1 alude aos bens móveis.

A resposta não pode ser afirmativa.

Não é esse, a nosso ver, o critério que preside à diferenciação efectuada, mas antes o critério da obsolescência da coisa. Expliquemos. Há certos bens móveis – *v.g*, uma obra de arte ou um estabelecimento comercial (enquanto bem móvel *sui generis*) – que não correm, ao contrário da larga maioria das coisas móveis, o risco de se tornarem obsoletos. Neste aspecto, pode falar-se até de uma certa similitude com os bens imóveis. É isso que parece aqui estar em causa. Portanto, o nº 2 aplica-se aos

---

[263] Dezoito meses quanto aos bens móveis e sete anos no que toca aos bens imóveis (art. 6º, nºs 1 e 4 do DL 149/95, versão inicial).
[264] Que, no caso, significa que "não pode ultrapassar".
[265] Foi esse o entendimento que Diogo Leite de Campos seguiu no quadro do art. 11º, nº 3 do DL 171/79 (A locação financeira, cit., p. 98).

bens imóveis, pois em regra não correm, com o decurso do tempo, o risco de "inutilização económica", mas igualmente aos bens móveis que se encontrem nas mesmas circunstâncias.

Impõe-se uma ulterior referência ao nº 3 do art. 6º. Sendo o clausulado omisso, distingue-se expressamente o período de duração do contrato em razão do tipo de coisa (móvel ou imóvel) dada em locação, sendo o prazo, respectivamente, de 18 de meses ou de 7 anos. Ora, também aqui, por uma razão de coerência interpretativa, se deve seguir o critério usado nos números anteriores.

§ 2. Transmissibilidade das posições jurídicas

Cabe analisar a questão de saber se o locador e o locatário podem transferir a respectiva posição jurídica decorrente do contrato de locação financeira que celebraram e, em caso afirmativo, quais os seus termos e os seus contornos.

1. A posição jurídica do locador

O art. 11º, nº 4 do DL 149/95 consagra o seguinte:

- "o contrato de locação financeira subsiste para todos os efeitos nas transmissões [ou melhor, na transmissão] da posição contratual de locador, ocupando o adquirente a mesma posição jurídica do antecessor".

Do normativo infere-se claramente a admissibilidade da referida transferência da posição contratual, questionando-se apenas o seu alcance.

Esta é uma das situações em que devemos socorrer-nos das disposições gerais da locação. Senão vejamos.

Tais normas locatícias são aplicáveis à locação financeira se não forem com estas incompatíveis (arts. 9º, nº 2, proémio, e 10º, nº 2, proémio do DL 149/95).

Por outro lado, no tocante ao locatário, o princípio geral, como veremos, é também – mas agora expressamente – o do emprego dessas mesmas regras (art. 11º, nº 2 do DL 149/95).

No quadro do art. 1057º do CC, a transmissão da posição contratual do locador opera *ipso jure* sempre que ocorra a transferência do direito com base no qual foi celebrado o contrato.

Tutela-se aqui a situação jurídica do locatário (inclusivamente o financeiro), impondo a transferência forçada da posição do (primitivo) locador financeiro para o transmissário, o novo locador[266].

Aplicando tais considerações ao negócio em análise pode concluir-se que, por efeito da venda, da troca, da dação em cumprimento ou de outro negócio de alienação que tenha como objecto o bem locado, se opera a alteração subjectiva da pessoa do locador financeiro.

Aliás, como se assinala no art. 11º, nº 4, parte final do DL 149/95, ocupa "o <u>adquirente</u> [do bem] a mesma posição jurídica do seu antecessor" (sublinhado nosso)[267]. Torna-se assim o novo locador financeiro, mantendo-se incólume a situação jurídica do locatário financeiro[268-269].

Deve ainda referir-se que nalgumas hipóteses pode não ocorrer especificamente um negócio de alienação do bem locado, mas sim uma transferência de direitos e de obrigações por efeito de um outro tipo de acto. É o que ocorre, por exemplo, com a fusão de sociedades (de locação financeira)[270].

Salientem-se sumariamente algumas das consequências do negócio realizado: a extinção da sociedade incorporada ou das sociedades fundidas; a transmissão universal, em bloco, dos direitos e dos deveres para

---

[266] Ver Menezes Leitão, Direito das Obrigações, III, cit., p. 330.

[267] O uso de termo "adquirente" sugere portanto a existência de um negócio de alienação que envolve a coisa locada.

[268] Nicolò Visalli, "La problematica del leasing...", cit., p. 680 (refere o autor que "o conteúdo substancial da operação é representado pela substituição de um dos sujeitos da relação por um terceiro que subentra por inteiro na titularidade dos direitos e das obrigações derivados do contrato").

[269] Afirmam Pires de Lima e Antunes Varela que não se trata aqui em bom rigor de uma cessão da posição contratual do locador. Aliás, nem sequer se suscita a questão do consentimento do locatário (Código Civil anotado, I, cit., p. 424).

[270] Esta situação ocorreu no Ac. Rel. Lisboa, de 6.11.2003 (Maria Manuela Gomes), www.dgsi.pt, pp. 1 e 2. No aresto não se discute a problemática da transmissão da posição jurídica do locador, embora se assuma indirectamente essa transferência. No caso tratava-se de uma fusão por incorporação da totalidade do património de uma sociedade anónima numa outra do mesmo tipo.
O mesmo sucede no quadro da cisão de sociedades de locação financeira.
Ver, sobre tais negócios, com mais pormenor, *infra*, neste capítulo, o § 2, 2.1., onde se trata especialmente destas operações societárias no quadro da transmissão da posição jurídica do locatário financeiro.

a sociedade incorporante ou para a nova sociedade (art. 112º, nº 1 do CSC)[271].

Ora, do exposto emerge a transmissão definitiva do bem, objecto de locação financeira, para as referidas sociedades (incorporante ou nova), e, concomitantemente, a respectiva transferência da posição contratual de locador, mantendo-se também aqui intocada a situação do locatário[272].

Figure-se ainda um outro caso: por via do trespasse do estabelecimento comercial do locador financeiro, pode este transmitir a sua posição contratual ao adquirente da organização sem necessidade de consentimento do locatário. Não há também aqui um concreto negócio de alienação do bem, mas a transferência da sua específica posição contratual por efeito do trespasse do estabelecimento mercantil.

Estas duas últimas situações encontram-se, a nosso ver, contempladas na razão de ser do art. 11º, nº 4 do DL 149/95, que de resto alude, como expressámos, às "transmissões da posição contratual do locador".

Conclui-se, pois, que não é possível ao locador cindir a alienação do bem dado em locação financeira da transferência da posição contratual dada a intrínseca conexão existente. Não é, desta sorte, viável a alienação da coisa locada sem que ocorra a transmissão da situação contratual. O mesmo se refira quanto à hipótese inversa.

2. A posição jurídica do locatário[273]

Debatemos agora a questão de saber se é possível a transmissão da posição jurídica do locatário financeiro, procurando, em caso afirmativo, conhecer os seus termos.

---

[271] Cfr. *infra*, neste capítulo, o § 2, 2.

[272] Embora não se discuta a situação, ela encontra-se expressa em vários arestos. Cfr., por exemplo, o Ac. STJ, de 22.1.2004 (Salvador da Costa), www.dgsi.pt, p. 1.

[273] A transmissão da posição de locatário está limitada naturalmente à sua situação jurídica, ou seja, à transferência do gozo da coisa para outrem. Obviamente, não contempla a hipótese de venda da coisa pelo locatário. Assim, a alienação da coisa, cujo gozo é cedido em locação financeira, pelo locatário é nula. Este último não tem legitimidade para realizar a venda, pois não é o proprietário da coisa. Como sabemos, nos termos do art. 892º, 1ª parte do CC "é nula a venda de bens alheios sempre que o vendedor careça de legitimidade para a realizar". Quanto à legitimidade para invocar aquela, o preceito, na sua parte final, determina que "o vendedor [locatário financeiro] não pode opor a nulidade ao comprador de boa fé". Por-

2.1. Pessoa física

Abordamos, num primeiro momento, a cessão da posição do locatário (pessoa física) por acto entre vivos, para posteriormente estudar o que sucede em caso de morte do utente.

2.1.1. Transmissão entre vivos

2.1.1.1. Regra geral

Pode enunciar-se quanto à transferência *inter vivos* da situação jurídica do locatário a seguinte regra: essa transmissão ocorre de acordo com as normas vigentes em sede de mera locação (art. 11º, nº 2 do DL 149/ /95)[274].

Esta cessão, como expressa o art. 1059º, nº 2 do CC, "está sujeita ao regime geral dos artigos 424º e seguintes".

Destes preceitos emerge que tal transferência necessita sempre do consentimento do locador financeiro (art. 424º, nº 1 do CC), não sendo portanto a cedência da posição contratual do locatário forçada ou imperativa em relação àquele.

O consentimento do outro contraente pode ser anterior à cessão[275]. Todavia, se assim for, esta só produz efeitos a partir da sua notificação ou do seu reconhecimento (art. 424º, nº 2 do CC).

---

tanto, verificada uma situação deste género, o comprador adquire um direito relativo perante o alienante (não legitimado).

No entanto, já o locador financeiro pode invocar a nulidade do negócio, ao abrigo do art. 286º CC, pois se trata de um interessado, em virtude de ser afectado pelos efeitos que o negócio tende a produzir. Naturalmente, o locador pode ainda resolver o contrato de locação financeira por incumprimento do locatário, assim como pode exigir o ressarcimento dos danos causados.

Reportando-se a uma situação deste género, o Ac. Rel. Coimbra, de 20.5.1997 (Manuel da Silva Freitas), CJ, 1997, II, pp. 15 ss. (tratava-se *in casu* da venda de um computador pelo locatário financeiro, uma empresa que se dedicava ao comércio de *hardware* e de *software*, ao seu trabalhador; ora, no caso, é o próprio vendedor não legitimado que instaura a acção judicial pretendendo obter uma sentença declarativa de nulidade da venda).

[274] Esta regra vem enunciada no art. 11º, nº 2 do DL 149/95.
[275] Ou até posterior à cessão. Como se destaca no Ac. Rel. Coimbra de 28.4.2010 (Francisco Caetano), www.dgsi.pt ("o consentimento pode ser prévio ou posterior à cessão, em ratificação, com manifestação de vontade expressa ou tácita, revelada de documentos de onde

O princípio enunciado encontra-se em consonância com as disposições do regime jurídico da locação financeira. Por exemplo, o art. 10º, nº 1, al. g) do DL 149/95 determina que o locatário se encontra obrigado a "não proporcionar a outrem o gozo total ou parcial do bem por meio de cessão onerosa ou gratuita da sua posição jurídica..., excepto se a lei o permitir ou o locador o autorizar", ao passo que o art. 10º, nº 2, al. d) do DL 149/95 dispõe que ao locatário é legítimo "onerar... o seu direito, mediante autorização expressa do locador".

Se o locatário transferir a sua posição jurídica sem a respectiva aquiescência do locador, estamos perante uma situação de incumprimento do contrato de locação financeira que pode acarretar a sua resolução por parte do locador (art. 17º do DL 149/95 e arts. 432º ss. do CC).

Note-se que nem só o locatário pode ter interesse na cessão da sua posição contratual. Um similar interesse pode também ter o locador. Pense-se, por exemplo, que o bem é pouco fungível e, portanto, de difícil recolocação no mercado[276].

A aquiescência deste é, em princípio, específica (ou seja, para uma dada pessoa), pelo que a cessão a outrem não pode ser realizada sem o seu consentimento, operando-se, no caso de incumprimento, a efeito atrás mencionado.

Do exposto, conclui-se que o regime previsto no nº 3 – onde se refere que "o locador pode opor-se à transmissão da posição contratual, provando não oferecer o cessionário garantias bastantes à execução do contrato" – não tem aplicação sempre que o locador consinta na transferência.

No tocante à forma da cessão da posição contratual, como expressa o art. 425º do CC, define-se em função do tipo de negócio que serve de base à cessão[277].

---

resulte o reconhecimento de contraprestações próprias do contrato, *v.g.*, recebimento de despesas da nova locatária e autorização expressa, em forma escrita, de uso, por esta, da coisa locada".
[276] Rodolfo la Torre, Manuale della locazione finanziaria, cit., pp. 229 e 231.
[277] Cfr. o Ac. Rel. Coimbra de 28.4.2010 (Francisco Caetano), www.dgsi.pt ("a exigência da forma escrita para o consentimento do locador na cessão da posição contratual em contrato de locação financeira constitui uma formalidade *ad substantiam*, gerando a sua falta nulidade do negócio").

2.1.1.2. Locação financeira de bens de equipamento

a) Pressupostos da transmissão da posição contratual de locatário financeiro; em especial, o conceito de bem de equipamento

Prevê-se no art. 11º, nº 1 do DL 149/95 um regime especial para a transmissão da posição contratual de locatário financeiro.

Enunciemos os requisitos de aplicabilidade da norma:

- a existência de um contrato de locação financeira em vigor;
- o objecto cujo gozo se concede configura um "bem de equipamento";
- por fim, mostra-se necessário o trespasse do estabelecimento comercial[278] (ou a transmissão definitiva do escritório, do consultório ou do *atelier* destinado ao exercício de profissão liberal).

Atentemos essencialmente no segundo pressuposto, dado que os outros dois não suscitam questões novas.

Ora, no diploma em causa não se definem "bens de equipamento"[279].

Rui Pinto Duarte considera essencial para tal qualificação a existência de uma "relação de causalidade" entre "[a coisa] e as mercadorias ou serviços vendidos pelo utilizador", referindo-se ainda ao aspecto da "durabilidade do bem", no sentido do seu uso consecutivo[280].

Figuremos, num primeiro momento, dois exemplos para compreender melhor o problema: celebrados dois contratos de locação financeira que têm por objecto, respectivamente, uma arca congeladora e uma carrinha, suscita-se a questão de saber se estes se devem considerar "bens de equipamento".

---

[278] Quanto a esta situação, cfr. Gravato Morais, Alienação e oneração de estabelecimento comercial, cit., pp. 77 ss.

[279] De resto, nem no regime jurídico originário, onde se dispunha, no art. 2º do DL 171/79, que "a locação financeira de bens móveis respeita sempre a bens de equipamento", existia uma noção no diploma.

[280] Escritos sobre leasing..., cit., p. 58.
O Ac. Rel. Lisboa, de 3.10.2000 – sumário (Sampaio Beja), www.dgsi.pt, apresenta uma noção de bens de equipamento. Entende-se aí que estes "são os bens necessários ao exercício de determinada actividade económica (bens de investimento e bens produtivos, por contraposição a bens de consumo), de modo que a sua qualificação dependerá da utilização que lhes é dada".

Acolhemos uma noção lata. Tal qualificação encontra-se, segundo cremos, dependente da conexão da coisa locada com o exercício da actividade comercial ou da actividade profissional do locatário financeiro (um comerciante, um médico). Assim, se a arca congeladora integra a confeitaria ou se a carrinha está ao serviço do comerciante, proprietário de um estabelecimento de electrodomésticos, deve concluir-se que se trata de bens de equipamento. Ficam assim, pelo menos, afastados os casos em que o locatário é um consumidor. Isto porque os bens que são dados em locação visam o seu uso pessoal.

Mas cremos que se pode ir ainda mais longe, considerando nalgumas hipóteses um imóvel como bem de equipamento de um estabelecimento comercial[281].

Analisando o texto da lei – sempre o ponto de partida da interpretação –, somos levados de imediato a concluir que a locução "bens de equipamento" tem uma conotação ampla.

Em nenhum momento, do ponto de vista literal, se restringem tais bens a específicas coisas e jamais se limitam às coisas móveis.

Pode assim concluir-se que a leitura do normativo não pode deixar de ser a seguinte: "bens [móveis ou imóveis] de equipamento".

---

[281] Na hipótese concreta, não considerando – *quanto a nós inadequadamente* – o imóvel como bem de equipamento, o Ac. STJ, de 21.5.2009 (Alberto Sobrinho), www.dgsi.pt, defendendo que "na situação vertente, temos que, em dois lotes de terreno, foram construídos dois prédios para instalação de um estabelecimento comercial de compra, venda e reparação de automóveis e respectivos acessórios. E nesses prédios urbanos, cedido em locação financeira, veio efectivamente a ser instalado o estabelecimento comercial com esse objecto social. Estabelecimento comercial que foi, por último, trespassado para a embargante com todo o seu activo, incluindo a posição de locatária do contrato de locação financeira. Atenta a natureza da organização mercantil em causa e a exploração produtiva nela desenvolvida, afigura-se-nos ser este um dos casos em que o imóvel onde o estabelecimento comercial vem laborando funciona apenas como pólo aglutinador dos elementos produtivos que o integram, não se apresentando ele próprio como imprescindível ao desenvolvimento da específica actividade desenvolvida no estabelecimento. Este estabelecimento, sem quebra da sua identidade, nem afectação da sua organização e capacidade produtiva, poderia perfeitamente funcionar num outro espaço. Equivale isto por dizer que o imóvel onde funciona o estabelecimento aqui em causa não integra um *bem de equipamento*. Não sendo *bem de equipamento* e não tendo o contraente cedido dado o seu consentimento a esta cessão, antes expressamente tendo advertido o locador que não consentia nessa cedência, é ineficaz relativamente a si a transmissão da posição do locatário financeiro".

Acresce que não há qualquer incompatibilidade ou impossibilidade, como procuramos demonstrar, quanto à qualificação de uma coisa imóvel como um bem de equipamento.

Aliás, se porventura o legislador tivesse pretendido tal limitação tê-la-ia efectuado expressamente, sem rodeios e de modo peremptório. Bastaria até usar os termos "bem móvel", como de resto são utilizados adequadamente noutras normas (cfr. o art. 3º, nº 2, o art. 6º, nº 1 do DL 149/95)[282].

Cabe assinalar que, para se concluir inversamente – ou seja, confinando, sob o prisma da literalidade, os bens de equipamento aos bens móveis –, sempre teríamos que proceder a uma interpretação restritiva da disposição.

Mas, releve-se, nunca textualmente poderíamos chegar à conclusão oposta.

Desta sorte, pelo menos gramaticalmente, as coisas móveis e as coisas imóveis são susceptíveis de integrar a qualificação de bens de equipamento.

Por outro lado, várias conclusões se podem extrair da história legislativa do regime jurídico em análise.

O antigo art. 15º, nº 1 do DL 171/79 (o primeiro regime jurídico) revestia, numa altura em que a lei era manifestamente restritiva, uma larga amplitude.

Não fazia referência a bens, mas tão só à transmissão do "direito do locatário financeiro", fosse esse direito qual fosse.

E muito menos se fazia alusão a bens de equipamento. A transferência da posição jurídica era assim independente do objecto em causa.

Apenas se exigia, como se comprova, o preenchimento das condições ínsitas no art. 1118º[283] do CC, versão anterior, que era idêntica ao revogado art. 115º do RAU e com forte similitude ao vigente art. 1112º – em especial aos seus nºs 1, al. a), 2 e 3 – do CC, NRAU.

---

[282] E utilizou esclarecedoramente já à luz do DL 149/95: art. 21º, nº 9.

[283] O nº 1 dispunha nos seguintes termos: "é permitida a transmissão por acto entre vivos da posição do arrendatário, sem dependência da autorização do senhorio, em caso de trespasse de estabelecimento comercial ou industrial".

O circunstancialismo que se impunha estivesse por detrás da transmissão da posição do locatário financeiro, e que permitia a cessão da situação jurídica sem necessidade de qualquer aquiescência do locador financeiro, era – única e exclusivamente – o trespasse do estabelecimento comercial.

Indo um pouco mais além na interpretação da norma antiga, temos então o seguinte quadro:

- no tocante aos bens móveis (de equipamento, pois não se admitia a locação financeira de bens móveis de outro género), objecto de contrato de locação financeira, o trespasse integrava-os sem necessidade de aquiescência do locador financeiro;
- no tocante a qualquer bem imóvel, susceptível de ser dado em locação financeira (art. 3º do DL 171/79), mostrava-se possível a transferência da situação jurídica de locatário sem o consentimento do locador, na sequência do trespasse, desde que o prédio integrasse o estabelecimento comercial; no fundo, pode concluir-se que a transmissão da posição de locatário financeiro estava dependente de o prédio se encontrar afectado ao estabelecimento comercial trespassado.

Nesta medida, mesmo à luz da filosofia conservadora do regime antigo, o art. 15º, nº 1 do DL 171/79 permitia a transferência da posição de locatário em termos muitíssimo latos.

Mas, se se dispensava a autorização, já se permitia ao locador financeiro a oponibilidade à cessão através da demonstração que o novo locatário não oferece garantias bastantes à execução do contrato (art. 15º, nº 2 do DL 171/79).

Duas considerações finais devem efectuar-se.

A primeira, quanto à referência a bens de equipamento, resultante do art. 2º do DL 171/79. Se é certo que tinha um propósito específico – o de impedir a celebração de contratos de locação financeira que tivessem por objecto bens de consumo (atenta a linha restritiva imposta pelo legislador) –, jamais se poderia concluir que visava interferir na transmissão da situação jurídica de locatário financeiro, que subjaz ao art. 15º do DL 171/79.

A segunda, no tocante à linha imposta pelo art. 3º do DL 171/79. O normativo visava indubitavelmente excluir os bens imóveis de consumo[284] do âmbito da locação financeira, o que mais tarde veio, no entanto, a ser admitido pelo DL 10/91, de 9 de Janeiro.

Dito isto, não é crível que o legislador liberal de 1995, que a partir dessa data se tornou até bastante mais liberal (com as alterações introduzidas em 1997 e em 2001), tenha pretendido ser mais limitativo quanto a este aspecto.

O esclarecimento da razão de ser da lei ajuda-nos, de igual sorte, a compreender o peso dos interesses tidos em vista na sua elaboração.

De igual forma se reconhece o peso do imóvel no estabelecimento, embora nuns casos a sua importância seja mais relevante do que noutros.

Por vezes, a natureza da actividade exercida exige instalações adequadas, especialmente adaptadas.

Pode falar-se, nesta situação, de um imóvel ajustado à actividade exercida no estabelecimento comercial. Trata-se assim de um *imóvel especializado*.

O prédio é, pode com segurança dizer-se, a raiz, o núcleo, o centro da organização mercantil. Não é, portanto, mais um elemento do estabelecimento, mas o mais importante e decisivo elemento do estabelecimento.

Seria, pois, um paradoxo considerar que um imóvel – que envolve materialmente o estabelecimento comercial – não possa ser qualificado como um bem de equipamento e, ao invés, caracterizar como tal um móvel que, do ponto de vista físico, não está sequer incorporado no estabelecimento – por exemplo, uma carrinha ou um camião que se encontra ao serviço da organização mercantil.

A rejeição da qualificação de um imóvel como bem de equipamento – quando o prédio fosse objectivamente fulcral na economia da empresa – traria consigo a seguinte consequência: estariam impossibilitados, por esta via, eventuais trespasses do estabelecimento, dado que a não transmissibilidade da posição de locatário financeiro afectaria o mínimo vital imprescindível àquela transferência.

Não foi este seguramente o interesse salvaguardado pelo normativo.

---

[284] Nessa data, Carlos Ferreira de Almeida já aludia a "bens de consumo, tanto consumo imediato, como consumo duradouro, caso das habitações, automóveis..." – sublinhado nosso (Os Direitos dos Consumidores, Coimbra, Almedina, 1982, p. 20), neles se incluindo assim os bens imóveis.

Pretendeu-se, ao invés, permitir a circulação da organização mercantil, com todos os seus valores, em especial os mais significativos.

A argumentação apresentada é consubstanciada em situações – muito frequentes – em que o imóvel representa uma mais valia essencial ou determinante na economia do estabelecimento.

Vejamos um exemplo ilustrativo e sintomático, já muito discutido, no pretérito, na nossa doutrina e na nossa jurisprudência. A esse propósito, Ferrer Correia e Ângela Coelho assinalavam o seguinte:

– "a exploração comercial de um campo de golf pertence à categoria de estabelecimentos nos quais assume papel preponderante o elemento material *imóvel*: é de toda a evidência que, sem a presença deste, não poderia falar-se em campo de golf"[285].

Por fim, na análise do normativo, cumpre efectuar um exercício de inversão do pensamento, indagando o motivo que presidiu ao emprego da palavra "equipamento". Dito de outro modo, porque é que não se bastou o legislador com o termo "bens"?

A utilização da locução "equipamento" tem em vista, quanto a nós, a ligação ao estabelecimento e, consequentemente, ao negócio de "trespasse".

Desta sorte, formulando, de modo completo, o pensamento legislativo teríamos o seguinte quadro:

– "Tratando-se de <u>bens de equipamento</u> [*do estabelecimento comercial*], é transmitida a posição jurídica de locatário [financeiro], <u>nas condições previstas</u> no art. 115º do RAU [ou seja, *no caso de trespasse do estabelecimento comercial a transferência opera sem necessidade de consentimento do locador financeiro*]" – sublinhados nossos.

Nesta lógica, emerge a seguinte consequência: cabe igualmente ao locador financeiro – que não pretende a transmissão da posição contratual de locatário – avaliar se houve ou não trespasse do estabelecimento comercial; ora, se concluir pela sua inexistência (*v.g.*, trata-se de um negócio simulado, pois visou a transmissão da posição de locatário financeiro sem o consentimento do locador) fica a conhecer que o locatário não teria legitimidade para proceder, sem a sua aquiescência, à cessão da posição negocial conexa.

---

[285] Anotação ao Ac. STJ, de 18 de Julho de 1985, RDE, 1984/1985, p. 289.

Por outro lado, a mera utilização do termo "bens" criaria a ilusão que todo o tipo de coisas dadas em locação financeira, ainda que não ligadas directamente ao estabelecimento comercial, seriam potencialmente transmissíveis.

Assim, a locação financeira de um imóvel, por parte de uma sociedade – que, é proprietária de um dado estabelecimento comercial (por exemplo, de reparação de automóveis) –, para funcionar, *v.g.*, como um mero armazém de mercadorias, mas sem qualquer conexão com o mencionado estabelecimento, não pode fazer funcionar a dispensa de consentimento do locador financeiro por efeito do trespasse do mesmo. Não actua seguramente aqui o art. 11º, nº 1 do DL 149/95.

b) Efeitos da verificação dos requisitos

Verificados os três requisitos assinalados, o alienante do estabelecimento pode transmitir a sua posição (de locatário financeiro) para o adquirente da organização, sem necessidade da anuência do locador.

Este é o efeito da remissão expressa do art. 11º, nº 1, 1ª parte do DL 149/95 para o art. 115º do RAU, actual art. 1112º, nº 1, al. a) do CC, NRAU, que não modifica substancialmente o normativo anterior: também em sede arrendatícia, por efeito do trespasse, se transmite para o adquirente da organização a posição de arrendatário comercial sem necessidade de anuência do senhorio.

Agora o adquirente do estabelecimento torna-se o novo locatário financeiro, ocupando a partir de então a posição jurídica do anterior locatário[286-287].

---

[286] O Ac. Rel. Lisboa, de 7.1.1988 (Ianquel Milhano) aplica, no caso concreto, o art. 15º do DL 171/79 (correspondente ao actual art. 11º do DL 149/95) – CJ, 1988, I, pp. 107 a 108. Observa-se que o locatário financeiro "sublocou uma parte do imóvel", cujo gozo lhe tinha sido concedido por contrato de locação financeira. Acontece que o sub-locador "fez o trespasse dessa parte do imóvel" [ou melhor do estabelecimento que aí estava instalado]. Sucede que foi instaurada uma acção de despejo "com o fundamento de que, como locatária financeira do prédio urbano..., expressamente autorizada pela locadora financeira o sublocou... ficando expressamente acordado que este renunciava ao direito ao trespasse". Na verdade, o trespasse do estabelecimento ocorreu, tendo de resto sido comunicado o negócio ao locador. A situação não é, como se vê, clara, não fornecendo o caso mais elementos relevantes.

[287] Na doutrina italiana, e em face do quadro legislativo aí vigente, Nicolò Visalli entende que sendo o contrato de locação financeira de carácter pessoal, se exclui uma sucessão do

Note-se que a cessão da respectiva situação jurídica opera no silêncio do contrato de trespasse (transmissão natural). Assim, apenas não ocorre tal transferência (não sendo, portanto, forçosa do ponto de vista dos contratantes) se as partes no contrato de trespasse estipularem coisa diversa[288].

c) A comunicação da cessão do gozo da coisa em especial
De todo o modo, conquanto permitida a transmissão da posição contratual nos termos assinalados, é necessária a respectiva comunicação da cessão do gozo da coisa ao locador.

Esta comunicação tem justificação nos interesses relevantes do locador:
- por um lado, o de tomar conhecimento da pessoa do novo locatário (que a partir dessa data se encontra adstrito ao pagamento da respectiva renda);
- por outro lado, porque tal conhecimento lhe permite, como adiante veremos, opor-se à transmissão da posição jurídica.

A notificação deve ser realizada pelo primitivo locatário, como determina o art. 10º, nº 1, al. h) do DL 149/95. Suscita-se, no entanto, a questão de saber se o adquirente do estabelecimento, novo locatário, também a pode efectuar.

Embora o DL 149/95 não responda a este problema, parece-nos que o art. 1049º do CC é aqui aplicável. Não só inexistem razões de incompatibilidade com a regra civilista (art. 10º, nº 2, proémio do DL 149/95), como há um interesse do novo locatário que merece tutela, que aliás se pode considerar implícita no art. 11º, nº 1 do DL 149/95.

---

adquirente em tais contratos por efeito da cessão do estabelecimento ("La problematica del *leasing* finanziario...", p. 681).

[288] Este é um desvio à regra geral aplicável em sede de transmissão do estabelecimento, pois não se transfere para o adquirente a posição decorrente das relações contratuais anteriormente constituídas pelo alienante (*v.g.*, a resultante de contratos de fornecimento de bens e serviços ou de contratos de agência). Nestas situações, é necessário o acordo entre o transmitente e o transmissário do estabelecimento, no sentido de integrarem no trespasse tais negócios, bem como a adesão do contraente cedido (o fornecedor, o principal ou agente, consoante o caso...). Cfr. Gravato Morais, Alienação e oneração de estabelecimento comercial, cit., pp. 101 ss.

Assim, se a comunicação tiver sido efectuada pelo "beneficiário da cedência" ou se o locador o "tiver reconhecido... como tal", o efeito pretendido – a eficácia da transmissão da posição de locatário – também aqui se produz, não tendo o locador, consequentemente, direito à resolução do contrato.

Não se exige forma especial para essa comunicação – a qual deve ser dirigida ao locador – devendo, todavia, efectuar-se, por uma questão de eventual prova ulterior, através de um meio seguro, *v.g.*, a carta registada com aviso de recepção.

Determina o art. 10º, nº 1, al. h) do DL 149/95 que a comunicação ao locador deve ser realizada nos 15 dias subsequentes ao contrato de trespasse, em virtude de este envolver a transmissão da posição de locatário[289].

É neste exacto momento que se torna eficaz em relação a este a alteração (subjectiva) da posição de locatário.

Faltando ou sendo intempestiva a comunicação – não se cumprindo aqui o prazo de 15 dias fixado – ou até na hipótese de não ser efectuada a notificação nos devidos termos, impõe-se saber qual a consequência daí decorrente. O DL 149/95 não resolve a questão expressamente[290]. De todo o modo, estando em causa o não cumprimento de uma obrigação legal (e, em regra, também contratual) deve discutir-se se tal inadimplemento pode gerar a resolução do contrato. Como expressa o art. 17º, "o incumprimento [grave] das obrigações da outra parte" permite ao locador extinguir o contrato. Parece ser este o caso. Isto porque a oponibilidade do locador (que se pretende seja efectuada num curto espaço de tempo) à transmissão da posição contratual ficaria assim prejudicada. Tais razões parecem justificar o recurso do locador à via resolutiva.

Sendo devidamente realizada a comunicação, o locador pode opor-se à transmissão da posição contratual. Necessita, todavia, de demonstrar que o transmissário do estabelecimento (cessionário no tocante à posi-

---

[289] A situação é semelhante àquela que está prevista no art. 1038º, al. g) do CC.
[290] Ao invés, em sede arrendatícia, a sanção é a da resolução do contrato, que a doutrina tem reconhecido como severa (ver as referências efectuadas por Gravato Morais, *Alienação e oneração de estabelecimento comercial*, cit., p. 100, nota 223).

ção de locatário financeiro) não oferece "garantias bastantes à execução do contrato" (art. 11º, nº 3 do DL 149/95)[291].

De igual sorte, o legislador não se pronuncia quanto ao modo, ao prazo e aos termos dessa oposição. A nosso ver, opera extrajudicialmente, devendo o locador invocar junto do (novo) locatário os motivos pelos quais se opõe à aludida transferência. Naturalmente que só o pode fazer a partir do momento em que conhece efectivamente o facto, devendo efectivar-se a oposição num prazo razoável, conquanto breve (utilizando aqui um critério de identidade de razão, em virtude do prazo – também curto – de 15 dias que é dado ao primitivo locatário – e ao novo locatário – para proceder à comunicação). A falta de inoponibilidade à transmissão da posição contratual no período assinalado torna tal transferência inatacável.

Cabe agora questionar o que sucede aos bens de equipamento no caso de locação de estabelecimento mercantil (também designada por cessão de exploração no art. 111º do RAU, embora já não no actual art. 1109º CC, NRAU), ou seja, quando o proprietário da organização proporciona o seu gozo temporariamente a outrem mediante remuneração[292].

Aqui ocorre a *transmissão natural* (isto é, no silêncio das partes) do gozo do bem (de equipamento) para o locatário do estabelecimento – mantendo o locador do estabelecimento a sua posição contratual de locatário financeiro –, sem necessidade da aquiescência do locador financeiro. É o efeito dos preceitos apostos no CC, NRAU (art. 1109 e 1112 do CC), na sequência da anterior interpretação extensiva do art. 115º, nº 1 RAU *ex vi* art. 11º, nº 1 DL 149/95 à *cessão de exploração*.

Não cabe, portanto, falar da transferência da posição contratual, mas tão só da mera cedência do gozo do bem de equipamento. A hipótese deve entender-se abrangida pelo normativo de que tratamos.

Aliás, também neste caso se impõe a comunicação da cedência do gozo do bem de equipamento (por efeito da locação de estabelecimento) ao locador financeiro nos 15 dias posteriores à transmissão temporária do estabelecimento.

---

[291] Duarte Pestana de Vasconcelos justifica-o "na solidez natural" da posição jurídica do locador, afirmando que esta solução se apresenta "como mais uma garantia adicional por parte da entidade locadora" ("A locação financeira", cit., p. 278).

[292] Gravato Morais, Alienação e oneração de estabelecimento comercial, cit., pp. 135 ss.

No entanto, porque não foi operada qualquer transferência da posição contratual, o locador não pode opor-se à cessão do gozo do bem. Embora se utilize um termo amplo "cessionário", não há diminuição das garantias inerentes ao contrato de locação financeira. O art. 11º, nº 3 DL 149/95 não é assim aplicável.

2.1.2. Transmissão por morte

2.1.2.1. Regra geral

O art. 11º, nº 2 do DL 149/95 expressa que, se não se tratar de um bem de equipamento, a situação jurídica do locatário é transferível nos termos previstos para a locação.

Assim, por morte do locatário, pessoa física, emerge do art. 1059º, nº 1 do CC que a sua posição jurídica apenas é transmissível "se assim tiver sido convencionado por escrito". O que aliás resulta do próprio art. 1051º, al. d) do CC em via de excepção.

Portanto, locador e locatário devem acordar por escrito – no momento da celebração do contrato ou até posteriormente – na transferência da posição contratual deste no caso de morte para que tal cessão ocorra.

Se assim não tiver sido convencionado o contrato extingue-se por caducidade (art. 1051º, nº 1, al. d) CC).

2.1.2.2. Locação financeira de bens de equipamento

O regime da transmissão da situação jurídica por morte do locatário altera-se se a locação financeira tem por objecto bens de equipamento.

Não basta, todavia, que a coisa revista aquela qualificação. É necessário ainda que o sucessor legal ou testamentário do locatário financeiro (que pode portanto ser um herdeiro ou um legatário) prossiga a actividade profissional do *de cujus* (art. 11º, nº 1, parte final).

Vejamos alguns exemplos:

- o sucessor (legatário de um estabelecimento de restauração) assume a exploração do restaurante, propriedade do *de cujus*, a quem tinha sido concedido o gozo de um forno e de uma arca frigorífica por via de um contrato de locação financeira;
- o sucessor (e único herdeiro), advogado, dá continuidade ao exercício da actividade de profissional liberal do *de cujus* (também advo-

gado), a quem tinha sido concedido o gozo de 2 computadores por via de um contrato de locação financeira.

Verificadas tais circunstâncias, a transmissão da posição jurídica por morte do locatário ocorre à margem da anuência do locador financeiro.

Também aqui se mostra necessária a comunicação da cessão do gozo do bem ao locador financeiro (art. 10º, nº 1, al. h) do DL 149/95), podendo este, por sua vez, opor-se à cessão da posição jurídica (art. 11º, nº 3 do DL 149/95).

2.2. Pessoa colectiva

2.2.1. Transmissão da posição jurídica

Tratando-se de uma pessoa colectiva, a matéria não diverge substancialmente do que estudamos a propósito da transmissão da posição contratual (*inter vivos*) das pessoas singulares.

Assim, *v.g.*, em sede de trespasse do estabelecimento comercial, no quadro definido no art. 11º, nº 1 do DL 149/95 e no pressuposto de que aquele envolva a transmissão do gozo dos bens de equipamento dados em locação financeira, não se mostra necessário o consentimento do locador.

2.2.2. Extinção da pessoa colectiva

Sendo o locatário uma pessoa colectiva, suscita-se ainda o problema de saber o que sucede à sua posição quando aquela se extingue[293].

Determina o art. 18º[294], al. a) do DL 149/95 que a "dissolução ou [a] liquidação da sociedade locatária" permite ao locador a resolução do contrato. Portanto, não cabe nesta hipótese específica aplicar o art. 1051º, al. d) do CC que importa a caducidade do contrato[295].

---

[293] Atendemos aqui especialmente às sociedades comerciais, embora a norma tenha um alcance mais amplo. Aplica-se também às sociedades civis, às sociedades civis sob forma comercial, às associações, às fundações, às cooperativas, entre outras.
[294] O normativo tem como epígrafe "casos específicos de resolução do contrato".
[295] Romano Martinez considera que esta situação não se enquadra verdadeiramente na figura da caducidade, mas pode dela aproximar-se. Fala o autor de uma "impossibilidade superveniente" (Direito das Obrigações, cit., pp. 207 e 208).

De todo o modo, nada impede que as partes acordem na transmissão para outrem da posição contratual de locatário.

Mas a via resolutiva não parece estar ao alcance do locador em todos os casos em que se extingue a sociedade locatária.

Tomemos, em primeiro lugar, como exemplo o caso da fusão de sociedades, no pressuposto de que estas gozam de bens ao abrigo de um ou de até de vários contratos de locação financeira.

Nos termos do art. 97º, nº 1 do CSC "duas ou mais sociedades... podem fundir-se mediante a sua reunião numa só". Esta operação de concentração entre sociedades pode assumir duas modalidades: fusão por incorporação (integração de uma ou de mais sociedades noutra já existente, daí resultando a transferência global do seu património e a atribuição aos sócios das sociedades fundidas de participações sociais da sociedade incorporante); fusão por concentração (constituição de uma nova sociedade como resultado da transferência global dos patrimónios das sociedades fundidas). É o que decorre do art. 97º, nº 4, als. a) e b) do CSC.

A fusão – sujeito a um leque amplo de procedimentos – faz operar os seguintes efeitos: a) a extinção da sociedade incorporada ou das sociedades fundidas[296]; b) a transmissão universal, em bloco, dos direitos e dos deveres para a sociedade incorporante ou para a nova sociedade[297]; c) os

---

[296] A posição de Raúl Ventura, que se acompanha, é a de que a extinção é "o mais claramente possível expressa na lei e com ela deve contar-se em qualquer construção jurídica da fusão" (Fusão, cisão, transformação de sociedades, Coimbra, 1990, p. 230). Partilhando ainda a mesma orientação, Henrique Mesquita, "Anotação ao Ac. Rel. Coimbra, de 24.6.1997", RLJ, Ano 131, nº 3890, pp. 154 e 160.
Já Pinto Furtado entende que a fusão não importa uma verdadeira extinção da sociedade fundida, mas de uma "simples cessação da existência autónoma, que aproxima a fusão da transformação, afastando-a da dissolução com liquidação" (Curso de Direito das Sociedades, 3ª Ed. Coimbra, 2000, p. 534). Na jurisprudência, nesta ordem de ideias, ver o Ac. Rel. Coimbra, de 24.6.1997 (Gil Roque), RLJ, Ano 131, nº 3890, p. 151, o Ac. Rel. Porto, de 11.10.1984 (Flávio Pinto Ferreira), CJ, 1984, IV, p. 225.

[297] A tese da transmissão universal é acolhida também por Raúl Ventura, Fusão, cisão, transformação de sociedades, cit., pp. 235 ss., Engrácia Antunes, Os grupos de sociedades, 2ª Ed., Rev. e Act., Coimbra, 2002, p. 85, nota 129 (referindo-se a uma "transmissão universal de relações patrimoniais... e de relações organizativo-societárias"), Henrique Mesquita, "Anotação ao Ac. Rel. Coimbra, de 24.6.1997", cit., pp. 154 e 155. Ao invés, Pinto Furtado não concebe na fusão "um fenómeno de sucessão universal" (Curso de Direito das Sociedades, cit., pp. 534 e 535).

sócios das sociedades extintas são agora sócios da sociedade incorporante ou da nova sociedade (art. 112º do CSC).

Ora, a nosso ver, esta operação societária não é susceptível de acarretar a resolução pelo locador (nem a caducidade) do contrato de locação financeira de que seja titular a sociedade fundida. A transmissão universal dos direitos e das obrigações, resultante do art. 112º, al. a), *in fine* do CSC, torna inaplicável a regra do art. 18º, al. a) do DL 149/95 (ou até eventualmente o próprio art. 1051º, al. d) do CC) que permite ao locador resolver o contrato quando se extingue a pessoa colectiva (*in casu*, a sociedade incorporada ou a sociedade fundida)[298].

Justifiquemos.

A disciplina estabelecida no quadro da fusão de sociedades pretende evitar a criação de entraves a esta operação, conquanto a sujeite a um conjunto de procedimentos complexos (cfr. arts. 98º ss. do CSC). Trata-se, dito de outro modo, de facilitar o acto em causa. Por isso se determina a transmissão em globo dos direitos e das obrigações.

Acresce que na operação em análise estão fundamentalmente em apreço as próprias sociedades enquanto entidades economicamente relevantes, assim como a subsistência dos seus direitos e das suas obrigações apesar da extinção de, pelo menos, uma delas.

Por outro lado, se houvesse que aplicar as regras vigentes ao nível da cessão da posição contratual ou a regra consagrada no art. 18º, al. a) do DL 149/95 resultariam daqui seguramente dificuldades acrescidas na concretização destes actos de índole puramente societária.

Em razão do exposto, também não consideramos aplicável o nº 3 do art. 11º do DL 149/95, até porque a hipótese por nós figurada não decorre expressamente de "qualquer dos casos previstos nos números anteriores [1 e 2]". Assim, o locador não pode opor-se à transmissão da posição contratual emergente da fusão operada.

De todo o modo, também aqui se deve comunicar a cessão do gozo da coisa ao locador no prazo de 15 dias a contar do registo (constitutivo) da fusão, tornando-se, por esta via, eficaz em relação àquele a alteração subjectiva da posição de locatário – art. 10º, nº 1, al. h) do DL 149/95 –, sob pena de resolução do contrato de locação financeira.

---

[298] Ver, neste sentido, o Ac. Rel. Coimbra, de 21.2.1995 (Virgílio de Oliveira), CJ, 1995, I, p. 49.

Raciocínio semelhante deve ser usado no domínio da cisão de sociedades. Aqui dá-se a conversão de uma sociedade em duas ou mais. Esta técnica de reorganização societária pode também revestir várias modalidades: a cisão simples (uma sociedade destaca uma parte do seu património para constituir uma outra sociedade); cisão-dissolução (uma sociedade dissolve-se, fraccionando o seu património, sendo que cada uma das partes se destina à constituição de novas sociedades); e cisão-fusão (uma sociedade destaca fracções do seu património ou dissolve-se, dividindo o seu património em duas ou mais partes no propósito de as fundir com sociedades já existentes ou com parcelas do património de outras sociedades) – cfr. art. 118º, nº 1 do CSC.

A aplicabilidade à cisão das regras da fusão, ao abrigo do art. 120º, importa *mutatis mutandis* o emprego das suas regras procedimentais. Realce-se apenas a necessidade de constar do projecto de cisão a enumeração completa dos bens a transmitir para a sociedade incorporante ou para a nova sociedade, bem como o respectivo valor (art. 119º, al. d) do CSC).

Note-se que, em sede de cisão, pode nem sequer haver lugar à extinção da sociedade cindida, em virtude de apenas uma parte do seu património ser transmitido para a nova sociedade constituída.

Por outro lado, realce-se que, pelas dívidas atribuídas à sociedade incorporante ou à nova sociedade (que responde de modo directo por efeito daquela operação), é agora também responsável, solidariamente e sem qualquer limitação, a sociedade cindida (art. 122º, nº 1 do CSC). Tutelam-se deste modo os interesses dos credores, cuja eventual alegação da redução do activo da entidade devedora não opera[299]. Desta sorte, também aqui não parece que o locador financeiro se possa opor à transferência da posição contratual.

§ 3. Cessão do crédito

Cabe indagar agora se é legítimo ao locador financeiro ceder o crédito (de rendas) que detém sobre o locatário a um terceiro. Em caso afirmativo, há que saber qual o regime aplicável.

---

[299] Cfr. Raúl Ventura, últ. ob. cit., pp. 378 e 379.

1. Admissibilidade jurídica

Para a doutrina italiana dominante a cessão de créditos resultante de um contrato de locação financeira é admissível, não se suscitando aí impedimentos de natureza jurídica, podendo tal cessão ocorrer independentemente da transferência da posição contratual[300].

Esta orientação deve, a nosso ver, subscrever-se.

O DL 149/95 não regula em nenhum dos seus preceitos a cessão de créditos no quadro da locação financeira. De todo o modo, pode aqui justificar-se a sua admissibilidade na própria lei utilizando um argumento de maioria de razão. Com efeito, se se mostra possível a cessão da posição contratual (art. 11º do DL 149/95), logo parece ser também juridicamente viável a transmissão de uma parte componente dessa posição[301].

Refira-se, por um lado, que não existe nenhum impedimento legal ou contratual a essa transferência. Aliás, o crédito não está ligado, em razão da própria natureza da prestação, à pessoa do locador financeiro[302].

Observe-se que estando aqui em, causa uma transmissão de um crédito de rendas, nada impede que tal cessão tenha por objecto créditos relativos às rendas vincendas (de um negócio já celebrado) ou referentes às rendas decorrentes de contratos de locação financeira ainda a concluir[303]. Trata-se no caso de uma cessão de créditos futuros, que a doutrina em geral admite de modo pacífico[304].

---

[300] Ver Giorgio de Nova, Il contratto di leasing, cit., p. 62, Rodolfo la Torre, Manuale della Locazione Finanziaria, cit., p. 235 (alude o autor à aplicabilidade da *legge n. 52/91*, relativa à *cessioni dei crediti d'impresa*) e Nicolò Visalli, "La problematica del *leasing* finanziario...", cit., pp. 680 e 681.

[301] Menezes Leitão afirma que "há... que reconhecer que com o crédito ocorre simultaneamente a transmissão para o cessionário de pelo menos uma parte da posição contratual, ainda que outra parte se mantenha na esfera do cedente" (Cessão de créditos, Coimbra, 2005, p. 314).

[302] Ver Menezes Leitão, Cessão de créditos, cit., pp. 311 a 312.

[303] Ver Menezes Leitão, Cessão de créditos, cit., p. 419 (como bem refere o autor, apenas se admite a cessão onerosa de créditos futuros – p. 420).

[304] Ver, por todos, Menezes Leitão, Cessão de créditos, cit., p. 414 (e a extensa doutrina portuguesa e estrangeira aí citada), Vaz Serra,"Cessão de créditos ou de outros direitos", BMJ, nº especial, 1955, pp. 35 ss.

Deve ainda assinalar-se, como afirma Giorgio de Nova, que a via da cessão de créditos pode ser uma forma de financiamento do próprio locador[305-306].

2. Regime aplicável

Em razão do exposto, há portanto que aplicar a disciplina geral da cessão de créditos consagrada nos arts. 577º ss. do CC.

A cessão de créditos é um contrato através do qual uma pessoa (cedente/locador financeiro) transmite a um terceiro (cessionário) parte[307] ou a totalidade do crédito que dispunha sobre outrem (devedor cedido/locatário financeiro).

Em relação às partes, a cessão opera por mero efeito do contrato.

Quanto ao devedor cedido (*in casu*, o locatário financeiro), a eficácia da cessão não necessita do seu consentimento, embora não prescinda da notificação dessa transmissão ou da sua aceitação (art. 583º, nº 1 do CC)[308].

Por via da cessão, transfere-se o crédito – que permanece imutável – para o cessionário – que exerce o mesmo direito do cedente (o locador financeiro) –, operando-se tão só a substituição do credor originário, no lado activo da relação jurídica, por um novo credor.

Posto isto, cabe apurar o âmbito e o alcance do efeito principal da cessão.

Para o cessionário transmitem-se, nos termos do art. 582º, nº 1 do CC, as garantias pessoais e reais (a fiança, a hipoteca, o penhor) e ainda

---

[305] Giorgio de Nova, Il contratto di leasing, cit., p. 62.

[306] O Ac. STJ, de 11.3.2004 (Lucas Coelho), aborda a questão da transmissibilidade do crédito emergente de um contrato de locação financeira. A admissibilidade em geral da cessão de créditos nesse domínio não é posta em causa pelo citado aresto, mas no caso a questão discutida era a de saber se havia uma verdadeira transmissão do crédito que viabilizasse a compensação entre as partes, o que o tribunal rejeitou (www.dgsi.pt).

[307] É possível a cessão parcial do crédito a uma ou até a várias pessoas (Antunes Varela, Das Obrigações em geral, II, cit., p. 296; Menezes Leitão, Direito das Obrigações, cit., II, p. 23).

[308] Como bem decidiu o STJ, a citação para a acção não substitui a notificação da cessão, não podendo ser-lhe atribuídos os efeitos desta (nos termos do art. 583º, nº 1 CC), a qual deve ocorrer antes da citação (Ac. STJ de 14.11.2000 (Quirino Soares), CJ, STJ, 2000, III, p. 121).

outros acessórios do crédito (os juros vincendos, a cláusula penal, os direitos potestativos ligados ao crédito[309], *v.g.*, o direito de interpelar o devedor).

Transferem-se de igual sorte para o cessionário (esteja ou não de boa fé) os *"defeitos* do crédito"[310], pelo que lhe podem ser opostos, pelo devedor cedido, todos os meios de defesa que este possa licitamente fazer valer perante o cedente[311], com ressalva dos que provenham de facto posterior ao conhecimento da cessão[312] (art. 585º do CC). É o corolário da regra do não agravamento da posição jurídica do devedor e da aplicação do princípio do *nemo plus juris*.

---

[309] Mas já não os que se encontram vinculados à relação jurídica donde o crédito promana. É o caso, por exemplo, do direito de resolução por incumprimento. Como sustenta Carlos da Mota Pinto, tal direito "não deve ser atribuído ao cessionário do crédito. O fundamento material da resolução por inadimplemento consiste na existência, entre as duas partes, duma relação de confiança, geradora duma relação de causalidade-finalidade entre duas prestações, vulnerada por um comportamento inesperado: o incumprimento de uma delas. A justiça e as conveniências práticas justificam, em tais hipóteses, aquele remédio. Ora, na cessão de créditos, não há nenhuma relação de confiança entre o cessionário e o seu devedor, nem aquela relação de causalidade-finalidade entre prestações, que constituem o fundamento teleológico da condição resolutiva tácita" (Cessão da posição contratual..., cit., p. 248; no mesmo sentido, Antunes Varela, Das Obrigações em geral, II, cit., p. 326; Ribeiro de Faria, Direito das Obrigações, II, Coimbra, 1990, p. 533; Menezes Leitão, Direito das Obrigações, II, cit., p. 24 e Cessão de créditos, cit., pp. 342 ss., e esp. p. 347; Pestana de Vasconcelos, O contrato de cessão financeira (*factoring*), Coimbra, 1999, pp. 305 ss.).

[310] A expressão é de Vaz Serra ("Cessão de créditos ou de outros direitos", cit., p. 121).

[311] Note-se que, para além das excepções oponíveis ao cedente, o devedor dispõe da possibilidade de contestar a legitimação activa do cessionário (invocando, *v.g*, a nulidade do contrato de cessão) ou da faculdade de invocar excepções pessoais contra o próprio cessionário. Ver Pietro Perlingieri, "Cessioni dei crediti", EGT, VI, 1988, p. 15 e Codice Civile Annotato con la dottrina e giurisprudenza (art. 1173º a 1570º), Libro IV, Torino, 1980, pp. 215 ss., esp. p. 218.

[312] Partilhamos o pensamento da doutrina maioritária quanto à interpretação da expressão utilizada na norma em análise. Como refere Ribeiro de Faria "pode suceder que o facto seja posterior ao conhecimento da cessão porque não tem ligação com a relação contratual... ou porque o facto, embora posterior ao conhecimento da cessão, tem o seu fundamento no contrato bilateral donde emerge o crédito. Por isso é que o devedor poderá opor ao cessionário a excepção de contrato não cumprido se, por exemplo, o cumprimento defeituoso a que o cedente se encontra adstrito já foi realizado depois do conhecimento da cessão" (Direito das Obrigações, II, cit., p. 537).

Impõe-se, por fim, fazer referência à eventual sucessão do cessionário nos estados de sujeição correspondentes aos direitos potestativos, ligados à relação contratual, de que é titular o devedor cedido[313].

A doutrina dominante tem rejeitado a subentrada do cessionário nos referidos estados de sujeição. Como sustenta Carlos da Mota Pinto "a anulação, a resolução e a denúncia provocam a ineficácia (*lato sensu*) do contrato entre as partes contratuais (devedor cedido e cedente) e, por reflexo, a ineficácia derivada ou consequencial do contrato de cessão". Acrescenta ainda o mesmo autor que deve "considerar-se destinatário das declarações de exercício o cedente, tal como sucedia antes da cessão, pois, para além de perdurar a relação contratual entre cedente e cedido, não pode ser imposto ao *debitor cessus* um ónus – a notificação do cessionário – sem a sua vontade"[314].

No entanto, embora tais estados de sujeição não se transmitam para o cessionário, são oponíveis a este os meios de defesa invocáveis pelo devedor cedido perante o cedente[315].

---

[313] A excepção de não cumprimento do contrato deve ser invocada junto do cessionário do crédito, pois é a ele que o cedido deve efectuar o pagamento. De igual modo, uma qualquer notificação, que não afecte a posição do cedente, mas apenas a do cessionário, deve ser dirigida a este (Vaz Serra, "Cessão de créditos ou de outros direitos", cit., pp. 43 e 123; Ribeiro de Faria, últ. ob. cit., p. 536).

[314] Cessão da posição contratual, cit., pp. 263 e 264. No mesmo sentido, Antunes Varela, Das Obrigações em geral, II, cit., p. 328, nota 2, Ribeiro de Faria, Direito das Obrigações, II, cit., p. 536 e Pestana Vasconcelos, O contrato de cessão financeira..., cit., p. 309 (o autor é peremptório ao afirmar que "o resultado nem podia ser outro, dado que o sujeito da relação jurídica se mantém. Transferiu-se meramente o crédito, e não a totalidade da relação jurídica onde o crédito se inseria"). *Vide* também na doutrina estrangeira, especialmente a alemã, os autores citados por Carlos da Mota Pinto, Cessão da posição contratual, cit., p. 264, nota 1.

[315] Ver, neste sentido, Antunes Varela, Das Obrigações em geral, II, cit., p. 328, n. 2, Pestana Vasconcelos, O contrato de cessão financeira..., cit., pp. 310 ss.

Capítulo VII
A coisa locada e as suas vicissitudes

Secção Primeira
A propriedade da coisa locada

§ 1. Especialidades da propriedade da coisa locada. § 2. Função do direito de propriedade

§ 1. Especialidades da propriedade da coisa locada
Como sabemos, o locador adquire o bem e, consequentemente, a sua propriedade, sendo que posteriormente concede (tão só) o seu gozo ao locatário durante um certo período de tempo, permitindo a este, no termo do contrato, a sua compra.

Portanto, durante o período de vigência do contrato de *leasing* financeiro, o locador permanece o proprietário do bem. No entanto, como veremos *infra* pormenorizadamente, exime-se a qualquer tipo de responsabilidade decorrente do seu uso, exonerando-se também, entre outros, do risco de perda ou do risco de deterioração da coisa. A sua situação não é, pois, similar à de um típico proprietário[316]. É, ao invés, sobre o

---

[316] A doutrina em geral assim o reconhece. Veja-se, por exemplo, García Garnica, El régimen jurídico..., cit., p. 216 (salienta o autor que "a posição jurídica da entidade financeira afasta-se da situação de um ordinário proprietário").

locatário financeiro que impendem determinados encargos, que normalmente oneram o proprietário da coisa.

Desde já não pode deixar de se reconhecer que esta propriedade assume contornos especiais, modelando-se e adaptando-se aos interesses prosseguidos pelos contraentes.

Aliás, a doutrina desde sempre tratou o direito de propriedade em causa de modo *sui generis*.

Usam-se expressões como propriedade formal (ou nua) e propriedade substancial[317], como *dominium directum e dominium utile*[318], como propriedade jurídica e propriedade económica[319] para expressar o "carácter cindível" deste específico direito, chegando mesmo a aludir-se a um "novo direito de propriedade"[320].

Ressalta, pois, a existência de uma fragmentação ou de um desmembramento do direito de propriedade típico na esfera jurídica dos dois contratantes. Vejamos.

O locador, apesar de ser titular de um direito real, não suporta os riscos inerentes ao uso do bem. Obriga-se a "conceder o gozo" de uma coisa sem sequer ter tido qualquer tipo de contacto material com ela. Não pode dispor isoladamente da coisa dada em locação[321]. Apenas lhe é legítimo ceder a sua posição no contrato de locação financeira e, deste modo, transmitir a propriedade da coisa.

Já o locatário financeiro dispõe de um direito de gozo do bem – portanto um direito de natureza obrigacional – embora onerado com os riscos que normalmente gravam sobre o típico proprietário. No entanto, o locatário não pode vender a coisa, nem provocar a sua destruição, sendo que, por outro lado, o seu gozo deve respeitar o fim estabelecido no contrato[322].

---

[317] Rodolfo la Torre, Manuale della locazione finanziaria, cit., p. 187.
[318] Alessandro Munari, Il leasing finanziario...., cit., pp. 74 ss.
[319] Giorgio de Nova, Nuovi contratti, Torino, 1990, p. 201.
[320] Cfr., quanto à tentativa de a doutrina superar o conceito, tornando-o mais elástico, Alessandro Munari, Il leasing finanziario..., cit., p. 74.
[321] Ver, em sentido contrário no ordenamento italiano, Rodolfo la Torre, Manuale della locazione finanziaria, cit., pp. 189 ss.
[322] Alessandro Munari, Il leasing finanziario..., cit., p. 73.

Portanto, o direito de propriedade do locador comprime-se na exacta medida do aumento do *dominium utile* do locatário[323].

§ 2. Função do direito de propriedade

É neste enquadramento e tendo em conta estas especificidades que deve ser analisada a função deste direito na esfera jurídica do locador.

Várias opiniões têm sido seguidas. Enunciemos algumas delas.

A doutrina dominante realça que a propriedade do bem permanece na esfera jurídica do locador a título de garantia.

No entanto, para uns tal função tem como propósito a tutela do locador contra o risco económico do incumprimento do locatário[324]. Pretende assegurar-se deste modo a satisfação do crédito – ou pelo menos de uma parte dele – no caso de ocorrência de vicissitudes contratuais.

Ao invés, outros equiparam-na à cláusula de reserva de propriedade, recorrendo por vezes até à analogia[325].

Num outro plano, certo sector doutrinário considera que a propriedade do locador financeiro tem uma função instrumental à realização do financiamento. Defende Renato Clarizia que a compra do bem pelo locador é meramente auxiliar da concessão do seu gozo e assim um mecanismo precioso à concessão do financiamento. Observa-se que a mera eventualidade da aquisição pelo locatário no termo do contrato evidencia que a propriedade do locador é, sobretudo, destinada a favorecer o

---

[323] Alessandro Munari, Il leasing finanziario..., cit., p. 76.

[324] Em Itália, ver Mauro Bussani, Proprietà – garanzia..., cit., pp. 2 ss, G. Ferrarini, La locazione finanziaria, Milano, 1977, pp. 213 ss., Chiomenti, Il leasing, RDCom., 1980, II, pp. 271 ss.; em Espanha, ver Marín López, "El arrendamiento financiero", cit., p. 1031. Considerando que a propriedade do locador serve "de garantia ao financiamento que acaba de fazer", Calvão da Silva, "Locação financeira e garantia bancária", cit., p. 20. O mesmo entendimento perfilha Duarte Pestana de Vasconcelos, "A locação financeira", cit., p. 277 (sustenta o autor que o "locador mantém a propriedade jurídica do bem como forma de garantia de um financiamento").

[325] Romano Martinez e Fuzeta da Ponte afirmam que "a locação financeira pode constituir uma garantia de cumprimento de capital mutuado. A garantia para o financiador, de modo similar ao que ocorre na cláusula de reserva de propriedade, está na manutenção do direito de propriedade em relação ao bem usado pelo financiado" (Garantias de cumprimento, cit., p. 198).

locatário, especialmente o seu interesse em ter a disponibilidade material do bem. Finalmente, afirma ainda o autor que a estrutura trilateral da operação expressa o papel de intermediário financeiro desenvolvido pelo locador e o seu desinteresse relativamente ao bem indicado pelo utilizador[326].

A nosso ver, a propriedade do locador tem uma natureza mista: por um lado, garante o risco económico de incumprimento do locatário; por outro, assegura a sua instrumentalidade no tocante à realização do financiamento.

Tais funções não são incompatíveis entre si. Pelo contrário, complementam-se.

Parece ser claro que a primeira finalidade assinalada está presente no quadro negocial da locação financeira: o interesse do locador consiste no pagamento da quantia por si antecipada, desconsiderando uma eventual restituição da coisa no termo do contrato (ou mesmo na sua vigência). A propriedade do bem visa assegurar, portanto, o capital adiantado.

Por outro lado, também não pode deixar de se reconhecer o papel de intermediário financeiro do locador, que assume apenas e tão só os riscos que a este normalmente competem (ou seja, os de incumprimento e de insolvência do devedor), mas que, em simultâneo, concede ao locatário a mera disponibilidade da coisa que lhe pertence.

---

[326] I contratti nuovi..., cit., pp. 174 ss.

Secção Segunda
Entrega da coisa dada em locação financeira

§ 1. Entrega da coisa locada. 1. Omissão de entrega da coisa. 1.1. Orientações doutrinárias e jurisprudenciais. 1.1.1. Posição que defende a responsabilidade do locador no caso de omissão da entrega do bem. 1.1.2. Posição que sustenta a exoneração da responsabilidade do locador no caso de omissão da entrega do bem. 1.2. Posição adoptada. 1.2.1. Seus argumentos. 1.2.2. O auto de recepção do bem.

§ 1. Entrega da coisa locada

1. Omissão de entrega da coisa
Importa agora saber se o locador financeiro é responsável pela entrega da coisa, cujo gozo é concedido.

Refira-se, desde já, que as cláusulas contratuais determinam, em regra, que "a não entrega do equipamento pelo fornecedor... não exonera o locatário das suas obrigações face ao locador, nem lhe confere qualquer direito face a este", acrescentando-se que "compete ao locatário reagir contra o fornecedor pelo seu incumprimento".

1.1. Orientações doutrinárias e jurisprudenciais
A problemática tem suscitado viva controvérsia na doutrina e na jurisprudência. Cabe descrevê-las, para posteriormente analisar os argumentos empregues.

1.1.1. Posição que defende a responsabilidade do locador no caso de omissão da entrega do bem

Alguns autores entendem que o locador se encontra adstrito à entrega do bem, pelo que o locatário pode exercer junto daquele os direitos decorrentes da omissão de tal entrega.

Na doutrina portuguesa, tal posição é expressa por Calvão da Silva, que a fundamenta no dever (legal) imposto ao locador de "conceder o gozo da coisa". Afirma por isso que *"a entrega é instrumental da concessão do gozo*, pois esta comporta logicamente aquela. Logo, o locador deve entregar a coisa locada para conceder o gozo da mesma ao locatário pelo prazo do contrato"[327]. Para a realizar pode socorrer-se da colaboração do fornecedor, considerando-se este um auxiliar do locador no cumprimento dessa obrigação (aplicando-se aqui o art. 800º CC)[328].

Na doutrina estrangeira, por exemplo, Cabanillas Sanchez aduz igualmente que a cessão do uso do bem, que incumbe ao locador, não pode ser realizada sem a sua entrega ao locatário[329].

Na jurisprudência, algumas decisões conhecidas acolhem esta via. Cite-se, na esteira desta orientação, o Ac. STJ, de 22.11.1994. Observa-se aí que "o locador, para conceder ao locatário o gozo da coisa, tem a obrigação de lhe assegurar a entrega", cumprindo-lhe "fazer a prova da entrega do equipamento"[330].

---

[327] "Locação financeira e garantia bancária", cit., p. 22.
[328] *Ibid. Ibidem.*
[329] "La configuración del arrendamiento financiero por Ley de 26 de julio de 1988 en la jurisprudencia y en el Convénio sobre Leasing Internacional", ADC, 1989, p. 1003. Na doutrina espanhola, Sánchez Miguel considera igualmente que, no caso de falta de entrega, há incumprimento do contrato de locação financeira, pelo que não são válidas as cláusulas que isentam o locador de responsabilidade ("Incumplimiento del contrato de leasing como causa de oposición al juicio ejecutivo de letra de cambio. Sentencia de la AP de Barcelona de 5 de julio de 1986", RDBB, 1987, p. 421).
[330] Ac. STJ, de 22.11.1994 (Pais de Sousa), CJ, 1994, III, pp. 155 e 157 (invocam-se vários argumentos: em primeiro lugar, realça-se que "a locadora não podia esquivar-se à obrigação de adquirir a coisa nos termos acordados e, depois, conceder o seu gozo ao locatário"; refere-se, seguidamente, a aplicação subsidiária das normas da locação dada a sua correspondência ao núcleo da locação financeira; discute-se ainda, no caso, se terá ocorrido efectivamente a entrega apesar de ter havido a subscrição pelo locatário do auto de recepção do bem; o tribunal decidiu que "face ao disposto no art. 19º, als. a) e b) DL 171/79 [correspondente actualmente ao art. 9º, nº 1, als. a) e b) DL 149/95], a recorrente [o locador] tinha a obrigação de

Mais recentemente, o Ac. STJ, de 17.2.2000, considera mesmo nula a cláusula que exime o locador das suas obrigações (aqui se incluindo o dever de entrega) – na esteira da decisão anterior do Ac. Rel. Lisboa, de 20.5.1999[331] – "fazendo revertê-las para o fornecedor do equipamento, sendo certo que este nenhuma relação contratual assumiu com o locatário e o artigo 13º do DL 149/95 constitui uma mera faculdade"[332]. Também no Ac. Rel. Lisboa, de 22.1.1998, se sustenta que "não tendo o fornecedor feito a entrega do bem ao locatário, o locador é responsável perante aquele por força do preceituado no nº 1 do citado art. 800º, do qual resulta incumprimento da obrigação de entrega da coisa e de proporcionar o gozo da coisa"[333].

1.1.2. Posição que sustenta a exoneração da responsabilidade do locador no caso de omissão da entrega do bem

Orientação contrária é seguida por outros sectores, doutrinário e jurisprudencial.

Assim, Rui Pinto Duarte defende que o locador não é responsável pela entrega do bem ao locatário, concluindo assim que este não se encontra

---

assegurar ao recorrido [ao locatário] a entrega do equipamento após ter com ele firmado o questionado acordo de locação financeira").

[331] Ana Paula Boularot, CJ, 1999, III, p. 110 (estava em causa o problema da não entrega ao locatário dos documentos relativos aos objectos dados em locação financeira – um tractor e dois semi-reboques – para que este procedesse ao respectivo registo; aliás, os equipamentos encontravam-se registados em nome de outro locador; mas na decisão o tribunal pronuncia-se pela nulidade da cláusula, ao abrigo do 809º CC, que estabelece a renúncia do locatário ao exercício de um eventual direito de indemnização contra a locador, afirmando que o locador não se pode eximir das suas obrigações, aqui se incluindo o dever de entrega da coisa).

[332] Ac. STJ, de 17.2.2000 (Sousa Dinis), BMJ (nº 494), 2000, p. 318 (note-se que o aresto incide fundamentalmente sobre outra questão – a da não entrega da documentação necessária à obtenção dos registos essenciais para que a coisa possa ser gozada –, embora não deixe de se pronunciar, em termos breves, sobre o problema em discussão). Semelhante situação ocorre no Ac. Rel. Porto, de 20.10.2005 (Pinto de Almeida), pp. 6 e 7, www.dgsi.pt, expressando o tribunal a mesma opinião (quer quanto à (não) entrega da coisa, quer quanto à omissão de entrega da documentação necessária a actos de registo).

[333] Ac. Rel. Lisboa, de 22.1.1998 – sumário (Pessoa dos Santos), www.dgsi.pt (o tribunal invoca que o locador utilizou o fornecedor como seu auxiliar no cumprimento da obrigação de entrega).

Cfr. ainda o Ac. Rel. Lisboa, de 10.4.2008 (Ezaguy Martins), www.dgsi.pt, que sustenta ser "obrigação, e central, da locadora a entrega do bem ao locatário".

exonerado – se tal entrega não ocorrer – do cumprimento da prestação de renda perante aquele. A justificação tem por base os arts. 12º e 13º que consagram, segundo o autor, a "isenção de responsabilidade (e da possibilidade de melhor definição dessa isenção pelos contratos) do locador financeiro pela realização de prestações a cargo do fornecedor"[334].

Na doutrina estrangeira, Rodríguez-Rovira observa que a obrigação de entrega não emerge do contrato de locação financeira, mas do contrato de compra e venda celebrado entre o adquirente (e locador financeiro) e o vendedor, sendo este último o único vinculado a tal entrega[335]. O dever do locador consiste em *fazer tudo o que está ao seu alcance* para permitir a entrega da coisa ao locatário[336]. Já a omissão de entrega, por facto imputável ao locador, o responsabiliza perante o locatário[337].

Na mesma linha, Garcia Garnica considera que a cláusula contratual (dado que não existe, em Espanha, regra legal expressa que cure do problema) que exime o locador é "lícita e eficaz na medida em que a falta de entrega do bem acordado não seja imputável a título de dolo ou de culpa grave do locador financeiro"[338-339].

---

[334] Escritos sobre leasing..., cit., p. 215.
Leite de Campos defende igualmente que o locatário não pode invocar perante o locador a "não entrega da coisa, como causa de se desobrigar das prestações devidas" (A locação financeira, cit., p. 137).

[335] "Incumplimento de la obligación de entrega en los contratos de leasing", Comentario de la SAP de Santa Cruz de Tenerife de 26 de septiembre de 1992, RDBB, 1993, p. 1178.

[336] Como se afirma na Sentença da *Cassazione Civile, de 21 giugno 1993*, a obrigação do locador consiste tão só em "pôr em actuação comportamentos instrumentais ao gozo do bem" (FI, 1993, I, 2, p. 2144).

[337] Defendendo a validade da cláusula de exoneração do locador, entre outros, Guido Ferrarini, La locazione financiaria, cit., pp. 76 ss., Alberto Rescio, La traslazione del rischio contrattuale nel leasing, Milano, 1989, pp. 192 ss. e Monticelli, "Leasing", BBTC, 1989, I, p. 121.

[338] El régimen jurídico..., cit., p. 199. Neste sentido, Sánchez-Parodi Pascua, Leasing financiero mobiliario, Madrid, 1989, pp. 191 ss., Ana López Frías, Los contratos conexos. Estudios de supuestos concretos y ensayo de una construcción doctrinal, Barcelona, 1994, p. 120 (pressupõem os autores citados não só que inexiste dolo ou culpa grave do locador mas também que este cede ao locatário as acções perante o fornecedor) e Rojo Ajuria, Leasing financiero, Madrid, 1987, pp. 249 ss. (no pressuposto de que se transmitem para o locatário todas os meios de defesa, inclusivamente a faculdade de "rescisión").

[339] O Ac. STJ, de 30.11.1995 – que a seguir se cita – refere-se também ao dolo ou culpa grave do locador (no caso, não alegados na acção judicial instaurada), parecendo também querer relevar estes elementos.

Relevando que o locador se encontra apenas obrigado a "procurar a entrega da coisa" mediante a conclusão do contrato de compra e venda, González Castilla preconiza, porém, que a "exoneração" deste dever não engloba as situações de cumprimento doloso do contrato[340].

Em Itália, é dominante uma similar orientação.

Renato Clarizia justifica-o na coligação relevante existente entre os dois contratos (embora com a relativa exoneração do locador)[341]. Salvatore Monticelli preconiza também a validade da estipulação[342].

Na jurisprudência portuguesa, este entendimento foi acolhido pelo Ac. Rel. Lisboa, de 8.11.1994, afirmando-se aí que a intervenção do locador é "meramente financeira", sendo o locatário "quem escolhe o bem a locar e o fornecedor do mesmo"[343]. É admissível a cláusula que prevê, no caso de não entrega do equipamento, que o locatário não se encontra desobrigado do pagamento das rendas.

No Ac. STJ, de 14.4.2011, entende-se que o locador passa à margem dos preliminares do contrato, revestindo a sua actividade um cunho financiador. Mais se assinala que foi aposta – considerada válida – uma cláusula no contrato de locação financeira que previa "que o locatário renunciava ao exercício de quaisquer direitos contra o locador, ficando este expressamente exonerado pelo eventual incumprimento do fornecedor, em particular pela correspondência do bem às características e especificidades indicadas pelo locatário"[344].

Conquanto não aprecie o valor da estipulação, o Ac. STJ, de 21.5.1998 alude à "entrega (do *uso*) da coisa", enquanto "prestação única do *locador*", parecendo dai poder deduzir-se que o locador não está adstrito à entrega, mas apenas à concessão do gozo[345].

---

[340] González Castilla, Leasing financiero mobiliário, p. 94.
[341] I contratti nuovi, cit., p. 156
[342] "Leasing", BBTC, 1989, I, p. 121.
[343] Ac. Rel. Lisboa, de 8.11.1994 (Lopes Bento), www.dgsi.pt (aí se afirma que "dada a natureza financeira da operação, o interesse contratual predominante para as sociedades locadoras é o do integral cumprimento do contrato... Só assim o investimento realizado pela locadora é plenamente recuperado. A não existir uma cláusula desta natureza, as sociedades de locação financeira deixarão de ter viabilidade na medida em que teriam de fazer repercutir o risco no valor de cada uma das rendas).
[344] Ac. STJ, de 14.4.2011 (Granja da Fonseca), www.dgsi.pt.
[345] Ac. STJ, de 21.5.1998 (Garcia Marques), BMJ, nº 477, 1998.

Outras decisões dos nossos tribunais não expressam qualquer opinião sobre o assunto.

Por exemplo, no Acórdão STJ, de 30.11.1995, discutia-se a responsabilidade do locador financeiro na sequência da falta de entrega de uma máquina (uma fresadora), tendo sido porém, no caso, assinado pelo locatário financeiro, o respectivo "auto de recepção do bem". Acontece que, na sequência da falta de pagamento de 3 rendas trimestrais pelo locatário, fundada na omissão de entrega da coisa, o locador declarou resolvido o contrato de locação financeira. Suscitou-se a aplicabilidade do art. 18º DL 446/85, referindo o tribunal que os réus não alegaram o dolo ou a culpa grave do locador quanto à omissão de entrega do equipamento. Por outro lado, afirma-se que "nenhum incumprimento foi assacado à autora" (locador), tendo sido "imputado unicamente à chamada" (fornecedor)[346]. Afasta-se, por esta via, o preceito em causa sem se pronunciar o aresto, contudo, quanto à obrigação de entrega. No entanto, observa-se que foi realizada a prova plena da entrega do equipamento, mediante o auto de recepção da coisa devidamente assinado pelo locatário.

1.2. Posição adoptada

1.2.1. Seus argumentos

Acolhemos esta última orientação, ainda que suscitemos algumas *nuances*.

Realce-se, em primeiro lugar, que a lei não consagra expressamente, no leque dos deveres do locador, a obrigação de entrega da coisa, limitando-se a fazer referência à concessão do gozo da coisa (art. 9º, nº 1, al. b) do DL 149/95).

É certo que literalmente sempre se pode objectar que o art. 9º do DL 149/95 é meramente exemplificativo (em virtude de se usar a locução "nomeadamente") e que se aplica a regra locatícia do art. 1031º, al. a) CC, por efeito do seu nº 2.

Não é crível, porém, que o legislador, tendo sido tão exaustivo quanto aos direitos e aos deveres das partes, tenha optado por não se pronunciar quanto ao (relevante) problema da entrega da coisa, por entender que o art. 1031º, al. a) do CC o resolvia.

---

[346] Ac. STJ, de 30.11.1995 (Martins da Costa) – CJ, STJ, 1995, III, p. 134.

Mas decisivos, quanto a nós, são os argumentos que se extraem dos arts. 12º e 13º do DL 149/95.

Aquele normativo exonera o locador de responsabilidade especificamente num dado domínio: o dos vícios (de facto) do bem locado. É certo que nada dispõe quanto à circunstância de o locador se eximir à responsabilidade decorrente da omissão de entrega da coisa.

No entanto, do ponto de vista material, prevalece actualmente uma "concepção e unitária de cumprimento – entrega conforme – *rectius*, um duplo requisito do cumprimento: a entrega e a conformidade. Só há cumprimento do contrato, se a coisa, além de ter sido entregue nas circunstâncias devidas de tempo e de lugar, for, em tudo o resto, conforme ao contrato e aos restantes factores convocados pelo contrato"[347]. Donde se retira, *mutatis mutandis*, que o locador financeiro (também) não é responsável pela entrega da coisa ao locatário financeiro.

Acresce que os meios de defesa em causa nos arts. 12º e 13º do diploma em causa, que remetem para as regras do cumprimento defeituoso, são similares (ou praticamente idênticos) aos meios de defesa no caso de não entrega do bem.

Meios de defesa do comprador em face do vendedor perante a omissão de entrega da coisa	Meios de defesa do comprador em face do vendedor perante o cumprimento defeituoso do contrato
Direito ao exacto cumprimento (isto é, direito à entrega da coisa)	Direito ao exacto cumprimento (isto é, direito à reparação ou à substituição da coisa)
Excepção de não cumprimento do contrato	Excepção de não cumprimento do contrato
Direito à redução do preço	Direito à redução do preço
Direito à resolução do contrato	Direito à resolução do contrato
Direito à indemnização	Direito à indemnização

---

[347] Carlos Ferreira de Almeida, "Orientações de política legislativa adoptadas pela Directiva 1999/44/CE sobre venda de bens de consumo. Comparação com o direito português vigente", Themis, 2001, p. 112.

Deste modo, não faz sentido diferenciar formalmente o que não é, de todo, distinto materialmente.

Aduza-se ainda uma outra razão fulcral: o art. 13º do DL 149/95 determina que o locatário pode exercer "todos os direitos relativos ao bem locado ou resultantes do contrato de compra e venda...".

Ora, textualmente o normativo – embora estreitamente conexo ao art. 12º, 1ª parte – também tutela o locatário financeiro perante o fornecedor no caso de omissão de entrega da coisa.

Implicitamente decorre do preceito que o locador não responde pelo incumprimento do dever de entrega, doutra sorte o locatário não teria necessidade de ter ao seu dispor a possibilidade de se dirigir ao vendedor.

Acresce que não se pode fazer decorrer da obrigação imposta ao locador de "conceder o gozo do bem" um dever de entrega da coisa. Aquela obrigação de "concessão do gozo" – e note-se na locação, para além do dever de entrega, impõe-se o dever de assegurar o gozo "para os fins a que a coisa se destina" (art. 1031º, al. b) do CC) – visa garantir o uso pacífico do bem para o fim pactuado na vigência do contrato, no pressuposto de que foi já efectuada a sua entrega (pelo fornecedor).

Quanto a nós, o aspecto fundamental da obrigação do locador confina-se a assegurar ao locatário a *traditio* do bem, em dois momentos:

– por via da aquisição da coisa;
– garantindo ainda junto do fornecedor a entrega ao locatário[348].

Tudo lhe é exigível neste quadro, mas nada mais para além dele.

O locador financeiro (comprador) deve pois fazer tudo o que está ao seu alcance para que o objecto em causa seja entregue directamente ao locatário pelo fornecedor (com quem celebrou o contrato de compra e venda). Aquele limita-se a financiar o gozo do bem – que adquiriu – pagando o respectivo preço ao alienante[349].

---

[348] Nesse sentido, concordamos com o aresto do STJ, de 22.11.1994 (Pais de Sousa), cit., p. 156. Na verdade, o locador está não só vinculado a adquirir a coisa como também a conceder o seu gozo ao locatário. Ora, para isso mostra-se necessário que lhe assegure a entrega do objecto dado em locação.

[349] Ou até, como afirma Angelo Luminoso, "sem negar a obrigação de entrega do locador", acaba por realçar "o seu particular conteúdo (que não inclui a dação material da coisa) em razão seja da falta de detenção do locador seja da escolha do bem e do fornecedor da parte do locatário" (I contratti tipici e atipici, cit., p. 403).

Realce-se, por outro lado, que é o locatário quem dá os passos iniciais que vão originar a operação de locação financeira: contacta de mote próprio o fornecedor, escolhe a coisa a dar em locação, assim como as condições da sua aquisição, e indica o fornecedor com quem o locador vai contratar. É, portanto, o potencial locatário que selecciona também a pessoa que lhe deve entregar a coisa. Toma assim uma activa participação na criação e na construção da operação, que não deve desconsiderar-se.

Ocorre desta sorte uma particular e relevante conexão entre os negócios. Acolhemos assim a posição de Lucio Ghia quando assinala que "da coligação entre os contratos, o de locação financeira e o de compra e venda, resulta, de facto, a obrigação do fornecedor de entregar o bem directamente ao utilizador, *saltando*, por assim dizer, sobre o locador, sua contraparte na compra e venda"[350].

Portanto, o risco que emerge da omissão de entrega ou do eventual atraso na entrega não corre por conta do locador financeiro – posto que não lhe seja tal omissão imputável –, pelo que o locatário deve, consequentemente, dirigir-se ao fornecedor.

1.2.2. O auto de recepção do bem

De todo o modo, importa referir ainda alguns detalhes importantes, que podem fazer reverter a resposta dada.

Isto porque o locatário financeiro subscreve, pois o vendedor lhe põe ao seu dispor para o efeito, um auto de recepção e de conformidade do bem quando este lhe é entregue.

Este auto de recepção é, posteriormente, remetido ao locador pelo vendedor.

Daí que, na prática, o locador financeiro só paga – ou melhor só deve pagar – ao vendedor depois de o locatário lhe ter entregue, depois de por si assinado, o "auto de recepção e de conformidade do equipamento".

Assim o impõe o princípio da boa fé no cumprimento das obrigações contratuais (art. 762º, nº 2 do CC). As cláusulas que expõem o locatário ao risco de omissão ou de atraso na entrega – desconsiderando tal *auto* –, obrigando-o ao pagamento das rendas de um bem cujo gozo não obtém e limitando-o a reagir junto do fornecedor devem consequentemente considerar-se nulas.

---

[350] I contratti di financiamento..., cit., p. 29.

Na verdade, no cumprimento do contrato de compra e venda pelo adquirente (locador financeiro), deve ser (por este) salvaguardado o interesse do locatário financeiro.

Da mesma sorte, também o locatário deve actuar diligentemente, comunicando de imediato a omissão de entrega ao locador, de molde a evitar que o preço seja por este pago[351].

A subscrição pelo locatário do referido "auto de recepção e de conformidade do equipamento" releva, neste âmbito, a dois níveis, a saber:

– serve para aferir se houve ou não entrega da coisa ao locatário;
– marca o momento a partir do qual o comprador da coisa (no caso, o locador) deve pagar o preço ao vendedor.

No entanto, este momento pode não ser, em absoluto, determinante[352].

Com efeito, não pode deixa de suscitar-se a seguinte situação: o documento é subscrito pelo locatário mas, apesar disso, não foi entregue a coisa[353].

---

[351] Ver, neste sentido, a sentença da *Cassazione*, de 6.6.2002, NGCC, I, pp. 438 a 440. Uma situação similar foi debatida no *Trib. App. Milano*, 21.12.1999, afirmando-se que "a cláusula que põe a cargo do utilizador também o risco de omissão de entrega do veículo desconsidera inadmissivelmente o escopo da coligação negocial pretendida pelas partes e destrói a instrumentalidade do cumprimento do fornecedor e a sua conexão com o propósito dos contraentes (assegurar ao utilizador o gozo do bem)", NGCC, 2000, I, p. 324.

O que afirmámos no quadro da omissão de entrega da coisa, vale, *mutatis mutandis*, ao nível da desconformidade da coisa com o contrato.

[352] Pascal Philipossian considera igualmente que se trata de uma "pedra angular do contrato de locação financeira", sendo que uma das suas funções é "a de autorizar o pagamento do preço do material pelo locador ao fornecedor" (Le crédit-bail et le leasing, cit., pp. 31 e 32).

[353] No Ac. STJ, de 14.4.2011 (Granja da Fonseca), www.dgsi.pt, destaca-se a importância do auto de recepção do equipamento e a não entrega da coisa. Assim, refere-se que "porém, não obstante a sociedade "RS M..." e a sociedade "MIF – COMÉRCIO DE MÁQUINAS" haverem subscrito o denominado "Auto de Recepção do Equipamento", contrato nº ... após a declarada entrega efectiva dos bens locados nas instalações da Locatária, em 1/06/2006, o certo é que o bem descrito na factura nº 368 nunca foi entregue, tendo ao invés sido entregue uma fresadora vertical, da marca "DROOPREIN, modelo LFAS 1600KT, com o nº de série...", do ano de 1979, sem sistema de comando e o bem descrito na factura nº 369 foi entregue no mês de Junho de 2006, incapaz de ser montado e no estado de usado. Por via disso, sustenta o recorrente ter havido incumprimento do contrato de locação financeira, ou, pelo menos, cumprimento defeituoso, imputável ao locador. Não nos parece que assim tenha sido. Face ao artigo

Podem figurar-se várias hipóteses. Vejamos algumas delas.

A assinatura do locatário sem que ele se apercebido pode suscitar aqui, *v.g.*, um problema de falta de consciência da declaração (art. 246º do CC). Tal problemática tem sido, de resto, realçada pelas decisões existentes sobre o assunto[354].

Mas também não se exclua a possibilidade de aqui haver culpa do lesado (*in casu*, o locatário financeiro).

Porém, se a subscrição desse documento tiver sido feita devidamente, o locatário, em princípio, nenhum meio de defesa pode invocar perante o locador.

Acresce que o locatário, dispondo dos mesmos remédios jurídicos que o comprador (no caso, o locador) não deixa de se encontrar eficazmente tutelado, até porque, ulteriormente, pode, *v.g.*, fazer repercutir na esfera jurídica do concedente a resolução do contrato de compra e venda.

12º do Regime da Locação Financeira "o locador não responde pelos vícios do bem locado ou pela sua inadequação aos fins do contrato, salvo o disposto no artigo 1034º do Código Civil" e isto porque o locador passa à margem dos preliminares do contrato, revestindo a sua actividade um cunho financiador". Ainda se afirma que foi assinado "um escrito denominado "Auto de Recepção do Equipamento", a que acima se aludiu, nele declarando que o equipamento corresponde às necessidades e expectativas do locatário, que o aceita a título definitivo, sendo o mesmo adequado ao fim a que se destina. E mais se declara que o equipamento foi devidamente entregue e instalado pelo fornecedor. Portanto, ao exequente, enquanto locador, não pode ser assacada qualquer responsabilidade pelo sucedido".

Por sua vez, no caso apreciado pelo Ac. STJ, de 22.11.1994 (Pais de Sousa), cit., pp. 156 e 157, foi remetido ao locador o auto de recepção e de conformidade do equipamento – uma viatura – em 30.5.1990, sendo que o locatário alegou que não recebeu o bem em 8.6.1990, conforme tinha sido acordado. Sucedeu que o locatário enviou várias cartas registadas com aviso de recepção ao locador (em 11.7, em 23.7), cancelou a ordem de pagamento bancária (em 27.7), tendo ainda resolvido o contrato de locação financeira mais tarde (em 30.12). Entretanto, o locador tinha, por sua vez, já resolvido o contrato por falta de pagamento das rendas (em 22.10).

Ora, no caso, o concedente não conseguiu fazer "a prova da entrega do equipamento", tendo ainda argumentado o tribunal que o locador se "manteve inactiv[o] e silêncios[o] face às justas queixas do recorrido [o locatário]". Desconsiderou ainda o aresto a argumentação do locador, afirmando-se que "a falta ou o atraso substancial na entrega do equipamento a locar não lhe dizia respeito" (Ac. cit., p. 157, 1ª a 3ª §§).

[354] Cfr. o Ac. STJ, de 17.2.2000 (Sousa Dinis), cit., p. 314, e o Ac. Rel. Lisboa, de 8.11.1994 (Lopes Bento), www.dgsi.pt

No tocante aos meios de defesa do locatário financeiro perante o fornecedor e aos efeitos que o exercício dessas pretensões são susceptíveis de acarretar, a existência de uma similitude das pretensões com a problemática da desconformidade da coisa com o contrato[355], a tratar de imediato, impõe uma remissão para o que aí se afirmar, com as necessárias adaptações.

---

[355] Ver o quadro supra aposto no tocante a este ponto.

Secção Terceira
Desconformidade da coisa com o contrato

§ 1. Sequência. § 2. Desconformidade da coisa com o contrato no regime jurídico da locação financeira. 1. A exoneração da responsabilidade do locador como regra geral. 1.1. Enquadramento legal. 1.2. Orientações existentes. 1.3. Posição adoptada. 1.4. Casos de exoneração da responsabilidade. 1.4.1. Vícios do bem locado. 1.4.2. Inadequação face aos fins do contrato. 1.4.3. O bem locado. 1.5. A exoneração da responsabilidade do locador e o direito do locatário reagir perante o fornecedor do bem: sua conexão. 1.6. Casos de não exoneração da responsabilidade do locador. 2. Responsabilidade do vendedor perante o locatário. 2.1. Âmbito da tutela do locatário. 2.2. Sentido da locução "pode [exercer]". 2.3. Razão de ser da protecção do locatário. 3. Meios de defesa do locatário perante o vendedor. 3.1. Considerações gerais. 3.2. Desconformidade no momento da entrega: a recusa da prestação pelo locatário. 3.3. Desconformidade constatada em momento posterior ao da entrega. 3.3.1. Apreciação analítica dos meios de defesa do locatário perante o vendedor. 3.3.1.1. Direito ao exacto cumprimento do contrato, sob a forma de reparação ou de substituição da coisa. 3.3.1.2. Excepção de não cumprimento do contrato. 3.3.1.3. Redução do preço e resolução do contrato de compra e venda; a) Orientações existentes; b) Posição adoptada. 3.3.1.4. Direito à indemnização. 3.4. Prazos. 4. Efeitos na locação financeira do exercício dos direitos junto do vendedor. 4.1. Orientações vigentes. 4.2. Posição adoptada: utilização de um método analítico. 4.2.1. Reparação e substituição da coisa; a excepção de não cumprimento. 4.2.2. Redução do preço e resolução do contrato. 4.2.2.1. Posições existentes. 4.2.2.2. Orientação acolhida; a) Repercussão do direito à redução do preço ou do direito à resolução da venda na locação financeira; b) Em especial, a relação de liquidação subsequente à resolução dos contratos. 4.2.3. Direito à indemnização. 5. Dever de comunicação do vício ao locador. 6. Utilização pelo comprador (locador) dos meios de defesa perante o vendedor. 7. Quadro que concretiza as possíveis pretensões do locatário financeiro. 8. Enquadramento dogmático. § 3. Locação financeira para consumo e desconformidade da coisa com o contrato. 1. A locação financeira como um contrato de crédito ao consumo. 2. Aplicabilidade do regime especial dos contratos coligados à locação financeira para consumo. 3. Direitos do consumidor (locatário financeiro). 3.1. Considerações gerais. 3.2. Direitos do consumidor (locatário financeiro): método analítico. 3.3. Relações de liquidação subsequentes à resolução dos contratos.

§ 1. Sequência

Interessa-nos agora abordar a falta de conformidade da coisa com o contrato no quadro da locação financeira.

Relevamos, em primeiro lugar, a problemática em face do DL 149/95, de 24 de Junho, atendendo essencialmente aos arts. 12º e 13º.

Identificado o responsável perante o cumprimento defeituoso do contrato, procuramos saber qual o âmbito e qual a razão de ser da tutela do locatário financeiro.

Utilizamos, ulteriormente, um método analítico para determinar os meios de defesa ao seu alcance perante o vendedor.

Por fim, debatemos as eventuais consequências do exercício de tais pretensões no contrato de locação financeira.

Numa segunda fase, curamos da mesma temática num outro domínio: o da locação financeira para consumo. Examinamos o art. 18º, nº 3 do DL 133/2009, que revogou o anterior art. 12º, nº 2 do DL 359/91, discutindo aí a sua aplicabilidade à operação em estudo e realçando as suas especificidades.

§ 2. Desconformidade da coisa com o contrato no regime jurídico da locação financeira

1. A exoneração da responsabilidade do locador como regra geral

1.1. Enquadramento legal

Cabe aferir se o locador é responsável perante o locatário pelos defeitos da coisa, cujo gozo lhe concedeu.

O art. 12º do DL 149/95 contempla a questão, referindo expressamente o seguinte:

– "o locador <u>não responde</u> pelos vícios do bem locado ou pela sua inadequação face aos fins do contrato…" (sublinhado nosso)[356].

A disposição é exactamente idêntica ao art. 20º do DL 171/79, de 6 de Junho.

O legislador não considerou, portanto, haver necessidade de efectuar alterações ao primeiro regime jurídico sobre a matéria.

1.2. Orientações existentes

É largamente dominante, na doutrina portuguesa, o entendimento de que o locador não responde em face do locatário no caso de desconformidade da coisa com o contrato.

Leite de Campos afirma, como princípio, a isenção do locador de "qualquer responsabilidade", atento o facto de ter sido "o locatário a escolher o bem, tendo o locador um papel meramente financeiro"[357].

Por sua vez, Calvão da Silva observa que, em razão da vocação principal do locador ser a de "intermediário financeiro" e atendendo a que o locatário escolheu a coisa, sendo ele que a vai usar, "nada mais natural" do que a isenção de responsabilidade do locador[358].

Os tribunais portugueses, nas poucas decisões conhecidas, têm aderido a esta orientação.

Cite-se o Ac. Rel. Guimarães, de 6.10.2004. As justificações são semelhantes: a escolha do bem (e o conhecimento das suas qualidades e dos seus defeitos) pelo locatário e a circunstância de o locador se limitar a comprar ou a mandar produzir a coisa, relevando-se assim o seu papel de mero financiador[359].

---

[356] A norma contém uma ulterior frase que comporta um desvio ao princípio estabelecido: "salvo o disposto no art. 1034º do Código Civil".
[357] A locação financeira, cit., pp. 148, 108 e 109 (o autor entende que o locador sub-roga o locatário em todos os direitos, sendo que este tem o direito, mas também o dever ou pelo menos o ónus de o fazer; ressalva, porém, a hipótese de o locador financeiro se comportar como um "normal" locador; neste caso, será responsável perante o locatário). No mesmo sentido, Rui Pinto Duarte, Escritos sobre leasing…, cit., pp. 56 e 57, 184 e 185.
[358] "Locação financeira e garantia bancária", cit., p. 23.
[359] Ac. Rel. Guimarães, de 6.10.2004 (Vieira e Cunha), CJ, 2004, I, p. 280.

Nos países em que o problema não está regulamentado expressamente também a posição seguida é substancialmente semelhante.

González Castilla afirma mesmo que a "solução lógica é a de manter a responsabilidade do vendedor, excluindo o financiador da responsabilidade no tocante às vicissitudes do bem"[360].

Para certos autores, no entanto, a exoneração do locador financeiro perante o locatário está dependente da possibilidade de exercício dos direitos junto do fornecedor. É o caso de Giorgio de Nova que admite a validade da cláusula de exoneração total do locador financeiro no pressuposto de que o locatário "seja efectivamente posto em condições de tutelar os seus interesses no confronto com o fornecedor"[361].

1.3. Posição adoptada

Em face da nossa lei – e na esteira das posições enunciadas – não podem restar dúvidas quanto à isenção *ope legis* da responsabilidade do locador financeiro.

Retira-se do art. 12º, 1ª parte do DL 149/95 um forte argumento de texto. Consagra-se aí peremptoriamente que "o locador <u>não responde</u> [perante o locatário] pelos vícios do bem locado..." (sublinhado nosso).

Idetifiquemos agora argumentos de índole material.

Na verdade, o locador financeiro desenvolve um papel totalmente diferente do mero locador. Financia o gozo da coisa (que concede ao locatário) entregando o "montante mutuado" ao vendedor. Desinteressa-se do objecto, que desconhece e que não passa sequer pelas suas mãos, pois

---

[360] Leasing financiero mobiliario, cit., p. 183 (afirma ainda o autor que a causa da exoneração resulta da circunstância de o locador "esgotar a sua prestação mediante o pagamento do preço do bem ao vendedor"). No mesmo sentido, cfr. Ana López Frías, Los contratos conexos, cit., pp. 117 e 118, A. Tabet, "La locazione di beni strumentali (*leasing*)", BBTC, 1973, II, p. 292 (apoia-se o autor nos arts. 1579º e 1580º CCIt. para justificar a opção tomada), Calandra Buonaura, "Orientamenti della dottrina in tema di locazione finanziaria", RDCiv., 1978, pp. 207 ss.

[361] Il contratto di leasing, cit., p. 40. Ver também G. Ferarrini, La locazione finanziaria, cit., pp. 18 ss. e 70 ss. e García Solé, "La subrogación en los derechos de la compañía de leasing frente al proveedor o vendedor", Act. Civil, 1989, pp. 299 ss. (o autor faz depender a exoneração do locador de dois requisitos: por um lado, que a sociedade não actue com dolo e que não conheça os vícios ocultos da coisa; por outro, que ceda as acções ao locatário).

é entregue directamente pelo fornecedor ao locatário. Apesar disso, mantém durante o período de vigência do contrato a propriedade da coisa para determinados fins.

Elege-se, desta sorte, como regra geral a exoneração do locador no tocante aos riscos provenientes da desconformidade da coisa.

1.4. Casos de exoneração de responsabilidade

Dito isto, importa saber o alcance das expressões usadas no normativo.

Aí se dispõe que o locador se exime de responsabilidade no tocante aos "vícios do bem locado" e quanto à "sua inadequação face aos fins do contrato".

1.4.1. Vícios do bem locado

Confrontado o preceito com outros que lhe são linguística e materialmente próximos – em especial, o art. 1032º do CC e o art. 913º, nº 1 do CC – constatamos que em ambos se usa a locução "vício" (da coisa locada e da coisa vendida, respectivamente).

Ora, a referência aos "vícios do bem locado", ínsita na primeira parte do art. 12º do DL 149/95, tem um alcance limitado aos vícios de facto ou materiais, em razão da ressalva realizada na sua parte final.

Nesse domínio, porém, a expressão deve ser entendida em sentido amplo, de molde a englobar qualquer tipo de desconformidade da coisa com o contrato, seja ela decorrente de qualquer vício da coisa que a desvalorize, seja ela resultante, entre outras, da falta de qualidades do bem asseguradas pelo vendedor, da qualidade diversa da devida ou da prestação de coisa de tipo diverso da devida (*aliud pro alio*)[362].

---

[362] Na jurisprudência, ver o Ac. STJ, de 18.6.2009 (Álvaro Rodrigues), www.dgsi.pt ("as características do veículo, quanto ao peso, insertas no livrete, não correspondem às suas características reais, existindo uma divergência entre o peso real e o que consta do livrete; tal divergência impedia a utilização do veículo para os fins para que a autora contratou a sua locação, carregar e distribuir mercadorias, pelo que, em Outubro de 2004, veio a proceder à venda do mesmo, com excepção da caixa frigorífica, pelo preço de 6.500,01 €; aquando das negociações para a aquisição do veículo, a autora expressou a sua anuência a um veículo que pudesse carregar cerca de oitocentos quilos").
Ver ainda Gravato Morais, União de contratos de crédito e de venda para consumo, cit., pp. 113 e 114.

1.4.2. Inadequação do bem face aos fins do contrato

A segunda locução utilizada ("inadequação face aos fins do contrato") relaciona-se especificamente com a utilidade a retirar do bem que se infere do contrato, podendo ser "uma finalidade normal de coisas da mesma categoria ou uma aptidão particular, acordada de modo implícito ou explícito"[363].

Portanto, como se constata, o conceito de defeito no regime jurídico da locação financeira não é diverso das noções que decorrem quer do Código Civil (art. 913º), quer do regime jurídico da venda de bens de consumo (art. 2º, nº 2 do DL 67/2003, de 8 de Abril).

1.4.3. O bem locado

Importa ainda esclarecer um outro aspecto. Dado que estão em causa os defeitos de uma coisa dada em locação financeira (que foi vendida num momento imediatamente anterior ao locador), a alusão efectuada no art. 12º do DL 149/95 ao bem locado deve entender-se *cum granum salis*. Isto porque a responsabilidade do locador e (naturalmente) os direitos do locatário devem aferir-se atendendo ao "bem *locado*", mas tendo por referência os "vícios da coisa *vendida*" (itálicos nossos).

1.5. A exoneração da responsabilidade do locador e o direito do locatário reagir perante o fornecedor do bem: sua conexão

Mas cabe agora questionar se a exoneração da responsabilidade do locador se encontra dependente da possibilidade de o locatário ser posto em condições de tutelar com sucesso os seus interesses perante o fornecedor.

Nos ordenamentos jurídicos onde não há lei que regule este problema, a existência de uma cláusula que faculte ao locatário o exercício dos direitos perante o vendedor tem sido, para a doutrina, *conditio sine qua non* da isenção de responsabilidade do locador[364].

---

[363] Romano Martinez, Direito das Obrigações, cit., p. 123, e Cumprimento defeituoso em especial na compra e venda e na empreitada, Coimbra, 1994, pp. 196 ss. (como afirma o autor "se o motor não tinha a potência necessária para mover o moinho onde era instalado, ou se a barragem, por deficiência de concepção, não produzia energia eléctrica de forma rentável, apesar de não se detectar nenhum vício de funcionamento ou de construção, há defeito").
[364] Veja-se por exemplo Garcia Garnica, El régimen jurídico..., cit., p. 200 (a autora fala mesmo do "reconhecimento de uma legitimação directa"). González Castilla, por sua vez, alude a um

Em face do DL 149/95, os arts. 12º e 13º estabelecem, a nosso ver, uma ligação intrínseca entre o facto de "o locador não responde[r] pelos vícios do bem locado..." e a consequente atribuição ao locatário da possibilidade de "exercer contra o vendedor... todos os direitos... resultantes do contrato de compra e venda"[365].

Isto não significa, porém, que se o locatário vir fracassado o exercício dos seus direitos junto do vendedor (*v.g.*, por efeito da recusa deste em cumprir), que tenha consequentemente a possibilidade de se dirigir ao locador.

Partindo destas premissas, curemos da razão de ser do regime em análise.

A disciplina traçada coloca, como princípio geral, o locador financeiro à margem de qualquer conflito resultante da compra e venda. Daí que, um eventual litígio relativo a um defeito na coisa locada (e anteriormente vendida), deva ser dirimido entre vendedor e locatário financeiro (e não, como é a regra, entre alienante e adquirente). O que implica, por outro lado, que no limite é o locatário financeiro (e não o comprador, *in casu* o concedente) a suportar o risco de insolvência do vendedor.

Vejamos as razões que justificam a transferência deste risco, podendo já adiantar-se que estão substancialmente ligadas aos motivos da exoneração da responsabilidade do locador.

Por um lado, é o locatário financeiro que escolhe e que selecciona o fornecedor – assim como a coisa que indica ao locador tendo em vista a aquisição. Tal ocorre, de resto, independentemente da existência de uma colaboração, mais ou menos estreita, mais ou menos acentuada, mais ou menos íntima, que possa existir entre o locador e o fornecedor (*v.g.*, assente num contrato quadro ou num acordo prévio de colaboração). Portanto, ressalta a activa participação do locatário na construção da operação globalmente considerada[366].

Por outro lado, o locador limita-se a financiar o gozo temporário de um bem, sendo essa a razão principal que subjaz à sua aquisição[367].

"equilíbrio sinalagmático entre locador e locatário" (Leasing financiero mobiliario, cit., p. 194). Cfr. ainda as referências citadas por este último autor na nota 387.
[365] Nesse sentido aponta a colocação sistemática das duas normas. Uma a seguir à outra. Ao invés do que sucedia no anterior regime (arts. 20º e 23º DL 171/79).
[366] Ver Renato Clarizia, I contratti nuovi., cit., p. 156.
[367] No Ac. Rel. Lisboa, de 16.11.2006 (Fernanda Isabel Pereira), www.dgsi.pt, destaca-se que "a isenção de responsabilidade do locador resulta, certamente, das circunstâncias de não ser

1.6. Casos de não exoneração da responsabilidade do locador

Mas sendo este um princípio geral importa saber se a isenção da responsabilidade do locador financeiro é absoluta em sede de desconformidade da coisa com o contrato.

A resposta não pode ser afirmativa.

Observe-se, desde já, que o art. 12º, *in fine* do DL 149/95 prevê alguns casos de responsabilização do locador, situados embora noutro domínio (o da ilegitimidade do locador).

Acresce que, em sede de cumprimento defeituoso do contrato, parece-nos que podem sempre figurar-se hipóteses em que a *desconformidade da coisa* é *imputável* ao locador financeiro, designadamente às suas instruções.

Imagine-se, *v.g.*, que o locador comprou um tractor de maior cilindrada, ou que a máquina adquirida, porque de potência superior à indicada, acarreta para o locatário custos excessivos.

Da mesma sorte, suponhamos que o locador sabia da existência de um defeito da coisa e, ainda assim, a adquiriu, tendo posteriormente cedido o seu gozo ao locatário.

Deve, pois, considerar-se que o locador financeiro garante a "exacta correspondência" entre o específico bem indicado pelo locatário e o bem adquirido ou construído[368].

Neste âmbito, o locador permanece responsável perante o locatário.

2. Responsabilidade do vendedor perante o locatário

2.1. Âmbito da tutela do locatário

Apesar da exoneração *ope legis* da responsabilidade do locador financeiro por vícios de facto do bem locado, o art. 13º do DL 149/95 não deixa, como vimos, o locatário financeiro desprotegido.

---

ele o produtor ou construtor da coisa e, o que é mais importante, de, normalmente, nem sequer conhecer, por não chegar a detê-la, já que a sociedade de locação financeira está remetida a uma função meramente financeira, sendo limitada a sua intervenção à prestação de fundos para a operação".

[368] Neste sentido, Alessandro Munari, Il leasing finanziario..., cit., pp. 271 ss. (fundamenta-o com a existência de um "pacto de destinação da quantia pecuniária", afirmando ainda que o locador se obriga "a adquirir ou a mandar construir um bem determinado, mas não a garantir que esse seja materialmente... isento de defeitos").

Com efeito, o preceito dispõe o seguinte:

– "o locatário pode exercer contra o vendedor ou o empreiteiro, quando disso seja caso, todos os direitos relativos ao bem locado ou resultantes do contrato de compra e venda ou de empreitada".

Por força da disposição em causa, o locatário pode dirigir-se ao vendedor (ou ao empreiteiro, consoante a situação concreta) no sentido de exercer os direitos emergentes do contrato respectivo (de compra e venda ou de empreitada[369]) em sede de cumprimento defeituoso[370].

Por esta via, assegura-se ao locatário o pacífico gozo da coisa, concedendo-lhe os instrumentos necessários para que possa, directamente[371] e com autonomia, reagir perante o vendedor.

Note-se que a transferência para o locatário do exercício dos direitos do comprador envolve, naturalmente, a transmissão dos respectivos poderes processuais ligados à situação jurídico-substantiva.

---

[369] Quanto às pretensões do dono da obra, em caso de desconformidade, o art. 1221º do CC estabelece uma graduação. Em primeiro lugar, assiste àquele o direito de exigir a eliminação dos defeitos. Na impossibilidade de reparação, e sem prejuízo da desproporcionalidade dos custos de uma pretensão em relação à outra, o empreiteiro deve proceder à realização de uma obra nova.
Caso fracassem os mencionados remédios jurídicos, o dono da obra, se nisso tiver interesse, pode ainda aceitar a obra desconforme, exigindo correspondentemente a redução do preço da empreitada (art. 1222º, nº 1 e nº 2 do CC).
Se os defeitos tornam a obra inadequada para o fim tido em vista, ao respectivo dono assiste o direito de resolução do contrato de empreitada (art. 1222º, nº 1 do CC). A extinção do contrato importa a restituição por inteiro do preço pago.
Cumulativamente com qualquer destes meios, o dono da obra tem direito a ser ressarcido pelos danos causados (art. 1223º do CC).

[370] Expressava a primeira parte do art. 23º do DL 171/79, semelhantemente, que "o locatário pode exercer contra o vendedor ou o empreiteiro...".
A doutrina estrangeira tem considerado – já que a questão não se encontra regulamentada – como requisito da admissibilidade da cláusula de exoneração do locador financeiro a "sub-rogação do locatário nos direitos que o locador ostenta como comprador, já que doutra forma o utente estaria indefeso" (González Castilla, Leasing financiero mobiliario, cit., p. 194, Real Perez, "El incumplimento del proveedor en el marco de la relación jurídica de *leasing* – Comentario a la Sentencia del Tribunal Supremo de 26 de febrero de 1996", RDO, 1998, p. 415).

[371] Calvão da Silva entende também que "o locatário pode propor <u>directamente</u> contra o vendedor *todas* as acções..." – sublinhado nosso ("Locação financeira e garantia bancária", cit., p. 24).

2.2. Sentido da locução "pode [exercer]"

Cumpre, em seguida, averiguar qual o sentido do termo "pode" no art. 13º do diploma em causa.

Literalmente, sugere-se que esta é uma mera faculdade. No entanto, deve questionar-se se o locatário não terá mesmo o ónus de o fazer, como o afirma alguma doutrina e certa jurisprudência[372] ou até o dever de o fazer no interesse do locador, como sustentam outros[373].

A temática não é despicienda, dado que a opção por esta última orientação pode gerar para o locatário um dever de indemnizar o locador. Acolhendo aquela via, a não adopção de um dado comportamento (*v.g*, não accionar o vendedor) pode importar tão só a perda ou a não obtenção de uma vantagem.

Tendemos a considerar que se trata efectivamente de um dever jurídico. Tal conclusão decorre não só da autonomia do locatário (em relação ao comprador/locador) no tocante ao exercício dos direitos decorrentes do cumprimento defeituoso junto do vendedor, como também da circunstância de o comportamento (não diligente) do locatário afectar a esfera jurídica do locador e a sua propriedade jurídica.

2.3. Razão de ser da protecção do locatário

Cabe encontrar agora as razões que estão na base da tutela do locatário, pois, como se sabe, este não é parte no contrato de compra e venda realizado entre locador e fornecedor, mas pode – por via do art. 13º – agir no confronto com o fornecedor.

Sendo o locatário financeiro aquele que goza da disponibilidade material da coisa e que corre os riscos inerentes à qualidade de proprietário (entre outros, o risco de perda ou de deterioração do bem locado), seria

---

[372] O Ac. Rel. Guimarães, de 6.10.2004 (Vieira e Cunha), refere, a certa altura, que se vem entendendo "que cabe ao locatário accionar o produtor-vendedor pelos defeitos da coisa (art. 13º), tendo mesmo o ónus de o fazer, pois, caso contrário, suportará os prejuízos daí decorrentes" (cit., p. 280).
Leite de Campos sugere também tal qualificação (A locação financeira, cit., p. 109).
[373] Pascal Philippossian defende que o locatário "est dans l'obligation d'agir à l'encontre du fournissseur" (Le crédit-bail et le leasing, cit., p. 35).
Por sua vez, Leite de Campos deixa em aberto as duas possibilidades (A locação financeira, cit., p. 109).

contraditório que o substancial interessado se visse coarctado da possibilidade de se dirigir ao vendedor (já que não pode demandar o locador, por efeito do art. 12º do DL 149/95).

Debate-se o enquadramento jurídico que permite ao locatário reagir. Uns configuram-no como um mandato *in rem propriam*[374].

Outros defendem a tese da subrogação legal[375].

Por sua vez, González Castilla alude a uma sub-rogação convencional, nos termos do art. 1209º CCEsp., assinalando que o locatário recebe "o crédito com todos os seus direitos e faculdades acessórias ou inerentes ao mesmo (e, correlativamente, que o locador careça de legitimação perante o vendedor)"[376-377].

Afirma-se ainda a possibilidade de o locatário agir directamente, exercendo os direitos decorrentes da compra e venda em nome próprio[378].

Acolhemos a tese sub-rogação legal (art. 592º, nº 1 do CC)[379]. Na verdade, o locatário tem um interesse próprio e directo na satisfação do *crédito*. Tal emerge da disponibilidade material da coisa e ainda do facto de ser ele o seu proprietário económico. Assim, o sub-rogado (o locatário) assume a posição jurídica do credor (o locador), o que lhe permite o exercício – directo e autónomo – de todos os direitos do comprador em face do vendedor (art. 593º, nº 1 do CC)[380].

---

[374] Giorgio de Nova, Il contratto di leasing..., cit., p. 41. Stéphane Piedelièvre assinala que, em França, os tribunais consideram que a transferência das pretensões se explica através da figura do mandato ou da cessão de créditos em garantia (Droit bancaire, cit., p. 375).

[375] Rui Pinto Duarte, Escritos sobre leasing..., cit., p. 57 (embora o autor considere que a sub-rogação não é total, pois não abarca todas as pretensões que competem ao comprador – cfr. p. 57, nota 100).

Leite de Campos alude esporadicamente a sub-rogação, sem contudo proceder à sua qualificação (A locação financeira, cit., p. 109).

[376] Leasing financiero mobiliario, cit., pp. 195 e 196.

[377] Calvão da Silva alude à "cessão pelo comprador da garantia dos vícios da coisa contra o vendedor", que resulta de cláusulas contratuais inseridas pelas partes, mas também da própria lei ("Locação financeira e garantia bancária", cit., pp. 19 e 20), não procedendo à qualificação. Já Pascal Philippossian alude a um "mandat d'ester en justice (mandat ad litem)", pelo que o locatário deve agir contra o fornecedor, em nome e por conta do locatário (Le crédit-bail et le leasing, cit., p. 35).

[378] Nicolò Visalli, "La problematica del *leasing* finanziario...", cit., p. 684.

[379] Como adiante veremos a sub-rogação é total e não apenas parcial.

[380] Naturalmente, o locatário exerce os direitos do locador em nome próprio.

3. Meios de defesa do locatário perante o vendedor

3.1. Considerações gerais

Cumpre, em seguida, averiguar os meios de defesa do locatário financeiro perante o vendedor.

Serão todos aqueles que competem ao comprador ou ao dono da obra (*in casu*, o locador) ou apenas pode aquele exercer alguns deles?

Literalmente, o art. 13º permite o exercício de "todos os direitos... resultantes do contrato de compra e venda ou de empreitada"[381-382] (sublinhado nosso).

Por outro lado, a *ratio* do normativo é, quanto a nós, a de garantir ao locatário financeiro uma idêntica situação jurídica à de um adquirente (e aqui, quem comprou a coisa foi o locador financeiro por indicação do locatário) no tocante ao exercício dos direitos decorrentes do cumprimento defeituoso, sem exclusão de nenhum dos remédios jurídicos que assistiriam a um típico comprador. Tudo se passa então, para tais efeitos, como se o locatário financeiro fosse o adquirente da coisa.

3.2. Desconformidade no momento da entrega: a recusa da prestação pelo locatário

Posto isto, empregando um método analítico, cumpre examinar cada uma das específicas pretensões do locatário financeiro.

Se, no exacto momento da entrega da coisa (que é como sabemos efectuada directamente pelo vendedor ao locatário), se constata a existência

---

[381] É interessante notar que algumas cláusulas contratuais elaboradas por locadores estrangeiros empreguem a mesma expressão ("todos os direitos") – ver García Garnica, El régimen jurídico..., cit., p. 202.

[382] A disposição é bastante próxima do anterior art. 23º do DL 171/79. Usava-se também aí a locução "todos os direitos".

No regime vigente acrescentou-se, em relação ao revogado preceito, para melhor clareza, a expressão subsequente: "[o locatário pode exercer... todos os direitos] resultantes do contrato de compra e venda ou de empreitada".

A *Convenção de Ottawa* relativa ao *leasing* internacional atribui ao locatário a possibilidade de agir directamente junto do fornecedor (art. 10º, nº 1), mas o nº 2 do citado preceito faz depender a pretensão de resolução do contrato de compra e venda do consenso do locador (ver, sobre o assunto, Francesca Panarello, "Clausole dei contratti di leasing e tutela dell'utilizzatore in alcuni recenti interventi giurisprudenziale e legislativi", Giustizia Civile, 1997, II, pp. 296 e 297).

de desconformidade com o contrato, mostra-se possível a recusa da prestação pelo locatário.

Note-se que o Código Civil não prevê expressamente o exercício desse direito. Porém, a doutrina admite-o com base no princípio da integralidade do cumprimento, previsto no art. 763º, nº 1 do CC[383]. Assinale-se que o recurso a este meio está dependente do princípio da boa fé (art. 762º, nº 2 do CC), pelo que uma insignificante desconformidade não permite ao locatário a recusa da coisa.

Pressupondo uma recusa lícita[384], a situação não é substancialmente distinta (ao nível das pretensões a exercer) daquela em que se encontra o locatário (posto na posição do comprador) quando constata ulteriormente a desconformidade. Apenas o vício é descoberto no momento da entrega.

Prefiguram-se assim duas hipóteses: ou há mora do vendedor (a qual ocorre de imediato, no momento da recusa), exigindo o locatário financeiro o cumprimento exacto, isto é, a reposição da conformidade, ou há incumprimento definitivo do contrato de compra e venda.

3.3. Desconformidade constatada em momento posterior ao da entrega

3.3.1. Apreciação analítica dos meios de defesa do locatário perante o vendedor

Partindo agora da premissa de que não foi constatada qualquer desconformidade ao tempo da entrega, que tenha possibilitado a recusa legítima da prestação, há um conjunto de meios de defesa ao alcance do comprador.

Ora, o locatário financeiro, colocado na posição daquele, pode, ao abrigo do art. 13º do DL 149/95, usar, em princípio, os instrumentos de tutela que competem a um normal adquirente.

---

[383] Veja-se Romano Martinez, Direito das Obrigações..., cit., p. 136 e Cumprimento defeituoso..., cit., p. 321 (afirma o autor que, "se o credor não está obrigado a receber uma prestação cuja quantidade não corresponda à devida, também não pode ser compelido a aceitar um cumprimento quando a qualidade seja diversa da acordada").

[384] Sendo a recusa injustificada, ilícita, o credor (*in casu*, o locatário financeiro) considera-se constituído em mora, nos termos dos arts. 813º ss. CC.

3.3.1.1. Direito ao exacto cumprimento do contrato, sob a forma de reparação ou de substituição da coisa

Estando o locatário (colocado na posição do comprador, o locador) interessado no cumprimento e sendo este possível, pode exigir junto do vendedor, em primeira linha, a reparação da coisa ou, se for necessário e esta tiver natureza fungível, a sua substituição (art. 914º CC)[385].

Em face do mero atraso (porque a situação é a de inexecução temporária), o cumprimento exacto pode ser exigido directamente ao vendedor. Mas apenas a este[386].

3.3.1.2. Excepção de não cumprimento do contrato

No que toca à faculdade de invocar a excepção de não cumprimento do contrato, a situação é diversa: o locatário, nos termos do regime geral, não dispõe junto do vendedor de tal remédio jurídico.

Com efeito, a coisa encontra-se totalmente paga (o comprador-locador, na sequência da subscrição pelo locatário do "auto de recepção e de conformidade do equipamento", já terá entregue o preço da coisa ao vendedor), sendo que este último nada está a pagar ao fornecedor, mas apenas ao locador[387].

3.3.1.3. Redução do preço e resolução do contrato de compra e venda

a) Orientações existentes

Se, quanto às pretensões analisadas, não existem posições divergentes na doutrina e na jurisprudência, a questão deixa de ser pacífica quanto ao

---

[385] Ver García Garnica, El régimen jurídico..., cit., p. 203, Lucio Ghia, I contratti di finanziamento..., cit., pp. 32 e 33.

[386] Cfr. o Ac. Rel. Guimarães, de 3.6.2011 (Manuel Bargado), www.dgsi.pt ("no âmbito de um contrato de locação financeira, padecendo os bens fornecidos de vícios e defeitos, pode o locatário exigir do vendedor e fornecedor desses bens, a reparação da coisa ou, se for necessário e esta tiver natureza fungível, a sua substituição. Nenhuma responsabilidade pode ser exigida à ré que comercializa os bens em causa se não foi ela que os forneceu no âmbito do mencionado contrato").

[387] Se o locatário, logo após a entrega, constatar alguma deficiência, deve avisar de imediato o locador desse facto. Isto porque caso este ainda não tenha pago ao vendedor, parece-nos que – sendo justificado o defeito – o locador não o deve fazer até que desapareça a desconformidade. Consequentemente, o locatário não tem que pagar qualquer prestação de renda. Cfr. *infra* neste capítulo, o § 2, 4, parte final.

outro par de direitos resultante do cumprimento defeituoso, ou seja, à redução do preço e à resolução (ou à anulação[388], como outros ainda sustentam) do contrato.

Rui Pinto Duarte defende que a "sub-rogação legal" do locatário financeiro não é total, já que "a atribuição do direito de resolução da compra e venda ou da empreitada ao locatário equivaleria à frustração dos interesses do locador, o que parece inadmissível"[389].

Posição próxima é formulada, na doutrina italiana, por Lucio Ghia, ao entender que a extensão da garantia pelos vícios do bem locado não abarca o direito de resolução do contrato de compra e venda, nem a redução do preço. Ressalva, porém, a faculdade de uso pelo locatário dos direi-

---

[388] É o caso do Ac. STJ, de 19.2.2004 (Quirino Soares), www.dgsi.pt, e também do Ac. do STJ, de 13.11.2003 (Salvador da Costa), www.dgsi.pt, que aludem à "anulação do contrato". Reportando-se à "resolução do contrato", vejam-se o Ac. Rel. Évora, de 13.3.2003 (Laura Leonardo), CJ, 2003, II, p. 234 e o Ac. STJ, de 22.11.1994 (Pais de Sousa), CJ, 1994, pp. 156 e 157.
O Ac. Rel. Guimarães, de 6.10.2004 (Vieira e Cunha) toma uma posição *sui generis*, citando de resto o Ac. STJ, de 20.3.2003 (Araújo Barros), CJ, Ac. STJ, 2003, I, p. 131: refere-se, por um lado, à "anulação do contrato com base no erro" (arts. 913º, 905º e 909º do Cód. Civil), mas também à possibilidade de "resolver o contrato, se se verificarem os pressupostos dos arts. 801º e segs. do Cód. Civil" (CJ, 2004, I, p. 281).
Algumas vozes discordantes na doutrina manifestavam-se já contrárias à tese da "anulabilidade por erro ou dolo" em face do art. 905º CC, defendendo a aplicação do instituto da resolução. É o caso de Romano Martinez, Direito das Obrigações, cit., pp. 136, 137 e 125 ss. e Cumprimento defeituoso..., cit., pp. 324 ss., Paulo Mota Pinto, "Conformidade e garantias na venda de bens de consumo. A Directiva 1999/44/CE e o direito português", Estudos de Direito do Consumidor, nº 2, Coimbra, 2000, p. 256 e de Gravato Morais, União de contratos de crédito e de venda para consumo, cit., pp. 122 e 123. Note-se que a própria Convenção de Viena (ainda não ratificada por Portugal) prevê, no art. 49º, um direito de resolução, em caso de violação do contrato (ver Ângela Soares e Rui Moura Ramos, Contratos internacionais, Coimbra, 1995, pp. 122 ss.).
No domínio do direito do consumo, já há muito que – acertadamente – a problemática se encontra ultrapassada. Veja-se o anterior art. 12º, nº 1 Lei de Defesa do Consumidor (LDC) e o actual art. 4º DL 67/2003, de 8 de Abril.
[389] Escritos sobre leasing..., cit., p. 57, nota 100.
Como salienta González Castilla – embora o autor não adopte esta posição – a razão de não permitir ao locatário exercer o direito de resolução residia "na perda da garantia" para o locador e a "assunção do risco de recuperar o dinheiro recebido pelo locatário". As entidades locadoras "prefeririam reservar-se a possibilidade de exercitar a acção de resolução e recobrar o dinheiro do vendedor" (Leasing financiero mobiliario, cit., p. 198).

tos do locador, por via de uma específica cláusula aposta no contrato nesse sentido[390].

Outros autores portugueses sustentam opinião contrária.

Assim, Calvão da Silva considera que o locatário pode "propor directamente contra o vendedor *todas* as acções que, enquanto adquirente da coisa, competiriam ao locador-proprietário, contempladas no artigo 913º e segs. do Código Civil". Desta sorte, "a anulação da venda e a redução do preço" são também dois meios ao alcance do locatário perante o vendedor). Justifica-o com duas ideias: "para equilibrar as coisas e não colocar o locatário numa posição injustificadamente onerosa[391].

Na mesma linha se pronuncia Leite de Campos, observando que "ao locatário competirá exercer qualquer acção ou direito contra o fornecedor por incumprimento deste, nomeadamente... para obter a rescisão da venda"[392].

Esta orientação é, aliás, partilhada maioritariamente pela doutrina estrangeira. Entre outros, cite-se García Garnica ao considerar que, se assim não fosse, isso "descaracterizaria o contrato de locação financeira", para além de que "viciaria o conteúdo das cláusulas de exoneração e de subrogação previstas"[393].

A jurisprudência portuguesa tem seguido, nos arestos conhecidos, esta última posição, permitindo ao locatário o exercício das citadas pretensões.

Posição seguida no Ac. STJ, de 15.5.2008, que afirma "sendo o contrato é anulável, afigura-nos que o locatário não pode deixar de poder invocar, perante o vendedor, todos os direitos do comprador, incluindo o direito – como nos autos – de resolução e anulação do contrato de compra e venda"[394].

---

[390] I contratti di finanziamento..., cit., p. 33.
[391] "Locação financeira e garantia bancária", cit., p. 24 (os comentários foram efectuados no quadro da anterior lei, cujo regime não foi modificado com a nova lei).
[392] A locação financeira, cit., p. 102 e 103 (observa o autor que).
[393] El régimen jurídico..., cit., pp. 204 e 205.
Em Espanha, ver, entre outros, no mesmo sentido, González Castilla, Leasing financiero mobiliario, cit., pp. 197 ss. e a jurisprudência aí citada.
[394] Ac. STJ, de 15.5.2008 (Lázaro Faria), www.dgsi.pt ("mas, sendo esta interveniente em dois contratos, estes criam-lhe interesses contrapostos; por um lado, como compradora, fica sendo titular dos correspondentes direitos, entre os quais o de poder pedir a anulação ou a resolu-

É igualmente o caso do Ac. Rel. Porto, de 25.9.2007, onde se sustenta que "na locação financeira, o locatário, colocado na posição de um normal adquirente, pode utilizar todos os instrumentos de tutela deste, incluindo o direito de resolução e de anulação"[395-396].

b) Posição adoptada

Discordamos daqueles que consideram não ter o locatário os direitos (potestativos) à redução do preço (ficando, *in casu*, com a coisa defeituosa) ou à resolução do contrato de compra e venda.

Em primeiro lugar, refira-se que, a não ser assim, o locatário financeiro ficaria coarctado do exercício de tais direitos junto do vendedor, o que importaria uma perda muito relevante e significativa na sua esfera jurídica.

Paralelamente, manter-se-ia obrigado a pagar as rendas ao locador.

Acresce que nada decorre do regime jurídico, nem sequer implicitamente, quanto a uma eventual possibilidade de o locador manter a faculdade de exercer o direito de resolução (e *mutatis mutandis* o direito à redução do preço). Aliás, não parece pretender-se uma cisão dos direi-

---

ção do contrato de compra e venda; por outro, sendo interveniente locadora, tem interesse na manutenção do contrato de locação financeira. Assim sendo, que meios de defesa, para situações como a "subjudice", restariam ao locatário, não fora o direito de, "como que substituindo-se ao comprador", pedir a resolução do contrato de compra e venda? Se à locadora interessa a manutenção do contrato de locação financeira – o qual pressupõe a existência de um contrato de compra e venda, válido – seria de esperar, da locadora/compradora, qualquer acção para anular a compra e venda? Temos por certo que não. Como esperar que fosse a locadora a pedir a resolução do contrato de compra e venda, ainda que sabendo que a máquina de que cedeu o uso, afinal, não serve para o uso pretendido, ainda que sem culpa do locatário, se lhe interessa a manutenção do contrato de locação? Conclui-se, assim, que entre os dois contratos existe um "forte entrelaçamento" a que se não pode deixar de atender".
[395] Ac. Rel. Porto, de 25.9.2007 (Maria Eiró), www.dgsi.pt.
[396] Aliás, as cláusulas apostas nos contratos de locação financeira já o reconhecem. Veja-se a convenção resultante de um contrato de locação financeira, dada a conhecer no Ac. STJ, 18.6.2009 (Álvaro Rodrigues), www.dgsi.pt ("o locador não responde (...) nem pela correspondência do mesmo com as características e especificações indicadas pelo locatário; <u>assim, competirá ao locatário, e só a ele, o exercício de qualquer acção contra o fornecedor por incumprimento deste</u>, nomeadamente, para a recuperação de quantias eventualmente pagas, pedidos de indemnização por perdas e danos e resolução da venda. <u>Para este último efeito, o locador desde já subroga o locatário em todos os seus direitos relativamente ao fornecedor</u>") – sublinhado nosso.

tos, antes pelo contrário o objectivo é o de que que possa usar *todos* os remédios jurídicos ao alcance de um comum comprador (art. 13º do DL 149/95).

Acresce que proibir o exercício destes direitos ao locatário significaria que só o locador os poderia exercer. E a questão que se suscita é a de saber se ele tem interesse relevante nisso. É evidente que não, pelo que em regra não usaria tais meios de defesa.

Note-se que a resolução do contrato de compra e venda pelo locatário não é incompatível com a isenção de responsabilidade do locador. Ao invés, é imposta por ela. Na verdade, só assim se concretiza o equilíbrio negocial entre a posição do locador financeiro, que se exonera de responsabilidade, e o interesse do locatário financeiro que suporta determinados riscos[397].

3.3.1.4. Direito à indemnização

Cumpre ainda salientar que o locatário pode exigir do vendedor uma indemnização pelos danos sofridos, desde que preenchidos os demais pressupostos da responsabilidade civil[398].

---

[397] Neste sentido, Alessandro Munari, Il leasing finanziario..., cit., p. 297.

[398] Veja-se alguma da factualidade inerente a um caso de cumprimento defeituoso do contrato, em que foi pedida uma indemnização pelos danos causados (Ac. STJ, de de 27.11.2008 (Oliveira Rocha), www.dgsi.pt): "o [locatário] enviou um fax ao [vendedor], comunicando--lhe a existência dos seguintes problemas na máquina: pneumáticos com fugas de ar, placa de entrada e saída de pressão da rolagem num só corpo, problemas relacionados com as molhas, rolagem geral de todos os corpos em estado inqualificável, problemas na máquina de água relacionados com arrefecimento e bombeamento da água e problemas no motor do carro da saída, que impedem o andamento da máquina; enviou novo fax, comunicando-lhe a circunstância de a água não ir "para as banheiras" da máquina, o que impossibilitava trabalhar com a mesma;, os técnicos locaram-se às instalações daquela 7 vezes e dentro do prazo de 48 horas após aquela solicitação; foi solicitada novamente à ré a eliminação dos defeitos da máquina; o locatário pretendia adquirir uma máquina de impressão e fez uma prospecção do mercado fornecedor de máquinas gráficas, tendo contactado com diversas empresas fabricantes e revendedoras daquele tipo de máquinas; o vendedor confirmou o pedido da máquina com garantia durante 12 meses a partir da data que a mesma fosse posta em serviço, contra defeitos devidamente justificados e tendo em conta que a mesma fosse montada e toda a assistência dada pelos seus serviços técnicos especializados; os técnicos do vendedor concluíram a montagem e instalação da máquina em meados de Setembro de 2005; os problemas com os pneumáticos/retentores com fugas de ar, com as molhas, com o arrefecimento e bombeamento da água e com o motor do carro da saída impossibilitavam o correcto funciona-

Tal direito à indemnização é cumulável com quaisquer das quatro pretensões assinaladas, podendo mesmo ser exercitável autonomamente (independentemente do exercício das mesmas)[399].

Assim, é legítimo sustentá-la em acção de cumprimento baseada nos danos moratórios causados, sem prejuízo de requerer judicialmente a reparação ou a substituição do objecto locado por outrem a expensas do vendedor ou ainda exigir deste uma indemnização por sucedâneo pecuniário.

Pode ainda a pretensão ressarcitória ser cumulada com a redução do preço ou com a resolução do contrato de compra e venda.

3.4. Prazos

A reacção do locatário financeiro junto do vendedor pressupõe a observância dos prazos previstos em sede de compra e venda defeituosa.

O locatário, colocado agora na posição do locador (comprador), após o conhecimento do defeito, tem de o denunciar ao vendedor no prazo de trinta dias tratando-se de uma coisa móvel (art. 916º, nº 2 do CC) ou no prazo de um ano no caso de o bem vendido ser um imóvel (art. 916º, nº 3 do CC), respectivamente dentro de seis meses ou de cinco anos após a entrega da coisa[400].

---

mento da máquina; foram causadas paralisações na máquina, pelo que o locatário não cumpriu prazos de entrega dos produtos contratados, tendo de contratar alguns serviços de impressão, que foram facturados pelo valor 15.428,73 € + 7.502 €".

[399] Ac. STJ, de 27.11.2008 (Oliveira Rocha), www.dgsi.pt, onde se assinala que "independentemente disso, o comprador pode escolher e exercer autonomamente a acção de responsabilidade civil pelo interesse contratual positivo decorrente de cumprimento defeituoso ou inexacto, presumidamente imputável ao devedor (arts. 798º, 799º e 801º, nº1), sem fazer valer outros remédios, ou seja, sem pedir a resolução do contrato, a redução do preço, ou a reparação ou substituição da coisa"

[400] Quanto ao contrato de empreitada, o art. 1220º, nº 1 do CC estipula que o dono da obra deve denunciar os defeitos da mesma dentro dos 30 dias subsequentes à sua descoberta, sob pena de caducidade de todos os seus direitos. Por sua vez, o art. 1224º, nº 2, 1ª parte do CC prevê um outro prazo de caducidade: a partir da denúncia do defeito, no pressuposto da aceitação da obra sem conhecimento do vício, o dono da obra dispõe do prazo de um ano para o exercício dos seus direitos (o prazo é igualmente de um ano no caso de recusa de aceitação ou de aceitação com reserva, contado respectivamente da recusa ou da aceitação – art. 1224º, nº 1 do CC). Contudo, em nenhuma hipótese os direitos podem ser exercidos depois de terem decorrido dois anos após a entrega da obra (art. 1224º, nº 2 do CC).

O locatário pode assim reagir no prazo de seis meses ou de cinco anos, consoante o tipo de bem em causa, a contar da entrega da coisa, se um defeito entretanto se manifestar.

Acresce que o locatário financeiro deve instaurar a acção judicial destinada a fazer valer os direitos em causa junto do vendedor no prazo de seis meses (art. 917º do CC).

O não exercício dos direitos nos prazos enunciados ou a não observância do prazo de denúncia importam a caducidade das pretensões do locatário[401].

Cumpre relevar que a caducidade não é aqui do conhecimento oficioso pelo tribunal. Com efeito, tratando-se de "matéria não excluída de disponibilidade das partes, é aplicável o disposto no art. 303º [do CC]" (art. 333º, nº 2 do CC).

Caso a garantia dada pelo vendedor seja mais ampla[402], ao locatário assiste naturalmente o direito de fazer valer os respectivos remédios jurídicos durante o período de tempo em causa.

4. Efeitos na locação financeira do exercício dos direitos junto do vendedor

4.1. Orientações vigentes

Cumpre determinar em que medida o exercício dos direitos do locatário financeiro enunciados pode afectar a posição jurídica do locador financeiro e até a própria relação contratual estabelecida.

Leite de Campos afirma que "o locatário não tem, legal e contratualmente, qualquer direito contra o locador por facto relacionado com o... funcionamento... do bem"[403]. O mesmo se pode concluir

---

[401] O Ac. Rel. Évora, de 13.3.2003 (Laura Leonardo), discutiu um caso de caducidade do direito, julgado improcedente pelo tribunal *ad quem*. O tribunal *a quo* desconsidera o problema, entendendo que a denúncia do defeito foi realizada muito para além do prazo de garantia (donde procederia a excepção de caducidade), mas salienta que esse nem era o verdadeiro problema, mas sim o de saber se houve ou não fundamento para resolver o contrato (CJ, 2003, II, p. 235).

[402] No caso enunciado pelo Ac. Rel. Guimarães, de 6.10.2004 (Vieira e Silva), o vendedor tinha assumido a garantia do bom funcionamento do veículo pelo período de três anos (cit., p. 281).

[403] A locação financeira, cit., p. 109.

da posição tomada por Rui Pinto Duarte ao não permitir sequer que o locatário exerça o direito de resolução do contrato de compra e venda[404].

Na jurisprudência, o Ac. Rel. Guimarães, de 6.10.2004, acolhe, sem mais, tal orientação[405].

Portanto, segundo este entendimento, as vicissitudes do contrato de compra e venda não interferem no contrato de locação financeira.

Diversamente se sustenta no Ac. Rel. Porto, de 25.9.2007, observando-se que "a extinção do contrato de compra e venda por anulação acarreta necessariamente a extinção do contrato de locação financeira, seja por caducidade, seja por resolução"[406].

4.2. Posição adoptada: utilização de um método analítico

A questão suscitada impõe, mais uma vez, a utilização de um método analítico, no sentido de saber se o exercício dos direitos do locatário perante o vendedor podem ter alguma repercussão na esfera jurídica do locador. Em caso afirmativo, há que examinar a forma, as condições e o momento do seu exercício.

4.2.1. Reparação e substituição da coisa; a excepção de não cumprimento

O exercício pelo locatário do direito ao exacto cumprimento do contrato junto do vendedor (sob a forma de reparação ou sob a forma de substituição da coisa) não afecta o contrato de locação financeira[407].

Note-se que, mesmo na hipótese de fracasso da reparação ou da substituição, não se mostra possível exigir o exacto cumprimento ao locador financeiro.

Assim, a situação de insolvência do vendedor, o encerramento do estabelecimento do vendedor ou a recusa do vendedor em cumprir, entre

---

[404] Escritos sobre leasing..., cit., p. 57, nota 100.
[405] Vieira e Silva, CJ, 2004, I, p. 280.
Os outros arestos conhecidos, que debatem a problemática, não tratam da questão dos efeitos na locação financeira do exercício dos direitos pelo locatário junto do vendedor.
[406] Ac. Rel. Porto, de 25.9.2007 (Maria Eiró), www.dgsi.pt.
[407] Lucio Ghia, I contratti di finanziamento..., cit., p. 33 (o locatário "está obrigado a cumprir regularmente as obrigações assumidas no contrato de locação financeira).

outras possibilidades, não permitem ao locatário socorrer-se de qualquer das pretensões assinaladas junto do locador.

Do mesmo modo, exigida a reparação ou a substituição da coisa ao vendedor (e enquanto se mantém o incumprimento temporário), o locatário encontra-se adstrito ao pagamento das rendas da locação financeira. Não pode, portanto, invocar a excepção de não cumprimento do contrato perante o locador, com base no art. 428º do CC[408].

O incumprimento nesta fase é meramente temporário, logo ainda possível, pelo que se pretendeu deixar o locador financeiro – que não escolheu a coisa e nem sequer a conhece materialmente – à margem deste conflito (art. 12º do DL 149/95).

4.2.2. Redução do preço e resolução do contrato

Importa agora atender ao outro par de remédios jurídicos, tratando fundamentalmente do direito à resolução por ser o mais utilizado.

4.2.2.1. Posições existentes

Alguns autores, apoiando-se no efeito relativo dos contratos, no carácter estritamente financeiro do dever do locador e na cláusula de exoneração de responsabilidade do locador[409], consideram que, apesar da resolução da compra e venda, a locação financeira continua a produzir todos os seus efeitos até ao termo contratual previsto, não sendo portanto este negócio afectado[410].

Rui Pinto Duarte, embora não admita, como vimos, a resolução do contrato de compra e venda pelo locatário, parece entender que essa possibilidade, a ocorrer, importaria a "caducidade da locação financeira"[411].

---

[408] Afirma Leite de Campos que o locatário "não se pode desobrigar das prestações devidas" (A locação financeira, cit., p. 137).
No Ac. Rel. Lisboa, de 15.10.1985 (Bernardo Sá Nogueira), considera-se que o locatário se encontra adstrito "ao pagamento das prestações estabelecidas" (CJ, 1985, IV, p. 138).
[409] No nosso caso, a exoneração advém, por via legal, do art. 12º do DL 149/95.
[410] García Sole, "La subrogación en los derechos de la compañía de leasing...", cit., 1989, p. 1063, Rojo Ajuria, "Comentario a la STS de 26 de junio de 1989", Cuadernos Civitas de Jurisprudencia Civil, 1989, p. 607.
[411] Escritos sobre leasing..., cit., p. 185.

Já González Castilla defende que a resolução da compra e venda "priva de causa" a locação financeira. Para o autor, entre outras razões, "a prestação do utente – pagar as rendas – deixa de ter uma contraprestação caso cesse o uso do bem que o locador devia proporcionar"[412].

Semelhante orientação segue Annachiara Mastrorilli, ao afirmar que "paralisar a resolução do contrato de locação financeira significa, em última análise, garantir ao concedente um benefício não justificado"[413].

4.2.2.2. Orientação acolhida

a) Repercussão do direito à redução do preço ou do direito à resolução da venda na locação financeira
Partilhamos esta última posição.

A resolução do contrato de locação financeira não colide com o disposto no art. 12º do DL 149/95.

Na verdade, o locador não se torna por esta via responsável perante o locatário. Apenas o contrato se extingue, porque o locador não pode cumprir a obrigação fundamental de conceder o gozo da coisa, em virtude de esta dever ser restituída ao vendedor[414].

---

[412] Leasing financiero mobiliario, cit., pp. 201 ss. (note-se que o autor, acertadamente, observa que a repercussão dos efeitos só se produz no sentido analisado e não inversamente, isto é, a extinção do contrato de locação financeira não afecta o contrato de compra e venda).
Também Calvão da Silva afirma que a "anulação da venda e a redução do preço acarretarão, consequentemente, a anulação do contrato de locação financeira e a redução proporcional da renda a pagar pelo locatário, respectivamente" ("Locação financeira e garantia bancária", cit., p. 24). Aliás, à data do texto elaborado, como salienta o autor, a redução proporcional da renda encontrava-se expressamente prevista no art. 10º, nº 2 DL 171/79). No quadro do regime actual, ver Calvão da Silva, Direito Bancário, Coimbra, 2001, p. 426.
[413] "Clausole di esonero da responsabilità per vizi del bene, contratto atípico, condizione generali di contratto", Quadrimestre, 1993, 3, p. 764.
[414] O que afirmamos para a resolução do contrato vale, *mutatis mutandis*, para a redução do preço. Ou seja, exercida pelo locatário aquela pretensão ocorre de igual modo a redução do montante do crédito, embora tal redução apenas opere *ex nunc*.
Refira-se que existia uma norma no DL 171/79 (o art. 10º, nº 2) que previa essa repercussão, ou seja, a redução do montante do crédito. Essa disposição foi transposta para o DL 149/95 (art. 5º). No entanto, o DL 285/2001, de 3 de Novembro, revogou, entre outros preceitos relativos às rendas, o normativo referido. O objectivo do legislador, como se afirma no próprio preâmbulo, foi o de permitir que algumas matérias sejam "reguladas pelas regras gerais de direito, quando

Note-se, no entanto, que a resolução do contrato de locação financeira não ocorre de modo automático. O locatário deve, invocando a resolução por si efectuada do contrato de compra e venda, também provocar a extinção do contrato conexo. Tal pressupõe a instauração de uma acção judicial não só contra vendedor, mas também para que se produza idêntico efeito, contra o locador financeiro.

Recusamos, todavia, a existência de um litisconsórcio necessário passivo[415]. Contudo, por uma questão de economia de meios, de celeridade e até financeira a acção deve ser proposta contra ambos[416].

b) Em especial, a relação de liquidação subsequente à resolução dos contratos

Outra é o problema de saber que efeitos (restitutórios) a resolução dos dois contratos faz operar.

Consideramos que as relações de liquidação envolvem as três partes da operação, incidindo prioritariamente na relação vendedor/locatário financeiro, sem que se possa contudo falar da existência de um eixo comum[417]. Vejamos.

Por via da extinção do contrato de compra e venda, o locatário pode exigir do vendedor, contra a devolução directa da coisa, a título de indem-

---

as partes, no exercício da liberdade de conformação do conteúdo negocial, não estabeleçam as cláusulas contratuais que melhor se acomodem aos objectivos que visam prosseguir".
Ora, a nosso ver, o contexto em que se insere a revogação do art. 5º não colide de todo com a orientação sustentada.
[415] Ver as sentenças citadas por Navarro Chinchilla, "El contrato de arrendamiento financiero mobiliario", cit., p. 1196.
[416] Refira-se que os prazos a observar não se estendem, nem se prorrogam quanto ao exercício dos correspondentes direitos junto do locador.
[417] Afastamos, assim, a tese que sustenta que os efeitos restitutórios operam entre as respectivas partes, ou seja, o locatário deve restituir a coisa ao locador, sendo que este a devolverá posteriormente ao vendedor, recebendo em contrapartida o preço que inicialmente lhe entregou. Aqui o eixo comum ou central das relações de liquidação é o locador financeiro. Esta solução foi defendida várias vezes pelos tribunais espanhóis, por exemplo, no aresto do STS de 24 de mayo de 1998 (ver sobre o assunto García Garnica, El régimen jurídico..., cit., p. 207, esp. as referências efectuadas na nota 64).
Esta orientação, por um lado, não corresponde ao quadro real originário da contratação. Note-se que é o vendedor que entrega a coisa directamente ao locatário.
Por outro lado, esta solução desconsidera uma repartição equitativa dos riscos, que deve ocorrer entre os contraentes da operação globalmente considerada.

nização, o valor dos danos causados, no sentido de o colocar na posição em que ele estaria se o contrato tivesse sido cumprido[418].

Por outro lado, correspectivamente, o vendedor encontra-se adstrito a restituir o preço da coisa ao comprador-locador financeiro.

É este o sentido da exoneração do locador que entendemos consagrada no art. 12º. Ocorre assim uma justa composição dos interesses em jogo, incidindo sobre aquele que deu causa à cessação do contrato (o vendedor) os maiores encargos.

Nem se diga que tal solução envolve para o locador a perda da garantia resultante da coisa objecto do contrato. É que o locatário não se encontra já obrigado ao pagamento de qualquer valor ao locador, pelo que a coisa já nada assegura.

Aliás, mesmo tendo em vista a restituição do bem no final do contrato, como sabemos aquela é meramente eventual.

Acresce que restituída a coisa ao vendedor, é este quem deve agora reembolsar o locador pelo valor correspondente à aquisição, sem prejuízo do exercício de uma pretensão indemnizatória por parte deste.

Observa-se que tal solução é ainda o efeito mediato da entrega do bem pelo vendedor directamente ao locatário e a consequência de o locador se encontrar à margem das vicissitudes da coisa.

No tocante ao contrato de locação financeira, sustentamos que a sua cessação opera *ex nunc*[419]. É assim legítimo ao locatário deixar de pagar apenas as rendas vincendas (dado que o contrato se extinguiu), sem prejuízo naturalmente do dever de pagar as rendas vencidas e não pagas.

Até lá, o locatário teve a possibilidade de gozar a coisa. De resto, o incumprimento era, como se afirmou, apenas temporário – sendo ainda possível o adimplemento. Com a resolução aquele tornou-se definitivo. Ficou, por esta via, precludida a possibilidade de o locador conceder o gozo da coisa, como o impõe o art. 9º, nº 1, al. b) do DL 149/95. Doutra

---

[418] Gravato Morais, União de contratos de crédito e de venda para consumo, cit., p. 443, nota 55. Note-se que no caso de insolvência do vendedor, a coisa deve ser entregue à massa insolvente, havendo posteriormente que, segundo as regras vigentes, proceder ao respectivo rateio pelos credores.

[419] A favor da retroactividade da resolução pode argumentar-se que as rendas pagas não retribuem o uso da coisa e que desaparece a possibilidade de aquisição da mesma no final do contrato por efeito da sua extinção.

sorte, o locatário estaria vinculado ao pagamento das prestações de renda, conquanto não pudesse usufruir jamais do seu gozo.

A posição acolhida é compatível com o regime decorrente do art. 12º do DL 149/95 – o locador não é responsável (perante o locatário) pelos vícios de facto da coisa:

- em face do locatário, tão só suporta o risco de não perceber (ainda que possa posteriormente exigir do vendedor os danos que a desconformidade lhe causou, como vimos) as rendas vincendas.
- em relação ao vendedor, corre o risco da sua insolvência quanto ao preço da aquisição e quanto ao valor dos prejuízos eventualmente causados pela resolução (*v.g.*, a soma correspondente à perda das rendas vincendas provocadas pela resolução do contrato de locação financeira); de todo o modo, tais riscos podem sempre ser contratualmente acautelados aquando da celebração do contrato (por exemplo, através de uma garantia)[420].

Já o locatário financeiro suporta o risco de cumprimento defeituoso (e de insolvência) do vendedor na justa medida do gozo da coisa.

4.2.3. Direito à indemnização

No tocante à pretensão indemnizatória, como já deixámos expresso num dos parágrafos anteriores, esta pode ser exercida pelo locatário perante o vendedor, mas apenas perante ele. Tal orientação é consentânea com a isenção de responsabilidade do locador em face do locatário.

5. Dever de comunicação do vício ao locador

Expressa o art. 10º, al. i) do DL 149/95 que o locatário financeiro, "sempre que tenha conhecimento de vícios no bem", deve "avisar imediatamente o locador".

Trata-se de uma obrigação que incumbe ao locatário financeiro em razão de ser ele quem dispõe materialmente da coisa e quem tem a possibilidade de a usar. Ora, só aquele que utiliza a coisa pode conhecer os seus defeitos, devendo por isso comunicar tais factos ao "proprietário

---

[420] Tal como, por exemplo, sucede quanto ao pacto de reaquisição imposto ao vendedor (pelo locador) no caso de não pagamento das prestações de renda pelo locatário e a consequente restituição da coisa.

jurídico". Tal dever tem como finalidade dar a conhecer ao locador a existência de vicissitudes no bem que lhe pertence.

Não se exige forma especial para a realização da comunicação. Porém, a redução a escrito (*v.g.*, *fax* ou mesmo carta registada com aviso de recepção) mostra-se aconselhável para efeitos de prova ulterior.

No domínio da locação, o incumprimento do dever de aviso (art. 1038º, al. h) do CC) configura uma das hipóteses de "irresponsabilidade do locador" (art. 1033º, al. d) do CC).

No regime da locação financeira – embora o conteúdo da norma seja semelhante ao da locação – o locador já não é responsável pelos vícios materiais da coisa.

Mas essa "irresponsabilidade" não significa que o contrato de locação financeira não possa ser afectado indirectamente por via do exercício dos direitos potestativos (de redução do preço e de resolução do contrato de compra e venda), como vimos.

Assim, em face do incumprimento do dever de aviso imediato, não só o contrato de locação financeira permanece imune às vicissitudes ocorridas na venda, como ainda pode gerar uma obrigação de indemnização pelos prejuízos sofridos pelo locador financeiro.

Importa realçar que o aviso a efectuar ao locador, após o conhecimento do defeito, deve ser imediato.

Note-se que a célere comunicação ao locador pode ser até decisiva no contexto global da operação. Figure-se o caso em que o locatário constatou o defeito (um dia após a entrega) e que logo comunica tal facto ao locador num momento em que este ainda não tinha pago ao vendedor. Nesta situação, o locador não deve efectuar o pagamento do preço. Esta é uma forma indirecta de invocação da excepção de não cumprimento do contrato. Se o locador entregar o preço ao vendedor, sem que pelo menos afira da licitude da actuação do locatário, então poderá ser responsabilizado pelas deficiências da coisa.

6. Utilização pelo comprador (locador) dos meios de defesa perante o vendedor

Suscita-se, por fim, a questão de saber se, apesar da atribuição dos direitos ao locatário, o locador mantém a possibilidade de reagir perante o vendedor.

Leite de Campos considera, em termos muito genéricos, que o locador se reserva "a faculdade de se dirigir directamente contra o fornecedor quando o locatário não actuar com suficiente diligência"[421].

Por sua vez, o Ac. STJ, de 13.11.2003, suscitou a questão da ilegitimidade do locador, mas não a resolveu ao longo da decisão[422].

Refira-se, de antemão, que tal problemática apenas parece suscitar-se se tiver ocorrido uma comunicação por parte do locatário da existência do vício da coisa. Doutra sorte, dificilmente se põe a hipótese de reacção do locador pois ele não tem contacto com a coisa, desconhecendo-a fisicamente, pelo que não pode constatar um eventual defeito.

É também claro que para o locador (na qualidade de "proprietário jurídico") não é indiferente o bom estado da coisa. Aliás, por isso dispõe do direito de a examinar (art. 9º, nº 2, al. b) do DL 149/95).

Posto isto, diga-se que o locatário não parece estar obrigado a comunicar ao locador todos os passos que segue em ordem à realização do seu interesse, embora o seu comportamento se deva pautar de acordo com o princípio da boa fé (art. 762º, nº 2 do CC).

Releve-se, por outro lado, que o interesse primacial do locador é o da manutenção da locação financeira, pois desta forma percebe integralmente as rendas do contrato. No fundo pretende que o negócio não resulte afectado. Ora, estando em causa o cumprimento exacto do contrato (e/ou o ressarcimento dos danos causados), isso não se repercute na sua esfera jurídica. Portanto, parece encontrar-se à margem do exercício de qualquer destas pretensões.

Só a via resolutiva (ou a redução do preço) se propaga à locação financeira. Sucede que, neste caso, o locador não tem interesse em instaurar uma acção resolutiva, dada a sua repercussão (negativa do seu ponto de vista) na locação financeira (pois deixa de perceber as rendas)[423]. Portanto, não se antevê que o locador tenha um interesse substancial em utilizar qualquer destes dois últimos remédios jurídicos.

Se partirmos agora do pressuposto que o locador pode actuar perante o vendedor, em caso de falta de diligência do locatário, é possível susci-

---

[421] A locação financeira, cit., p. 103.
[422] Salvador da Costa, www.dgsi.pt, p. 1.
[423] Annachiara Mastrorilli, "Clausole di esonero della responsabilità per vizi del bene...", cit., p. 760.

tar a existência de um conflito entre ambos. Pode pensar-se, por exemplo, que o locatário pretende a instauração de uma acção resolutiva e, ao invés, o locador entende que o cumprimento exacto seria a forma de reacção adequada. Nestas hipóteses, parece-nos que cabe ao locatário, enquanto proprietário económico da coisa, interessado no seu gozo e eventualmente na sua aquisição – e não ao locador, que não responde pelos vícios da coisa –, o domínio do destino das acções a empreender em caso de desconformidade. O interesse do locatário é de grau superior ao do locador, pelo que se deve sobrepor. É ele que sofre o dano da indisponibilidade da coisa de que deveria gozar plenamente.

Concluímos assim que o locatário tem não só autonomia (em relação ao locador) no tocante ao exercício de qualquer dos direitos (atribuídos por lei) perante o vendedor, como tem o uso exclusivo das pretensões decorrentes do cumprimento defeituoso.

Donde se retira que caso o comportamento do locatário (*v.g.*, o exercício ilegítimo ou infundado de um dado meio de defesa) cause danos ao locador, este apenas pode posteriormente actuar em sede ressarcitória.

7. Quadro que concretiza as possíveis pretensões do locatário financeiro

Pretensões de um comum comprador perante um comum vendedor	Pretensões do locatário financeiro perante o vendedor	Repercussão das pretensões exercidas pelo locatário financeiro no contrato de locação
Reparação da coisa	Reparação da coisa	————————
Substituição da coisa	Substituição da coisa	————————
Excepção de não cumprimento do contrato	————————	————————
Redução do preço	Redução do preço	Redução do crédito (com eficácia *ex nunc*)
Resolução do contrato	Resolução do contrato de compra e venda	Resolução do contrato de locação financeira (com eficácia *ex nunc*)
Direito à indemnização	Direito à indemnização	————————

8. Enquadramento dogmático

Importa agora procurar a justificação dogmática para o regime exposto.

Alguns autores sustentam uma visão jurídica e económica unitária da operação em causa, mediante o recurso ao contrato plurilateral[424].

Saliente-se que a doutrina italiana reconhece a figura em causa, de resto consagrada no respectivo Código Civil[425]. Em regra, faz depender a sua existência do concurso de dois elementos: a presença de mais de duas partes e uma comunhão de escopo (entre as partes)[426]. O primeiro dos pressupostos decorre do art. 1321º CCIt.. Por sua vez, o art. 1420º do mesmo diploma consagra o outro requisito (*scopo comune*[427]), curando ainda das questões de invalidade negocial.

Marilena Gorgoni recorre ao contrato plurilateral para fundamentar a repercussão das vicissitudes. No caso, porém, assinalam-se algumas particularidades em relação aos requisitos enunciados: inexiste uma comunhão de escopo[428], sendo certo que a causa que subjaz à operação é única.

---

[424] A problemática do contrato plurilateral foi de resto suscitada em Itália a propósito da locação financeira (ver, na jurisprudência italiana, as sentenças do Tribunal de Milão de 18 de Abril de 1988 e 7 de Setembro de 1992, ambas citadas por Marilena Gorgoni, Il Credito al Consumo, Milano, 1994, p. 192).

[425] Ver, quanto a esta figura, Francesco Messineo ("Contratto plurilaterale e contratto associativo", ED, X, 1966, pp. 139 ss.), Giorgio Cian/Alberto Trabucchi, ob. cit., pp. 1321 e 1334) e Sergio Maiorca, "Contratto plurilaterale", EGT, 1988, IX. Negando a autonomia do contrato plurilateral, Bruno Inzitari, "Riflessioni sul contratto plurilaterale", RTDPC, 1973, pp. 476 ss.

[426] O nosso Código Civil, por seu turno, não delimita o número de partes que podem celebrar um contrato. O art. 232º entende que "o contrato não fica concluído enquanto as partes não houverem acordado..." (sublinhado nosso). O art. 980º do mesmo diploma concretiza uma dessas situações: "contrato de sociedade é aquele em que duas ou mais pessoas..." (sublinhado nosso). Por sua vez, a "comunhão de fim" ou "escopo comum" subjaz, em regra, aos contratos de cooperação associativa, designadamente no contrato de sociedade, no contrato de consórcio (cfr. art. 2º, do DL 231/81, de 28 de Julho) e no contrato de associação em participação (cfr. art. 21 do diploma citado) – quanto a este aspecto, ver Maria Helena Brito, O contrato de concessão comercial, Coimbra, 1990, pp. 206 ss., Carlos Ferreira de Almeida, Texto e enunciado na teoria do negócio jurídico, I, Coimbra, 1992, pp. 535 e 536 e Paulo Vasconcelos, O contrato de consórcio..., cit., pp. 161 ss.

[427] Francesco Messineo define o fim comum como "a identidade de escopo para cada um dos contraentes", que não se encontram entre si "numa posição antagonista" ("Contratto plurilaterale..., cit., p. 147).

[428] Alguma doutrina e jurisprudência italianas têm defendido a existência de um contrato plurilateral, mesmo quando inexista uma comunhão de escopo. Por exemplo, tal sucede na dele-

Assim, partindo da ideia de que os interesses das partes envolvidas na operação são díspares, a autora realça o carácter bidireccional do financiamento enquanto causa única, na medida em que aquele "é tanto financiamento do consumo quanto da venda correspondente"[429].

Para Marilena Gorgoni, a formação do contrato ocorre de modo sucessivo, tendo por base um conjunto de propostas e de aceitações parcelares. As relações bilaterais existentes encontram-se numa relação de estrita dependência, de tal sorte que a eficácia de cada uma delas depende da eficácia das outras[430].

No tocante às consequências jurídicas, a orientação sustentada confere ao locatário financeiro uma tutela consistente, já que o incumprimento de uma das partes se repercute no *intero regulamento negoziale*, sendo, por exemplo, pacífico que "a resolução por incumprimento da relação consumidor-fornecedor determina em cascata a resolução do *intero contratto di financiamento*"[431].

Conquanto ao nível dos efeitos operados haja uma protecção efectiva da posição do locatário financeiro, ela mostra-se inadequada para explicar o regime jurídico vigente.

Com efeito, a unidade contratual não é compatível com o teor, nem com a *ratio* do art. 13º do DL 149/95.

De igual modo, a ideia de formação contratual sucessiva na operação de locação financeira deve rejeitar-se. As duas declarações negociais do locador e do locatário têm em vista apenas a celebração de um contrato de locação financeira, o qual tem, aliás, uma causa própria (enquanto função económico-social) e um objecto próprio. De igual modo, as duas declarações negociais do vendedor e do comprador (locador financeiro) têm como propósito a conclusão de um contrato de compra e venda.

---

gação de pagamento ou na cessão do contrato. Neste sentido, Sergio Maiorca, "Contratto plurilaterale", cit., p. 8. Para Marilena Gorgoni o "requisito mínimo necessário e suficiente para que um contrato se possa qualificar como plurilateral é a pluralidade de partes" ("Credito al consumo e leasing traslativo al consumo", RTDPC, 1992, pp. 1155 ss.). Vejam-se ainda as referências jurisprudenciais efectuadas pela mesma autora, Il Credito al Consumo, cit, p. 195. Cfr. ainda neste sentido a sentença da Cassazione Civile, de 26.1.2000, GI, 2000, pp. 1136 ss.
[429] "Credito al consumo e leasing traslativo...", cit., p. 1150.
[430] Marilena Gorgoni, Credito al consumo, cit., p. 200.
[431] Marilena Gorgoni, Credito al consumo, cit., p. 204.

Não integram nenhum processo complexo de declarações negociais sucessivas que têm como propósito último a realização de um único contrato.

A nosso ver, na esteira de uma boa parte da doutrina – e sem prejuízo da sub-rogação legal existente, que justifica também a transferência para o locatário dos direitos do locador – pode afirmar-se que a esta operação complexa subjaz uma união de contratos (de compra e venda e de locação financeira)[432].

Em termos gerais, são necessários dois requisitos cumulativos para que se possa falar de uma conexão negocial: a pluralidade de contratos e a existência de um nexo de ligação entre os mesmos. Porém, tal união para assumir relevância jurídica necessita de produzir efeitos específicos.

Tais pressupostos e consequências verificam-se no caso concreto.

Para além da existência de dois contratos – o de compra e venda e o de locação financeira, conforme resulta de várias normas legais (*v.g.*, o art. 13º do DL 149/95), sendo o locador financeiro o eixo comum aos dois – há uma ligação relevante entre eles, que se fundamenta na figura da base do negócio. Senão vejamos.

Os contratos de locação financeira e de compra e venda configuram funcionalmente uma unidade, de tal modo que nenhum se pretende sem o outro, representando cada um deles a base negocial do outro. Existe, portanto, uma complementaridade e uma reciprocidade entre os contratos em causa. Aliás, tais negócios só têm sentido, tal como foram originariamente concebidos, se persistirem certas circunstâncias, sem as quais a sua finalidade se esvazia.

Assim, o locatário apenas celebra o contrato de locação financeira porque isso lhe possibilita o gozo de uma específica coisa – que escolheu previamente (assim como o próprio fornecedor) – sendo nessa medida dadas ao locador as instruções para efectuar aquela compra (o art. 1º alude à "indicação" da coisa [pelo locatário]). Por sua vez, a concessão do gozo da coisa, impõe a respectiva aquisição pelo locador (o art. 1º refere--se à coisa "adquirida ou construída" para "ceder o gozo temporário"). Portanto, a compra e venda é a base da locação financeira. Esta tem como finalidade, de resto representada pelas partes, a compra de um bem.

---

[432] Cfr., neste capítulo, *supra* § 2, 2.1.

No pólo oposto, o fornecedor – que foi contactado inicialmente pelo potencial locatário – aliena a coisa para que o locador venha a proporcionar o seu gozo ao locatário (que originariamente a escolheu). Doutra forma, o vendedor não a alienaria ao locatário, pois este em princípio não dispõe do valor necessário para proceder à aquisição ou, ainda que o tivesse, não pretende comprá-la. Inversamente, o comprador/locador apenas adquire o bem porque a isso (previamente) se vinculou para conceder o seu gozo. Mais uma vez podemos recorrer ao art. 1º do DL 149//95, agora sob um outro prisma, pois aí se determina que a aquisição (e também a alienação) é determinada pela necessidade de concessão do gozo da coisa. Assim, também a locação financeira é a base da compra e venda.

A base da operação executada assenta na actuação do locatário financeiro. É este que, num primeiro momento, antes da celebração de qualquer dos contratos, se dirige ao vendedor – aí se inteirando das condições e dos termos da aquisição – e desencadeia a operação global. Aliás, o interessado (e potencial locatário) discute mesmo com o fornecedor as condições de entrega da coisa, recebendo-a deste, em data por eles acordada. Portanto, as relações de facto estabelecidas entre eles justificam esta conexão contratual.

Daqui resulta, por um lado, que o locatário pode invocar perante o fornecedor, com quem não contratou (mas a quem se dirigiu, a quem escolheu e a quem indicou ao locador), as pretensões decorrentes de um negócio celebrado entre vendedor e comprador (também locador financeiro), responsabilizando-o pelos defeitos da coisa.

Este é um efeito (imediato) particular desta união de negócios[433]. É de resto não só uma decorrência da isenção da responsabilidade do

---

[433] Neste sentido, Ana López Frías, Los contratos conexos, cit., pp. 123 ss. (afirma a autora que a conexão resulta da "peculiar estrutura que caracteriza a operação de leasing. E consiste no facto de a compra e venda concluída pelo locador ter como finalidade a cessão do material adquirido a outro sujeito. Desta circunstância deduz-se que, caso não haja entrega da coisa, o verdadeiro interessado na resolução da venda é a pessoa que pretende utilizá-la"). Ver também Francesca Sebastio, "Leasing e concorrenza", Giustizia Civile, 1999, I, pp. 3397 ss.
Afirmando o carácter duvidoso desta orientação, Navarro Chincilla, "El contrato de arrendamiento financiero mobiliario", cit., p. 1195.

locador (que não responde directamente perante o locatário em caso de desconformidade da coisa[434]), como também traduz concomitantemente uma tutela eficaz do locatário (pois permite-lhe reagir perante aquele que alienou a coisa e que se encontra mais apto, porque a conhece, a satisfazer a sua pretensão).

A pergunta que devemos suscitar em seguida é se a afectação da locação financeira por força da invocação pelo locatário dos direitos decorrentes da desconformidade da coisa com o contrato junto do vendedor é ainda um efeito da união de contratos.

A resposta é afirmativa. Na verdade, há uma outra consequência (agora mediata e em sentido contrário) desta união contratual no tocante à invocação da redução do preço e da resolução do contrato.

No entanto, tais consequências operam *ex nunc*, em razão da isenção *ope legis* de responsabilidade do locador.

Esta união contratual reveste pois características específicas:

– num primeiro momento, resulta da lei (art. 13º do DL 149/95) a produção de efeitos entre partes resultantes de contratos diversos, com a particularidade de aquele que invoca os meios de defesa (o locatário financeiro) não ter celebrado qualquer contrato com o fornecedor; portanto, subjaz inicialmente a esta conexão a transmissão para o utilizador do bem dos direitos que assistem ao comprador perante o vendedor;

– numa segunda fase, as consequências desta união produzem-se em sentido contrário, com a repercussão das vicissitudes da compra e venda na locação financeira; podem ainda enunciar-se duas características desta coligação: a unilateralidade (ou seja, só as vicissitudes da compra e venda afectam a locação financeira e não o inverso)[435];

---

[434] Como afirma González Castilla o locador "não deseja correr os riscos inerentes à coisa, nem exercer as acções correspondentes para reclamar ou exigir o saneamento dos vícios" (Leasing financiero mobiliario, cit., p. 183).

[435] Angelo Luminoso alude também a uma coligação unilateral (I contratti tipici..., cit., p. 377). O Ac. Rel. Coimbra, de 25.2.2003 – sumário (Regina Rosa) observa que "se houver inadimplemento das obrigações resultantes do contrato de locação financeira por parte da locatária, tal circunstância não se pode reflectir no cumprimento do contrato de compra e venda com ele conexo" (www.dgsi.pt).

o seu carácter parcial (apenas alguns dos remédios jurídicos invocados – a redução do preço e a resolução do contrato – se repercutem na locação financeira).

§ 3. Locação financeira para consumo e desconformidade da coisa com o contrato

1. A locação financeira como um contrato de crédito ao consumo

Referimos até aqui a desconformidade da coisa com o contrato no quadro do DL 149/95, que consagra o regime geral da locação financeira.

No entanto, esta pode configurar, preenchidos os respectivos pressupostos, um contrato de crédito ao consumo, subsumível à lata noção resultante do art. 4º, nº 1, al. c) do DL 133/2009, de 2 de Junho, anterior art. 2º, nº 1, al. a) DL 359/91, de 21 de Setembro.

Integra-se, em concreto, na alusão a um "qualquer outro acordo de financiamento semelhante".

Tal entendimento deriva da conjugação da citada disposição com o art. 2º, nº 1, al. d) do DL 133/2009[436] – assinala-se que "o presente decreto-lei não é aplicável aos contratos de locação de bens móveis de consumo duradouro que não prevejam o direito ou a obrigação de compra da coisa locada, seja no próprio contrato seja em contrato separado" –, que tem algumas diferenças em relação ao anterior art. 3º, al. a), 2ª parte do DL 359/91.

Com efeito, é um imperativo legal que o locatário financeiro disponha da faculdade de, no final do prazo previsto para a locação, adquirir a coisa locada mediante o pagamento de um valor determinado ou determinável nos termos do contrato (art. 1º do DL 149/95)[437].

---

[436] Cfr. Gravato Morais, Crédito aos consumidores – anotação ao DL 133/2009, Coimbra, Almedina, 2009, pp. 16 e 17.
[437] Ver Gravato Morais, "Do regime jurídico do crédito ao consumo", SI, 2000, pp. 382 e 383. Veja-se também Teresa Anselmo Vaz, Alguns aspectos do contrato de compra e venda..., cit., pp. 79 ss.
Na doutrina estrangeira, considerando de igual modo o contrato de *leasing* como um "qualquer outro acordo de financiamento semelhante", Canaris, "Grundprobleme des Finanzierungs-

De todo o modo, realce-se que a Directiva 2008/48/CE, alude a "contratos de aluguer ou de locação financeira que não prevejam uma obrigação de compra do objecto do contrato".

Ora, essa realidade não existe à luz do DL 149/95 e, assim, da nossa ordem jurídica. No entanto, a própria directiva (apesar de ser um instrumento de harmonização máxima), no Considerando 10, admite que

– "um Estado-membro pode desse modo manter ou introduzir legislação nacional correspondente às disposições da presente directiva ou a determinadas dispsições da mesma para contratos de crédito fora do âmbito da presente directiva...".

Permite, assim, que os contratos de locação financeira integrem o quadro legal do crédito ao consumo. O que foi feito pelo legislador interno.

E não se diga que foi exagerada ou desproporcionada essa integração. É que os contratos de locação financeira já estavam previstos na Directiva 87/102/CEE. Apenas se deu continuidade a essa realidade.

Cumpre assinalar que a disciplina do crédito ao consumo (na parte aplicável ao contrato de locação financeira) deve ser considerada como lei especial em relação à lei geral (o DL 149/95 em estudo), pois consagra um regime diferente para um círculo mais restrito de pessoas (os consumidores-locatários financeiros). Donde resulta, em razão do princípio da especialidade, que aquela (lei especial) prevalece sobre esta (lei geral).

2. Aplicabilidade do regime especial dos contratos coligados à locação financeira para consumo

Cumpre, agora, determinar se o art. 18º, nº 3 do DL 133/2009, que revogou o anterior art. 12º, nº 2 do DL 359/91 se aplica também à locação financeira para consumo (e se portanto afasta, e, em caso afirmativo, em que medida, o regime do art. 12º do DL 149/95 anteriormente analisado).

leasing im Lichte des Verbraucherkreditgesetzes", ZIP, 1993, p. 402, Volker Kammel, Der Anwendungsbereich des Verbraucherkreditgesetzes unter Beschränkung auf Kreditverträge, Köln, 1996, pp. 121 ss.

Vejamos, num primeiro momento, as considerações efectuadas em sede de direito comparado.

A questão era amplamente debatida na doutrina alemã até à data da modernização do direito das obrigações de 2001[438].

Um sector da doutrina entendia que o (revogado) § 9 *VerbrKrG* não era aplicável, dada a inexistência da relação triangular típica tida em vista pelo citado normativo. Argumentava-se ainda, por outro lado, que o recurso à aplicação analógica não traz vantagens para o consumidor, pois este encontrava-se mais bem protegido em razão dos resultados a que chegava a jurisprudência dos tribunais superiores[439].

Outros autores defendiam orientação oposta. No quadro da *VerbrKrG*, recorrem, por um lado, ao elemento sistemático de interpretação, para afirmar que o § 3, Abs. 2, Nr. 1, enquanto norma de exclusão, não se refere ao § 9, Abs. 3, pelo que não exclui a possibilidade de sua aplicação.

---

[438] Para uma melhor compreensão do problema realce-se que a doutrina alemã discute a questão da unidade económica dos contratos essencialmente no que toca ao *indirekte Herstellerleasing* (nesta hipótese, a relação assume uma estrutura tripartida, fornecedor e locador financeiro não são a mesma pessoa, sendo certo que entre eles existe uma ligação económica ou consorcial), ao *reine Finanzierungsleasing* (locador e fornecedor são totalmente independentes, não existindo qualquer tipo de colaboração entre eles; trata-se no fundo de uma locação financeira *"auf eigene Faust"*) e ao *absatzfördernde Finanzierungsleasing* (neste caso, o locador tem como propósito a promoção de vendas – *Absatzforderung*; sendo que o vendedor está na posse de formulários do locador financeiro e é um intermediário na relação de locação financeira; no tocante ao locatário este apresenta-se como um negócio unitário) – ver, quanto a estas operações, Birgit Marloth-Sauerwein, Leasing und das Verbraucherkreditgesetz, Frankfurt am Main, 1992, pp. 119 ss.

[439] Kurt Reinking/Thomas Nießen, roblemschwerpunkte im Verbraucherkreditgesetz – Eine erste Bilanz", ZIP, 1991, p. 638 (a jurisprudência alemã concede a possibilidade de o locatário obter do locador a resolução com efeitos *ex tunc*, devendo ser restituídas as rendas pagas; ora, para os autores, o § 9 Abs. 3 *VerbrKrG* apenas concede um direito de recusar o pagamento das rendas vincendas). Exclui também a possibilidade de aplicação analógica do § 9 Abs. 3 *VerbrKrG* ao *leasing* financeiro Manfred Lieb, "§ 9 Verbraucherkreditgesetz und Finanzierungsleasing", WM, 1991, pp. 1533 ss. (e em Das neue Verbraucherkreditgesetz: Erste Erfahrungen und Probleme, herg. Walther Hadding/Klaus Hopt, Frankfurt am Main, pp. 91 ss. (para o autor o § 9 não é empregue directamente ao *leasing* para consumo; rejeita também a sua aplicação analógica, porque entende que não tem vantagens); no mesmo sentido, Klaus Tiedtke, "Zur Sachmängelhaftung des Leasinggebers", JZ, 1991, p. 910; ver também Müller-Sarnowski, "Privat-Pkw-Leasingverträge und das neue Verbraucherkreditgesetz", DAR, 1992, p. 84.

Aduzem ainda que se justifica o emprego do § 9, Abs. 3 se se puderem considerar semelhantes as circunstâncias da compra financiada e da locação financeira. Argumentam, por um lado, que através do § 9, Abs. 4, o legislador reconheceu a aplicação do preceito a outras hipóteses (no caso, à prestação de serviços) para além da compra e venda. Acresce que a equiparação da posição do consumidor, financiado por terceiro, ao consumidor, locatário financeiro, resulta da circunstância de em ambas as situações o beneficiário do crédito se encontrar obrigado a pagar a prestações. O sentido e a finalidade do § 9, Abs. 3 parecem justificar, segundo tais autores, a sua extensão à locação financeira[440].

Posteriormente, foi introduzido o § 500 BGB, relativo aos *Finanzierungsleasingverträge*, e que corresponde ao anterior § 3, Abs. 2, S. 1 *VerbrKrG*. O normativo foi com a reforma do direito das obrigações formulado de modo positivo[441], referindo-se expressamente à aplicação dos §§ 358 e 359 BGB, que tratam a dependência contratual, à locação financeira.

Efectuada esta abordagem, impõe-se discutir a temática em face do art. 18º, nº 3 do DL 133/2009 (conjugado com o art. 4º, nº 1, al. o) do mesmo diploma), que corresponde ao anterior art. 12º, nº 2 do DL 359/91, no sentido de saber se tal norma é (ou não) aplicável.

---

[440] Horst-O. Melsheimer, Verbraucherschutz durch § 9 Abs. 3 VKrG im Finanzierungsleasing, Frankfurt am Main, 1994, pp. 227 ss.. Também Seibert afirma que se trata de uma constelação triangular equiparável à compra financiada por terceiro ("Das Verbraucherkreditgesetz, insbesondere die erfaßten Geschäfte aus dem Blickwinkel der Gesetzgebung", WM, 1991, p. 1445). Herbert Zahn aplica o § 9, Abs. 3 *VerbrKrG*, por via analógica, visto que o locatário financeiro, no que toca aos remédios jurídicos a invocar junto do credor, se encontra na mesma posição do comprador ("Neues Recht des Leasingvertrages durch das Verbraucherkreditgesetz", DB, 1991, p. 83, "Leasingvertrag und Widerrufsbelehrung nach dem Verbraucherkreditgesetz", DB, 1991, p. 689, e "Leasingpraxis nach Inkrafttreten des Verbraucherkreditgesetzes", DB, 1991, p. 2175). Birgit Marloth-Sauerwein preconiza que o pressuposto da unidade económica apenas ocorre no *indirekten Herstellerleasing* e no *absatzfördernden Finanzierungsleasing*. O locatário financeiro dispõe assim, nestas hipóteses, da faculdade de recusar o pagamento das prestações do empréstimo, nos termos do § 9 Abs. 3 *VerbrKrG* (Leasing und das Verbraucherkreditgesetz, Frankfurt am Main, 1992, pp. 123 ss.); Bernd Peters, "Leasing und Verbraucherkreditgesetz", WM, 1992, p. 1805.

[441] Ver BT-Drucksache 14/6040, p. 257 e ainda Palandt/Putzo, Gesetz zur Modernisierung des Schuldrechts, 61. Aufl., München, 2002, p. 312.

A operação em causa tem carácter trilateral, tal como sucede na venda financiada por terceiro. No entanto, a sua estrutura é distinta desta. O consumidor não conclui dois contratos (o de compra e venda e o de mútuo), mas apenas um (o de locação financeira), inexistindo, por outro lado, qualquer relação jurídica entre consumidor e fornecedor. É o locador financeiro que, por sua vez, celebra dois contratos.

A questão está, portanto, em saber se o art. 18º, nº 3 do DL 133/2009 (conjugado com o art. 4º, nº 1, al. o) do mesmo diploma), anterior art. 12º, nº 2 do DL 359/91, que não contempla directamente a operação de locação financeira para consumo, se aplica apenas às operações de estrutura idêntica (*v.g.*, prestação de serviços financiada) ou se estende também a este específico negócio, no pressuposto, é claro, que os requisitos da norma se encontram todos preenchidos. Interessa, por outro lado, debater se a posição jurídica do locatário financeiro se pode equiparar à do consumidor a crédito.

Analisemos, em primeiro lugar, o normativo sob o aspecto literal. Atendendo apenas ao seu proémio, a situação é subsumível, sem nenhuma dificuldade, à locação financeira. As referências ao credor, ao consumidor e ao vendedor têm subjacente a hipótese típica, mas nada impede a sua aplicação ao caso em apreço. Pode ler-se o preceito da seguinte forma: o consumidor (locatário financeiro) pode interpelar o credor (locador financeiro), em caso de incumprimento do contrato de compra e venda por parte do vendedor ou prestador de serviços (fornecedor) e de não obtenção da parte deste do seu direito ao exacto cumprimento do contrato (art. 18º, nº 3, proémio do DL 133/2009).

O mesmo se pode afirmar no tocante à integração na noção de contrato de crédito coligado (art. 4º, nº 1, al. a), al. o) do DL 133/2009).

Por um lado, o crédito concedido serve exclusivamente para financiar o pagamento do preço do contrato de fornecimento de de bens (subalínea i)).

Por outro lado, o credor recorre, em regra, ao fornecedor para preparar ou para celebrar o contrato de crédito, sendo que o bem específico está expressamente previsto no contrato de crédito (subalínea ii)).

Tais circunstâncias verificam-se com alguma frequência. Na prática, as negociações em vista da aquisição (pelo locador) decorrem entre consumidor e fornecedor, o qual canaliza os seus clientes para o locador, com quem unicamente colabora. Aliás, o fornecedor dispõe muitas das vezes de formulários de contratos de locação financeira, preenche-os e envia-os ao locador que consigo coopera, entregando (também ele) directamente ao consumidor/locatário o objecto dado em locação. E o locatário indica sempre ao locador o bem a adquirir, como determina o art. 1º do DL 149/95.

Acrescente-se que a razão de ser do art. 18º, nº 3 do DL 133/2009, a transferência para o credor (aqui locador financeiro) do risco de insolvência do fornecedor, de igual modo, se mostra compatível com a operação em apreço[442].

3. Direitos do consumidor (locatário financeiro)

3.1. Considerações gerais

Como afirmámos, o art. 13º do DL 149/95 permite a qualquer locatário financeiro (e portanto também a um consumidor que se encontre nessa condição) invocar as pretensões derivadas da desconformidade do contrato de compra e venda relativamente àquele que não foi parte nesse negócio, mas que consigo contratou.

Suscita-se de imediato a questão de saber se os remédios jurídicos (essencialmente o modo e os termos do seu exercício[443]) e os prazos a observar são os do típico comprador (*in casu* o locador financeiro) – que atrás descrevemos – ou se são os decorrentes da venda para consumo, descritos nos arts. 4º e 5º DL 67/2003[444].

---

[442] Ver, sobre estes aspectos, Gravato Morais, União de contratos de crédito e de venda para consumo, cit., pp. 98 ss.

[443] Os meios de defesa são os mesmos, quer se trate de um consumidor, quer se trate de um não consumidor, ou seja, a reparação da coisa, a substituição da coisa (e eventualmente a excepção de não cumprimento), a redução do preço, a resolução do contrato e a indemnização por perdas e danos.

No entanto, o modo do seu exercício é distinto. Funciona aqui uma alternatividade entre as pretensões agrupadas duas a duas (por um lado, a reposição da conformidade – que engloba a reparação e a substituição da coisa – e, por outro, a redução do preço e a resolução do contrato), que consideramos não ter carácter absoluto. Ver Gravato Morais, União de contratos de crédito e de venda para consumo, cit., pp. 116 ss.. Sobre o assunto, cfr. também Carlos Ferreira de Almeida, Direito do consumo, Coimbra, 2005, pp. 165 ss.

[444] Realce-se que os prazos aplicáveis no domínio da venda de bens de consumo por referência ao regime do crédito ao consumo são os relativos aos bens móveis, ou seja, o prazo de

É certo que a venda não foi celebrada entre fornecedor e consumidor, como ocorre no quadro típico do art. 18º, nº 3 do DL 133/2009 (conjugado com o art. 4º, nº 1, al. o) do mesmo diploma), anterior art. 12º, nº 2 DL 359/91.

No entanto, aquele negócio é uma consequência da própria locação financeira, como é do conhecimento do vendedor e do adquirente (também locador). Este último tem em vista exclusivamente a concessão do gozo da coisa ao locatário, em função disso a adquirindo.

Acresce que é o interessado, à data potencial locatário, que escolhe o bem (e também o fornecedor), como ainda a entrega é efectuada directamente pelo próprio vendedor ao locatário.

Refira-se, por outro lado, que mostrar-se-ia manifestamente inverosímil que, servindo a coisa um consumidor, este não pudesse – porque é o único a dispor e a gozar desse bem – exercer os direitos no quadro do DL 67/2003.

A não ser assim, as pretensões atribuídas ao locatário/consumidor teriam o mesmo âmbito – quanto ao modo e aos termos do seu exercício e quanto aos prazos – que os direitos de um locatário/não consumidor.

Ora, tais situações são manifestamente distintas. Saliente-se, por fim, que a isenção de responsabilidade do locador justifica esta orientação, sob pena de o consumidor (locatário) ficar, se assim não fosse, coarctado quanto ao alcance dos seus direitos (até porque não dispõe da possibilidade de reagir perante o locador no caso de desconformidade da coisa).

Sabendo nós qual o regime a aplicar, cabe referir agora que o art. 18º, nº 3 do DL 133/2009 (conjugado com o art. 4º, nº 1, al. o) do mesmo diploma), antigo art. 12º, nº 2 DL 359/91 vem permitir ao consumidor interpelar o financiador, responsabilizando-o pelo incumprimento do fornecedor, quando não obtém deste a satisfação do direito ao exacto cumprimento do contrato[445].

---

garantia legal de 2 anos, o prazo para a denúncia do defeito de 2 meses e o prazo para o exercício dos direitos de 6 meses (art. 5º DL 67/2003).

[445] Em sentido diverso, Paulo Duarte (Contratos de concessão de crédito ao consumidor: em particular, as relações trilaterais resultantes da intervenção de um terceiro financiador,

3.2. Direitos do consumidor (locatário financeiro): método analítico

Vejamos, pois, quais os direitos do consumidor perante o locador financeiro.

Não obtendo do vendedor a satisfação do seu direito ao exacto cumprimento do contrato (que só a este pode ser exigido)[446], o consumidor dispõe da possibilidade de suspender junto do locador o pagamento das rendas. Permite-se assim ao beneficiário do crédito deduzir a excepção de não cumprimento (do fornecedor) – também aqui não se mostra possível opor o meio de defesa ao vendedor, pois o preço encontra-se totalmente pago – junto do credor.

A redução do preço acarreta, nessa justa medida, a diminuição do montante do crédito, podendo o consumidor exigir do locador o correspondente valor das rendas pagas em excesso.

De igual modo, a resolução do contrato de fornecimento importa a resolução do contrato de locação financeira.

A perspectiva agora seguida é distinta da sustentada no quadro do regime geral estudado, quer quanto ao modo de operar das pretensões, quer quanto às relações de liquidação, subsequentes à resolução dos contratos.

Assim, a redução das rendas ou a resolução da locação financeira operam *ex tunc*, ou seja, retroactivamente.

Diss. Mestrado, Coimbra, 2000, p. 207, nota 471). O autor não considera aplicável o antigo art. 12º, nº 2 DL 359/91 à locação financeira. A posição é sustentada da seguinte forma: por um lado, no facto de consumidor apenas celebrar um contrato; por outro, na circunstância de o locador não ser responsável pelos vícios de facto da coisa, nos termos do art. 12º do DL 149/95 de 24 de Junho.

Não colhem, a nosso ver, tais argumentos. Apesar de o locatário financeiro ter celebrado um só contrato, o art. 13º do DL 149/95 permite-lhe exercer os direitos do contrato de compra e venda (ou de empreitada) junto do fornecedor. Donde resulta que é permitido ao consumidor, embora tendo concluído um único negócio, invocar junto do fornecedor as pretensões decorrentes de um contrato em que não é parte. Ora, a posição adquirida *ope legis* pelo consumidor torna-o equiparável ao consumidor a crédito típico (ou seja, àquele que celebra dois contratos). Por outro lado, há que atender ao regime especial decorrente do art. 18º, nº 3 do DL 133/2009 (conjugado com o art. 4º, nº 1, al. o) do mesmo diploma), antigo art. 12º, nº 2 DL 359/91 que afasta o regime geral do art. 12º do DL 149/95 sobre a matéria.

[446] O atraso inexigível da reparação ou da substituição ou uma tentativa de reparação da coisa frustrada configuram, entre outras, situações de não obtenção da satisfação do direito ao exacto cumprimento do contrato.

Pretensões do comum consumidor (comprador) perante o comum vendedor	Pretensões do locatário (consumidor) perante o vendedor	Repercussão das pretensões exercidas pelo locatário (consumidor) no contrato de locação
Reparação da coisa	Reparação da coisa	------------------
Substituição da coisa	Substituição da coisa	------------------
Excepção de não cumprimento do contrato	------------------	Excepção de não cumprimento do contrato
Redução do preço	Redução do preço	Redução do crédito (com eficácia *ex nunc*)
Resolução do contrato	Resolução do contrato de compra e venda	Resolução do contrato de locação financeira (com eficácia *ex nunc*)
Direito à indemnização	Direito à indemnização	------------------

3.3. Relações de liquidação subsequentes à resolução dos contratos

Por outro lado, a liquidação actua nas relações bilaterais, tendo como eixo nuclear a figura do locador financeiro[447].

Nestes termos, o consumidor deve devolver ao locador o objecto dado em locação, sendo que este, por sua vez, deve reembolsar aquele das rendas vencidas e pagas. Seguidamente, o vendedor encontra-se adstrito à entrega ao locador do "montante mutuado" contra a restituição da coisa por parte deste.

Assiste ainda ao consumidor o direito a exigir do credor, locador financeiro, o ressarcimento dos danos directos[448] causados pelo cumprimento defeituoso do fornecedor, ressalvados porém os danos indirectos[449] sofridos em caso de desconformidade[450].

---

[447] A situação diverge da anteriormente analisada, pois agora do que se trata é de uma operação de crédito ao consumo, onde as relações de liquidação são concebidas em moldes diversos.
[448] Ou seja, os danos ocorridos na própria coisa.
[449] Isto é, os danos provocados na pessoa ou no património do consumidor (ou de terceiro).
[450] Sobre cada um destes remédios jurídicos, ver Gravato Morais, União de contratos de crédito e de venda para consumo, cit., pp. 162 ss.

Secção Quarta
Ilegitimidade do locador ou deficiência do seu direito

§ 1. Ilegitimidade do locador ou deficiência do seu direito. 1. Responsabilidade do locador. 1.1. Considerações gerais. 1.2. Os vícios de direito em especial. 2. Meios de defesa do locatário perante o locador.

§ 1. Ilegitimidade do locador ou deficiência do seu direito

1. Responsabilidade do locador

1.1. Considerações gerais

Analisados os aspectos relativos à desconformidade da coisa com o contrato ou, dito de outro modo, os vícios de facto, impõe-se o estudo dos vícios de direito.

Efectuamos inicialmente uma breve alusão à forma como se perspectiva esta matéria nalguns países da união europeia.

Assim, dada a inexistência de um regime legal expresso, os contratos de locação financeira contêm por vezes uma cláusula de exoneração do locador de qualquer tipo de vício, incluindo os de direito.

A questão tem sido, aliás, largamente debatida em Itália. Uns entendem que as razões que estão na base da isenção de responsabilidade do locador em caso de desconformidade – e que atrás elencamos – são aqui igualmente válidas[451]. Diversamente, a orientação maioritária considera

---

[451] Ver as referências jurisprudências citadas na p. 682, nota 121, por Nicolò Visalli ("La problematica del *leasing* finanziario...", cit.).

nulas as cláusulas que determinam a exoneração do locador quanto às *molestie di diritto* caso não permitam ao locatário o pacífico gozo do bem, que incumbe ao locador proporcionar[452].

Também em Espanha se discute o assunto. González Castilla realça o caso em que o locador se vê privado dos bens em razão da reivindicação de um terceiro, o que importa a perda do gozo pelo locatário. O autor assinala que o locador não pode, *in casu*, cobrar as rendas[453].

No nosso país, o art. 12º, parte final do DL 149/95 cura da temática, remetendo para o art. 1034º do CC.

Impõe-se, por isso, uma breve análise deste preceito no sentido de ressaltar as suas particularidades no quadro da locação financeira.

Saliente-se, desde já, uma substancial diferença em relação à matéria anteriormente estudada: os vícios jurídicos – ao contrário dos vícios de facto – manifestam-se na esfera do locador, responsabilizando-o (exclusivamente) perante o locatário.

Relativamente ao art. 1034º do CC, há que assinalar a remissão efectuada para o regime dos arts. 1032º e 1033º do CC, sempre que se verifique qualquer das hipóteses previstas (referentes, respectivamente, ao "vício [de facto] da coisa locada" e aos "casos de irresponsabilidade do locador"). Equipara-se, no quadro da locação, a disciplina dos vícios em determinadas circunstâncias. Diversamente, o art. 12º *in fine* do DL 149/95 daquela se dissocia. No entanto, permanece, como veremos, a sua localização ao nível do cumprimento defeituoso do contrato.

1.2. Os vícios de direito em especial

Enumerem-se, em seguida, as situações que configuram vícios de direito no art. 1034º do CC, para ulteriormente as concretizar, à medida do desenvolvimento da exposição, ao nível da locação financeira.

A primeira hipótese prevista é a de o locador não ter a faculdade de proporcionar o gozo da coisa ao locatário e, ainda assim, fazê-lo, com desconhecimento deste (art. 1034º, nº 1, al. a) do CC).

---

[452] Nicolò Visalli, "La problematica del *leasing* finanziario...", cit., p. 683. Giorgio de Nova considera que a exclusão da responsabilidade do locador no tocante às *molestie di diritto* "não só conflitua com o art. 1585 CCIt. ..., como é ainda inoportuna, porquanto desaparece a razão de ser do dever do locador de conceder o gozo do bem" (Il contrato di leasing, cit., p. 42).
[453] Leasing financiero mobiliario, cit., pp. 150 e 151.

Assim, se o locador financeiro for um mero usuário do bem (art. 1488º do CC) e conceder o seu gozo ao locatário financeiro, que ignora os poderes daquele, estamos perante o vício jurídico mencionado[454].

Dois outros vícios de direito se regulam na alínea subsequente.

Agora a falta de legitimidade advém da circunstância de o direito (do locador) não ser de propriedade ou ainda do facto de a propriedade (do locador) estar sujeita a ónus ou a limitações que excedam os limites normais àquela inerentes (art. 1034º, nº 1, al. b) do CC).

Concretizemos.

O locador financeiro arroga-se a titularidade de um direito de propriedade relativamente a um determinado bem, concedendo o seu gozo ao locatário financeiro[455]. Pode ainda dar-se o caso de o locador financeiro ser, na verdade, o proprietário do bem, mas o direito encontrar-se onerado, por exemplo, com uma penhora[456].

Realce-se a última hipótese prevista: a coisa não contém os atributos assegurados pelo locador financeiro ou tais atributos cessaram ulteriormente por sua culpa (art. 1034º, nº 1, al. c) do CC).

Ora, como em sede locatícia bem afirma Romano Martinez, a falta de qualidades asseguradas parece incluir-se nos vícios de facto e não, como expresa a disposição, nos vícios de direito[457]. Portanto, em bom rigor, o regime a aplicar é o anteriormente analisado, como de resto aí se expôs.

Note-se que o art. 1034º, nº 2 do CC, determina que as situações descritas "só importam a falta de cumprimento do contrato [de locação

---

[454] Adaptamos à locação financeira o caso enunciado por Pires de Lima e Antunes Varela, Código Civil anotado, II, cit., p. 387.
[455] Este circunstancialismo encontrou-se subjacente ao Ac. STJ, de 12.7.2005 (Neves Ribeiro), www.dgsi.pt: "e este [o locador] deve exigir e assegurar-se da verificação de todos os elementos ocorrentes ao negócio real aquisitivo, nomeadamente de possíveis vícios que possam ser oponíveis à sua aquisição. Dever que não pode, no percurso subsequente do mesmo negócio triangular, fazer incidir sobre o locatário que foi estranho à aquisição, invocando a sua própria inocência. De resto, constitui um dever de boa-fé contratual incontestável. A decisão recorrida conclui, e bem ao dizer que o... [locador] tem responsabilidade perante [o locatário], por lhe ter locado e, depois, vendido, no âmbito de um contrato de locação financeira, um equipamento de tipografia, que era, e afinal sempre foi, de terceiro...".
[456] Note-se que estas considerações devem interpretar-se *cum granum salis*. Queremos com isto dizer que o locador quando celebra um contrato de locação financeira se propõe proporcionar o gozo de um bem que ainda não é seu, já que se vincula à sua aquisição.
[457] Direito das Obrigações, cit., p. 170.

financeira] quando determinarem a privação, definitiva ou temporária, do gozo da coisa ou a diminuição dele por parte do locatário".

Daqui emergem duas consequências de relevo:

- por um lado, esta problemática é colocada ao nível do cumprimento defeituoso do contrato[458];
- por outro lado, impõe-se que a utilização pelo locatário de meios de defesa junto do locador esteja dependente da privação (ou da diminuição) do gozo do bem[459].

Portanto, preenchidos os requisitos de aplicabilidade da norma, o locador é agora responsável perante o locatário pelo vício (jurídico) da coisa, podendo invocar junto dele os respectivos meios de defesa. Desta sorte, a existência de uma cláusula contratual que afaste a responsabilidade do locador deve considerar-se nula, em razão de ser contrária a uma norma de carácter imperativo (art. 294º do CC).

2. Meios de defesa do locatário financeiro

Em razão do enquadramento da matéria na falta de cumprimento do contrato, os remédios jurídicos ao dispor do locatário são os usuais.

Assim, pode exigir a eliminação do defeito, pretendendo-se assim sanar o vício de direito através da sua remoção.

Não se exclua também a faculdade de redução do valor da renda ou de resolução do contrato de locação financeira[460]. Relativamente a esta última hipótese, embora a lei aluda à "anulação do contrato por erro ou por dolo, nos termos gerais" (art. 1035º do CC)[461], susten-

---

[458] Quanto à locação, neste sentido, Calvão da Silva, Compra e venda de coisas defeituosas, cit., p. 92, Romano Martinez, Direito das Obrigações, cit., pp. 170 a 172 (presume-se assim a culpa do locador financeiro, ao abrigo do art. 799º, nº 1 CC, sempre que a coisa apresente vícios de direito), Menezes Leitão, Direito das Obrigações, III, cit., p. 341.

[459] Como observam Pires de Lima e Antunes Varela "pretende-se afastar a relevância de circunstâncias de menor importância, que não afectem directamente o gozo da coisa" (Código Civil anotado, II, cit., p. 388, § 5).

[460] Ver Pires de Lima e Antunes Varela, Código Civil anotado, II, cit., p. 384, § 4.

[461] Menezes Leitão não contesta a aplicabilidade do regime da anulação (Direito das Obrigações, III, cit., p. 342). *Vide* também Pires de Lima e Antunes Varela, Código Civil anotado, II, cit., pp. 388 e 389.

tamos, na esteira de Romano Martinez[462], que se trata de um caso de resolução.

Cumpre referir que a qualquer dos remédios enumerados, pode acrescer uma pretensão ressarcitória em razão dos danos sofridos pelo locatário.

Reafirme-se que a actuação do locatário se reflecte em exclusivo no contrato de locação financeira.

Ao contrário do que sucede nos vícios de facto, o locatário não tem agora a possibilidade de exercer directamente qualquer pretensão perante o vendedor (ou em face do empreiteiro) com base nas circunstâncias enunciadas. O art. 13º do DL 149/95 não é assim aplicável. De resto, resulta do preceito a sua aplicabilidade apenas "quando disso seja o caso". Ora, esta não é manifestamente a situação tida em vista.

Assinale-se, por fim, que as vicissitudes que afectem a locação financeira não se repercutem na compra e venda (ou na empreitada), não produzindo aqui a união de contratos qualquer efeito jurídico.

---

[462] Direito das Obrigações, p. 171 e p. 127. De resto, já tinhamos, secundando o autor, tomado posição idêntica em sede de compra e venda (União de contratos de crédito e de venda para consumo, cit., pp. 128 ss.).

Secção Quinta
Risco de perda e risco de deterioração da coisa

1. Imputação do risco ao locatário financeiro: alcance e razão de ser. 2. Obrigação de segurar a coisa. 3. Perda total e deterioração parcial da coisa.

1. Imputação do risco ao locatário financeiro: alcance e razão de ser
Ainda no âmbito das vicissitudes da coisa, cumpre abordar o problema de saber sobre quem impende o risco de perda ou o risco de deterioração do bem locado e quais as consequências que daí advêm para o contrato de locação financeira e para os respectivos contraentes.

Dispõe o art. 15º do DL 149/95, supletivamente, que "o risco de perda ou deterioração da coisa corre por conta do locatário"[463].

As cláusulas contratuais traduzem normalmente este princípio, não dispondo diversamente. Contempla-se aí que o locatário suporta, entre outros, os riscos de destruição, de furto, de roubo, de inundação, de explosão, de desgaste prematuro (ou anormal) do bem locado pelo valor de reposição[464].

---

[463] Dispunha já o anterior art. 25º do DL 171/79 que, "na vigência do contrato, o risco de perecimento ou deterioração da coisa corre por conta do locatário".
Nos outros países, na falta de norma expressa, é o clausulado contratual que determina uma similar orientação (ver, em Itália, Alessandro Munari, Il leasing finanziario..., cit., p. 296, Angelo Luminoso, I contratti tipici..., cit., pp. 406 e 407; em Espanha, Navarro Chincilla, "El contrato de arrendamiento financiero mobiliario", cit., p. 1196 – o autor justifica-a no "carácter *financeiro* do leasing" e no "princípio da *repartição dos riscos*").
[464] Na prática estrangeira são usuais as cláusulas deste género. Como inexiste um regime específico, imputa-se ao locatário, por via de estipulação expressa, o risco de perda ou de destrui-

A solução consagrada no art. 15º do DL 149/95 dá continuidade aos outros aspectos disciplinados. A sua razão de ser é, pode dizer-se, semelhante.

A circunstância de o locatário ser o proprietário económico da coisa, gozando o bem na vigência do contrato, suportando concomitantemente os custos com a sua manutenção e com a sua conservação, assim como todos os encargos a ela relativos, expressa o seguinte princípio geral: os riscos relativos ao gozo do bem ficam a cargo do locatário financeiro.

Obtemos uma idêntica conclusão quando perspectivamos a questão sob o prisma do locador. A propriedade (jurídica) da coisa serve apenas para tutelar os seus específicos interesses, designadamente o de assegurar o risco de inadimplemento do locatário, limitando-o ao financiamento concedido[465].

Justificado o alcance da medida legislativa, deve ainda perguntar-se se releva a circunstância de o acto ser "imputável"[466] (ou não) ao locatário. Pense-se, por exemplo, nas situações de caso fortuito ou de força maior ou até na destruição do bem locado por um terceiro.

A orientação maioritária defende linearmente que o locatário permanece responsável ainda que a causa da perda lhe não seja imputável[467].

ção dos bens (ver, em Espanha, Garcia Garnica, El régimen jurídico..., cit., pp. 212 ss.; cfr., em Itália, Alessandro Munari, Il leasing finanziario..., cit., p. 294).

[465] Acerca desta contenção dos riscos contratuais nos limites da sua esfera financeira, ver Massimo Bellardini, "In tema di clausola di esonero del concedente per il rischio di perimento del bene oggetto del contratto di *leasing*", GI, 1998, p. 657, e Angelo Luminoso, I contratti tipici e atipici, cit., p. 407.

[466] Entendida a expressão no seu sentido lato, querendo significar "devido a facto de...".

[467] Ver, entre outros, Nicolò Vasalli, "La problematica del *leasing* finanziario...", cit. p. 685; González Castilla, Leasing financiero mobiliario, cit., p. 118, García Garnica, El régimen jurídico..., cit., p. 212 (entende a autora que o risco de perda dos bens por caso fortuito ou força maior é suportado pelo locatário, assinalando que cumpriu a sua obrigação contratual ao adquirir os bens e ao pô-los à sua disposição) e Lucio Ghia, I contratti di finanziamento..., cit., p. 29.

Na jurisprudência italiana, vejam-se os arestos citados por Massimo Bellardini no mesmo sentido ("In tema di clausola di esonero del concedente...", cit., p. 656).

A questão é discutida, porém, na locação financeira imobiliária. Buonocore defende que o risco de perecimento fortuito não deve ser suportado pelo locatário (citado por Angelo Luminoso, I contratti tipici e atipici, cit., p. 407). Distinta parece ser a posição de Garcia Garnica, El régimen jurídico..., cit., p. 212. Ver ainda sobre esta matéria Rodolfo la Torre, Manuale della locazione finanziaria, cit., pp. 471 ss.

A justificação da posição tomada assenta na mesma linha de pensamento: é o locatário quem tem a guarda do bem locado, sendo o locador apenas o seu proprietário jurídico[468].

Seguimos esta tese.

Textualmente, a lei (aliás supletiva) não restringe o risco do locatário a factos que lhe sejam imputáveis (ainda que contratualmente seja possível realizar tal limitação).

Por outro lado, a *ratio legis* é a de fazer com que o locador financeiro permaneça à margem de qualquer vicissitude que afecte a coisa, transferindo para o locatário qualquer responsabilidade não decorrente de facto do locador.

Acrescente-se que o gozo da coisa concedido ao locatário tem um alcance amplo, distinto do gozo da coisa imposto ao mero locador, pelo que não cabe aplicar a parte final do art. 1044º CC[469].

Trata-se, assim, de uma situação diversa da prevista no caso de mera locação. Neste âmbito, determina o art. 1044º CC que "o locatário responde pela perda ou [pelas] deteriorações da coisa, não exceptuadas no artigo anterior [art. 1043º CC], salvo se resultarem de causa que lhe não seja imputável nem a terceiro a quem tenha permitido a utilização dela"[470].

2. Obrigação de segurar a coisa

Para fazer face à disciplina consagrada, a lei impõe ao locatário financeiro a obrigação de segurar a coisa locada na vigência do contrato contra o risco da sua perda ou da sua deterioração (art. 10º, nº 1, al. j) do DL 149/95).

A solução encontrada procura conciliar os interesses de ambos os contratantes: por um lado, evita o prejuízo económico do locador financeiro, visto que este é o beneficiário da indemnização a pagar pela seguradora;

---

[468] Nicolò Visalli, "La problematica del *leasing* finanziario...", cit., p. 685.
[469] Sem prejuízo de o contrato dispor diversamente.
[470] O locatário necessita de provar que as causas não lhe são imputáveis (nem a terceiro) para se eximir de responsabilidade. É uma "espécie de responsabilidade objectiva, que tem alguma justificação, quer por ser o locatário quem utiliza a coisa no seu próprio interesse, quer como estímulo legal a uma utilização prudente da coisa que lhe não pertence" (Pires de Lima e Antunes Varela, Código Civil anotado, II, cit., p. 405).

por outro lado, evita um grave desequilíbrio contratual em prejuízo do locatário[471].

O locatário obriga-se assim à conclusão de um contrato de seguro contra danos causados no bem locado[472], assumindo a posição de tomador de seguro[473], designando, como afirmámos, o locador (proprietário jurídico da coisa) como beneficiário de uma eventual indemnização[474]. Na verdade, o seguro deve cobrir na totalidade "o risco da... perda ou deterioração [do bem]".

3. Perda total e deterioração parcial da coisa

Cumpre, por fim, averiguar as consequências que, para os contraentes, resultam da verificação das referidas vicissitudes.

Aqui distinguimos a perda total da coisa da mera deterioração do bem.

Cabem, *v.g.*, naquelas hipóteses (designadas de "sinistro total") a destruição da coisa, mesmo a proveniente de força maior (tempestade, acto de guerra), o furto ou o roubo, desde que o bem seja "irrecuperável".

Nesta, integram-se todos os outros casos que não envolvem a perda total do objecto, seja porque este é recuperável ou reparável.

Assinale-se que o locatário suporta tal risco a partir da data da entrega do objecto e até ao momento em que efectua a sua restituição (no caso de não adquirir o bem no termo do contrato) ao locador.

Posto isto, realce-se que perante as situações do primeiro tipo – perda total da coisa –, o negócio se extingue. Isto porque o locatário perde definitivamente a possibilidade de gozar a coisa na vigência do contrato (e concomitantemente o locador de conceder tal gozo), assim como a faculdade de, no seu termo, a adquirir[475].

---

[471] Garcia Garnica, El régimen jurídico..., cit., p. 212.

[472] Embora o que o locador pretenda é, como bem afirma, González Castilla, assegurar o pagamento das rendas (Leasing financiero mobiliario, cit., p. 120).

[473] Compete ao locatário, no caso tomador de seguro, o pagamento do prémio de seguro correspondente.

[474] Daí que se afirme que este é um *seguro por conta de terceiro* (González Castilla, Leasing financiero mobiliario, cit., p. 124).

[475] Quanto à possibilidade de, no caso de bens *standardizados*, haver lugar à sua substituição (e assim à manutenção do contrato), na sequência de cláusula aposta nesse sentido, ver Gon-

Em regra, estipula-se que "o contrato se considera resolvido"[476]. Alguns autores mantêm essa designação quando aludem ao assunto[477], ao passo que outros se referem ao "vencimento antecipado da relação"[478].

Discordamos de opções propostas. Não se trata aqui de uma situação de incumprimento grave do contrato, pelo que não há que a qualificar como resolução. Por sua vez, a designação de "vencimento antecipado da relação" não representa nenhum modo de extinção do contrato.

A nosso ver, tem inteira aplicabilidade o art. 1051º, al. e) do CC – aliás, as regras da locação não se mostram aqui incompatíveis –, pelo que o contrato caduca "pela perda da coisa locada"[479].

Mas que consequências emergem da cessação do negócio?

O clausulado contratual normalmente prevê, em razão do sinistro ser total, que a *resolução* opera *ex nunc*, tendo o locatário direito a receber o valor da indemnização paga pela companhia de seguros ao locador, deduzido da importância das prestações ainda devidas e do valor residual[480].

Quanto ao pagamento dos valores em causa, o contrato estipula que o locador é o beneficiário da indemnização. Deste modo, cabe-lhe perceber directamente da entidade seguradora a soma correspondente ao valor do bem. Ulteriormente, encontra-se adstrito a entregar ao locatário a quantia recebida, deduzida da importância relativa às rendas

---

zález Castilla (Leasing financiero mobiliario, cit., pp. 130 e 131) e Massimo Bellardini ("In tema di clausola di esonero...", cit.), p. 657.
Esta hipótese não está usualmente prevista nos contratos celebrados no nosso país.
[476] Ver o Ac. Rel. Porto, de 10.12.2001 (Fonseca Ramos), www.dgsi.pt, p. 3.
[477] González Castilla, Leasing financiero mobiliario, cit., pp. 129 e 130.
Há ainda quem sustente que se trata de resolução do contrato de locação financeira por impossibilidade superveniente, nos termos do art. 1463 CCIt. (ver as sentenças citadas por Mauro Bussani, Proprietà-garanzia..., cit., p. 136, nota 177).
[478] García Garnica, El régimen jurídico..., cit., pp. 212 e 213.
[479] No quadro da locação, Menezes Leitão afirma que estamos perante a falta de objecto do contrato, sendo "manifesto que ocorrerá a sua extinção por caducidade" (Direito das Obrigações, III, cit., p. 349).
[480] Ver a similar estipulação aposta no contrato de locação financeira relatada pelo Ac. Rel. Porto, de 10.12.2001 (Fonseca Ramos), www.dgsi.pt, p. 3.

vincendas e eventualmente da soma correspondente ao valor residual[481-482].

Questionar-se-á se o locador pode exigir o valor em causa do locatário sem accionar previamente a entidade seguradora.

Parece que não. A solução afirmativa foi, de resto, contestada pelo Ac. da Rel. Porto, de 10.12.2001. Aí se observa que o locatário fica "inteiramente à mercê da actuação da locadora que, enquanto credora, escolherá a oportunidade de reclamar da seguradora dos locatários o valor da indemnização prevista no contrato". Considerou-se, por isso, estar perante uma situação de abuso do direito (que se entendeu ser de conhecimento oficioso), pelo que o locador só deve poder reclamar do locatário o ressarcimento dos danos "quando estiver em condições de deduzir, na indemnização que receber da seguradora, os valores das rendas vincendas e o valor residual"[483].

No tocante à mera deterioração da coisa – "sinistro parcial" –, cabe ao locatário proceder à reparação ou à recuperação da coisa locada, a expensas suas. Acresce que não lhe é permitido deixar de pagar as rendas pactuadas. Posteriormente, na sequência da comunicação atempada do sinistro, efectuada pelo locatário à entidade seguradora, o locador deve entregar a este a indemnização recebida de tal instituição (podendo até eventualmente o próprio locatário – tomador de seguro – subrogar-se na posição do locador e exigir directamente da entidade seguradora a soma ressarcitória).

Aqui o contrato não se extingue. Aliás, o interesse das partes é justamente o inverso: o da manutenção da locação financeira, já que se promove a reparação do bem.

---

[481] Ver o Ac. STJ, de 5.5.1994 (Sousa Macedo) e o Ac. Rel. Porto, de 6.11.1995 (Antero Ribeiro), ambos em www.dgsi.pt.
Ver Mauro Bussani, Proprietà-garanzia..., cit., pp. 136 e 137.
[482] Garcia Garnica afirma porém que se a soma entregue pela seguradora cobre o custo do bem, o locatário fica exonerado de qualquer pagamento junto do locador. Caso contrário, deve satisfazer a diferença (El régimen jurídico..., cit., p. 212).
[483] Cfr. o aresto cit., pp. 3 e 4, www.dgsi.pt.

Capítulo VIII
Cessação do contrato

§ 1. Mútuo acordo. § 2. Caducidade. § 3. Resolução. 1. Termos resolutivos gerais. 2. Resolução do contrato pelo locador. 2.1. Tipos de resolução. 2.2. Alguns casos de incumprimento do locatário. 2.2.1. Não cumprimento da cláusula de fim. 2.2.2. Não cumprimento da obrigação de pagamento da renda. 2.3. Efeitos da resolução por incumprimento do locatário. 2.3.1. Previsão contratual de um núcleo comum de deveres a cargo do locatário. 2.3.2. Análise casuística. a) Dever de restituição imediata do bem locado e questões conexas; b) Obrigação de pagamento das rendas vencidas e não pagas até à data da resolução; c) Obrigação de pagamento de uma quantia igual a 20% da soma das rendas vincendas; d) Dever de pagamento das despesas relacionadas com a coisa não realizadas pelo locatário. 3. Resolução do contrato pelo locatário. § 4. Revogação da declaração negocial dirigida à celebração do contrato de locação financeira para consumo.

Importa analisar os vários modos de cessação do contrato de locação financeira. Com ressalva de alguns aspectos relativos à resolução do contrato e ainda aqui sem grandes especificidades, o DL 149/95 não cura em especial das outras formas de extinção.

Aludimos, em primeiro lugar, à cessação por mútuo acordo, assinalando posteriormente os casos de caducidade. Estudamos ainda, em particular, a figura da resolução.

Em razão de este ser um contrato de duração determinada, não se mostra possível a sua denúncia.

Examinamos, por outro lado, em virtude de ser apenas aplicável a um tipo específico de locação financeira (ou seja, aquela em que o bem se destina ao consumo do locatário), a revogação da declaração negocial dirigida à celebração do contrato.

§ 1. Mútuo acordo

Como qualquer outro negócio, também o contrato de locação financeira pode cessar por acordo das partes. O clausulado nada dispõe, em regra, sobre esta matéria. De todo o modo, é possível que as partes cheguem a um acordo – por exemplo, atenta a dificuldade do locatário em cumprir o contrato – quanto à sua extinção, em especial no que toca aos seus termos.

Estando o contrato sujeito à forma escrita, pode questionar-se se a cessação por mútuo acordo deve obedecer à mesma formalidade. Em sede locatícia, é válida, como afirma Romano Martinez, a "revogação [por mútuo acordo] implícita"[484]. Esta é igualmente a solução que acolhemos em sede de locação financeira, tendo aqui inteira aplicação, já que nada se diz em sentido contrário, o princípio da liberdade de forma (art. 219º do CC).

Deve ainda realçar-se que a extinção por mútuo acordo opera *ex nunc*, não tendo eficácia retroactiva.

§ 2. Caducidade

No que concerne à caducidade do contrato de locação financeira, e sendo certo que a figura não se encontra em especial regulada no respectivo regime jurídico, deve debater-se o emprego da disciplina civilista da locação (arts. 1051º ss. do CC).

Como sabemos, o DL 149/95 afasta expressamente as regras locatícias da resolução (art. 17º, parte final). Note-se que a recusa não é extensiva a toda a disciplina. Pelo contrário, noutras disposições há até uma remissão directa para as regras ínsitas no Código Civil. É o que ocorre no art. 9º, nº 2 do DL 149/95 e no art. 10º, nº 2 do DL 149/95, nos respectivos proémios, quando se cura dos direitos e dos deveres do locador e do locatário (sempre que tais preceitos "não se mostrem incompatíveis"),

---

[484] Direito das Obrigações, cit., p. 201.

mas, de igual modo, no art. 11º, nº 2, parte final do DL 149/95, a propósito da transmissão da posição de locatário.

Do exposto emerge, a nosso ver, a possibilidade de, em princípio, o art. 1051º do CC – que tem como epígrafe "casos de caducidade" – ser utilizado, quando não haja incompatibilidade com a disciplina da locação financeira.

Vejamos em concreto o normativo citado e a transposição para o contrato em análise das situações nele reguladas.

O art. 1051º, nº 1, al. a) do CC expressa a regra vigente no âmbito dos contratos de duração determinada[485]. Sendo este o caso, parece não haver motivos para afastar a disposição. Assim, o contrato extingue-se por caducidade no termo do prazo estipulado ou previsto por lei (na hipótese de o contrato ser omisso é a lei que supletivamente consagra o prazo – art. 6º, nº 3 do DL 149/95)[486]. Realce-se que embora as partes possam acordar na sua prorrogação, esta não é automática.

Ocorrendo a morte do locatário financeiro, pessoa física, há que distinguir se a locação financeira incide sobre bens de equipamento ou não. Naquele caso, só se pode falar de caducidade do contrato quando o sucessor (legal ou testamentário) não prossiga a actividade profissional do *de cujus* (art. 11º, nº 1, 2ª parte, *a contrario* do DL 149/95). Nesta hipótese, parece-nos aplicável o art. 1051º, nº 1, al. d), primeira parte do CC, dado o carácter pessoal do contrato em relação ao locatário.

Quanto às pessoas colectivas, em especial as sociedades, impõe-se ainda saber se o art. 1051º, nº 1, al. d), 2ª parte do CC, que prevê a caducidade no caso da sua extinção, se deve aplicar.

---

[485] Cfr., por exemplo, o art. 26º, al. a) do DL 178/86, de 3 de Julho (regime jurídico do contrato de agência).

[486] Afirma-se, com acerto, no Ac. Rel. Lisboa, de 9.6.2011 (Henrique Antunes), www.dgsi.pt, que "a extinção, por caducidade, pelo decurso do prazo de duração do contrato de locação financeira, não tem eficácia retroactiva e, por isso, não preclude qualquer direito do locador de constituição anterior, pelo que aquele pode actuar, por exemplo, a acção de cumprimento das obrigações não voluntariamente satisfeitas pelo devedor constituídas em momento anterior ao da verificação da caducidade". Desta sorte, "apesar da caducidade, o locador poderá ainda ter interesse em alegar o direito potestativo de resolução do contrato que tenha eventualmente tenha adquirido na vigência dele, com o fito de provocar a extinção daquela obrigação e de actuar pretensões – *v.g.* o direito a indemnizações previstas ou não em cláusulas de feição penal – decorrentes do não cumprimento do locatário".

Desde logo, cabe relembrar que a dissolução ou a liquidação da sociedade (art. 18º, al. a) do DL 149/95) ou a insolvência da sociedade locatária (art. 18º, al. b) do DL 149/95) podem originar a resolução do contrato pelo locador financeiro (e não a sua caducidade).

Por outro lado, assinale-se que a fusão ou a cisão de sociedades (sendo que esta pode não acarretar a extinção da sociedade cindida) importam a transmissão das posições jurídicas decorrentes do contrato de locação financeira para a sociedade incorporante, nova ou beneficiária (art. 112º do CSC), pelo que não há lugar à caducidade.

Nas restantes hipóteses previstas no art. 1051º, nº 1 do CC – perda da coisa locada (al. e)) e expropriação por utilidade pública (al. f)) – também parece adequar-se a consequência aí visada.

§ 3. Resolução

1. Termos resolutivos gerais

A resolução do contrato de locação financeira tem, em regra, na sua base uma situação de incumprimento definitivo de um dos contraentes (art. 17º do DL 149/95)[487].

O normativo realça ainda dois aspectos importantes.

Por um lado, afasta as normas civilistas da locação, como temos visto.

Por outro lado, a remissão efectuada para os "termos gerais" permite concluir pela aplicabilidade dos arts. 432º ss. do CC.

Desta sorte, a resolução do contrato de *leasing* financeiro pode ser fundada na lei ou em convenção das partes (art. 432º do CC).

Quanto ao modo de extinção do contrato, mostra-se suficiente uma declaração extrajudicial. Basta, portanto, o envio de, *v.g.*, uma carta à outra parte para que se produzam os efeitos pretendidos (art. 436º, nº 1 do CC). A resolução opera, como salienta Galvão Telles, *ope voluntatis* e não *ope judicis*[488]. Assim, se o locador declarar resolvido o contrato, a verificação pelo tribunal da extinção do negócio não configura mais do que uma sentença de mera apreciação[489].

---

[487] Ver ainda as situações específicas consagradas no art. 18º DL 149/95.
[488] Direito das Obrigações, 7ª Ed., Rev. e Act., Lisboa, 1997, p. 461.
[489] Ac. Rel. Porto, de 23.11.1993 (Matos Fernandes), CJ, 1993, V, p. 228.

Os pressupostos para o exercício do direito são os mencionados no art. 801º do CC (ou seja, o incumprimento definitivo culposo), sendo necessária a invocação, na referida declaração, do(s) motivo(s) gerador(es) da resolução.

Por outro lado, como não há prazo convencionado para a resolução do contrato, é legítimo que se convencione um período razoável para o respectivo exercício, sob pena da caducidade da pretensão (art. 436º, nº 2 do CC).

No tocante às consequências que faz operar entre as partes, a resolução tem, por via de regra, efeitos retroactivos (art. 434º, nº 1 do CC). No entanto, tem aqui aplicabilidade o art. 434º, nº 2 CC, pelo que aquela não opera retroactivamente[490].

Verificados os aspectos gerais, cumpre seguidamente analisar as hipóteses de resolução, relevando pela sua especificidade e pela sua previsibilidade as situações em que o exerce tal direito potestativo.

2. Resolução do contrato pelo locador

2.1. Tipos de resolução

Prevêem-se expressamente no art. 18º do DL 149/95 duas causas específicas de resolução do contrato:

a) a dissolução ou a liquidação da sociedade locatária (al. a));
b) a verificação de qualquer dos fundamentos de declaração de falência [actualmente de insolvência] do locatário (al. b)).

Dispõe-se ainda genericamente que a resolução pode resultar do incumprimento das obrigações do locatário (art. 17º do DL 149/95), havendo aqui que atender aos deveres que lhe são impostos nos termos do art. 10º, nº 1 do DL 149/95.

Para além destes fundamentos resolutivos (legais), o contrato pode especificar – e em todos eles concretiza – alguns casos de resolução. Ali, a resolução diz-se legal. Aqui, a resolução diz-se convencional.

Relevem-se as particularidades desta, para ulteriormente estabelecer o confronto entre as duas.

---

[490] Cfr. *infra*, neste capítulo, 2.3.2., al. b).

Na resolução convencional, as partes encontram-se limitadas pelo princípio geral da boa fé contratual (art. 762º, nº 2 do CC), pelo instituto do abuso do direito (art. 334º do CC), bem como pelos arts. 802º, nº 2, e 808º, nº 2 do CC, como entende a melhor doutrina, de sorte que não podem, por exemplo, estipular que um insignificante inadimplemento de um dever constitua causa lícita de resolução[491].

Ora, é usual a previsão de um direito de resolução a favor do locador financeiro se não for cumprida "qualquer das obrigações emergentes do contrato em causa".

À primeira vista, pode pensar-se que esta é perante uma cláusula resolutiva propriamente dita[492], nos termos da qual a verificação do acontecimento seria, como refere Baptista Machado, um pressuposto da constituição – na esfera jurídica do emitente – do direito potestativo de, mediante declaração unilateral, operar a resolução do contrato. Tal estipulação, como sustentam correctamente certos autores, não é mais do que uma mera "cláusula de estilo".

A cláusula resolutiva expressa "deve referir-se a prestações e modalidades de adimplemento determinadas com precisão; as partes não podem ligar a resolução a uma previsão genérica e indeterminada do tipo *em caso de inadimplemento de qualquer obrigação surgida do presente contrato, este considera-se resolvido*"[493].

Configuram já verdadeiras hipóteses de resolução convencional as cláusulas que prevêem, *v.g.*, "a mora no pagamento de uma ou mais prestações de renda" ou a "utilização por outrem [que não o utente] da coisa dada em locação financeira".

---

[491] Neste sentido, ver Brandão Proença (A resolução do contrato no direito civil. Do enquadramento e do regime, Coimbra, 1996, pp. 132 ss.) e Maria Helena Brito (O contrato de concessão comercial, Coimbra, 1990, pp. 234 ss.). A autora refere que a estipulação de uma cláusula resolutiva deste género pode traduzir-se numa excessiva desprotecção da parte inadimplente, visto que se faz depender o direito de resolução de violações contratuais, subjectiva e objectivamente, pouco relevantes).

[492] Por contraposição, como refere Baptista Machado, à cláusula resolutiva *ad nutum*, prevista no art. 927º CC ("Pressupostos da resolução por incumprimento", em João Baptista Machado, Obra dispersa, Vol. I, Braga, 1991, p. 186).

[493] Veja-se Enzo Roppo, Il contratto, Bologna, 1977, p. 238, citado por Baptista Machado, "Pressupostos da resolução por incumprimento", cit., p. 187, nota 77.

Sublinhe-se que a questão de saber se se trata de uma resolução legal ou convencional não é despicienda, porquanto naquela cabe ao juiz apreciar a situação de facto, designadamente no que concerne à gravidade do incumprimento, para decidir se há fundamento para aplicar tal instituto, ao passo que nesta é suficiente a verificação da hipótese clausulada para que a resolução opere, não podendo neste caso efectuar-se uma valoração da situação concreta.

É que, como salienta ainda Baptista Machado, a cláusula resolutiva visa "estabelecer que um determinado incumprimento será considerado grave e constituirá fundamento de resolução, eliminando assim de antemão qualquer dúvida ou incerteza quanto à importância de tal inadimplemento e subtraindo esse ponto a uma eventual apreciação do juiz. A função normal da cláusula resolutiva é justamente a de organizar ou regular o regime do incumprimento, mediante a definição da importância de qualquer modalidade deste para fins de resolução"[494].

2.2. Alguns casos de incumprimento pelo locatário

2.2.1. Não cumprimento da cláusula de fim

Dispõe o art. 10º, nº 1, al. c) do DL 149/95 que o locatário não pode utilizar o bem para um fim diverso daquele a que se destina.

Deve analisar-se, em primeiro lugar, o conteúdo do contrato no sentido de saber se existe uma cláusula de escopo e, em caso afirmativo, qual o seu âmbito.

Caso aquele seja omisso ou dele resulte uma estipulação genérica quanto à destinação da coisa locada (por exemplo, prevê-se o seu uso para "qualquer finalidade"), então o locatário tem uma ampla liberdade de utilização do bem.

Por via de regra, o contrato circunscreve o escopo a dar ao bem locado. Há, pois, que apreciar a respectiva cláusula de fim específica, no sentido de determinar o seu alcance.

---

[494] "Pressupostos da resolução por incumprimento", cit., pp. 186 r 187. No mesmo sentido, Roberto Baldi, quando refere que, no caso de existir uma cláusula resolutiva, o "juiz deve apenas verificar a imputabilidade ao agente do incumprimento, sem valorar a gravidade do mesmo" (Il contratto di agenzia, 5ª Ed., Milano, 1992, p. 243).

Deve recorrer-se às regras gerais de interpretação (art. 236º do CC), relevando-se, nesta sede, os termos do negócio, os usos da prática, a finalidade prosseguida pelo declarante e os interesses em jogo.

Perante uma cláusula de escopo, a hipótese concreta pode mostrar que os actos praticados pelo locatário cabem na previsão contratual ou que, ao invés, deles decorre o uso do bem para um fim distinto.

É o que sucede se, *v.g.*, se o locatário apenas utiliza a coisa para seu consumo quando se impunha que a usasse apenas na sua actividade comercial ou profissional.

Neste quadro, estamos perante situações que não integram o teor da estipulação, havendo lugar à resolução do negócio por parte do locador.

2.2.2. Não cumprimento da obrigação de pagamento da renda

Vigorava até há bem pouco tempo um regime específico relativo à obrigação de pagamento da renda.

Com efeito, resultava do art. 16º, nº 1 do DL 149/95 que "a mora no pagamento de uma prestação de renda por um prazo superior a 60 dias permit[ia] ao locador resolver o contrato". Esta regra tinha a particularidade de ser imperativa em relação ao locador, mas supletiva em relação ao locatário, já que permitia a existência de convenção em contrário em seu favor (por exemplo, estendendo o prazo em seu benefício). De todo o modo, mesmo no circunstancialismo legal previsto, "o locatário pode[ria] precludir o direito à resolução... procedendo ao pagamento do montante em dívida, acrescido de 50%, no prazo de oito dias contados da data em que for notificado pelo locador da resolução do contrato" (art. 16º, nº 2 do DL 149/95)[495].

Ora, esta disciplina foi revogada pelo art. 5º do DL 285/2001, de 3 de Novembro, permitindo-se às partes, como se afirma no 1º § do Preâmbulo do diploma, a estipulação de uma disciplina de "conformação do conteúdo negocial", aplicando-se, na falta desta, as "regras gerais de direito"[496].

---

[495] A solução encontrada tinha por referência, a nosso ver, a disciplina emergente dos arts. 1041º e 1048º do CC, embora as regras fossem substancialmente distintas.

[496] Não há lugar à aplicação das regras da locação (arts. 1041º e 1048º do CC).

Após esta alteração legislativa, na prática negocial é usualmente aposta uma cláusula que permite ao locador resolver o contrato por falta de pagamento de uma prestação de renda, sem necessidade de qualquer dilação temporal.

Como se deduz do preâmbulo do diploma, a estipulação referida é válida, sendo perfeitamente legítima a resolução imediata perante o não pagamento de uma só renda[497].

2.3. Efeitos da resolução por incumprimento do locatário

2.3.1. Previsão contratual de um núcleo comum de deveres a cargo do locatário

Não existe no DL 149/95 qualquer referência específica aos efeitos da resolução por incumprimento do locatário.

Por sua vez, as cláusulas apostas nos contratos de locação financeira regulam com pormenor tais consequências, *maxime* no caso de não pagamento da prestação de renda.

Tais estipulações são variadas, podendo, no entanto, entrever-se um núcleo comum que prevê os seguintes deveres a cargo do locatário:

- a obrigação de restituição (imediata) da coisa, sob pena de haver lugar ao ressarcimento dos danos causados;
- a obrigação de pagamento das rendas vencidas e não pagas até à data da resolução[498] (acrescida do IVA e dos correspondentes juros de mora);
- a obrigação de pagamento de uma importância igual a 20% da soma das rendas vincendas (à data da resolução);
- a obrigação de pagamento dos encargos suportados pelo locador financeiro com a resolução.

Pode desde já delinear-se o propósito do locador financeiro: o de recuperar, pelo menos, uma parte da soma despendida com a aquisição do bem.

---

[497] Ver supra CAP. V, § 3, 1, onde tratamos exaustivamente esta temática.
[498] Naturalmente, o locatário perde as rendas vencidas e já pagas (art. 434º, nº 2, 1ª parte do CC).

2.3.2. Análise casuística

a) Dever de restituição imediata do bem locado e questões conexas

A obrigação de restituição do bem – que não tem carácter ressarcitório – tem como função primordial a "recuperação do capital investido". É, portanto, sob um outro prisma, o efeito da conservação da propriedade na esfera jurídica do locador no decurso do contrato[499].

O prazo para a restituição da coisa é variável. Uns contratos dispõem que a entrega deve ser realizada no prazo de 5 dias[500], outros prevêem a entrega imediata.

Caso o bem (móvel ou imóvel) não seja restituído no período previsto, dispõe o locador de um meio eficaz para a obter: a providência cautelar (especificada) de entrega judicial (art. 21º do DL 149/95)[501].

Note-se que a restituição do bem – que, pela primeira vez, está agora materialmente nas mãos do locador – não traduz para este, na maior parte das situações, uma específica vantagem, dada a dificuldade que reveste muitas vezes a sua alienação ou a sua oneração (particularmente quando os bens não são *standardizados*)[502].

Em face da não restituição (ou de restituição extemporânea) da coisa, o contrato determina que o locatário se encontra adstrito ao pagamento de uma indemnização calculada em função de uma percentagem sobre o montante das rendas.

Existem vários tipos de cláusulas deste género. Assim, impõe-se ao locatário "o pagamento de uma indemnização correspondente a 1/90 do montante da última renda (*v.g.*, mensal, trimestral) vencida por cada

---

[499] Alguns contratos determinam que ao locador assiste um direito de escolha no caso de resolução do contrato por falta de pagamento da renda: em vez da restituição dos equipamentos pode aquele exigir o pagamento da totalidade das rendas vincendas (ver *infra*, neste capítulo, 2.3.3, al. c)).

[500] Ac. Rel. Lisboa, de 3.2.1994 (Tomé de Carvalho), CJ, 1994, I, p. 119, § 7.

[501] Em Espanha, a LVPBM consagrou também um "procedimento sumário" tendo em vista a restituição no que toca à locação financeira mobiliária. Tem sido defendido, na falta de norma expressa quanto à locação financeira imobiliária, a possibilidade de recurso à interpretação extensiva do art. 1565º, nº 1 LECivil (Garcia Garnica, El régimen jurídico..., cit., p. 242, nota 178).

[502] Realce-se que a lei prevê a possibilidade de alienação e de oneração dos bens restituídos (art. 2º, nº 2, al. a) DL 72/95 e art. 7º DL 149/95).

dia de atraso na restituição dos bens"[503], ou que, "em razão da mora, há lugar ao pagamento de uma indemnização não inferior, por cada dia de atraso, a 0,5% do montante das rendas que se vencerem durante o ano subsequente"[504] ou ainda que se constitui "na obrigação de pagar ao locador uma indemnização igual a 1/30, 1/90 ou 1/180, respectivamente, do montante da última renda mensal, trimestral ou semestral, eventualmente indexada, por cada dia que docorrer entre a data da resolução da locução e a da efectiva restituição do equipamento"[505].

Os tribunais têm concluído acertadamente pela sua admissibilidade[506].

Só casuisticamente se pode aferir qual o tipo de cláusula penal (indemnizatória ou em sentido estrito) em questão. As estipulações enunciadas parecem ser deste último tipo, pelo facto de excederem os danos previsíveis. Porém, numa situação de dúvida, deve entender-se que tem função compulsória (especificamente uma cláusula penal em sentido estrito).

Na hipótese de o locatário ter procedido regularmente à restituição da coisa, alguns contratos prevêem o dever de "entregar ao locatário 80% da importância paga... [por efeito da venda do bem pelo locador], a título de perdas e danos, deduzidos os encargos da reparação, transporte e outros, que serão suportados pelo locatário"[507].

Perante uma cláusula deste género existe o risco de o locador vender a coisa a baixo custo, descurando os interesses do locatário que pretende perceber uma quantia correspondente ao valor real do bem.

---

[503] Ver o Ac. Rel. Lisboa, de 3.2.1994 (Tomé de Carvalho), CJ, 1994, I, p. 118.
Não se debateu, mas é feita referência expressa a uma estipulação deste género, que a sentença do tribunal de 1ª instância acolheu favoravelmente (Ac. Rel. Lisboa, de 4.5.1995 (Silva Salazar), CJ, 1995, III, p. 90).
[504] Ac. STJ, de 5.11.1997 (Miranda Gusmão), CJ, Ac. STJ, 1997, III, pp. 123 ss.
[505] Ac. Rel. Porto, de 1.1.1996 – sumário (Pereira da Silva), www.dgsi.pt.
[506] Ac. Rel. Lisboa, de 3.2.1994 (Tomé de Carvalho), cit., p. 119 (sem, contudo, a qualificar, nem justificar a razão da sua admissibilidade), Ac. STJ, de 9.10.1997 – sumário (Figueiredo de Sousa), www.dgsi.pt.
[507] Ac. Rel. Lisboa, de 3.2.1994 (Tomé de Carvalho), cit., p. 118 (não se discute porém a cláusula).

Tem aqui, segundo cremos, lugar a aplicação do art. 762º, nº 2 do CC, em razão de o locador dever pautar a sua actuação de acordo com a regra da boa fé[508].

b) Obrigação de pagamento das rendas vencidas e não pagas até à data da resolução

Verificado o atraso no pagamento da(s) renda(s), normalmente medeia um determinado período de tempo até que o locador transforme a mora em incumprimento definitivo, conquanto o possa fazer de imediato. Ora, o locador tem interesse nesta dilação, pois até à data da resolução é o locatário quem suporta não só o pagamento das rendas vencidas e não pagas, como também os respectivos juros de mora.

Note-se que o locador não está adstrito a restituir as rendas vencidas e pagas. É o efeito da resolução do contrato[509]. Justifiquemos.

A atribuição ao locador das rendas vencidas, bem como o dever de pagamento das rendas vencidas e ainda não pagas até à data da resolução é o reflexo da aplicação do art. 434º, nº 2, parte inicial CC. Sendo a prestação do locador de execução continuada, "a resolução não abrange as prestações já efectuadas...[e também as que o já deveriam ter sido]". O locatário gozou o bem até à data da extinção do contrato, dele retirou a sua utilidade económica, pelo que a resolução opera, em princípio, *ex nunc*.

À mesma conclusão chegamos quando analisamos a prestação do locatário financeiro. Apesar de esta ser de tipo fraccionado, a especificidade que lhe subjaz (como se afirmou *supra* a propósito do regime da prescrição das rendas[510]), leva-nos também a concluir pela aplicabilidade analógica do art. 434º, nº 2 do CC. Assim, a resolução do contrato de locação financeira não opera *ex tunc*.

---

[508] Ver, neste sentido, Rodolfo la Torre, Manual della Locazione Finanziaria, cit., p. 224 ss. (alude o autor, entre outros, ao art. 1175º CCIt. – *comportamento secondo corretezza* – e ao art. 1227º CCIt. – *concorso del fatto culposo del creditore*).

[509] Ac. STJ, de 17.3.1993 (Cura Mariano), CJ, 1993, II, p. 10 (afirma-se aí que a resolução não implica a restituição do que o locador já recebeu).

[510] *Vide* CAP. V, § 3, 1.1.6.
Ver Garcia Garnica, El régimen jurídico..., cit., p. 245.

Acresce ao valor das rendas vencidas e não pagas, o pagamento do respectivo IVA pelo locatário[511].

Por outro lado, a este último compete pagar os respectivos juros moratórios sobre o montante em dívida.

c) Obrigação de pagamento de uma quantia igual a 20% da soma das rendas vincendas

Em todos os contratos de locação financeira estipula-se ainda que ao locatário incumbe pagar uma dada importância ao locador a título ressarcitório.

Ora, a lei prevê que nos contratos bilaterais pode acrescer à resolução do contrato uma indemnização pelos prejuízos sofridos (art. 801º, nº 2 do CC).

Impõe-se, contudo, determinar o alcance da cláusula (ou dito de outro modo, a *importância* exigida), no sentido de aferir da sua admissibilidade.

Actualmente, pode falar-se de uma tendencial uniformização dos contratos no tocante à estipulação que fixa em 20% a soma indemnizatória a pagar pelo locatário, calculado por referência às rendas vincendas e ainda o pagamento, por inteiro, do valor residual.

Mas nem sempre assim sucedeu.

De resto, o locador financeiro ao redigir o contrato, dele fazia (e por vezes ainda faz) constar um caminho paralelo que, ele próprio, discricionariamente podia accionar. Assim, previa-se que "em alternativa [à cláusula mencionada no parágrafo anterior] pode o locador optar por exigir o pagamento de todas as rendas vincendas, acrescidas dos juros moratórios, desde as datas dos vencimentos dessas rendas até às da sua efectiva cobrança, e do valor residual"[512].

Cumpre tecer umas breves considerações quanto a esta cláusula, para posteriormente analisar com mais detalhe aquela outra acima referida.

A cláusula (penal) alternativa foi objecto de ampla discussão nos tribunais portugueses tendo sido, por via de regra, considerada abusiva

---

[511] Ver Ac. Rel. Lisboa, de 4.7.1991 (Silva Paixão), CJ, 1991, IV, pp. 170 e 171.
[512] Ver o Ac. STJ de 5.7.1994 (Machado Soares), BMJ, nº 439, 1994, p. 519.

e, como tal declarada nula, ao abrigo dos arts. 12º e 19º, al. c) do DL 446/85[513].

Afirma-se a sua desproporção atendendo a vários argumentos.

Assim, a resolução do contrato (ocorrida, *in casu*, quando se utilizou o equipamento durante um reduzido período de tempo), ao importar o pagamento de todas as rendas vincendas, gera uma situação de desequilíbrio, "exorbitando, desmedidamente, o preço de tais equipamentos e quaisquer possíveis danos decorrentes do incumprimento, para já não falar na injustificada e aberrante exigência de juros"[514].

Por outro lado, os escassos riscos que o locador corre (por exemplo, o risco de perda ou de deterioração da coisa é suportado pelo locatário) reforçam a ideia transmitida.

Acrescente-se que tal cláusula redunda na "imposição" da aquisição da coisa ao locatário – isto porque ele paga ao locador o valor da coisa –, o que se mostra contrário ao regime legal, já que este permite, sem margem para dúvida, ao locatário um direito de escolha (arts. 1º, 7º e 10º, nº 2, al. e), 21º, nº 1 do DL 149/95)[515].

---

[513] Note-se que, como refere Navarro Chincilla, em Espanha "não há uma linha jurisprudencial unitária" (El contrato de arrendamiento financiero mobiliario, cit., p. 1198).

[514] Ac. STJ de 5.7.1994 (Machado Soares), BMJ, nº 439, 1994, p.522.

[515] A jurisprudência, em geral, tem sustentado a nulidade da cláusula em apreço. Neste sentido, o Ac. Rel. Porto, de 24.10.2005 (Jorge Vilaça), www.dgsi.pt, pp. 4 e 5, o Ac. Rel. Porto, de 5.11.2002 (Henrique Araújo), www.dgsi.pt, pp. 5 e 6, o Ac. STJ, de 2.5.2002 (Sousa Inês), CJ, Ac. STJ, 2002, II, p. 44 (afirma-se que a cláusula atribui ao locador um benefício que suplanta a própria vantagem do cumprimento, indo além da reparação do prejuízo"), o Ac. Rel. Porto, de 2.4.2002 (Fernando Beça), www.dgsi.pt, p. 4, o Ac. Rel. Lisboa, de 5.3.1998 (Fernandes do Vale), CJ, 1998, II, pp. 87 e 88 (faz-se notar no aresto que "a dinâmica do contrato de locação financeira tem por base a previsão de uma progressiva amortização do investimento financiado, com opção de compra a final. O risco de não cumprimento integral do contrato por parte do locatário é coberto por factor a integrar na renda, em função da desvalorização que sofre a coisa locada"; considerou-se, porém, nula a cláusula em razão da imperatividade dos arts. 1º e 7º DL 149/95), o Ac. STJ, de 17.11.1994 (Araújo Ribeiro), BMJ, nº 441, 1994, p. 282 (aliás, fundamenta ainda a nulidade da cláusula no art. 294º CC, por violação do disposto nos arts. 1º, 5º e 16º (estes dois últimos já revogados) DL 149/95), o Ac. STJ, de 5.7.1994 (Machado Soares), BMJ, nº 439, 1994, p. 524 (e também em www.dgsi.pt, pp. 6 e 7).

Assim se pronunciou igualmente o Ac. Rel. Coimbra, de 23.11.1993 (Cardoso de Albuquerque), CJ, 1993, V, pp. 41 e 42, observando que "não se pode fazer valer o direito de resolução

Diversamente, outros tribunais portugueses – embora esta seja uma posição minoritária – consideram aquela válida[516]. Pronuncia-se, deste modo, também alguma doutrina estrangeira. Assim, em Espanha, Rojo Ajuria sustenta que a cláusula penal deve fazer operar as mesmas consequências que o normal cumprimento da obrigação[517]. A mesma opinião tem Navarro Chincilla quando refere que a cláusula penal deve contemplar "não só o reembolso do capital investido, como ainda a restituição dos danos efectivamente sofridos"[518].

Acolhemos o entendimento assinalado em primeiro lugar.

Na verdade, a indemnização pretendida pelo locador – correspondente ao pagamento da soma por si desembolsada na aquisição da coisa, dos juros, entre outras –, impõe a "compra pelo locatário". Tal não é compatível com a faculdade de escolha atribuída a este – de adquirir ou não o bem e, nalguns casos, de prorrogar o contrato –, e que aliás é um dos traços caracterizadores do contrato em causa[519].

---

e pedir-se ao mesmo tempo o pagamento de tudo o que foi contratado... como se tal resolução não existisse", aludindo ainda que o locador "recebe equipamentos já deteriorados pelo uso e que podem tornar-se por completo imprestáveis).
Reforçando a argumentação exposta aduz-se que é "contrária à essência do contrato de locação financeira como também ao regime jurídico da resolução do contrato", de modo que "a aceitação dessa opção imporia ao locatário faltoso a obrigação de comprar os equipamentos locados, pagando as prestações vincendas e, consequentemente, implicaria a não resolução do contrato de locação financeira, mas antes a sua conversão em contrato de compra e venda" (Ac. Rel. Lisboa, de 13.3.1990 (Zeferino Faria), CJ, 1990, II, p. 131).
De igual sorte, no Ac. STJ, de 7.3.1991 (Afonso de Albuquerque), defende que a cláusula é "absolutamente proibida e, pois, nula por conceder à parte economicamente mais forte a vantagem – gravemente injusta por gravemente ofender o equilíbrio do sinalagma – de receber todas as quantias devidas e, além disso, obrigar a parte faltosa a adquirir a coisa locada – contra a natureza do contrato e contra o seu elemento mais importante (o direito de não a adquirir)" – BMJ, nº 405, 1991, p. 469.
[516] Ac. Rel. Lisboa, de 20.9.1994 – sumário (Araújo Cordeiro), www.dgsi.pt.
[517] Leasing Financiero, cit., p. 265.
[518] El contrato de arrendamiento financiero mobiliario, cit., p. 1199.
[519] Outras cláusulas do mesmo género, conquanto com um conteúdo diverso, podem ser encontradas.
Por exemplo, no aresto do STJ, de 10.2.2000 (Ferreira de Almeida), CJ, Ac. STJ, 2000, I, pp. 78 e 79 alude-se à seguinte estipulação: "em alternativa à efectivação do direito de resolução do contrato, poderá o locador, em caso de incumprimento definitivo por parte do locatário, exercer os seus direitos de crédito sobre este, que se considerarão todos vencidos no momento da

Mas voltemos à estipulação que existe na esmagadora maioria dos contratos de locação financeira – que reflecte, como se referiu, uma tendência de uniformização do clausulado – que acolhe a orientação dominante nos nossos tribunais[520].

É pacífico que se trata de uma cláusula penal[521] e que não está aqui em causa o pagamento de quaisquer prestações vincendas[522].

verificação do incumprimento. Nesta hipótese, todos os créditos vencerão juros a partir do referido momento". O tribunal entendeu que se trata de uma cláusula penal, que não é desproporcionada aos danos a ressarcir, citando de resto outras decisões em que se considerou não ser incompatível a cláusula que declare vencidas todas as prestações no caso de incumprimento. Para um melhor enquadramento da situação concreta refira-se que o preço de aquisição (de sete painéis prismáticos) era de 12.122.340$00, tendo-se vinculado o locatário ao pagamento de 36 rendas de 420.065$00, sendo o valor residual de 252.000$00. O locador previa um lucro de 2.522.340$00. Ora, à data do incumprimento, o locatário tinha pago a soma de 5.460.845$00. Acontece que o locador preencheu a livrança (em branco) com o valor de 9.661.495$00, sendo que o locatário considerava que aquele teria apenas um prejuízo de 7.139.155$00.

No Ac. STJ, de 9.2.1999 (Lopes Pinto), apreciou-se a cláusula que fixa a indemnização a pagar pelo locatário em 50% do valor das rendas vincendas (CJ, Ac. STJ, 1999, I, pp. 99 ss.). Estava em causa um imóvel dado em locação financeira, sendo que o locatário apenas pagou as duas primeiras rendas de carácter trimestral (a primeira ascendia a 1.400.000$00 e a segunda – semelhante às restantes – no valor de 858.356$00). O tribunal sustentou, em abstracto, que a desvalorização dos bens imóveis é nula ou praticamente nula, assim como a diminuição da sua rentabilidade, sendo ainda mais fácil a celebração de novo contrato relativamente a esse bem; para além disso, assinalou que tal estipulação permitiria que o locador viesse a perceber – pressupondo a restituição do imóvel – um valor que variaria entre 50% a 100% conforme o lapso de tempo decorrido até à resolução. À mesma ideia chegou quando apreciou o caso em concreto. Aqui avaliaram-se os montantes da indemnização fixados na cláusula e atendeu-se ao período de tempo decorrido entre a celebração do contrato e a sua resolução, à eventual recuperação da coisa pelo locador, à desvalorização da coisa, ao facto de ter deixado de ser nova e aos benefícios que o locador teria obtido se tivesse locado a um terceiro comprador. Concluiu, pois, ser excessiva a cláusula penal (ver o Ac. cit., pp. 99 e 100).

[520] Também em Espanha os clausulados consagram, em regra, o dever de pagamento de 20% do valor das rendas vincendas. No entanto, nalguns casos, chegam mesmo a prever uma percentagem inferior (ver González Castilla, Leasing financiero mobiliário, cit., p. 110).

[521] Estabeleceu o Ac. Rel. Porto, de 10.3.2005 (Gonçalo Silvano), os contornos da distinção entre a cláusula penal e a cláusula limitativa da responsabilidade (www.dgsi.pt, pp. 2, 3 e 8, 9).

[522] Como afirma Ribeiro de Faria, comentando uma situação decidida pelo tribunal tendo por base uma estipulação semelhante, "no fundo, a cláusula penal, nos termos em que foi estabelecida, correspondia grosso modo ao montante do cumprimento do contrato, vale dizer, aferida pelo interesse positivo. Poder-se-ia mesmo dizer que nos fautores da contrata-

Note-se que esta estipulação subsiste apesar da resolução do contrato, já que esta não faz cessar a inteira relação negocial. É assim admissível resolver o contrato e pedir uma a indemnização pelos danos do não cumprimento[523].

Dito isto, cabe agora referir que são objecto de discussão aturada, em especial na nossa jurisprudência, as questões da qualificação e da validade (e da redução) da cláusula penal.

Faça-se aqui um parêntesis para remarcar que tem sido paulatinamente abandonado o modelo tradicional unitário da cláusula penal, para o qual se mostra indiferente o fim que a determinava – "compelir ao cumprimento" ou "pré-avaliar o quantitativo indemnizatório".

Ora, tal construção foi dando lugar na doutrina portuguesa, embora com algumas variantes, à distinção das cláusulas penais em razão da finalidade que lhes subjaz.

Assim, consideram-se os seguintes tipos:

– cláusula penal de fixação antecipada da (ou do montante da) indemnização ou indemnizatória[524];

ção estaria contida a ideia de que a indemnização, no caso de resolução, semediria por esse interesse". Parte-se do pressuposto que "o valor do equipamento restituído tem a correspondência nos 80% do valor das prestações vincendas e contratualmente não exigíveis por ocasião da resolução" ("A natureza da indemnização no caso de resolução do contrato. Novamente a questão", Estudos em Comemoração dos 5 anos (1995-2000) da Faculdade de Direito da Universidade do Porto, Coimbra, 2001, pp. 12 e 13). O autor sugere, de resto, que a justificação da mencionada cláusula penal pode basear-se na "aliança da resolução com a indemnização pelo interesse positivo" (ob. loc. cit.). Ver, quanto à indemnização pelo interesse contratual positivo que entendemos cumulável com a resolução, Gravato Morais, União de contratos de crédito e de venda para consumo, cit., p. 110, nota 92 (e as orientações defendidas pela doutrina).

[523] Ver, neste sentido, Ribeiro de Faria, "A natureza da indemnização em caso de resolução do contrato...", cit., p. 54. A questão não é, porém, pacífica.
Na doutrina estrangeira, os autores alemães defendem em geral o não cúmulo entre a resolução e a pena (entre outros, veja-se Joachim Gernhuber, Das Schuldverhältnis, Tübingen, 1989, p. 757).
No tocante à locação financeira, cfr. o Ac. Rel. Lisboa, de 4.5.1995 (Silva Salazar), CJ, 1995, III, p. 91 (é líquido que nos contratos bilaterais, como é o caso, que se "permite a acumulação do exercício do direito de resolução com o direito de indemnização).

[524] Esta tem por função única a liquidação da indemnização nos casos de mora (aqui diz-se moratória), de incumprimento definitivo ou de cumprimento defeituoso (aqui diz-se compensatória). A pena é igual à indemnização.

- cláusula penal exclusivamente compulsivo-sancionatória (ou de natureza compulsória)[525];
- cláusula penal em sentido estrito ou propriamente dita[526-527].

Posto isto, importa ver como é encarada a estipulação em apreço, em especial, na nossa jurisprudência, para ulteriormente a qualificarmos.

Uns sustentam que configura uma cláusula do primeiro tipo, ou seja, de fixação antecipada do montante da indemnização[528].

Para outros, trata-se de uma cláusula penal coercitiva (sem, contudo, se especificar qual a sua modalidade)[529], em virtude de não ter qualquer escopo ressarcitório. Visa-se apenas compelir ao cumprimento.

Afirma-se ainda que esta é uma cláusula penal em sentido estrito, pois se "destina a compensar o locador de prejuízos que resultem do incumprimento das obrigações do locatário"[530].

Outros, por fim, ainda referem que tem uma dupla função: ressarcitória e coercitiva. Isto porque, por um lado, "prevê antecipadamente um *forfait* que ressarcirá o dano resultante do eventual não cumprimento ou cumprimento inexacto" e, por outro, funciona "como poderoso meio de

---

[525] Nestes casos ou há uma pena que acresce ao cumprimento ou que acresce à indemnização pelo incumprimento. O objectivo é pois o de pressionar o devedor a cumprir (e já não o de substituir a indemnização).

[526] Esta estipulação substitui o cumprimento ou substitui a indemnização, não acrescendo portanto a nenhuma delas. Também aqui se compele ao cumprimento, mas simultaneamente satisfaz-se o interesse do credor. Normalmente, excede os danos previsíveis, portanto a pena é, em regra, superior à indemnização.

[527] Seguem esta classificação, entre outros, Pinto Monteiro, Cláusula penal e indemnização, Coimbra, 1990, pp. 602 ss., e Almeida Costa (Direito das Obrigações, cit., pp. 736 e 737).

[528] Cfr. o Ac. Rel. Porto, de 10.3.2005 (Gonçalo Silvano), www.dgsi.pt, p. 9 (a particularidade deste caso residia no facto de se ter introduzido um quantitativo fixo ressarcitório e não um montante máximo definitivo e condicionado ao apuramento dos danos), o Ac. STJ, de 6.10.1998 (Lemos Triunfante), BMJ, nº 480, 1998, p. 445, o Ac. Rel. Lisboa, de 7.7.1994 (Rodrigues Codeço), CJ, 1994, IV, p. 80, e o Ac. Rel. Porto, de 23.11.1993 (Matos Fernandes), CJ, 1993, V, p. 230.

[529] Neste sentido, o Ac. Rel. Lisboa, de 3.2.1994, cit., p. 119, de 21.5.1992 (Machado Soares), CJ, 1992, III, p. 180, e o Ac. Rel. Lisboa, de 19.5.1992 (Machado Soares), www.dgsi.pt, p. 5.

[530] Ac. STJ, de 17.11.1994 (Araújo Ribeiro), BMJ, nº 441, 1994, p. 280.

pressão de que o credor se serve para determinar o seu devedor a cumprir a obrigação"[531].

Observe-se, desde já, que a tese da dupla função tem sido criticada por um certo sector da doutrina – que acompanhamos – em razão da sua incompatibilidade: a indemnização não pode exceder o dano efectivo, sendo que a pena não tem tal limite cumprindo assim uma função unicamente compulsória[532].

A nosso ver, esta estipulação é do tipo compulsório (ou coercitivo), na modalidade de cláusula penal em sentido estrito. Na verdade, não tem por função liquidar a indemnização, já que não faz apenas com que o credor (o locador) fique sem danos, nem acresce àquela. Antes a substitui, sendo que o valor que subjaz à cláusula é superior ao dos danos previsíveis.

Efectuada a qualificação, releve-se que estas estipulações são muito contestadas pelos locatários, que invocam concomitantemente o art. 19º, al. c) do DL 446/85, de 25 de Outubro (regime das cláusulas contratuais gerais) e o art. 812º, nº 1 do CC.

Aquele determina que "são proibidas, consoante o quadro negocial padronizado..., as cláusulas contratuais gerais que: c) consagrem cláusulas penais desproporcionadas aos danos a ressarcir". Este dispõe que "a cláusula penal pode ser reduzida pelo tribunal, de acordo com a equidade, quando for manifestamente excessiva, ainda que por causa superveniente".

Ora, à primeira vista, esta disposição (o art. 812º do CC) aplica-se nos contratos negociados (aqui as cláusulas penais seriam, em princípio, válidas, sendo corrigidas através da redução da pena, *de acordo com a equidade*), enquanto que aquele preceito (o art. 19º, al. c) do DL 446/85) é empregue nos contratos de adesão (sendo as cláusulas penais excessivas, porque *desproporcionadas aos danos a ressarcir* inválidas (art. 12º da LCCG), e, por isso, "eliminadas através da declaração de nulidade da cláusula e da

---

[531] Ac. Rel. Lisboa, de 20.5.2003 (Roque Nogueira), www.dgsi.pt, p. 3, Ac. STJ, de 21.5.1998 (Garcia Marques), BMJ, nº 477, 1998, pp. 501 e 502, Ac. Rel. Lisboa, de 24.2.1994 (relator desconhecido), CJ, 1994, I, p. 139, Ac. Rel. Porto, de 28.9.1993 (Mettelo de Nápoles), CJ, 1993, IV, pp. 215 e 216.
[532] Pinto Monteiro, Cláusula penal e indemnização, cit., p. 626.
Note-se no entanto que a tese da dupla função tem seguidores em vários países da União Europeia.

substituição da pena por uma indemnização estabelecida nos termos gerais"[533].

No entanto, o autor sustentando uma interpretação restritiva do art. 19º, al. c) do DL 446/85 considera, neste quadro, que a desproporção "se afere no momento em que a declaração negocial é emitida... pelo que a cláusula penal seria inválida", admitindo concomitantemente que a desproporção possa ser provocada pelo incumprimento, sendo então aplicável o art. 812º do CC (também aos contratos de adesão)[534].

Ora, o contrato de locação financeira é um contrato de adesão pelo que, em razão do exposto, qualquer das referidas normas pode ser em concreto empregue, cabendo todavia averiguar se a cláusula é ou não desproporcionada.

Os tribunais posicionam-se num e noutro sentido quanto à admissibilidade da estipulação em discussão.

Assim, uns têm-se pronunciado pela sua validade como princípio geral, considerando-as adequadas aos danos a ressarcir[535].

---

[533] Cláusulas acessórias ao contrato, cit., pp. 165 e 166 (o autor, aliás, critica o uso do critério da desproporção entre a pena e os prejuízos indemnizáveis como critério de (in)validade das cláusulas penais inseridas em contratos de adesão).
[534] Cláusulas acessórias ao contrato, cit., p. 169.
[535] Neste sentido encontramos inúmeros arestos.
Ver Ac. Rel. Porto, de 9.4.2002 sumário (Marques de Castilho), www.dgsi.pt, Ac. STJ, de 6.10.1998 (Lemos Triunfante), BMJ, nº 480, 1998, pp. 447 ss., Ac. STJ, de 21.5.1998 (Garcia Marques), BMJ, nº 477, 1998, pp. 501 ss., Ac. Rel. Lisboa, de 24.9.1998 – sumário (Silva Pereira), www.dgsi.pt, Ac. Rel. Lisboa, de 13.2.1997 (Cunha Barbosa), www.dgsi.pt, p. 5 (atende-se aos valores dispendidos pelo locador, ao elevado uso da coisa locada, ao seu desgaste contínuo, à sua desvalorização, e ainda à sua desactualização, para sustentar a validade da cláusula), Ac. Rel. Lisboa, de 27.4.1995 (Silva Salazar), www.dgsi.pt, pp. 4 e 5 (afirma, em regra, a sua validade "pelo menos quando não fixem uma indemnização superior à dita percentagem") e o mesmo aresto em CJ, 1995, II, p. 122 (observa-se aí que "uma indemnização, na apontada percentagem de 20%, atendendo aos lucros que a locadora deixa de auferir e à normal desvalorização do equipamento" não é ofensiva do disposto nos arts. 12º e 19º, al. c) DL 446/85), Ac. Rel. Lisboa, de 8.11.1994 (Bento Lopes), www.dgsi.pt, p. 4, Ac. Rel. Lisboa, de 10.10.1995 (Bento Lopes), CJ, 1995, V, p. 95, Ac. Rel. Lisboa, de 7.7.1994 (Rodrigues Codeço), CJ, 1994, IV, p. 80, Ac. Rel. Lisboa, de 4.5.1995 (Silva Salazar), CJ, 1995, III, pp. 91 e 92, Ac. Rel. Lisboa, de 21.4.1994 (Silva Pereira), CJ, 1994, II, p. 126 (afirma-se a validade da cláusula, sem contudo a qualificar), Ac. Rel. Lisboa, 25.1.1994 (Joaquim Dias), www.dgsi.pt, pp. 5 e 6 (assinala-se a razoabilidade do critério escolhido pelo locador "ao fazer variar o seu montante na proporção directa do quantitativo das rendas em dívida: quanto menor for este

A justificação para a admissibilidade da percentagem encontrada reside, em termos gerais, nos "elevados encargos financeiros [suportados] com a aquisição do equipamento"[536], mas também "nos prejuízos que o locador pode sofrer... derivados do desgaste ou desactualização do equipamento"[537].

Deve ainda atender-se ao facto de "o locador ter mais a ganhar com o cumprimento do que com o incumprimento", para além de que "a utilização dos bens pode tornar estes imprestáveis, sem que o locador tenha possibilidade de lhes dar segunda utilização"[538].

Realça-se, por outro lado, que se compreende o alcance de tais cláusulas, pois "em lugar de fixarem rendas mais elevadas, que iriam sobrecarregar também quem cumpre e redundariam num maior dificuldade de celebração de tais contratos", se opta por esta via[539].

Ao invés, outros preconizam a sua nulidade, ao abrigo dos arts. 12º e 19º, al. c) do DL 446/85, em razão do direito do locador a ser ressarcido pelos danos causados "se encontrar suficientemente acautelado nas restantes cláusulas do contrato" e em virtude de, "extinto o contrato, como

---

quantitativo, menor será o valor da cláusula penal", Ac. Rel. Lisboa, de 10.1.1994, cit., p. 139 (defende-se que não há violação dos arts. 12º e 19º DL 446/85, nem do CC), Ac. Rel. Porto, de 23.11.1993 (Matos Fernandes), CJ, 1993, V, p. 230 (aduz-se que, a não ser assim, "teria de concluir-se que a credora [locador] havia abdicado de qualquer indemnização", acrescentando ainda "que o art. 19º, al. c), eventualmente tenha querido referir-se às cláusulas coercitivas" – o que se considera duvidoso –, não dispondo o tribunal de elementos para a "reputar uma cláusula proibida"), Ac. Rel. Porto, de 28.9.1993 (Mettelo de Nápoles), CJ, 1993, IV, p. 216 (o acento tónico volta a ser o "natural desgaste" e a "inegável desvalorização" do bem locado, destinando-se as rendas em causa a compensar o locador pela sua utilização), Ac. STJ, de 17.3.1993, cit., p. 10 (sustenta-se que "este é um contrato em que o locador tem mais a ganhar com o cumprimento do que com o incumprimento", sendo "grandes os riscos assumidos" e ainda "demasiado elevado o capital aplicado", não se verificando "enriquecimento do locador mas antes um empobrecimento").

[536] Ac. Rel. Lisboa, de 20.5.2003 (Roque Nogueira), www.dgsi.pt, p. 4.

[537] Ver o Ac. Rel. Lisboa, de 10.1.1994 (sem relator identificado), cit., p. 139 (observa-se que "a validade da cláusula não é beliscada pela circunstância de ela se cumular com a restituição do equipamento e com o pagamento das rendas vencidas e não pagas"; mais se aduz, "é bom não esquecer que as máquinas continuaram a ser propriedade do autor [locador] e essas rendas destinam-se a compensá-la pela utilização desse equipamento"), Ac. Rel. Porto, de 28.9.1993 (Metello de Nápoles), CJ, 1993, IV, p. 216.

[538] Ac. Rel. Lisboa, de 10.10.1995 (Bento Lopes), CJ, 1995, V, p. 97.

[539] Ac. Rel. Lisboa, de 4.5.1995 (Silva Salazar), CJ, 1995, III, p. 91.

é da essência da resolução, o locatário não mais estar obrigado a pagar as prestações a vencer no futuro"[540]. Outros ainda justificam-no "na severidade das demais consequências decorrentes da resolução do contrato de locação financeira[541]".

Em função da perspectiva adoptada atrás – tendo por base, respectivamente, a apreciação da desproporção entre a pena e os danos previsíveis, num caso, e os danos efectivos, no outro – há aqui dois problemas a resolver: por um lado, o da validade da cláusula, que deve aferir-se em abstracto; por outro, o do não cumprimento, que deve apreciar-se tendo em vista a situação concreta.

Desta sorte, numa primeira fase, em termos abstractos, tem-se em vista a cláusula penal enquadrada na generalidade dos contratos de locação financeira no sentido de apreciar a proporcionalidade da estipulação em razão dos danos previsíveis. Impõe-se um juízo valorativo, já que tais estipulações integram o elenco das cláusulas relativamente proibidas, de modo que deve tomar-se em atenção, nessa apreciação, o "quadro negocial padronizado". Portanto, está aqui em causa a questão da aplicabilidade do art. 19º, al. c) do DL 446/85. Ora, em função do conteúdo da cláusula, não nos parece que se possa concluir pela sua nulidade.

Note-se que pretendendo o locatário valer-se da desproporção que importa a nulidade da cláusula – e dado que tal nulidade constitui uma excepção peremptória, porquanto é impeditiva do efeito jurídico inerente aos factos invocados pelo locador (art. 493º, nº 3 do CPC) – recai

---

[540] É o entendimento e a justificação do Ac. Rel Lisboa, de 3.2.1994 (Tomé de Carvalho), cit., p. 119.
[541] Ac. Rel. Lisboa, de 21.5.1992 (Machado Soares), cit., p. 180.
Ver ainda no mesmo sentido o Ac. Rel. Lisboa, de 19.5.1992 (Machado Soares), www.dgsi.pt, p. 6 (aí se afirma que "forçoso é concluir que não visando... um encargo indemnizatório, a sua função é meramente coercitiva e daí que se deva considerá-la como ferida de nulidade, nos termos das disposição combinadas dos arts. 12º e 19º, al. c)"
[542] Ver Ac. Rel. Lisboa, de 27.4.1995 (Silva Salazar), CJ, 1995, II, p. 122 (no caso, o locatário não "provou qualquer desproporção, nem alegou sequer factos que a indiciassem, sendo que no tocante aos factos provados também nada se pode deduzir). Cfr. ainda sobre o assunto o Ac. STJ, de 10.2.2000 (Ferreira Almeida), CJ, 2000, I, p. 79, seguindo de resto orientação semelhante (o ónus da prova da pretensa desproporção incumbe ao locatário financeiro), e o Ac. Rel. Lisboa, de 13.2.1997 (Cunha Barbosa), www.dgsi.pt, p. 4.

sobre ele o ónus da prova dos factos que demonstram a desproporção (art. 342º, nº 2 do CC)[542-543].

Há, posteriormente, que valorar em concreto a estipulação, atendendo às suas circunstâncias específicas. Aqui entra em jogo o art. 812º, nº 1 do CC, pelo que a cláusula pode ser reduzida segundo a equidade, caso se considere existir desproporcionalidade. À partida, também aqui se mostra adequada a pena prevista no contrato de locação financeira em relação aos danos efectivamente sofridos pelo locador[544].

Importa sublinhar ainda que, para efeito de saber se a cláusula penal é desproporcionada (ou não), deve ter-se em conta o tipo de bem, móvel ou imóvel[545].

d) Dever de pagamento das despesas relacionadas com a coisa não realizadas pelo locatário

Prevê também o clausulado que compete ao locatário efectuar o pagamento de determinadas despesas, em virtude de estas estarem relacio-

---

[543] Afirmando que a redução não pode ser decretada oficiosamente (Ac. STJ, de 26.6.1996, proc. nº 78.711, 1ª sec., citado pelo Ac. STJ, de 9.2.1999 (Lopes Pinto), CJ, Ac. STJ, 1999, I, p. 99, que segue idêntica posição).

[544] O Ac. Rel. Lisboa, de 15.12.2005 (Olindo Geraldes), www.dgsi.pt, parece acolher este entendimento (observa-se, por um lado, que "a fixação abstracta da cláusula penal não é susceptível de ofender os bons costumes dominantes na sociedade portuguesa actual" e, por outro, que "em termos concretos, também não se demonstrou que a cláusula penal seja *manifestamente excessiva*, que justifique a sua redução, nos termos do art. 812º CC"; ainda se aduz que nada se provou no sentido de justificar que esta é uma cláusula penal "particularmente exagerada quando confrontada com os danos efectivos" (pp. 5 e 6)).
Ver ainda o Ac. STJ, de 21.5.1998 (Garcia Marques), BMJ, nº 477, 1998, pp. 502 a 504.

[545] Vejamos uma situação concreta retirada do Ac. Rel Porto, de 10.3.2005 (Gonçalo Silvano), cit., p. 11. Estava em causa a resolução do contrato de locação financeira que tinha por objecto um imóvel. Supondo o cumprimento integral do contrato e a aquisição da coisa a final pelo locatário, o locador receberia o valor de 70.000 euros (correspondente ao retorno do capital investido) e o respectivo lucro (o que perfazia globalmente a soma de 124,730,79 euros). O locador recebeu 33 rendas no valor global de 33.141,89 euros, tendo sido o imóvel restituído em 15.4.2002 (o seu valor de mercado era nessa data, pelo menos, de 69.831,71 euros), e pretendia ainda perceber o valor de 15.838,09 euros a título de ressarcimento dos danos. Por sua vez, o locatário aceitava dever apenas 5.974,98 euros – atendendo a que o locador não tinha a expectativa de dele dispor a partir de 2002, mas eventualmente só em Novembro de 2008, o que se deve valorar –, o que implicaria que entregasse a soma de 108.948,58 euros.

nadas com a coisa locada. É, por um lado, o reflexo de ser o locatário que a detém e quem dela goza e, por outro, a consequência de ser ele o seu proprietário económico.

Estamos a referir-nos, por exemplo, aos prémios de seguro, e, relativamente aos imóveis, às despesas de condomínio, aos impostos e às taxas de natureza predial, tais como a contribuição autárquica, a tarifa de conservação de esgotos[546].

Ora, não tendo o locatário procedido ao pagamento, o locador tem direito de exigir daquele o valor em causa.

Nada parece obstar à admissibilidade da estipulação.

3. Resolução do contrato pelo locatário

Normalmente, nos contratos de locação financeira não se encontram regulados casos específicos de resolução convencional pelo locatário. Daí que se possa afirmar que este apenas tem ao seu dispor o mecanismo resolutivo legal.

Desta sorte, perante o incumprimento grave do contrato pelo locador, dispõe igualmente o locatário do direito potestativo de resolução, ao abrigo dos arts. 432º do CC, sem prejuízo do ressarcimento dos prejuízos causados.

Neste trabalho, analisamos já algumas hipóteses em que o locatário pode extinguir o contrato por esta via. Vejamos.

A omissão de entrega e a desconformidade da coisa com o contrato permitem ao locatário, verificados os respectivos pressupostos, resolver os contratos de compra e venda e (conexamente o) de locação financeira.

Numa situação de ilegitimidade do bem locado (art. 1035º do CC e art. 1034º do CC *ex vi* art. 12º, parte final do DL 149/95) também actua o instituto da resolução (agora directamente junto do locador).

---

[546] No Ac. STJ, de 5.11.1997 (Miranda Gusmão) discutiu-se um caso em que o locador veio exigir, na sequência do incumprimento do locatário, entre outras quantias, a importância relativa à (2ª prestação da) contribuição autárquica e o valor da tarifa de conservação de esgotos.
Cfr. *supra* CAP, V, § 2, 4.

§ 4. Revogação da declaração negocial dirigida à celebração do contrato de locação financeira

Celebrado um contrato de locação financeira com um consumidor – pessoa física que actua com objectivos alheios à sua actividade comercial ou profissional –, ele encontra-se naturalmente sujeito à disciplina do crédito ao consumo, constante do DL 133/2009, que revogou o anterior DL 359/91, de 21 de Setembro.

Um dos riscos que subjaz ao crédito ao consumo é o de este se poder tornar irreflectido e precipitado, diluindo-se, com a ideia atraente das condições de crédito e com o forte poder de persuasão (e nalguns casos até de pressão psicológica) do credor, as decisões respeitantes ao financiamento, assim como ao preço e à utilidade do bem a adquirir.

No sentido de evitar este tipo de comportamentos, pretende-se que ao consumidor (locatário financeiro) seja proporcionada uma efectiva informação acerca do teor do contrato, visto que este é dado a conhecer, em regra, muito pouco tempo antes da assinatura do mesmo. Simultaneamente, é-lhe concedido um determinado prazo para reflectir acerca do negócio ao qual se vinculou.

É, pois, neste contexto que surge o *direito de arrependimento*, que representa um "rude golpe no princípio *pacta sunt servanta*"[547].

A concessão de um tal *período de reflexão* ao consumidor permite a este avaliar não só com minúcia e com detalhe, mas também de modo mais ponderado e tranquilo, as cláusulas do contrato. O propósito é pois o de afastar comportamentos pouco ponderados ou mesmo irreflexivos, susceptíveis de produzir efeitos nefastos na sua esfera jurídica e no seu património (*v.g.*, as consequências perigosas de um financiamento excessivo).

O direito de revogação é aplicável, em princípio, a todos os contratos de crédito ao consumo e, portanto, também ao contrato de locação financeira.

No DL 133/2009, na esteira do DL 359/91, tal orientação apoia-se nos vários números do art. 17º. Aí se alude sempre ao "contrato de crédito", ao "credor" e ao "consumidor", sem fazer qualquer tipo de discriminação negativa, nem impondo limitações de qualquer espécie.

---

[547] Carlos Ferreira de Almeida, Direito do Consumo, cit., p. 114.

Mas uma semelhante leitura também resulta da própria razão de ser da norma: a protecção do consumidor a crédito perante o respectivo dador.

O art. 12º, nº 3, al. h) do DL 133/2009 impõe ao credor (no caso, ao locador financeiro) a obrigação de mencionar no texto do contrato – que se exige que seja reduzido a escrito, assinado pelas partes e entregue ao consumidor (art. 12º, nº 1 e nº 2 do DL 133/2009) – "a existência do direito de livre revogação pelo consumidor, o prazo, o procedimento previsto para o seu exercício, incluindo designadamente informações sobre a obrigação do consumidor pagar o capital utilizado e os juros, de acordo com o nº 4 do artigo 17º, bem como o montante dos juros diário".

Portanto, daqui decorre que a informação sobre o direito de revogação deve ser comunicada ao locatário financeiro, consumidor, por escrito, não bastando que o seja verbalmente.

A expressão utilizada na epígrafe do art. 17º do DL 133/2009, parece-nos efectuada à norma na sua globalidade. Queremos com isto afirmar que do contrato de locação financeira deve resultar a informação mínima necessária que permita ao consumidor médio, por via de regra leigo em direito e inexperiente economicamente, reconhecer a existência do seu direito, assim como os requisitos essenciais para o seu exercício, sem se descurar igualmente a comunicação dos efeitos que tal exercício faz operar.

Emerge do exposto que o locador financeiro deve, no próprio texto do contrato, mencionar a forma e o modo de efectivação do direito, o prazo durante o qual pode ser executado, o início da contagem desse prazo e o momento que delimita a tempestividade do exercício, o destinatário da declaração e, finalmente, as consequências ligadas à realização de tal direito.

A falta da informação mínima necessária acarreta, a nosso ver, duas consequências:

- por um lado, o próprio contrato de crédito (*in casu*, de locação financeira) é "anulável" (apenas) pelo consumidor e aqui locatário (art. 13º, nº 3 e nº 5 do DL 133/2009);
- por outro, o prazo para exercer o direito de revogação não começa sequer a correr.

Quanto à disciplina resultante do art. 17º do DL 133/2009, cumpre observar que o direito de revogação pode ser exercido pelo locatário financeiro "em papel ou noutro suporte duradouro à disposição do credor e ao qual este possa aceder", sendo a "carta registada com aviso de recepção" o meio, quanto a nós, mais seguro, atento um possível atraso ou extravio da declaração. Não sai prejudicada obviamente a utilização do *fax*, do *email*, do telegrama, da mera carta ou até de uma declaração escrita entregue, em mão, ao dador de crédito. Qualquer destas vias parece legítima. Pode assim concluir-se que a norma parece apenas afastar a mera comunicação verbal.

Quanto ao conteúdo, assinale-se que a declaração não necessita de ser motivada, operando portanto *ad nutum* ou *ad libitum*. Exige-se, porém, a identificação do locatário financeiro (consumidor) e do próprio contrato de locação financeira afectado pela revogação da declaração negocial – daí a referência na lei a "um" contrato de crédito – e que, em regra, assine o documento. Exercido o direito através de *e-mail* não se mostra necessário a sua subscrição, desde que o declarante (o beneficiário do crédito) esteja devidamente identificado.

Não é imperioso que o vocábulo "revogação" integre daquela declaração, mas sublinhe-se dela deve, pelo menos, retirar-se que o locatário financeiro pretende exercer aquele específico direito.

Prevê-se no DL 133/2009 um prazo de 14 dias de calendário para o exercício de tal direito, prazo mais longo que o previsto no DL 359/91 (de sete dias úteis para o exercício de tal direito – art. 8º, nº 1).

O momento decisivo para o início da contagem do prazo é, em regra, o da assinatura do contrato, mas também pode ser o da entrega do contrato (o qual, como vimos, necessita de conter a informação mínima sobre o direito de revogação que assiste ao consumidor), porquanto é só a partir desse instante que o consumidor dispõe dos meios necessários para reflectir ponderadamente.

O art. 17º, nº 3 do DL 133/2009 dispõe ainda que é a expedição da declaração que marca o momento em que a revogação produz efeitos, delimitando assim o seu carácter tempestivo.

Na nossa ordem jurídica, o decurso do prazo sem que o consumidor exerça regularmente o direito de revogação acarreta a sua caducidade. Assim, o contrato produz todos os efeitos a que tendia.

O exercício regular do direito importa a revogação da declaração negocial dirigida à conclusão do contrato de crédito, provocando, consequentemente, a sua extinção. Portanto, com o exercício regular do direito "recusa [o consumidor] a eficácia do contrato"[548].

Um último aspecto, de importância assinalável, se deve destacar.

O direito de revogação é agora irrenunciável (art. 26º do DL 133/ /2009), ao contrário do que sucedia no anterior diploma em que "pod[ia] o consumidor, em caso de entrega imediata do bem, renunciar, através de declaração separada e exclusiva para o efeito, ao exercício do direito de revogação...". Tal situação configura um progresso notável ao nível dos direitos dos consumidores.

---

[548] Peter Ulmer, § 7 *VerbrKrG*, Münchener Kommentar zum Bürgerlichen Gesetzbuch, Band 3, Schuldrecht, Besonderer Teil, 3. Aufl., München, 1995, p. 684.

Capítulo IX
Garantias

§ 1. Garantias pessoais. 1. Fiança. 2. Aval. 3. Seguro-caução. 4. Pacto de reaquisição § 2. Garantias reais (breve referência). 1. Penhor. 2. Hipoteca.

É usual que o locador procure assegurar, pelas mais diversas vias ao seu dispor, o pagamento das rendas, de outros encargos ou de eventuais indemnizações devidas por aquele.

Ora, o art. 19º do DL 149/95 "esclarece" que se mostra admissível a constituição de qualquer garantia, pessoal ou real. Impõe-se o seu estudo.

Atendemos, num primeiro momento, àquelas. Aí analisamos a fiança, o aval e o seguro-caução. No mesmo contexto, embora aqui se trata de uma garantia prestada pelo próprio vendedor, relevamos o pacto de reaquisição (ao comprador) da coisa alienada.

Por fim, faremos uma breve alusão ao penhor e à hipoteca.

§ 1. Garantias pessoais

1. Fiança
Os contratos de locação financeira prevêem frequentemente a possibilidade de um terceiro – em regra, um familiar próximo ou um amigo – assegurar junto do locador o pagamento das prestações de renda devidas pelo locatário.

É comum a aposição na cláusula de fiança que o garante responde como "principal pagador" e/ou que renuncia ao "benefício da excussão prévia"[549-550].

Ora, configurando o contrato de locação financeira um acto de comércio objectivo, à luz do art. 2º, 1ª parte do CCom[551], dele decorrendo obrigações de carácter mercantil, deve qualificar-se esta fiança igualmente como comercial, ainda que o garante não seja comerciante[552].

Daí que seja aplicável ao caso o art. 101º do CCom. que determina a solidariedade entre o devedor principal (locatário) e o fiador. Esta norma tem natureza imperativa, pelo que não pode ser afastada por vontade das partes em sentido contrário. Portanto, as expressões utilizadas nada acrescentam à disciplina que decorre já da lei comercial[553].

Para além deste aspecto, deve referir-se que se aplicam a esta específica garantia, subsidiariamente, as regras civilistas da fiança.

---

[549] Discutiu-se no Ac. Rel. Lisboa, de 17.2.1994 (Tomé de Carvalho), CJ, 1994, I, p. 120, que a expressão usada "por aval do locatário" mais não é, no caso, do que uma fiança, "figura manifestamente próxima do aval", por força da "ausência de qualquer letra ou livrança" subscrita pelos garantes e atendendo a que estes quiseram assegurar o crédito do locador.

[550] Suscitando-se a questão da indeterminabilidade da fiança, decidiu o Ac. STJ, de 8.3.2007 (Bettencourt de Faria), www.dgsi.pt, que "não existe indeterminabilidade da fiança se dos seus termos puder resultar a determinação das obrigações do devedor afiançado, nomeadamente em caso de incumprimento contratual, como é o caso de se consignar que A fica responsabilizado pessoal e solidariamente pelo integral pagamento de todas as responsabilidades de B para com C, emergentes de determinados contratos de leasing entre estes celebrados"; quanto a um eventual abuso do direito, afirmou-se acertadamente que "o credor que demanda o fiador, não existindo, como no caso, outros factos que demonstrem o excesso nessa demanda, não pratica um abuso de direito".

[551] E também subjectivo em razão de o locador financeiro ser uma instituição de crédito.

[552] Trata-se, em regra, de uma "operação de banco" (art. 362º do CCom.), entendida no sentido lato e actual do termo: uma instituição de crédito.
O Ac. Rel. Porto, de 23.11.1993 (Matos Fernandes), CJ, 1993, V, p. 230, segue outro caminho ao afirmar o carácter subjectivamente comercial do acto praticado ("ao menos do lado da locadora").
Já o Ac. Rel. Lisboa, de 19.5.1992 (Machado Soares), CJ, 1992, III, p. 182, entendeu [erroneamente] aplicável *in casu* o art. 100º CCom., embora termine por reconhecer em concreto a solidariedade do fiador (dada a expressa renúncia ao benefício da excussão prévia).

[553] Cfr. o Ac. Rel. Lisboa, de 4.7.1989 (Rosa Raposo), CJ, 1989, IV, p. 112).

Assim, há que considerar a característica da acessoriedade (art. 627º, nº 2 do CC), *maxime* no que toca à obrigação assumida pelo fiador em relação à dívida principal do locatário[554].

A sua manifestação toca várias vertentes:

- no que tange à validade do acto – art. 632º, nº 1 do CC;
- relativamente à equiparação formal das obrigações (a fiança deve revestir a forma da obrigação principal) – art. 628º, nº 1 do CC[555];
- quanto ao conteúdo (a fiança não pode exceder a dívida principal) – art. 634º do CC[556];
- ao nível da cessação do negócio (extinguindo-se a dívida, extingue-se a fiança);
- e ainda no que concerne aos meios de defesa a opor pelo fiador – art. 637º do CC[557].

---

[554] Ver, sobre estes aspectos, Almeida Costa, Direito das Obrigações, cit., pp. 831 ss. e Antunes Varela, Das Obrigações em geral, cit., II, pp. 481 ss.

[555] Note-se que na fiança prestada no âmbito de um contrato de locação financeira para consumo, o negócio deve ser reduzido a escrito, assinado pelo fiador e ainda deve ser-lhe entregue um exemplar do contrato, sob pena de nulidade da fiança (art. 12º, nº 2 e art. 13º, nº 1 do DL 133/2009, na esteira do que se entendia, na doutrina e na jurisprudência, à luz do arts. 6º, nº 1 7º, nº 1 do DL 359/91, de 21 de Setembro).
Realce-se que, como refere Calvão da Silva, "*à prestação de fiança não obsta o facto de a obrigação ser condicional*". Ora, sendo o contrato de locação financeira condicional, "*a fiança ficou a ser igualmente condicional*", de modo que "*não se tendo verificado a condição suspensiva da entrega do equipamento ao locatário, a fiança não pdoe susbsistir*" ("Locação financeira e garantia bancária", cit., p. 48).
Ver *supra*, quanto às considerações efectuadas em relação à responsabilidade do locador pela entrega da coisa, CAP. VII, SECÇÃO II, § 1.

[556] Determina o Ac. Rel. Lisboa, de 29.11.2001 – sumário (Teresa Prazeres Pais), www.dgsi.pt, que os fiadores do locatário financeiro "respondem pelas consequências derivadas da resolução daquele por incumprimento do mesmo locatário".

[557] O art. 637º, nº 1 do CC prevê a utilização, por parte do fiador, de dois tipos de meios de defesa: os meios de defesa próprios, ligados à relação entre credor (locador financeiro) e fiador (*v.g.*, o benefício da excussão, a incapacidade das partes, a compensação), e os meios de defesa que competem ao devedor principal, *in casu* o locatário financeiro (*v.g.*, a nulidade do contrato subjacente, a excepção de não cumprimento, a excepção do carácter excessivo da cláusula penal), os quais representam uma manifestação típica da acessoriedade da fiança. Calvão da Silva, pronunciando-se sobre um concreto contrato de locação financeira, qualifica a garantia prestada como fiança, concluindo que se permite, *in casu*, ao terceiro garante, atenta

Note-se que ao garante não tem de ser comunicada pelo locador a mora no pagamento por parte do locatário, nem a resolução do contrato. A doutrina e a jurisprudência também assim o entendem[558].

2. Aval

É também prática corrente que uma outra pessoa avalize o título cambiário (normalmente emitido em branco, com a função de garantir o pagamento da dívida)[559], que subjaz ao contrato de locação financeira,

---

a característica da acessoriedade, "*invocar as excepções tiradas da relação de base*" ("Locação financeira e garantia bancária", cit., p. 48).
Ver Vaz Serra, "Fiança e figuras análogas", BMJ (nº 71), 1957, pp. 87 e 95, Januário Gomes, Assunção fidejussória de dívida. Sobre o sentido e o âmbito da vinculação como fiador, Coimbra, 2000, pp. 1011 ss.
No quadro da locação financeira para consumo, cfr. Gravato Morais, União de contratos de crédito e de venda para consumo, cit., pp. 323 e 324.
[558] *Vide*, entre outros, o Ac. Rel. Lisboa, de 29.11.2001 – sumário (Teresa Prazeres Pais), www.dgsi.pt (afirma-se aí que não é necessário notificar os fiadores da resolução).
Suscitando a questão, alegada pelo locatário, mas não a resolvendo, o Ac. STJ de 5.7.1994, cit., p. 517.
[559] As letras ou as livranças em branco – admitidas nos termos do art. 10º da LULL – devem conter a assinatura do subscritor (no nosso caso, o locador financeiro) feita com a intenção de contrair uma obrigação cambiária, sendo ainda necessária a entrega do respectivo título ao credor e a autorização para que seja completada por este (convenção de preenchimento). O preenchimento ulterior e unilateral, observado o disposto no art. 1º da LULL, tem como consequência a produção de todos os efeitos que o título cambiário tem em vista (ver, quanto às letras em branco e à sua admissibilidade, Vaz Serra, "Títulos de crédito", BMJ (nº 61), 1956, pp. 255 ss., e Paulo Sendim, Letra de Câmbio, L.U. de Genebra, vol. I, Circulação cambiária, Lisboa, 1980, pp. 155 ss., esp. pp. 182 ss.
Ora, um dos riscos que comporta o preenchimento por pessoa diversa do subscritor é o do preenchimento abusivo (*v.g.*, o locador financeiro inscreve o valor de 10.000 euros quando se encontra apenas legitimado a inserir um montante inferior). Contudo, quer a letra (ou a livrança) tenha sido completada pelo primeiro adquirente, ainda que seja o endossante, a exigir o pagamento, quer por um terceiro, o locatário financeiro dispõe sempre da possibilidade de opor a excepção de preenchimento abusivo (ver Ferrer Correia, Lições de Direito Comercial, Vol. III, Letra de Câmbio, Coimbra, 1975, pp. 134 ss.).
No Ac. Rel. Porto, de 10.3.2005 (Gonçalo Silvano), foi discutido o preenchimento da livrança, dado que foi incluído o valor de 1.021,29 euros, relativo a despesas processuais e administrativas que o locador não tinha suportado. O tribunal entendeu que foram violados os arts. 16º e 17º LULL considerando procedente a oposição à execução (www.dgsi.pt, pp. 1 e 2).

No Ac. Rel. Porto, de 24.2.2005 (João Bernardo), www.dgsi.pt, suscitou-se um semelhante problema, distinguindo-se a livrança em branco da livrança incompleta.
Também no Ac. Rel. Porto, de 20.12.2004 (Cunha Barbosa), www.dgsi.pt, se abordou o preenchimento pelo locador financeiro de uma livrança em branco (esp. pp. 4 e 5).
O Ac. Rel. Lisboa, de 7.12.2004 (Roque Nogueira), debateu igualmente uma situação similar; só que, no caso, o locatário não fez a prova – como lhe competia, em virtude de constituir um facto impeditivo do direito invocado pelo locador (exequente), ao abrigo do art. 342º, nº 2 CC – daquele carácter abusivo (www.dgsi.pt, p. 3).
Também o Ac. STJ, de 28.5.2002 (Neves Ribeiro), www.dgsi.pt, pp. 1 a 4, abordou a problemática do preenchimento abusivo da letra invocado pelo locatário financeiro, julgando procedente a oposição à execução, na esteira da decisão do Tribunal de primeira instância.
No Ac. STJ, de 10.2.2000 (Ferreira de Almeida), CJ, 2000, I, pp. 79 e 80, entendeu-se, por sua vez, que, em razão de as partes terem acordado que o montante máximo a preencher pelo locador não podia ser superior a dada quantia e sendo certo que o valor aposto se situa abaixo dessa soma, não tinha sido violado o pacto em análise.
Realce-se que caso seja o credor (locador financeiro), portador imediato do título cambiário, a servir-se deste para intentar uma acção executiva, deve considerar-se que o locatário financeiro lhe pode opor qualquer meio de defesa. Senão vejamos.
Como refere Ferrer Correia "nas relações imediatas, isto é, nas relações entre um subscritor e o sujeito cambiário imediato..., nas quais os sujeitos cambiários o são concomitantemente de convenções extra-cartulares, tudo se passa como se a obrigação cambiária deixasse de ser literal e abstracta" (Lições de Direito Comercial, Vol. III, cit., p. 70). São assim oponíveis ao portador imediato as excepções decorrentes da relação cambiária, bem como as relativas à relação jurídica fundamental (causal) – ver, quanto à classificação das excepções oponíveis ao portador de um título de crédito, Vaz Serra, "Títulos de Crédito", BMJ (nº 60), 1956, pp. 138 ss.
Deste modo, o locatário tanto pode invocar junto do locador uma vicissitude decorrente do próprio contrato de locação financeira, como também outra vicissitude que afecte o contrato de compra e venda (*v.g.*, a desconformidade da coisa) e que se repercuta no negócio celebrado entre si e o locador
Retomando o tema central desta nota, deve ainda salientar-se que a faculdade de invocar o preenchimento abusivo do título cambiário está também ao alcance do avalista.
Assim o entendeu o Ac. STJ, de 30.4.2002 (Ribeiro Coelho), www.dgsi.pt, p. 5. No aresto, discutiu-se o momento em que o locador financeiro devia ter feito inscrever na letra (em branco) a data de vencimento. A questão releva para efeito de saber se teria decorrido o prazo prescricional de 3 anos (art. 70º da LULL). O locatário tinha subscrito 6 letras em branco, avalizadas por um terceiro (sendo que este "apenas interveio naquele contrato de preenchimento e não no que por ele era garantido" (p. 3)). Entendeu-se que a data a apor na letra seria aquela em que o contrato se extinguiu por resolução (1.10.1994). Ora, como a execução apenas foi instaurada em 21.10.1998, "a interrupção da prescrição só teria ocor-

de forma a reforçar a garantia do credor quanto ao pagamento das prestações de renda[560].

Há lugar à aplicação das regras gerais relativas ao aval de títulos de crédito.

Rege, quanto a esta matéria, o art. 32º da LULL.

O normativo consagra, na sua 1ª frase, que "o dador de aval é responsável da mesma maneira que a pessoa por ele afiançada" [no caso, o locatário financeiro].

Acrescentando, na 2ª frase, que "a sua obrigação mantém-se, mesmo no caso de a obrigação que ele garantiu ser nula por qualquer razão que não seja um vício de forma".

Determina, por fim, a disposição que "se o dador de aval paga a letra, fica sub-rogado nos direitos emergentes da letra contra a pessoa a favor de quem for dado o aval e contra os obrigados para com esta em virtude da letra" (3ª frase).

Ora, do exposto decorre que o avalista se encontra na mesma situação de devedor cambiário [o locatário financeiro], respondendo pelo pagamento da letra ou da livrança juntamente com o subscritor, não gozando, sequer, do benefício da excussão prévia (art. 47º, I da LULL). O citado art. 32º, I, dispõe sobre o conteúdo da obrigação do avalista, da sua responsabilidade e não sobre as condições em que o avalista responde ou não[561].

---

rido, nos termos do art. 323º, nº 2, em 26 do mesmo mês, ou seja, manifestamente mais de três anos após a data em que devia ter sido inscrita, nos termos do contrato de preenchimento, como data de vencimento da letra"(p. 5). Assim, obteve êxito a excepção de prescrição. No mesmo sentido, conquanto se tenha afirmado na decisão que não se logrou fazer a prova do preenchimento abusivo, o citado Ac. Rel. Lisboa, de 7.12.2004 (Roque Nogueira), www.dgsi.pt, p. 3.

[560] Ver o Ac. Rel. Coimbra, de 23.11.1993 (Cardoso de Albuquerque), CJ, 1993, V, p. 40 (por força da expressão usada – "dou o meu aval à firma subscritora desta livrança" – discutiu-se qual o alcance da locução; decidiu o tribunal que, em razão o aval poder ser "escrito na própria letra ou numa folha anexa", exprimindo-se pelas palavras "*bom para aval* ou qualquer outra fórmula equivalente, sendo assinado pelo dador do aval", que o sujeito em questão prestou efectivamente aquela garantia.

[561] Cfr. Paulo Sendim e Evaristo Mendes, A natureza do aval e a questão da necessidade ou não de protesto para accionar o avalista do aceitante, Coimbra, 1991, pp. 66. Aliás, como refere Pais de Vasconcelos, "o aval é tipicamente solidário", de modo que o dador do aval está ao lado do avalizado "e paga com ele ou em vez dele, ou mesmo antes dele", caucionando até

Acresce que, nos termos do art. 32º, II, a obrigação do avalista é materialmente autónoma do dever do avalizado, porquanto o avalista assegura o pagamento do título cambiário e não a obrigação daquele. Donde se conclui que o avalista assume uma obrigação com um âmbito mais lato do que o dever do avalizado.

Ressalve-se, porém, a existência de uma dependência formal, derivada da consagração de uma excepção para o caso de a obrigação garantida ser nula por vício de forma (*v.g.*, falta a assinatura do sacador)[562].

O vício de forma a que a lei se reporta não é o relativo à relação fundamental que subjaz à emissão do título cambiário. Tal noção deve buscar-se no domínio da LULL. Abarca, portanto, todas as hipóteses em que do título resulte que a operação avalizada não é válida. Mas apenas essas[563-564]. O portador do título fica, deste modo, mais garantido em razão a letra ou a livrança terem sido avalizadas, visto que as vicissitudes ligadas à criação ou à transmissão do direito de crédito não o afectam[565].

"a própria validade da obrigação" ("Garantias extracambiárias do cheque e negócios unilaterais: o cheque visado e o eurocheque", Estudos de Direito Bancário, Coimbra, 1999, p. 122).
[562] Assinalando o carácter relativamente autónomo do aval, Carlos Ferreira de Almeida, Texto e enunciado na teoria do negócio jurídico, I, cit., p. 569, nota 297, Romano Martinez e Fuzeta da Ponte, Garantias de cumprimento, cit., pp. 105 ss. (relevando a responsabilidade solidária do avalista, enquanto devedor de uma obrigação própria), Paulo Sendim, Letra de câmbio, LU de Genebra, Vol. II, Obrigações e garantias cambiárias, Lisboa, 1982, pp. 830 ss. e 846 ss., Paulo Sendim e Evaristo Mendes, A natureza do aval e a questão da necessidade ou não do protesto para accionar o avalista do aceitante, Coimbra, 1991, p. 44. e Ferrer Correia, Lições de Direito Comercial, III, cit., p. 213. Saliente-se que Madeira Rodrigues admite a possibilidade de exoneração do avalista em certos termos (Das letras: aval e protesto, Coimbra, 2002, pp. 49 ss.).
[563] É evidente que o avalista pode opor a excepção de pagamento (Ac. STJ, de 27.4.99 (Silva Paixão), CJ, Ac. STJ, 1999, II, pp. 68 ss.). Ver António Pereira de Almeida, Direito Comercial, 3º vol., Lisboa, 1988, p. 224.
[564] Bem decidiu o Ac. Rel. Lisboa, de 7.12.2004 (Roque Nogueira) ao observar que "a nulidade da denominada obrigação principal [no caso discutia-se a nulidade da cláusula penal] não provém de um vício de forma..." (www.dgsi.pt, p. 3).
[565] Paulo Sendim, últ. ob. loc. cit. Quanto à natureza do aval, a doutrina encontra-se dividida, optando uns por considerar que estamos perante uma "acessoriedade típica", embora com lugar para a autonomia (ver o autor referido), enquanto que outros defendem a tese da responsabilidade autónoma do dador do aval (é o caso de Oliveira Ascensão ao entender que o vínculo da acessoriedade se perde com o aval, atendendo a que a "função substan-

Acresce que, como refere Ferrer Correia, "assumindo uma obrigação igual à do avalizado, é justo que o avalista, pagando a letra, adquira uma posição creditória idêntica, além, naturalmente, do direito de regresso contra esse signatário"[566]. É o sentido do art. 32º, III da LULL.

Note-se que o dador do aval não pode opor as excepções resultantes da relação de locação financeira ao locador, portador do título de crédito, para se eximir ao pagamento do valor inscrito no título. Ao invés, o locador encontra-se legitimado a invocar, em sede de oposição à execução, tais meios de defesa ao locador, portador do título cambiário.

Segue-se que, pagando àquele portador, o avalista adquire um direito de regresso contra o locatário[567].

3. Seguro-caução

Prosseguindo a exposição relativa às garantias, impõe-se assinalar que, por exigência do locador, é assaz frequente a celebração de um contrato de seguro-caução entre uma entidade seguradora e o locatário financeiro, na qualidade de tomador de seguro, sendo o locador financeiro o seu beneficiário (que também aqui se pode designar por segurado ou por credor da obrigação garantida). Tal exigência prende-se com o facto de pretender que uma entidade – em princípio manifestamente solvente – assuma o risco de um eventual incumprimento do locatário financeiro no tocante ao pagamento da renda.

---

cial da garantia que está na sua origem não se comunica ao regime, pelo que essa função acaba por ser meramente abstracta" – Direito Comercial, Títulos de Crédito, III, Coimbra, p. 172).

A jurisprudência sobre a matéria do aval é vastíssima. Citem-se, pela sua importância neste contexto, o Ac. Rel. Lisboa, de 1.1.2000 (Salazar Casanova), CJ, 2000, III, pp. 109 ss., e o Ac. Rel. Lisboa, de 6.4.1995 (António Abranches Martins), BMJ, nº 446, 1995, p. 342.

Ver ainda, quanto ao vício de forma, Paulo Sendim, "Nulidade por vício de forma. Parecer", DJ, 1999, pp. 313 ss.

[566] Lições de Direito Comercial, III, cit., p. 216; no mesmo sentido, Pinto Coelho ("o avalista quando paga a letra, adquire os direitos emergentes da letra contra a pessoa por quem deu a garantia", Lições de Direito Comercial, 2º vol., As letras, Fascículo V, 2ª parte, Lisboa, 1946, p. 85).

[567] Ver, quanto à protecção do consumidor, locatário financeiro, Gravato Morais, União de contratos de crédito e de venda para consumo, cit., pp. 328 e 329.

O seguro-caução encontra regulamentação expressa no DL 183/88, de 24 de Maio[568].

Tal seguro "cobre, directa ou indirectamente, o risco de incumprimento ou atraso no cumprimento das obrigações que, por lei ou convenção, sejam susceptíveis de caução, fiança ou aval" (art. 6º, nº 1 do DL 183/88).

Ora, se não se suscitam dúvidas quanto à admissibilidade deste tipo de seguro em geral, sendo que o mesmo se afirma no quadro específico da locação financeira.

De resto, o art. 19º do DL 149/95 veio permitir a constituição, em favor do locador, de "quaisquer garantias pessoais... relativas ao créditos de rendas e de outros encargos ou eventuais indemnizações devidas pelo locatário" (sublinhado nosso).

Como se observou, a finalidade do seguro-caução consiste na cobertura do risco de não cumprimento do locatário, visando assegurar em particular ao locador o pagamento das rendas inerentes à locação financeira. É este, portanto, o objecto da garantia[569 570].

Realce-se que a obrigação de indemnizar, que incumbe à entidade seguradora, se limita ao montante seguro, não sendo susceptível de fazer operar o ressarcimento de outros prejuízos (art. 7º, nº 2 do DL 183/88).

Este é, pode dizer-se, um seguro por conta alheia, porquanto o tomador de seguro (o locatário financeiro) é aquele que se encontra obrigado contratualmente, mas *os direitos emergentes do contrato* beneficiam o segurado (o locador financeiro)[571].

---

[568] Com as alterações constantes do DL 127/91, de 22 de Março, do DL 214/99, de 15 de Junho, do DL 51/2006, de 14 de Março e do DL 31/2007, de 14 de Fevereiro.
[569] É usualmente aposta no contrato de seguro-caução uma cláusula deste tipo: "o objecto do seguro é a garantia do pagamento de x rendas mensais no valor de y, referentes à coisa z" (ver, *v.g.*, o Ac. Rel. Lisboa, de 28.1.1999 (Carlos Valverde), CJ, 1999, I, p. 90).
[570] Como assinala Maria Pillar Benlloch, citando Joaquin Garrigues, "há que ter em conta que o sinistro é a *conditio legis* para que o segurado possa reclamar o pagamento, mas o risco é a *conditio legis* para que a seguradora possa exigir o pagamento". Ora, afirma a autora que "no seguro-caução não é fácil separar, a nível conceptual, o concreto risco do sinistro que desencadeia o dano segurado" (Régimen jurídico del seguro de caución, Navarra, 1996, pp. 195 ss.)
[571] Quanto à qualificação jurídica deste seguro, refira-se que a lei portuguesa nos arts. 6º, nº 1 e 7º, nº 2 DL 183/88 parece concebê-lo como um seguro de danos, já que está apenas

Chegados aqui, cumpre assinalar que estão em causa duas relações jurídicas:

- uma, constituída entre a entidade seguradora e o tomador de seguro (locatário);
- outra, constituída entre aquela entidade e o credor (locador).

Àquela deve aplicar-se a disciplina do contrato de seguro, designadamente o DL 183/88. Deve notar-se que a existência de um seguro-caução não libera a obrigação de pagamento do locatário financeiro, por força do contrato que celebrou.

Quanto a esta, interessa-nos sobretudo saber o que dispõe o contrato quanto ao regime da garantia. Normalmente, encontra-se aposta a seguinte cláusula: "a seguradora pagará, à primeira interpelação do beneficiário, o montante indemnizatório"[572].

Questionar-se-á se esta configura uma verdadeira garantia autónoma *on first demand*[573].

Ora, a entidade seguradora assumiu o dever de pagar ao locador após a interpelação, independentemente da validade e da eficácia do contrato de locação financeira.

Na verdade, o objectivo é o de impedir o garante autónomo (a entidade seguradora) de opor ao beneficiário (o locador) as excepções decorrentes da relação subjacente (o contrato de locação financeira), que o locatário pode eventualmente deduzir[574].

---

em causa o ressarcimento dos prejuízos. O mesmo sucede, de resto, com a lei espanhola (arts. 25º e 26º LCS). Contestando a qualificação, Marín López, "El seguro de caución", Tratado de los derechos de garantia, Navarra, 2002, p. 441. Ver ainda, neste domínio, a crítica do critério de distinção presente na lei espanhola, Maria Pilar Benlloch, Régimen jurídico del seguro de caución, cit., pp. 128 ss.

[572] É a situação usual. Ver o Ac. Rel. Lisboa, de 28.1.1999 (Carlos Valverde), CJ, 1999, I, p. 91, 3 §.

[573] Ver, sobre a garantia autónoma, Romano Martinez e Fuzeta da Ponte, Garantias de cumprimento, cit., pp. 109 ss.

[574] Mas já pode, por exemplo, opor que o contrato base que se assegura não é o contrato de locação financeira, mas um outro (*v.g.*, um contrato de aluguer de longa duração). Ver, neste sentido, Calvão da Silva, "Anotação ao Ac. STJ, de 29.6.1999 e ao Ac. Rel. Lisboa, de 15.3.2000", RLJ, nºs 3908-3909, p. 383.

A questão de resto tem sido discutida em inúmeras decisões dos nossos tribunais. Vejam-se os Acs. STJ, de 30.01.2003 (Neves Ribeiro), de 23.1.2003 (Eduardo Baptista), de 16.1.2003

Desta sorte, a entidade seguradora não tem a possibilidade de discutir eventuais meios de defesa decorrentes do negócio que dá causa à prestação da garantia. Deve, portanto, pagar sem mais. O que equivale por dizer que, por esta via, se afasta do regime da acessoriedade, característico da fiança, aproximando-se assim da garantia autónoma à primeira solicitação[575].

Na falta de tal estipulação, tem sido entendido que se mantém a característica da acessoriedade[576], embora uns apliquem o regime da fiança[577], ao passo que outros sustentam que se trata de uma garantia simples, parcialmente dependente do negócio fundamental[578].

(Eduardo Baptista), de 12.11.2002 (Silva Salazar), de 5.11.2002 (Lopes Pinto), de 24.10.2002 (Reis Figueira), de 17.10.2002 (Moitinho de Almeida), de 10.10.2002 (Oliveira Barros), de 19.9.2002 (Quirino Soares), de 9.7.2002 (Moitinho de Almeida), de 4.7.2002 (Ribeiro Coelho), de 28.5.2002 (Ribeiro Coelho), de 28.5.2002 (Oliveira Barros), de 28.5.2002 (Quirino Soares), de 14.5.2002 (Pinto Monteiro), de 9.5.2002 (Dionísio Correia), de 9.5.2002 (Oliveira Barros), de 23.4.2002 (Ferreira Ramos), de 18.4.2002 (Araújo de Barros), de 9.4.2002 (Pinto Monteiro), de 4.4.2002 (Moitinho de Almeida), de 19.3.2002 (Araújo Barros), de 19.3.2002 (Garcia Marques), de 29.1.2002 (Armando Lourenço), de 16.12.1999 (Aragão Seia), todos em www.dgsi.pt.

[575] Neste sentido, António Pinto Monteiro e Almeida Costa, Parecer, CJ, 1986, V, p. 18. Ver também Ferrer Correia, "Notas para o estudo do contrato de garantia bancária", RDE, 1982, separata, pp. 247 ss.
Cfr. o Ac. Rel. Lisboa, de 12.12.2000 – sumário (João Cordeiro Dias), BMJ, nº 501, 2000, p. 340, o Ac. Rel. Lisboa, de 28.1.1999 (Carlos Valverde), cit., p. 91, o Ac. Rel. Lisboa, de 4.6.1998 (Salvador da Costa), p. 6 (aí se refere que o seguro-caução "se configura como garantia pessoal autónoma simples, de boa execução", embora se reconheça que "desempenhe uma função económica muito próxima de qualquer garantia pessoal"), todos em www.dgsi.pt. Diversamente, Mónica Jardim, A garantia autónoma, Coimbra, 2002, pp. 237 ss.

[576] Romano Martinez e Fuzeta da Ponte afirmam que se trata de uma "fiança prestada por uma companhia de seguros", discutindo o problema de saber se "se verifica o pressuposto da acessoriedade, próprio da fiança, ou o da autonomia, característico do aval ou da garantia autónoma". Concluem os autores que no caso de estipulação de uma cláusula "on first demand" se estabelece "uma autonomia com fonte contratual"; na sua falta, sustentam a "natureza acessória do seguro" (Garantias de cumprimento, 3ª Ed., Coimbra, 2002, pp. 67 e 68).

[577] Neste sentido, o Ac. STJ, 10.10.2002 (Oliveira Barros), cit., p. 4.
Considerando que o seguro-caução tem a natureza de fiança, o Ac. Rel. Lisboa, de 26.11.1998 – sumário (Evangelista Araújo).

[578] Ferrer Correia, "Notas para o estudo do contrato de garantia bancária", cit., p. 251. Ver, na jurisprudência, o Ac. STJ, de 19.3.2003 (Garcia Marques), p. 13, o Ac. STJ, de 4.2.2003 (Ferreira Ramos), p. 10, ambos em www.dgsi.pt (na esteira do Ac. STJ, de 22.02.2002, referido no aresto).

Importa referir que, em qualquer dos casos mencionados, o locatário e a entidade seguradora são solidariamente responsáveis perante o locador, em virtude de as obrigações decorrentes de actos de comércio (objectivos) serem de natureza comercial[579]. Naquele caso, por força do art. 100º do CCom (que tem, note-se, natureza supletiva)[580]. Nesta hipótese, por via do art. 101º do CCom. (norma esta de carácter imperativo).

Note-se que a entidade seguradora, depois de pagar ao locador financeiro, exige posteriormente do tomador de seguro o valor àquele entregue.

Em jeito de conclusão, refira-se que, com o seguro-caução, transfere-se (do locador financeiro) para a entidade seguradora o risco de incumprimento e de insolvência do tomador de seguro (o locatário financeiro).

4. Pacto de reaquisição

Caracterize-se uma outra garantia (prestada agora pelo próprio vendedor) no âmbito da operação de locação financeira: o pacto de reaquisição da coisa ou, como outros afirmam, o "acordo de retoma"[581].

O locador, em virtude da relação previamente estabelecida com o vendedor, a quem comprou a coisa, vincula este a (re)adquiri-la verificada a resolução do contrato de locação financeira por incumprimento do locatário[582-583].

---

[579] Ver Ac. STJ, de 10.10.2002, cit., p. 5.

[580] Fátima Gomes pronuncia-se em sentido diverso. Com efeito, "nas garantias pessoais autónomas, incluindo a garantia simples e de execução", a autora considera que "o devedor e o garante não respondem pela mesma dívida mas por dívidas diferentes" ("Garantia bancária autónoma à primeira solicitação", DJ, 1994, pp. 144).
Seguindo esta orientação, o Ac. Rel. Lisboa, de 4.6.1998 (Salvador da Costa), p. 6, www.dgsi.pt.

[581] Ver o Ac. STJ, de 23.9.2004 (Lucas Coelho), pp. 1 e 7, www.dgsi.pt

[582] Ou ainda, embora seja menos usual, na hipótese de não exercício pelo locatário da "opção de compra" (González Castilla, Leasing financiero mobiliario, cit., p. 151; Renato Clarizia, I contratti nuovi..., cit., p. 164).

[583] Em França, como expressa Pascal Philippossian, o fornecedor – quando não se obriga a readquirir o bem (*engagement de reprise du matériel*) – vincula-se, por vezes, à sua recomercialização (*engagement de recommercialisation du matériel*) – Le crédit-bail et le leasing, cit., pp. 118 ss.

Uma estipulação deste género é frequentemente utilizada nos clausulados de outros contratos celebrados noutros países europeus. É o caso de Itália e de Espanha. No nosso país, contudo, tanto quanto nos é dado a conhecer, não é ainda tão usual[584].

Tal pacto pode ter na sua base uma mera cláusula que impõe a (re)aquisição pelo vendedor ou estar inserido numa relação de colaboração existente entre locador e vendedor (por exemplo, na sequência de um contrato quadro ou de uma ligação de tipo consorcial)[585].

Naturalmente, o locador visa transferir para o vendedor o risco do incumprimento do locatário (e eventualmente até o risco da não aquisição da coisa), ficando consequentemente à margem das vicissitudes ocorridas na relação de locação financeira. A prestação de tal garantia assegura ao locador uma maior eficácia relativamente ao financiamento que concedeu, tendo como propósito último tornar este indemne. Pode até pensar-se, como sugere Rodolfo La Torre, que se cria "uma coligação de tipo bilateral", em virtude de, no caso de "inadimplemento do utilizador e da subsequente resolução do contrato de locação financeira, se produzir o dever de o fornecedor readquirir o bem"[586-587].

Em Itália, distinguem-se dois tipos de pactos: o pacto de reaquisição *stricto sensu* e o pacto de reaquisição de natureza fidejussória.

Naquele, o cálculo do preço a pagar pelo vendedor atende ao *valor de mercado da coisa à data da reaquisição* em razão de uma "tabela de amortização" do bem, desconsiderando-se o seu valor real. Acresce que o acordo está condicionado à entrega efectiva do bem ao vendedor.

Neste, o preço da reaquisição integra as rendas vencidas e vincendas, devendo o seu pagamento ser efectuado pelo vendedor. Agora o pacto

---

[584] Ver, no entanto, o Ac. STJ, de 23.9.2004 (Lucas Coelho), pp. 1 e 7, www.dgsi.pt, onde se discute um caso semelhante.
[585] Cfr. Filippo Nappi, "Sul c.d. patto di riacquisto nella locazione finanziaria: per un inquadramento sistematico nella categoria dei Garantieverträge", CI, 1995, 1, p. 208 (sublinha o autor que o pacto foi introduzido no quadro do *leasing* convencionado, mas actualmente é frequente a inserção nos contratos celebrados com fornecedores ocasionais).
[586] Manuale della Locazione Finanziaria, cit., p. 136.
[587] Note-se que no caso decidido pelo Ac. STJ, de 23.9.2004 (Lucas Coelho), pp. 3 e 4, www.dgsi.pt, a garantia resultou de uma carta subscrita pelo fornecedor do equipamento (4 máquinas de lavandaria).

não está subordinado à entrega da coisa, pelo que assegura o pagamento independentemente da possibilidade de recuperar o bem[588-589].

A situação descrita no Ac. STJ, de 23.9.2004 parece aproximar-se, ainda que com algumas diferenças, deste último. Com efeito, agora o fornecedor propõe-se comprar "as máquinas, a pronto pagamento, no estado e local em que se encontrassem, pelo preço correspondente ao montante da dívida da locatária na data do incumprimento, acrescido dos juros de mora respectivos", comprometendo-se ainda a "levantar o equipamento"[590]. Portanto, o preço da aquisição do bem ao locador financeiro representa o valor da dívida do locatário financeiro[591].

Após a descrição dos vários tipos de pactos de reaquisição, deve questionar-se o interesse do vendedor em assumir uma vinculação deste género.

Sem dúvida que, com o citado acordo, o fornecedor tem em vista a promoção do seu comércio e a alienação dos seus bens. Portanto, a ele subjaz um interesse comercial específico. Por outro lado, é legítimo afirmar-se que se o vendedor não assegurasse o incumprimento do locatário, muito provavelmente o locador renunciaria à aquisição junto de si, procurando outro comerciante, com a consequente perda financeira.

Acrescente-se ainda que uma similar garantia prestada pelo próprio vendedor é usual também noutro tipo de negócios de estrutura triangu-

---

[588] Releve-se uma outra particularidade deste pacto: ainda que a coisa já não exista ao tempo da resolução, pode ainda assim fazer-se actuar o mecanismo descrito (Filippo Nappi, "Sul c.d. patto di riacquisto nella locazione finanziaria...", cit., p. 221).
É muito discutível esta cláusula inserta no pacto de reaquisição. Isto porque envolve a entrega, pelo vendedor, das rendas vincendas. Ora, como sabemos, a doutrina e a jurisprudência portuguesas têm considerado nula a cláusula penal que impõe o pagamento da totalidade das rendas vincendas no caso de resolução do contrato de locação financeira.
[589] Rodolfo la Torre, Manuale della Locazione Finanziaria, cit., p. 139.
Em Espanha, a situação é de algum modo semelhante, embora existam algumas variações no tocante ao conteúdo das cláusulas. Prevê-se, por exemplo, que o preço de reaquisição – em vez de ser calculado em face de uma tabela de amortização da coisa – é o do valor da compra, depois de deduzida uma percentagem por depreciação, ou a soma entregue pelo locatário (González Castilla, Leasing financiero mobiliario, cit., p. 152).
[590] Ver o Ac. STJ, de 23.9.2004 (Lucas Coelho), www.dgsi.pt.
[591] Como defendemos, a soma a pagar pelo locatário, na sequência da resolução, não pode envolver o pagamento da totalidade das rendas vincendas.

lar, não surgindo somente no quadro da locação financeira. Cite-se, exemplificativamente, o mútuo bancário para consumo. Neste domínio, a prática comercial alemã tem sido modelar. Assim, na sequência da celebração de um contrato quadro[592], o vendedor responsabiliza-se perante o credor pelo incumprimento das prestações do empréstimo por parte do consumidor (mas diversamente do que ocorre no âmbito da locação financeira não está aqui envolvida nenhuma reaquisição do bem pelo vendedor)[593].

Saliente-se que o "acordo de retoma" impõe que o fornecedor tenha especiais cuidados quanto à *escolha* da pessoa do locatário (que com ele estabelece uma mera relação de facto). Interessam-lhe sobretudo os aspectos relativos à sua solvência, mas não devem descurar-se outros elementos, já que é dele que recebe a coisa no estado em que esta se encontre.

Pressupondo a existência do pacto em análise, figurando o incumprimento do locatário e atendendo à total discricionariedade do locador quanto ao momento em que pode fazer actuar o mecanismo resolutivo, têm-se debatido as consequências que decorrem do atraso do locador em declarar a resolução do contrato. O Tribunal de Milão decidiu, em dois arestos, que o locador deve actuar segundo o *principio da correttezza nella esecuzione del contratto*, nos termos do art. 1375º CCIt[594]. Na ausência

---

[592] É comum os acordos de colaboração celebrados entre credor e vendedor conterem uma cláusula que dispõe que o vendedor aceita uma responsabilidade solidária (*Mithaftung als Gesamtsschuldner*) pelas dívidas do empréstimo (*Darlehensverpflichtungen*) contraídas pelos seus clientes. É na sequência dessa responsabilidade assumida pelo vendedor que, ocorrendo a mora do consumidor no que toca ao pagamento das prestações do empréstimo, aquele se encontra obrigado ao pagamento da quantia em dívida (vejam-se as cláusulas contratuais relativas a um contrato quadro citadas na sentença do BGH, de 12.2.1987, NJW, 1987, p. 2076).

[593] A doutrina e a jurisprudência alemãs têm generalizadamente entendido que se trata de uma fiança (*Bürgschaft*) assumida pelo vendedor (Ulrich Franz, Der Einwendungsdurchgriff gemäß § 9 Absatz 3 Verbraucherkreditgesetz, Baden-Baden, 1996, pp. 151 ss.; Franz Josef Scholz, Das Verbraucherkreditgesetz in der Rechtsprechung – eine erste Gesamtübersicht", FLF, 1994, p. 184.
Consideram outros que se trata de uma responsabilidade solidária (*gesamtschuldnerische Mithaftung*) – sentença do BGH, de 12.2.1987, NJW, 1987, p. 2076.

[594] O normativo corresponde ao art. 762º, nº 2 CC e portanto a solução encontrada pelo tribunal pode ser assim transposta para o nosso sistema.

de regras precisas sobre quando se deve fazer actuar o mecanismo resolutivo, entendendo que não se justificava a referida demora e que esta advinha da garantia para o locador do citado pacto, o tribunal considerou que daí resultava "um grave dano para o garante", susceptível de provocar "uma redução do preço de reaquisição em razão do valor efectivo da coisa"[595].

O preceito citado é equivalente ao nosso art. 762º, nº 2 do CC, pelo que se pode suscitar, nos mesmos termos, a sua aplicabilidade. Acolhemos a solução do tribunal e os seus motivos. Aliás, o art. 436º, nº 2 do CC parece legitimar esta orientação ao aludir a um "prazo razoável" (embora num contexto distinto) para o exercício do direito de resolução.

Vejamos agora a discussão doutrinária e jurisprudencial quanto à qualificação de tal pacto.

Para certos autores é configurado como um contrato autónomo de garantia. Pretende-se com isso afirmar a sua não sujeição às características da acessoriedade e da subsidiariedade em relação à obrigação principal. Atribui-se ao locador, ocorrida a resolução do contrato, uma faculdade de escolha: ou exige o pagamento da cláusula penal ao locatário ou exige o cumprimento do pacto de reaquisição ao vendedor[596].

Outros entendem que se trata de uma compra e venda futura sob condição suspensiva. Isto porque o alienante se encontra adstrito à reaquisição do bem em caso de ocorrer a sua restituição ao locador na sequência do incumprimento do locatário[597-598].

---

[595] Ver os arestos do *Trib. Milano, 5 novembro 1990* e *12 giugno 1989*, Riv. It. Leasing, 1990, p. 439. Cfr. ainda Filippo Nappi, "Sul c.d. patto di riacquisto nella locazione finanziaria...", cit., pp. 209 ss, esp. p. 226.
[596] *Vide Trib. Milano, 26 novembre 1992*, Riv. It. Leasing, 1994, p. 660.
[597] Na jurisprudência portuguesa, o Ac. STJ, de 23.9.2004 (Lucas Coelho), cit., considera que o acordo "pode ser qualificado como contrato de compra e venda sob a condição suspensiva do aludido incumprimento", tendo um "escopo funcionalmente garantístico" (p. 8).
Na jurisprudência italiana, ver a *Sent. Trib. Cassazione, 19 luglio 1995*, Foro Italiano, 1996, I, p. 3505.
[598] Buitrago Rubira, El leasing mobiliário y su jurisprudência, Navarra, 1998, p. 144 e na sua esteira González Castilla, Leasing financiero mobiliário, cit., pp. 152 e 153.
Note-se que, como afirma este último autor, é muitas vezes o interessado na locação financeira, futuro locatário que negoceia o "pacto de recompra" com o fornecedor (p. 151).

Afirma-se também que o pacto tem uma função de garantia atípica, distinta da fiança, devendo qualificar-se como um "contratto preliminare di retrovendita com effeti meramente obbligatori"[599].

Outros ainda sustentam – sendo esta a orientação dominante em Itália – que a qualificação do pacto varia consoante a sua modalidade[600].

Sendo o pacto de reaquisição uma garantia – em razão da sua específica função de assegurar ao locador o pagamento das rendas em caso de incumprimento – de carácter pessoal[601] – dado que é prestada pelo próprio vendedor –, parece, contudo, não se poder reconduzir a uma garantia de cumprimento típica, apesar da presença de algumas das suas características tradicionais, designadamente a da solidariedade (entre locatário e entre vendedor).

Deve realçar-se que tal acordo está inserido e não pode ser desligado da operação de locação financeira que lhe subjaz. De resto, existe em função e por causa dela. Está em absoluto dependente da ligação existente entre os contratos de compra e venda e de locação financeira[602].

Acresce que a garantia prestada envolve, em regra, a aquisição da coisa pelo primitivo alienante, não se limitando exclusivamente a assegurar o incumprimento do locatário financeiro.

Em razão das suas particularidades, consideramos que o pacto de reaquisição configura uma garantia pessoal com características próprias.

§ 2. Garantias reais (breve referência)

É menos frequente, no âmbito da locação financeira, a constituição de garantias de carácter real. De todo o modo, impõe-se uma sumária alusão às mesmas.

---

[599] Neste sentido, ver os arestos do *Trib. Milano, 22 gennaio 1994*, Riv. It. Leasing, 1994, p. 659, e *15 luglio 1985*, Foro Pad., 1985, I, p. 395.
[600] Renato Clarizia releva como critérios a quantificação do preço e a existência do bem; assim, se este está disponível no património do locador "realiza-se a causa típica da venda; caso contrário, realiza-se a causa típica dos negócios de garantia" (I contratti nuovi..., cit., p. 164).
[601] Rodolfo la Torre, Manuale della locazione finanziaria, cit., p. 229.
[602] Neste sentido, Aldo Ceccherini, "Leasing e patto di riacquisto", Giustizia Civile, 1996, I, p. 1398.

1. Penhor

O penhor, enquanto direito real de garantia, incide sobre coisas móveis não registáveis. Tem a particularidade de se constituir mediante a entrega da coisa empenhada ao credor pignoratício ou a terceiro (art. 669º, nº 1 do CC) ou através da composse ao referido credor, no pressuposto que o dador de penhor fique privado do objecto (art. 669º, nº 2 do CC). Implica, em qualquer dos casos, o desapossamento material em relação ao seu autor[603]. Esta é uma forma de publicitar o penhor e de conferir segurança ao credor[604].

A lei prevê, no entanto, situações de penhor sem desapossamento. É o que sucede, por exemplo, no caso do penhor mercantil, onde se admite a entrega simbólica, mas apenas nos casos especialmente previstos no art. 398º do CCom., e no penhor para garantia de créditos bancários.

Ora, neste último integra-se, a nosso ver, a locação financeira.

Com efeito, o art. 1º, proémio, do DL 29.833, de 17 de Agosto de 1939, determina que "o penhor que for constituído em <u>garantia de créditos em estabelecimentos bancários autorizados</u> produzirá os seus efeitos, quer entre as partes, quer em relação a terceiros, sem necessidade de o dono do objecto empenhado fazer entrega dele ao credor ou a outrem" (sublinhado nosso)[605].

No entanto, nesta situação, o contrato de penhor deve constar de documento autêntico ou autenticado, como se dispõe no art. 2º do diploma citado[606].

Deve realçar-se que não havendo desapossamento, o risco de alienação, de oneração, de destruição[607] ou até da constituição de novo penhor

---

[603] Quanto a outras hipóteses de penhor sem desapossamento, ver Almeida Costa, Direito das Obrigações, cit.,. p. 863, nota 1 e p. 864, nota 2.
[604] Ver, quanto a estes aspectos, entre outros, Vaz Serra, "Penhor", BMJ (nº 58), 1956, pp. 26 e 38, Almeida Costa, Direito das Obrigações, cit., pp. 858 ss. e Antunes Varela, Das Obrigações em geral, cit., II, pp. 526 ss.
[605] Não cabe a locação financeira em nenhuma das ressalvas efectuadas pelo art. 3º DL 29.833.
[606] Caso o penhor envolva o desapossamento da coisa, basta que o contrato conste de escrito particular (artigo único DL 32.032, de 22 de Maio de 1942).
[607] A destruição da coisa, porque, *v.g.*, o dador de penhor provocou um incêndio no estabelecimento, destruindo-o, importa, por sua vez, a extinção do penhor (art. 730º, al. c) CC *ex vi* art. 677º CC).

sobre a coisa dada em garantia é elevado. Por isso, o art. 1º, § 1 do DL 29.833 sujeita a prática de tais actos à autorização do credor pignoratício.

Em qualquer das vias mencionadas, o autor do penhor (o locatário financeiro) responde pelos danos causados ao credor pignoratício (o locador financeiro).

Acresce que a conduta do dador de penhor é, neste quadro específico, criminalmente punida de acordo com as sanções aplicáveis ao crime de furto (art. 1º, § 1 do DL 29.833).

2. Hipoteca

Outra das formas de garantia (real) do direito de crédito do locador financeiro é justamente a hipoteca.

Ora, não existem regras específicas relativas a esta, nem no regime jurídico da locação financeira, nem no quadro do crédito bancário, pelo que nos devemos socorrer da lei civil.

A hipoteca faculta ao credor (locatário financeiro) o direito de ser pago pelo valor da coisa onerada, com primazia em relação aos demais credores, sem prejuízo das regras da prioridade do registo ou da existência de privilégios especiais (art. 686º, nº 1 do CC).

Ao contrário do penhor, a hipoteca necessita de ser registada, sob pena de não produzir efeitos mesmo em relação às partes (art. 687º do CC)[608], e não impõe o desapossamento da coisa.

A hipoteca de um bem para garantia do crédito do locador financeiro não tem como consequência, diversamente do penhor de garantia de créditos bancários, a indisponibilidade da coisa.

De todo o modo, impõe-se que o devedor se abstenha da prática de actos que prejudiquem o direito do credor hipotecário.

Assim, em caso de perecimento ou de destruição da coisa, pode o credor hipotecário exigir o reforço ou a substituição da hipoteca em caso de insuficiência da mesma, não sendo suficiente a mera redução do valor do bem (art. 701º do CC).

Acresce que o credor goza de preferência sobre o produto da venda da coisa hipotecada, caso esta se perca, se deteriore ou diminua o seu

---

[608] Quanto à problemática do registo da hipoteca e dos seus efeitos, ver Isabel Menéres Campos, Da hipoteca. Caracterização, constituição e efeitos, Coimbra, 2003, pp. 182 ss.

valor e o devedor hipotecário (locatário financeiro) tiver, por via disso, direito a uma indemnização de um terceiro (art. 692º do CC)[609].

Deve ainda assinalar-se que é nula a convenção pela qual se proíbe o proprietário de alienar ou de onerar os bens hipotecados. No entanto, é lícito que o locador e o locatário convencionem que o crédito hipotecário se vence logo que tais bens sejam alienados ou onerados (art. 695º do CC).

---

[609] Ver, para mais pormenores sobre esta matéria, Isabel Menéres Campos, Da hipoteca..., cit., pp. 42 ss.

Capítulo X
Penhora e locação financeira

§ 1. Penhora da expectativa de aquisição. 1. Caracterização. 2. Particularidades. 2.1. O auto de penhora e a notificação da penhora. 2.2. Apreensão da coisa. 2.3. Vicissitudes que interferem na penhora. 2.4. Meios de defesa. § 2. Penhora da coisa. 1. O exequente é credor do locador. 2. O exequente é credor do locatário.

Cumpre estudar a problemática da penhora no quadro da locação financeira.

Realce-se, desde já, que, do ponto de vista do credor do locatário, o que está sujeito a penhora não é o próprio bem, mas a expectativa de aquisição da coisa. Atenta a sua particularidade, procedemos à sua análise detalhada.

Curamos ainda de duas frequentes situações que envolvem a penhora da coisa: por um lado, aquela em que o credor do locador indica à penhora o bem, propriedade deste; por outro, aquela em que o credor do locatário, eventualmente por desconhecimento da situação jurídica da coisa, não indica à penhora a expectativa da aquisição, mas sim o próprio bem.

§ 1. Penhora da expectativa de aquisição

1. Caracterização
Tem sido dominante na doutrina e na jurisprudência portuguesas o entendimento de que, em sede de locação financeira, existe uma expec-

tativa de aquisição da coisa susceptível de penhora por parte do exequente do locatário.

Como se afirma, em geral, a expectativa de aquisição tem um valor patrimonial que assenta "na solidez e probabilidade de aquisição do direito subjectivo". Tal expectativa pode ser penhorada, desde que o bem a adquirir possa ser alienado, o que se verifica na locação financeira. Assim, o art. 860º-A CC, que regula a "penhora de... expectativas de aquisição de bens determinados", considera-se aplicável[610-611].

Em sentido diverso, pronunciou-se, porém, o Ac. Rel. Lisboa, de 8.7.2004. No aresto foi confrontada a hipótese em apreço com aquela outra resultante da venda a prestações com reserva de propriedade, sustentando-se que os casos são, para este efeito, muito diversos. Ora, na locação financeira, para que ocorra a transmissão da propriedade, mostra-se necessária "uma manifestação de vontade nesse sentido e a celebração de um outro contrato", não sendo "suficiente para que a transferência se verifique que o contraente pague integralmente as rendas". Aduz-se também que "na venda a prestações com reserva de propriedade o processo de aquisição começa logo que se inicia o contrato, sendo a finalidade do

---

[610] Ver, por todos, Rui Pinto, "Penhora e alienação de outros direitos. Execução especializada sobre créditos e execução sobre direitos não creditícios na reforma da acção executiva", Themis, 2003, p. 151.
O Ac. STJ, de 13.11.2007 (Alves Velho), www.dgsi.pt, também o assinala: "a penhora da posição jurídica do locatário, no contrato de *leasing*, que integra a expectativa de aquisição do bem locado, se realiza na modalidade especial da penhora de direitos, com sujeição, ao regime estabelecido no art. 860º-A do CPC, que, quando à forma de efectivação e eventual litigiosidade relativa à existência e exigibilidade do direito, por expresso reenvio da norma do seu nº1, manda que se apliquem as normas dos arts. 856º, 858º e 859º, que são os artigos antecedentes acerca da penhora de créditos adaptáveis".
O Ac. Rel. Porto, de 28.1.2002 (Fernandes do Vale), p. 2, www.dgsi.pt, refere que "é pacífico que, por via da sua qualidade de locatário no correspondente contrato de locação financeira..., dispõe o executado [o locatário] de uma expectativa (jurídica) de aquisição do veículo locado".
[611] Ao lado desta, existem outras expectativas juridicamente protegidas (ver sobre o tema em geral, Carlos Mota Pinto, Teoria Geral do Direito Civil, 3ª Ed. Act., Coimbra, 1986, p. 180). É o que ocorre no domínio da venda a prestações com reserva de propriedade ou no quadro do contrato de aluguer de longa duração. Aliás, Miguel Teixeira de Sousa diferencia as expectativas de aquisição voluntárias (no caso, a compra realiza-se por via do exercício de um direito potestativo, *v.g.*, um direito de preferência com eficácia real) das expectativas de aquisição automáticas (aqui a compra do bem esta dependente da verificação de um dada circunstância) – Acção executiva singular, Lisboa, 1998, p. 284.

mesmo, não se exigindo, portanto, do comprador qualquer manifestação de vontade nesse sentido". Conclui-se, pois, que "a posição jurídica do locatário não é a de quem possui o bem com a expectativa de o adquirir", pelo que não é admissível o recurso ao art. 860º-A, nº 1 CPC[612].

Discordamos de tal entendimento. Inerente à posição do locatário existe uma situação em que se verifica a possibilidade de aquisição futura do direito de propriedade da coisa (que pode, contudo, não se efectivar se não for exercido pelo locatário o direito de compra) – cfr. arts. 1º, 9º, nº 1, al. c) e 10º, nº 2, al. f) do DL 149/95 –, sendo certo que se encontra parcialmente verificado o facto jurídico (o contrato) que está na base da constituição de tal direito. Acresce que não restam dúvidas de que o bem cedido em locação financeira é susceptível de ser alienado (art. 7º do DL 149/95). Ora, é esta mera possibilidade que é tutelada por lei e que está na base da aplicação do art. 860º-A, nº 1 do CPC[613].

Posto isto, deve afirmar-se que não raras vezes sucede que se indica à penhora o próprio bem que se julga ser propriedade do locatário financeiro (e não, como se devia, a expectativa de aquisição), em virtude do desconhecimento por parte do credor exequente (do locatário) da exis-

---

[612] Cfr. Ac. Rel. Lisboa, de 8.7.2004 (Pais do Amaral), pp. 2 e 3, www.dgsi.pt (por efeito da decisão, foi ordenado o levantamento do arresto de uma mini-escavadora, ao contrário do que tinha determinado – acertadamente – o tribunal de primeira instância).
Parece ter sido também idêntica a orientação defendida no Ac. Rel. Porto, de 14.6.1994 – sumário (Cardoso Lopes), www.dgsi.pt. Afirma-se que "não são penhoráveis os direitos do locatário, mesmo de valor patrimonial, emergentes do contrato de locação financeira". Os escassos dados conhecidos não são suficientes para retirar uma conclusão absoluta.

[613] Cfr. Ac. Rel. Guimarães, de 19.4.2007 (António Gonçalves), www.dgsi.pt ("o bem penhorado que recai no *direito do executado como locatário, no âmbito de contrato de locação financeira, de determinado prédio urbano destinado a habitação*, consubstancia uma penhora efectivada numa expectativa jurídica por parte do executado cujo objecto é a aquisição de um imóvel e o regime legal a observar neste caso é o que está especialmente descrito no art. 860º-A, do CPC, inserido sistematicamente na categoria de "*penhora de direitos*". À penhora de direitos assim solidificada não se aplicam os efeitos substantivos e processuais da penhora sobre o imóvel abstractamente naquela contido – muito embora o exequente (consumada a aquisição) deva inscrever no registo a penhora que, doravante, passa a incidir sobre o bem transmitido, os seus efeitos não se retrotraem à data da realização da penhora da expectativa ou do direito de aquisição, *uma vez que a penhora do direito ou a expectativa de aquisição não é registável*; A realização da penhora assim concretizada não está dependente nem sujeita às regras do registo inerentes a imóveis e torna-se eficaz com a notificação à pessoa de quem o executado pode vir a adquirir o direito acordado no pacto celebrado").

tência de um contrato de locação financeira. Nestas hipóteses, depois de conhecida a situação jurídica real da coisa, o exequente pode requerer a conversão em penhora da expectativa de aquisição[614-615].

Note-se que esta última não corresponde à situação típica de penhora de uma coisa[616]. Discute-se até se configura uma verdadeira penhora[617]. Relevando nós a existência de uma efectiva penhora, devem assinalar-se porém algumas especificidades: por um lado, a coisa é propriedade do locador financeiro; por outro, a transformação em penhora do bem apenas ocorre se o executado (locatário) vier a final a adquirir o objecto, entretanto apreendido por efeito da *penhora da expectativa* (art. 860º, nº 3 CPC)[618].

2. Particularidades

2.1. O auto de penhora e a notificação da penhora

A penhora da expectativa de aquisição deve ser anotada expressamente no respectivo auto de penhora.

---

[614] Ver o Ac. Rel. Porto, de 28.1.2002 (Fernandes do Vale), p. 1, www.dgsi.pt (no caso tinha sido indicado à penhora pelo exequente um veículo; ora, tendo tido este conhecimento de que tal veículo tinha sido dado em locação financeira, foi requerida a sua conversão em penhora da expectativa de aquisição).

[615] Cfr., neste capítulo, *infra* § 2.

[616] Não pode (ou melhor, não deve) ser penhorada a coisa, pois o locador é o seu proprietário. *Vide* o Ac. Rel. Coimbra, de 5.2.2002, sumário (Serra Baptista), www.dgsi.pt. Cfr., sobre este tema, *infra* o § 2 deste capítulo.

[617] Com efeito, um sector doutrinário nega a subsunção desta situação à penhora, dado que o bem apreendido pertence a um terceiro, e qualifica-a como uma "apreensão de acautelamento do efeito útil da eventual e da futura aquisição da coisa" (Remédio Marques, Curso de processo executivo comum à face do código revisto, Coimbra, 2000, p. 262). Outros afirmam que "se o objecto de qualquer penhora é uma situação activa do executado, *maxime* um direito subjectivo, já o objecto dos actos de apreensão são os bens respectivos", observando-se ainda que "a posição do terceiro alienante, ainda que comporte posse não é tocada, pois o que se penhora é a situação jurídica do executado, e não a sua propriedade" (Rui Pinto, "A execução e terceiros – em especial na penhora e na venda", Themis, 2004, A reforma da acção executiva, Vol. II, p. 242).

[618] Amâncio Ferreira, Curso de Processo de Execução, 6ª Ed., Rev. e Act., 2004, pp. 227 e 228, Remédio Marques, A penhora e a reforma do processo civil. Em especial a penhora de depósitos bancários e de estabelecimento, Lisboa, 2000, p. 54, e ainda em Curso de processo executivo comum..., cit., p. 262, Lebre de Freitas, Acção executiva à face do Código revisto, Coimbra, 2001, p. 216.

São aplicáveis, *mutatis mutandis*, os normativos relativos à penhora de créditos (art. 860º-A, parte final CPC).

A penhora da expectativa de aquisição fica à ordem do agente de execução, devendo este declarar se tal expectativa existe, assim como as circunstâncias que a envolvem, cabendo-lhe ainda mencionar se foi ou não cumprida a obrigação de que dependia a satisfação da sua pretensão.

Daí que deva ser notificado o locador financeiro (sujeito de quem o executado/locatário financeiro pode eventualmente vir a adquirir a coisa) de que tal expectativa fica à ordem do agente de execução – cfr. art. 856º CPC *ex vi* art. 860º CPC[619].

O propósito de tal notificação é, por um lado, o de que o locador financeiro se pronuncie quanto à existência do crédito, aluda a eventuais garantias que o acompanhem ou ainda releve quaisquer outras circunstâncias que possam interessar à execução (por exemplo, se o contrato foi resolvido por falta de pagamento de rendas).

2.2. Apreensão da coisa

Sucede que a coisa cujo gozo foi cedido através de contrato de locação financeira se encontra, por via de regra, nas mãos do locatário. Este é um mero detentor (ou, dito de outro modo, um possuidor em nome alheio).

Tendo em conta tal circunstância – a coisa encontra-se materialmente na esfera jurídica do aqui executado – deve cumprir-se, como determina o art. 860º-A, nº 2 CPC, "o previsto nos artigos referentes à penhora de imóveis ou de móveis, conforme o caso". Significa isto que deve proceder-se à apreensão do bem, que será entregue ao agente de execução.

Mas vejamos, em concreto, o que sucede em razão do tipo de objecto em questão.

---

[619] Ver Rui Pinto, "A execução e terceiros – em especial na penhora e na venda", Themis, 2004, A reforma da acção executiva, Vol. II, p. 241 (afirma o autor que a penhora de expectativa de aquisição suscita o problema de a expectativa incidir sobre uma coisa que é da propriedade de terceiro, pelo que a penhora não deve prejudicar o direito de propriedade do terceiro; daí a exigência da "notificação à contraparte reservatária no contrato, realizada pelo agente de execução, de que a posição contratual do executado, que lhe permitirá adquirir o direito de propriedade... fica à sua ordem"). Cfr. ainda Remédio Marques, A penhora e a reforma do processo civil..., cit., p. 53.

Se está em causa um mero bem móvel, é realizada a sua remoção imediata para depósitos, assumindo o agente de execução a qualidade de fiel depositário.

Tratando-se de um bem móvel sujeito a registo (por exemplo, um veículo automóvel, um tractor, um navio), também aqui se dá o respectivo *apossamento* mas a este ainda acresce a apreensão dos respectivos documentos[620].

Se a coisa é um imóvel deve igualmente proceder-se à sua apreensão, com a correspondente *entrega* ao agente de execução, que assume a veste de depositário.

Cabe realçar que a apreensão tem como finalidade evitar a perda, a deterioração e a destruição da própria coisa. Concomitantemente, retira-se ao locatário financeiro a possibilidade do seu gozo, conquanto isso em nada afecte a sua obrigação de pagamento das rendas perante o locador financeiro.

Discutindo esta problemática, foi já, numa decisão de primeira instância, ordenado o levantamento da apreensão do bem (no caso, um automóvel) em razão das especificidades decorrentes do contrato de locação financeira. Sustentou-se que "só continuando a viatura em poder do executado, poderá o mesmo continuar a usufruir do bem locado e ir cumprindo com o pagamento das prestações até final do contrato, de modo a que possa vir a consumar a aquisição"[621].

Decidiu bem o tribunal de recurso quando manteve a apreensão, dando portanto sem efeito a sentença anteriormente proferida. Isto porque se entendeu que o legislador não tomou em conta a especificidade assinalada (ou seja, a possibilidade de o locatário deixar de pagar as rendas), afirmando-se também que não era seguro que a penhora sem apreensão implicasse o pontual pagamento das prestações de renda[622].

---

[620] Ver o Ac. Rel. Porto, de 28.1.2002 (Fernandes do Vale), cit., p. 3 que trata de um caso de apreensão efectiva de veículo (e dos seus documentos).
A apreensão pode ser feita por qualquer autoridade administrativa ou judicial nos termos prescritos na lei para a apreensão de veículos automóveis requerida por credores hipotecários.
[621] Ver o trecho da sentença do Trib. Estarreja, citada no Ac. Rel. Porto, de 28.1.2002 (Fernandes do Vale), p. 1, www.dgsi.pt.
[622] Ac. Rel. Porto, de 28.1.2002 (Fernandes do Vale), p. 3, www.dgsi.pt

Aliás, deve acrescentar-se que, se assim não fosse, se esvaziaria o alcance da penhora de expectativa da aquisição, que sairia assim desconsiderada ou desvalorizada, em virtude de o locatário continuar a gozar do bem, apesar daquela.

2.3. Vicissitudes que interferem na penhora
Perante a penhora da expectativa de aquisição, vários cenários se podem configurar. Vejamos, pois, cada um deles.

A impossibilidade (temporária) de gozo do bem (provocada pela apreensão), acarreta o risco de o locatário financeiro não proceder ao pagamento das rendas vincendas[623]. Ora, o incumprimento do contrato pode originar a sua resolução pelo locador financeiro. Esta circunstância faz operar a extinção da penhora em virtude de inexistir agora qualquer expectativa de aquisição. Se tal se verificar, mostra-se possível a indicação à penhora de outros bens, ao abrigo do art. 834º, nº 3, al. c) do CPC. Embora nesta alínea se aluda à insuficiência dos bens penhorados, não se contemplando expressamente a penhora da expectativa de aquisição, o facto é que no caso há uma extinção da penhora com a consequente diminuição da *garantia* do credor.

Porém, à cessação do contrato podem obstar tanto o agente de execução, na qualidade de fiel depositário, como também o próprio exequente, procedendo ao respectivo pagamento, se nisso houver interesse[624].

Pode é discutir-se a admissibilidade do pagamento do valor *residual* por parte do exequente tendo em vista a aquisição do bem. A nosso ver, tal via mostra-se possível, pois doutra forma coarctar-se-ia o interesse deste no pagamento das rendas e o propósito subjacente à penhora da expectativa de aquisição.

Para além destes casos, são figuráveis situações em que o próprio locatário procede ao pagamento integral das rendas e do valor residual antes da venda executiva. Portanto, o locatário adquiriu agora a coisa. Nestas

---

[623] Não se descure também o interesse do locatário financeiro no pagamento das rendas vincendas e na própria aquisição, a final, do bem.

[624] Defendendo solução semelhante no quadro da venda a prestações com reserva de propriedade, Ana Maria Peralta, A posição jurídica do comprador na compra e venda com reserva de propriedade, Coimbra, 1990, pp. 104 ss.

hipóteses, ocorre a conversão automática da penhora da expectativa de aquisição numa penhora típica. É agora o próprio bem (e não a expectativa jurídica) que é objecto da acção executiva (art. 860º-A, nº 3 do CPC).

Se tal não ocorrer, isto é, as rendas continuam a ser pagas, mas à data da venda executiva o contrato de locação financeira ainda não cessou pelo decurso do prazo (pelo que ainda não se suscitou a questão do exercício do direito de aquisição pelo locatário, executado), a penhora subsiste. A situação jurídico-contratual do locatário financeiro é agora objecto de venda, assim como a conexa expectativa de aquisição[625].

2.4. Meios de defesa

Impõe-se debater os instrumentos de tutela que podem ser utilizados em face da penhora da expectativa de aquisição, cabendo, em paralelo, averiguar se o locador ou o locatário podem usar tais meios.

Como referimos, o locador é não só o proprietário (jurídico) da coisa, como também o seu possuidor, sendo a sua posse jurídica e efectiva.

Já o locatário é apenas um mero detentor ou, dito de outro modo, um possuidor em nome alheio (*in casu*, em nome do locador financeiro).

Ora, como determina o art. 1285º do CC, "o possuidor cuja posse for ofendida por diligência ordenada judicialmente pode defender a sua posse mediante embargos de terceiro...".

À primeira vista, parece que o locador, na qualidade de possuidor, poderia usar tal meio de tutela. Tal conclusão é falaciosa. Na verdade, a situação jurídica do locador não é afectada pela penhora da expectativa de aquisição. O objecto da penhora não é a coisa locada, mas a possibilidade de aquisição futura do direito de propriedade do bem. Desta sorte, o locador não pode deduzir embargos de terceiro na hipótese enunciada[626].

Por sua vez, ao locatário financeiro é permitido "usar das acções possessórias, mesmo contra o locador", como determina o art. 10º, nº 2, al. c) do DL 149/95. O legislador quis, relativamente a esta matéria, evitar quaisquer dúvidas quanto à aplicação ao caso das regras da locação, em

---

[625] Pode, no entanto, não haver interesse na compra de tal "expectativa".
[626] Neste sentido, Remédio Marques, A penhora e a reforma do processo civil, cit., p. 54.
Nada impede o locador de usar os outros meios de defesa da posse, caso se verifique o circunstancialismo que deles depende (arts. 1276º a 1279º do CC).

virtude de também o art. 1037º, nº 2 CC permitir ao mero locatário usar tal instrumento de tutela.

Põe-se assim a questão de saber se o locatário financeiro se pode socorrer dos embargos de terceiro.

Perante uma diligência ordenada judicialmente (*v.g.*, a penhora, o arresto, o arrolamento), o locatário, porque detém a coisa e no pressuposto de que é um terceiro em relação à acção executiva instaurada, pode defender-se recorrendo aos embargos de terceiro, previstos quer na lei civil (art. 1285º do CC), quer na lei processual (art. 351º ss. do CPC). É necessário que prove a sua detenção e a sua qualidade de terceiro[627].

Em princípio, o locatário financeiro não pode socorrer-se da figura em causa, pois não é um terceiro em relação à execução.

Mas, em face do circunstancialismo concreto, podem verificar-se tais pressupostos.

Figuremos uma situação específica. Na sequência do trespasse de estabelecimento comercial, transferiu-se a posição de locatário financeiro para o transmissário da organização (sem necessidade de consentimento do locador financeiro, por força do art. 1112º, nº 1, al. a) do CC, NRAU – homólogo do art. 115º, nº 1 RAU – *ex vi* art. 11º, nº 1 do DL 149/95 e, *in casu*, sem a sua oposição). Sucede que o credor exequente do primitivo locatário penhora a expectativa de aquisição de um bem que está agora na detenção de uma outra pessoa (o novo locatário financeiro). Ora, este é afectado por tal penhora, pois ela envolve a apreensão da coisa, daí que possa deduzir *in casu* embargos de terceiro – já que é terceiro em relação à execução e detém a coisa –, obstando assim aos efeitos que daquela decorrem.

§ 2. Penhora da coisa

1. O exequente é credor do locador financeiro
Independentemente de conhecer a situação jurídica do bem, o credor exequente do locador pode indicá-lo à penhora.

---

[627] Admitindo os embargos de terceiro do locatário financeiro, o Ac. STJ, de 7.11.2002 (Neves Ribeiro), p. 3, www.dgsi.pt.

Sendo a coisa dada em locação financeira susceptível de alienação (a qual não é cindível da transmissão da posição jurídica do locador) parece ser possível a penhora da coisa, que de resto é propriedade do locador. Todavia, o bem encontra-se onerado por via do referido negócio, encontrando-se uma outra pessoa na sua detenção.

Naturalmente que a penhora interfere com o gozo do objecto dado em locação financeira. Estando em causa um bem imóvel, o agente de execução é constituído depositário da coisa (art. 839º do CPC), devendo tomar posse efectiva do imóvel (art. 840º, nº 1 do CPC)[628]. No caso de bem móvel sujeito a registo, há que distinguir o tipo de apreensão (*v.g.*, tratando-se de um veículo automóvel, a penhora é seguida de imobilização e da apreensão dos documentos – art. 851º, nº 2 do CPC)[629]. Tratando-se de um mero bem móvel, a penhora é realizada com a sua efectiva apreensão e a imediata remoção para depósitos (art. 848º, nº 1 do CPC).

Ora, em qualquer das circunstâncias, o locatário pode deduzir embargos de terceiro, na qualidade de mero detentor (art. 10º, nº 2, al. c) do DL 149/95). Outra é a questão de saber se os embargos devem ou não ser deferidos. Pronunciamo-nos afirmativamente, em virtude de o locatário suportar o risco de perda e o risco de deterioração da coisa, tal como sucede com um típico proprietário.

Deve questionar-se, porém, uma via alternativa para o credor exequente, justamente a de proceder à penhora das rendas emergentes do contrato de locação financeira.

O art. 861º do CPC admite a penhora de "rendas", impondo a "notificação do locatário" para que proceda ao pagamento correspondente ao crédito penhorado através de depósito em instituição de crédito.

Este normativo é, quanto a nós, susceptível de aplicação em sede de locação financeira. Embora não seja esta contemplada expressamente na lei, estão em causa as mesmas razões que justificam a penhora de rendas,

---

[628] Note-se que a penhora de coisas imóveis se realiza "por comunicação electrónica à conservatória do registo predial competente, a qual vale como apresentação para o efeito da inscrição no registo" (art. 838º, nº 1 do CPC).
[629] Assinale-se que "à penhora de coisas móveis sujeitas a registo, aplica-se, com as devidas adaptações, o disposto no art. 838º" (art. 851º, nº 1 do CPC).

em especial a protecção do interesse do credor exequente em obter o pagamento do valor em dívida[630].

2. O exequente é credor do locatário financeiro

Pode ainda suceder que, por desconhecimento da situação jurídica da coisa (ou seja, que o seu gozo foi concedido por via de um contrato de locação financeira), o credor exequente indique à penhora o próprio bem, em vez de, como seria de esperar, a expectativa de aquisição.

Perante uma hipótese deste género, e sem prejuízo da possibilidade de o requerente solicitar a sua conversão em penhora da expectativa de aquisição, impõe-se averiguar se o locador pode reagir.

O problema tem um alcance diverso do anteriormente debatido. Na verdade, a penhora da coisa afecta agora a posição jurídica do locador, que é, realce-se, possuidor e terceiro em relação à execução.

Visualizemos alguns casos decididos pelos nossos tribunais.

Em sede de execução fiscal pode mesmo falar-se de um quadro típico: a fazenda pública instaura uma acção executiva contra o locatário indicando à penhora a coisa que anteriormente tinha sido objecto de locação financeira. Em regra, os tribunais admitem a dedução de embargos de terceiro pelo locador contra aquela penhora, atendendo a que "detém a posse em nome próprio dos bens locados"[631].

Fora do domínio fiscal, o credor exequente é normalmente uma pessoa singular ou uma sociedade comercial.

Vejamos também aqui uma situação concreta. Na sequência de um contrato de locação financeira (celebrado em 19.2.1993) tendo como

---

[630] Aduzam-se ainda os fundamentos mencionados a propósito do prazo de prescrição das rendas – CAP. V, § 2, 1,1.
[631] Ver o Ac. STA, de 5.6.1996 – sumário (Rodrigues Pardal), BMJ, nº 458 (1996), pp. 377 e 378, o Ac. STA, de 12.4.2000 – sumário (Alfredo Madureira), BMJ, nº 496, 2000, p. 299, o Ac. STA, de 8.11.1995 (Brandão de Pinho), BMJ, nº 451, 1995, pp. 196 ss. (no caso tinha sido indicada à penhora uma máquina de escrever, objecto de locação financeira, que estava em poder do locatário (executado); o tribunal julgou procedentes os embargos de terceiro, com o consequente levantamento da penhora e restituição ao embargante (locador) da aludida posse; segue-se, como se salienta expressamente, "a jurisprudência do Supremo Tribunal Administrativo... tirada em casos idênticos, de bens sujeitos a reserva de propriedade", cit., p. 200), o Ac. STA, de 11.5.1994 – sumário (Ernani de Figueiredo), www.dgsi.pt.

objecto "bens informáticos", o credor exequente (uma sociedade comercial) indica tais coisas à penhora (em 3.4.1995). Tendo tido conhecimento deste acto, o locador (uma sociedade de locação financeira) – que detém, apesar do contrato celebrado, a posse efectiva, conquanto tivesse esta passado a ser exercida através do locatário –, deduziu embargos de terceiro. O tribunal entendeu aplicável o (já revogado) art. 1037º, nº 1 do CPC (correspondente ao actual art. 351º do CPC), tendo deferido os embargos e, consequentemente, restituído a posse ao locador[632].

Acolhemos a orientação sustentada pelos tribunais, admitindo assim que o locador, em razão de ser possuidor (em nome próprio) e atento o facto de ser terceiro em relação à execução, se possa socorrer da figura dos embargos de terceiro no sentido de paralisar o efeito da penhora.

---

[632] Ac. Rel. Coimbra, de 15.10.1996 (Nuno Cameira), CJ, 1996, IV, p. 39.

Capítulo XI
O direito de escolha do locatário no termo do prazo

§ 1. O direito de escolha do locatário no termo do prazo contratual: considerações gerais. § 2. A tríplice escolha do locatário. 1.1. Aquisição do bem. 1.1. Questões de qualificação. 1.2. Questões conexas. 1.2.1. Exercício antecipado do direito de compra do objecto. 1.2.2. Cessão do direito de aquisição. 2. Restituição da coisa locada por efeito do não exercício do direito de aquisição. 3. Prorrogação do contrato.

§ 1. O direito de escolha do locatário no termo do prazo: considerações gerais

Relevem-se as vicissitudes inerentes ao termo do prazo da locação financeira.

No fim do período de duração do negócio, assiste ao locador um direito de escolha, comummente designado "direito de opção"[633]: ou adquire a coisa por preço determinado ou determinável (arts. 1º, 7º e 10º, nº 1, al. k) *in fine* e nº 2, al. e) e 21º, nº 1 do DL 149/95) ou, não o fazendo, cessa o contrato, pelo que deve restituir o bem ao locador (arts. 10º, nº 1, al. k), 1ª parte e 21º, nº 1 do DL 149/95).

---

[633] O art. 10º, nº 2, al. k) DL 149/95 refere que "quando [o locatário] não opte pela sua aquisição" (sublinhado nosso).

O propósito parece ser aqui o da repartição pelos contraentes do risco de obsolescência do bem[634].

Alguns autores consideram que estamos perante uma típica obrigação alternativa[635] em que a "opção" é deixada ao devedor. Nesta existe "uma obrigação com duas ou mais prestações, liberando-se o devedor com o cumprimento de uma só, daquela que vier a ser determinada por escolha"[636].

Diversamente, outros autores entendem que se trata de uma "obrigação com faculdade de substituição"[637]. Aqui "o devedor não deve mais do que uma prestação, dando-se a possibilidade de substituir a originária prestação no momento do cumprimento por outra previamente determinada"[638]. Como afirma Garcia Garnica, na locação financeira "não se trata propriamente dum direito de escolha", como sucede nas obrigações alternativas, "mas sim de um *jus variandi* da primitiva relação obrigacional no momento do pagamento"[639].

A primeira orientação é aquela que mais bem corresponde ao esquema da locação financeira. O que caracteriza as obrigações alternativas é a circunstância de não existir uma única prestação devida. Ora, no caso em discussão, o locatário financeiro tem a faculdade de adquirir a coisa, mas

---

[634] Neste sentido, Alessandro Munari, Il leasing finanziario..., cit., p. 216.

[635] Alessandro Munari, Il leasing finanziario..., cit., p. 221 (refere-se a uma obrigação alternativa nos termos do arts. 1285º ss. CCIt., sendo para o autor "substancialmente irrelevante para o equilíbrio do contrato e para a sua configuração em termos de financiamento").

[636] A noção é de Pinto Monteiro, Cláusula penal e indemnização, cit., p. 101. Ver, sobre as obrigações alternativas, Antunes Varela, Das Obrigações em geral, I, cit., p. 829.

[637] Neste sentido, García Garnica, El régimen jurídico..., cit., pp. 169 e 170 (a autora reconhece que o CCEsp. não deu a devida atenção a este tipo de cláusulas, mas a sua admissibilidade não é discutida pelos juristas em geral); González Castilla, Leasing financiero mobiliario, cit., p. 134.

[638] Ver García Garnica, El régimen jurídico..., últ. loc. cit.

Assemelha-se esta orientação a uma obrigação com faculdade alternativa, a qual, como aduz Pinto Monteiro, "tem por objecto, desde o início uma só prestação, mas em que o devedor goza da faculdade de se exonerar mediante a realização de uma outra, sem carecer, para o efeito, do consentimento do credor; ou é a este que cabe a faculdade de exigir do primeiro, verificado certo evento, em lugar da prestação devida, uma outra. Pertencendo essa faculdade... ao credor, diz-se *a parte creditoris*" (Cláusula penal e indemnização, cit., p. 103).

[639] El régimen jurídico..., cit., p. 169, nota 376.

também dispõe da faculdade de não a adquirir, sendo que aqui o contrato caduca, estando ele vinculado à restituição da coisa. Esta alternatividade está, aliás, subjacente a vários preceitos legais: o locador está obrigado a "vender o bem ao locatário, caso este queira, findo o contrato" (art. 9º, nº 1, al. c) do DL 149/95); o locatário está obrigado a "restituir o bem locado, findo o contrato... quando não opte pela aquisição" (art. 10º, nº 1, al. k) do DL 149/95) – sublinhado nosso.

Usualmente, os contratos prevêem ainda uma terceira via: a faculdade da sua "renovação", com o correspondente ajuste, entre outras, das condições de pagamento.

§ 2. A tríplice escolha do locatário

1.1. Aquisição do objecto dado em locação financeira

Como referimos, o locatário financeiro pode comprar a coisa cujo gozo lhe foi cedido. O exercício deste direito de aquisição encontra-se dependente do preenchimento de dois requisitos: por um lado, do pagamento de todas as prestações de renda e dos outros encargos previstos; por outro lado, do decurso do período temporal.

Assim, decorrido o prazo, valorando várias componentes, designadamente o carácter obsoleto do bem, o seu desgaste, a soma relativa ao "valor residual" a entregar ao locador, o montante global já entregue, pode o locatário decidir-se pela sua aquisição.

A coisa pode, porém, não extinguir a sua funcionalidade técnica, nem se ter tornado anacrónica. Tal ocorre com alguns bens móveis (*v.g.*, com o estabelecimento comercial) ou, em geral, com os imóveis. Aqui a compra da coisa depende de outros factores, nomeadamente do investimento que foi feito pelo locatário, do valor residual.

O direito de aquisição do bem no termo do contrato impõe, por parte do locatário, uma ulterior manifestação de vontade (de natureza receptícia), que *in casu* visa a aceitação do negócio.

Com efeito, o locador encontra-se obrigado à sua venda no fim do prazo contratual (art. 9º, nº 1, al. c) do DL 149/95).

A lei não regula os moldes do exercício do direito de aquisição pelo locatário, pelo que deve recorrer-se, em pimeira linha, às estipulações apostas no contrato. Por via de regra, determina-se a realização de uma comunicação (ao locador financeiro) por escrito e até à data do vencimento da última renda. Existe, pois, um "prazo de pré-aviso de aquisição" que é aposto no interesse do locador, já que este pretende saber, com uma certa antecedência, qual o propósito do locatário findo o prazo (legal ou convencional)[640].

Exercido regularmente tal direito[641], celebra-se-á um novo e distinto negócio: um contrato de compra e venda[642].

Do ponto de vista formal, estando em causa um bem móvel há que aplicar o princípio decorrente do art. 219º do CC, ou seja, o da liberdade de forma. Tratando-se, porém, de um estabelecimento comercial impõe-se a redução a escrito (art. 1112º, nº 3 do CC, NRAU). Caso seja um bem imóvel mostra-se necessária a respectiva outorga da escritura pública (art. 875º do CC).

A transferência da propriedade ocorre por mero efeito do contrato de compra e venda (art. 408º, nº 1 do CC).

No tocante à sua execução, devem realçar-se algumas especificidades: dado que a coisa se encontra já na detenção do locatário, o locador não está vinculado à sua entrega; por sua vez, o locatário não está adstrito,

---

[640] Quanto à sua antecedência, ver González Castilla, Leasing financiero mobiliario, cit., p. 139.
[641] A intempestividade ou o não exercício do direito importa a sua caducidade.
Em Espanha, discutiu-se já a cláusula que prevê que se entende exercido o direito se o locatário a ele não renunciar no prazo de dois meses em relação ao termo do contrato. Presume-se portanto o exercício do "direito de aquisição", admitindo-se porém uma "faculdade de desistência". Ver, sobre o assunto, González Castilla, Leasing financiero mobiliario, cit., p. 140.
A nosso ver, tal estipulação não deve admitir-se no nosso quadro legal. O art. 9º, nº 1, al. c) do DL 149/95, assim como o art. 10º, nº 1, al. k), do mesmo diploma, permitem afirmá-lo. A formulação dos normativos faz incidir sobre o locatário a manifestação de vontade na aquisição (o locador está obrigado a vender o bem "<u>caso este</u> [o locatário] <u>queira</u>" e o locatário está obrigado a restituir a coisa, "quando <u>não opte</u> pela sua aquisição" – sublinhados nossos), não se podendo presumir, no seu silêncio (que, em regra, não tem valor declarativo – art. 218º do CC), o exercício do direito.
[642] Ac. Rel. Lisboa, de 9.6.2011 (Henrique Antunes), www.dgsi.pt ("a aquisição pelo locatário dos bens locados – quer decorra do cumprimento, pelo locador, de uma promessa monovinculante de venda ou antes de verdadeiro direito de opção do locatário – exige a celebração de um contrato de compra. Essa aquisição supõe não apenas o pagamento do preço estipulado para a venda, mas também o pagamento das rendas convencionadas").

naquela data, ao pagamento da totalidade do preço (em virtude de este ter sido, parcial ou substancialmente, contabilizado e integrado nas rendas já pagas), mas tão só à entrega do "valor residual" ou, como a lei também refere, do "preço estipulado" (art. 10º, nº 2, al. e), *in fine* do DL 149/95)[643].

Esse montante deverá necessariamente ter sido determinado no contrato ou, pelo menos, ser determinável por via da simples aplicação dos critérios nele fixados (art. 1º, parte final do DL 149/95)[644].

Expressa ainda, por via de regra, o clausulado que o pagamento do *valor residual* deve ocorrer no dia seguinte ao da cessação do contrato. Em caso de inadimplemento do comprador (o anterior locatário), o vendedor (o anterior locador) pode instaurar uma acção de cumprimento visando a entrega da quantia em causa, sendo discutível se lhe cabe a via resolutiva, atendendo a que se pode tratar de uma importância diminuta, pelo que a escassa relevância do incumprimento não permite o recurso àquele mecanismo.

Pretende-se, pois, que o locatário conheça, desde o início do negócio, o "valor de aquisição".

Na locação financeira mobiliária, este montante configura, em princípio, uma soma diminuta em relação ao custo global da coisa, tendo em conta aquele que foi suportado pelo locador inicialmente[645]. São várias as razões que determinam esse baixo encargo. Por um lado, o investimento realizado pelo locador, em regra, teve já o seu retorno ao longo do período de duração do contrato. O locador não está, pois, interessado em reaver a coisa, dada a sua depreciação e a dificuldade da sua (re)colocação no mercado. Por outro lado, sendo o "valor de aquisição" escasso, o locatário sente-se compelido à compra.

Na locação financeira imobiliária, ao invés, a quantia estipulada para o exercício do direito de aquisição, conquanto inferior ao "valor de mercado", é tendencialmente considerável. Podem apontar-se, no essencial,

---

[643] Quanto à determinação do valor residual e do seu nível de risco, ver Pascal Philippossian, Le crédit-bail et le leasing, cit., pp. 107 ss.
[644] Como se expressa no Ac. STJ, de 23.11.1999 (Ribeiro Coelho), não constando o valor residual do contrato, daí resultando a sua indeterminabilidade, pelo que o "contrato é totalmente nulo", nos termos do art. 280º do CC.
[645] O que dissemos não se aplica naturalmente ao estabelecimento comercial.

duas razões: a lenta obsolescência dos imóveis e a valorização dos mesmos ao longo do tempo.

A importância a pagar representa uma parcela do custo da operação. Engloba uma parte do preço da aquisição da coisa, uma fracção das despesas (juros e outros encargos) e uma parte do lucro do locador.

Dito isto, realce-se que se afasta o entendimento de que esta é uma obrigação do locatário.

Refira-se, por fim, que o locatário é o titular de um direito de crédito, que se traduz no poder jurídico de exigir do locador a conclusão do contrato de compra e venda, nos termos especificamente acordados.

A doutrina tem debatido a qualificação da prestação do locador, preconizando-se a existência de uma promessa unilateral de venda[646] ou de uma promessa irrevogável de alienação[647], rejeitando-se porém a sua configuração como "uma proposta de venda (de coisa alheia como futura) por parte do locador"[648].

A nosso ver, trata-se aqui de um dever *ex lege* (art. 9º, nº 1, al. c) DL 149/95), podendo mesmo aludir-se a um obrigação legal do locador de contratar com o locatário, sujeita a execução específica, nos termos do art. 830º CC, sem prejuízo do direito do utente à reparação do prejuízo causado em caso de incumprimento.

1.2. Questões conexas

1.2.1. Exercício antecipado do direito de compra do objecto

As cláusulas contratuais dispõem também acerca da faculdade de aquisição da coisa ainda antes do termo do prazo de vigência.

Contudo, só se admite tal via decorrido um certo período de duração, pois o locador tem em vista a amortização (parcial) do bem. Nestas situações, o "valor de aquisição" é naturalmente superior ao que "preço da compra" após o decurso do prazo.

Nada há a obstar à consagração destas estipulações.

---

[646] Leite de Campos, A locação financeira, cit., p. 110, Rui Pinto Duarte, Escritos sobre leasing..., cit., pp. 70 e 71. Na doutrina estrangeira, cfr. Stéphane Piedelièvre, Droit bancaire, cit., p. 368.
[647] Rodolfo la Torre, Manuale della locazione finanziaria, cit., p. 232.
[648] Ver Rui Pinto Duarte, Escritos sobre leasing..., cit., p. 70.

1.2.2. Cessão do direito de aquisição

Suscita-se agora a questão de saber se, na vigência do contrato, o locatário pode ceder a outrem o "direito de aquisição".

Alguns contratos determinam a proibição do locatário de "onerar, alienar ou de qualquer outra forma dispor da opção de compra"[649].

Um sector doutrinário, entende ser possível, a cessão (pelo locatário) do direito de aquisição do bem locado. Assinala-se que a venda da coisa a final – configure-se ou não a locação financeira como um negócio *intuitus personae* – não tem carácter pessoal, podendo tal direito transferir-se livremente e, portanto, independentemente da transmissão do contrato de locação financeira, sem prejuízo da imposição no clausulado da necessidade da aquiescência do locador[650].

Outros autores, embora admitindo a possibilidade de cessão do direito, consideram-na dependente do consentimento do locador financeiro, em virtude de este se obrigar a transferir a propriedade do bem a um dado locatário financeiro e não a um terceiro[651].

Outros ainda, como é o caso de González Castilla, parecem negar a possibilidade de o locatário transmitir a opção de compra em razão da falta de autonomia do direito de aquisição (ou, dito de outro modo, da sua acessoriedade em relação à locação financeira)[652].

Vejamos se a disciplina legal vigente nos auxilia na resolução deste problema. O art. 11º do DL 149/95 refere-se aos requisitos da transmissibilidade da posição jurídica. Está, portanto, aqui está em causa a transferência da inteira posição contratual.

Por outro lado, o art. 10º, nº 2, al. d) do DL 149/95 alude à oneração, total ou parcial, do direito do locatário, mediante autorização expressa do locador. A norma não é clara. Aliás, da conjugação do proémio do nº 2 com a citada alínea decorre que *o locatário tem, entre outros, o direito a onerar o seu direito*. Ora, não se vislumbra qual o direito do locatário tido em vista.

---

[649] Ver González Castilla, Leasing financiero mobiliario, cit., p. 143.
[650] Giorgio de Nova, Il contratto di leasing, cit., p. 64.
[651] Nicolò Visalli, "La problemática del *leasing* finanziario...", cit. p. 681. Rodolfo la Torre, Manuale della locazione finanziaria, cit., p. 233 (o autor põe o acento tónico apenas na questão de saber se é necessário ou não o consentimento do contraente cedido, ou seja, o locador; responde de modo positivo ao problema posto, atendendo ao art. 1406º CCIt.).
[652] González Castilla, Leasing financiero mobiliario, cit., pp. 142 ss.

Observe-se ainda que se se entender que aqui cabe (ou também se contempla) a possibilidade de dispor autonomamente do direito de aquisição, então tal só se mostra possível com a anuência do locador.

De todo o modo, esta orientação é susceptível de prejudicar interesses de terceiros, *v.g.*, o credor exequente do locatário financeiro.

Figuremos um exemplo: o locatário financeiro pode transmitir a outrem o seu direito de compra na tentativa de obstar a uma eventual penhora da expectativa de aquisição; ora, o exequente ao instaurar a competente acção não conhece a especificidade ocorrida, pelo que a acção que propõe é a típica nesse domínio; por outro lado, também o terceiro, transmissário do direito de aquisição, pode ignorar a situação de facto (ou seja, a penhora da expectativa de aquisição), sem prejuízo da possibilidade de, em abstracto, a ela se opor.

A nosso ver, a tutela de tais interesses, em especial o do exequente, parece ser suficientemente forte para obstar à cessão do direito de aquisição.

2. Restituição da coisa locada por efeito do não exercício do direito de aquisição

O locatário financeiro pode, ao invés, não exercer o direito de aquisição. Podem ser inúmeras as razões que estão na base desta actuação, *v.g,* o carácter obsoleto do bem, a compra de um bem novo em vez de adquirir uma coisa já (por si) usada. Tais motivos são todavia irrelevantes, pois não cabe ao locatário justificar a sua escolha.

Impõe-se, deste modo, a sua restituição ao locador. É o que resulta do art. 10º, nº 1, al. k) do DL 149/95. Findo o prazo, determina-se que, de imediato, seja entregue ao locador o bem em causa[653]. Esta ideia está também expressa no art. 21º, nº 1 do DL 149/95, encontrando-se ainda implícita no art. 7º do DL 149/95.

No caso de atraso ou de falta de entrega, para além de exigir o cumprimento do dever de restituição (socorrendo-se inclusivamente do procedimento cautelar previsto no art. 21º do DL 149/95), o locador pode ainda exercer a correspondente pretensão ressarcitória.

---

[653] González Castilla refere que a restituição do bem deve ocorrer no dia da cessação do contrato (Leasing financiero mobiliario, cit., p. 136).

3. Prorrogação do contrato

É usual a previsão nos contratos de locação financeira da possibilidade de prorrogação do negócio. Estipula-se, normalmente, a faculdade de o locatário, até a um determinado momento (*v.g.*, até ao momento do vencimento da última renda), propor ao locador a "renovação do contrato".

O exercício de tal faculdade pelo locatário configura um mero convite a contratar. É o locador que posteriormente emite uma proposta contratual que envolve uma modificação do conteúdo do contrato, ao nível do valor das rendas a pagar (calculadas em função às condições de financiamento vigentes à data, desconsiderando-se agora o critério que presidiu ao cálculo inicial das rendas), e no tocante a um novo prazo de duração do contrato.

Acordando as partes, entendem uns que a operação de locação financeira prossegue[654].

Aduz-se, no entanto, que as novas rendas a pagar ao locador financeiro beneficiam de uma substancial (ou, como outros afirmam, de uma notável[655]) redução. É que este, no decurso do contrato, já recuperou o valor que despendeu na aquisição do bem, pelo que a nova soma a pagar destina-se apenas a remunerar o direito do locatário ao gozo da coisa. Por isso, apenas considerado este período temporal, e portanto abstraindo da duração do contrato de locação financeira, defendem outros que, do ponto de vista jurídico, está apenas em causa uma mera locação[656].

A questão, a nosso ver, não é tão linear. Há que analisar a situação concreta, no sentido de saber se houve (ou não) uma verdadeira prorrogação do contrato e, em caso afirmativo, quais os seus termos.

Imagine-se que se trata de um bem imóvel, cujo gozo foi concedido pelo período de 7 anos, sendo que o "valor residual" se apresenta muito

---

[654] Referindo-se à prorrogação do contrato (Renato Clarizia, I contratti nuovi..., cit., p. 148, Alessandro Munari, Il leasing financiero..., cit., p. 219).
[655] Mauro Bussani, Proprietà-garanzia..., cit., p. 73, nota 37.
[656] Mauro Bussani, Proprietà-garanzia..., cit., p. 73, nota 37. Parece ser esse o entendimento de Alessandro Colavolpe, "Contratto di leasing finanziario, contratto di small-rent e contrato di nollegio-back: profili di differenziazione", CI, 2004, 3, p. 1076 (alude o autor a uma prestação que corresponde, no limite, ao uso do bem).

elevado. As rendas pagas pelo locatário financeiro durante o tempo em causa não permitem ao locador recuperar o valor despendido na aquisição. Donde se pode concluir que esta hipótese parece adequar-se, em bom rigor, a uma prorrogação do contrato de locação financeira (não correspondendo a uma mera locação). As rendas agora a pagar não se limitam a remunerar o gozo da coisa, mas contemplam os mesmos elementos que se abarcavam aquando da celebração do negócio.

Tratando-se de um bem móvel – embora as rendas, em princípio, sejam substancialmente reduzidas e apenas visem retribuir o mero uso – a discussão mantém-se, em razão da permanência de um direito de escolha no termo do novo prazo acordado.

Capítulo XII
Providência cautelar de entrega judicial

§ 1. Antecedentes e quadro actual § 2. Pressupostos de admissibilidade do procedimento cautelar e sua razão de ser. § 3. Processamento e diferimento da providência. § 4. Efeitos do procedimento cautelar decretado.

A análise do regime jurídico da locação financeira impõe, por fim, uma referência ao procedimento cautelar previsto no art. 21º DL 145/95[657].

§ 1. Antecedentes e quadro actual
A disciplina originária – do DL 171/79 – não consagrou qualquer disposição específica que permitisse ao locador, de modo célere e eficaz, a res-

---

[657] Não se exclua naturalmente a possibilidade de serem instauradas outras providências cautelares, de cariz diverso, por qualquer dos contraentes. Assim, o locatário financeiro, no quadro da tutela possessória (art. 10º, nº 2, al. c) do DL 149/95), pode socorrer-se, por exemplo, do procedimento cautelar especificado de restituição provisória da posse mesmo contra o locador, desde que se verifiquem os requisitos de que depende. Em sede de esbulho violento (art. 1279º do CC) – ou seja, coacção física ou moral, segundo o art. 1261º, nº 2 do CC – que pode incidir sobre os sujeitos que defendem a posse e revestir até a forma de ameaça, mostra-se possível o recurso, nos termos dos arts. 393º e 394º do CPC, ao aludido procedimento. Uma situação deste género foi decidida no Ac. Rel. Lisboa, de 23.6.2005 (Granja da Fonseca): no caso, o locador financeiro "auxiliado por outrem, bloqueou as rodas da viatura locada e removeu-a para um reboque, apesar da oposição manifestada pelo requerente [o locatário financeiro]", ficando este "privado do gozo da viatura... em consequência dos meios utilizados pelo esbulhador" (p. 6, www.dgsi.pt).

tituição do bem nos casos de extinção do contrato por resolução ou pelo decurso do prazo.

No entanto, nada parecia impedir que, em regra, o locador recorresse aos procedimentos cautelares não especificados para assegurar a entrega da coisa, tendo para o efeito que demonstrar os requisitos exigidos pela lei processual[658].

O quadro legal alterou-se com o DL 149/95. O art. 21º veio permitir ao locador requerer uma providência cautelar especificada, nos termos definidos (inicialmente) nos seus nove números.

A preocupação tida pelo legislador teve um alcance bastante lato, porquanto o novo preceito se aplicou imediatamente, quer aos contratos de locação financeira anteriormente celebrados, quer às acções já instauradas em que não tenha sido decretada providência cautelar tendo em vista a entrega imediata da coisa (art. 24º, nº 1 do DL 149/95).

A utilização deste particular mecanismo, à data, não tinha todavia um âmbito geral. Não se contemplava a locação financeira de bens imóveis (art. 21º, nº 9 do DL 149/95)[659].

Apenas com o DL 265/97 se procedeu ao afastamento da restrição inicialmente imposta, permitindo-se, a partir de então, o emprego deste meio processual "a todos os contratos de locação financeira, qualquer que seja o seu objecto" (art. 21º, nº 9 do DL 149/95)[660].

---

[658] O Ac. Rel. Porto, de 24.11.1994 – sumário (Alves Velho), considerou, invocando o art. 399º CPC de 1967 e o DL 171/79, de 6 de Junho, "liminarmente admissível a providência cautelar não especificada de entrega a um fiel depositário das máquinas que o autor confiara ao réu ao abrigo de um contrato de locação financeira, sem subsequente pagamento das rendas e receando o autor falta de assistência técnica a essas máquinas e ainda a sua destruição ou extravio" (BMJ, nº 441, 1994, p. 394).

Não é perceptível o entendimento do Ac. Rel. Porto, de 18.12.1995 – sumário (Brazão de Carvalho), www.dgsi.pt (aí se afirma que, "em matéria de procedimentos cautelares, o princípio é o de que havendo acções cautelares específicas, está vedado o uso das inespecíficas", concluindo-se depois que "havendo incumprimento de um contrato de locação financeira e justificado o receio de extravio dos equipamentos deve a parte socorrer-se do arrolamento").

[659] Ver o Ac. Rel. Lisboa, de 16.1.1997 – sumário (Salazar Casanova).

[660] No tocante aos automóveis, alguns arestos têm considerado que não é admissível a aplicação (por analogia) do procedimento cautelar de apreensão de veículo previsto no DL 54/75, de 12 de Dezembro (neste sentido, Ac. Rel. Lisboa, de 26.5.1992 – sumário (Zeferino Faria), www.dgsi.pt).

§ 2. Pressupostos de admissibilidade do procedimento cautelar e sua razão de ser

O art. 21º do DL 149/95, na sua epígrafe, refere-se à "providência cautelar de entrega judicial"[661].

Impõem-se algumas notas prévias, antes de procedermos à análise dos requisitos de admissibilidade da citada providência.

Deve ainda salientar-se que – sempre que se trata de bens sujeitos a registo – a providência cautelar, em regra, tem em vista a entrega judicial e o cancelamento do registo.

No entanto, deve dizer-se que nada impede a utilização do referido procedimento apenas quanto ao cancelamento do registo, em virtude de o bem ter sido já entregue (desde que se verifiquem os outros pressupostos legais)[662].

Aliás, para além da tutela do direito do locador em dispor da coisa, "independentemente da interposição de recurso" pelo locatário (art. 21º,

---

Em sentido contrário, aplicando analogicamente o art. 5º DL 54/75, "dada a patente similitude de tal contrato com o contrato civil de locação", ver Ac. Rel. Porto, de 20.3.2003 (Sousa Leite), p. 2, www.dgsi.pt.

[661] Os procedimentos cautelares procuram obstar a que, na pendência de uma acção ou mesmo quando esta ainda não tenha sido instaurada, a situação de facto se modifique de tal sorte que a decisão ulteriormente proferida, conquanto favorável, não produza – total ou parcialmente – os efeitos pretendidos.

[662] Neste sentido, o Ac. Rel. Lisboa, de 28.2.2003 (Azadinho Loureiro), CJ, 2003, IV, pp. 121 ss. (apesar de o tribunal de primeira instância ter indeferido a pretensão do requerente, rejeitando portanto a providência cautelar, o aresto em causa admite-o; fá-lo invocando o direito (do locador) de dispor da coisa – art. 7º –, assim como a necessidade de uma certidão judicial transitada em julgado – art. 13º Código do Registo Predial – para que o locador proceda ao cancelamento do registo), o Ac. Rel. Lisboa, de 22.3.2001 – sumário (Torres Veiga), www.dgsi.pt (afirma-se no caso que "é possível obter decisão judicial restrita ao cancelamento do registo de locação financeira quando tendo havido entrega/restituição do bem, haja oposição do locatário ao reconhecimento da resolução do contrato e/ou ao aludido cancelamento"), o Ac. Rel. Lisboa, de 5.7.2000 – sumário (Quinta Gomes), www.dgsi.pt (aí se refere que tal é possível, por exemplo, quando a "entrega tenha sido feita desacompanhada dos documentos necessários a tal cancelamento"), o Ac. Rel. Lisboa, de 8.7.1999 – sumário (Marcos Rodrigues), www.dgsi.pt.
Diversamente se pronunciou o Ac. Rel. Porto, de 29.9.1998 – sumário (Lemos Jorge), www.dgsi.pt (sustenta-se que "não está prevista a providência com o fim exclusivo do cancelamento do registo").

nº 6 do DL 149/95), reforça tal ideia a circunstância de também nada obstar a que a providência cautelar, caso se trate de bens móveis não sujeitos a registo, tenha apenas como finalidade a sua entrega.

Enunciemos agora os (três) requisitos (cumulativos) de aplicabilidade da norma:

- um de carácter subjectivo;
- dois de natureza objectiva (art. 21º nº 1 do DL 149/95).

Por um lado, o mecanismo em causa só pode ser usado pelo locador financeiro[663]. Com efeito, o referido nº 1 dispõe que "pode este [o locador] requerer ao tribunal providência cautelar..."

Enumeram-se ainda duas causas (alternativas) que facultam ao locador o recurso ao mencionado procedimento cautelar[664]:

- a resolução do contrato (pelo locador); ou
- a caducidade do contrato pelo decurso do prazo, com ressalva das situações em que o locatário exerceu regularmente o direito de aquisição perante o locador.

Estão, pois, contemplados dois casos em que o locatário tem o dever de restituir o bem ao locador, o efectivo proprietário, por força da cessação do contrato. Naquela hipótese, tal resulta de cláusula contratual expressa[665]. Nesta situação, tal decorre do art. 10º, nº 1, al. k) do DL 149/95.

---

[663] Observa-se no Ac. STJ, de 7.7.1999 – sumário (Moura Cruz), www.dgsi.pt, que o procedimento cautelar "pode ser instaurado pelo locador financeiro também contra terceiros a quem o locatário haja cedido o bem locado".
O Ac. Rel. Évora, de 7.12.1994 – sumário (Matos Canas), considerou que "o locatário num contrato de locação financeira tem legitimidade para, só por si, designadamente desacompanhado do locador, propor providência cautelar não especificada para apreensão judicial dos bens locados" (BMJ, nº 442, 1995, p. 279).
[664] Como se afirma no Ac. Rel. Lisboa, de 2.12.2004 (Fernanda Isabel Pereira), "trata-se de um procedimento cautelar que comporta uma fase de natureza declarativa, na qual são apreciados os pressupostos de que depende a concessão da providência requerida e que, na prática, acaba por concretizar, em termos definitivos, um dos efeitos a que tende a acção principal, seja ela baseada na resolução do contrato ou na sua caducidade, e uma fase executiva que se traduz na realização da providência decretada") – CJ, 2004, V, p. 107.
[665] Sendo também o efeito da aplicação do regime resolutivo legal.

Por fim, releve-se o terceiro requisito: que o locatário ainda não tenha restituído a coisa ao locador⁶⁶⁶⁻⁶⁶⁷.

A consagração legal da específica providência tem essencialmente em vista a protecção do interesse patrimonial do locador, tentando evitar

---

⁶⁶⁶ Ver, quanto aos requisitos, o Ac. Rel. Lisboa, de 3.2.2005 (Pereira Rodrigues), www.dgsi.pt, o Ac. Rel. Lisboa, de 8.5.2001 – sumário (Ferreira Girão), www.dgsi.pt, o Ac. Rel. Porto, de 12.5.1997 – sumário (Marques Peixoto), o Ac. Rel. Porto, de 28.4.1997 – sumário (Ribeiro de Almeida).
No Ac. Rel. Porto, de 7.11.1996 – sumário (Alves Velho), www.dgsi.pt, exige-se, como pressuposto do diferimento da providência, que o locatário mantenha o bem em seu poder. Discordamos do entendimento seguido. Mesmo que a coisa esteja na posse de um terceiro a providência é susceptível de ser decretada. O que pode suceder é que aquele recorra à figura dos embargos de terceiro para evitar a entrega do bem. Mas o seu deferimento pressupõe o preenchimento dos requisitos legais (*maxime* de um título que legitime a detenção).
⁶⁶⁷ O normativo parece pressupor a celebração de um contrato de locação financeira (até porque se alude à sua extinção).
Suscita-se, no entanto, a questão de saber se pode aplicar-se o normativo se existe apenas um contrato promessa de locação financeira.
Esta problemática foi discutida pelo Ac. Rel. Porto, de 18.10.2001 (Mário Fernandes), www.dgsi.pt. No caso, uma instituição de crédito celebrou com uma sociedade comercial um contrato-promessa de locação financeira (em 30.1.1998) de um lote de terreno destinado a construção para fins comerciais e ainda um outro (em 9.7.1998) tendo como objecto uma fracção autónoma do prédio urbano em construção. Porque os imóveis, à data dos negócios, não se encontravam em condições de formalmente serem por aquela adquiridos foram concluídos os referidos negócios. Entretanto, a instituição de crédito procedeu à aquisição do mencionado lote de terreno e construiu a fracção autónoma, sendo que sendo esta usada pela sociedade comercial em causa. Sucedeu que esta não pagou os juros contratualmente previstos, nem celebrou os contratos definitivos de locação financeira dentro dos prazos previamente determinados. A instituição de crédito declarou resolvidos os contratos-promessa em 20.7.2000, exigindo a entrega das fracções. Como tal não sucedeu, foi instaurado o procedimento cautelar previsto no art. 21º. O tribunal entendeu que a disposição era aplicável. Fundamenta-o invocando o art. 410º, nº 1 CC, que determina a aplicabilidade ao contrato-promessa das normas relativas ao contrato prometido, com ressalva das relativas à forma e ainda às que, pela sua razão de ser, não se lhe devam considerar-se extensivas. Ora, quanto ao aspecto formal, *in casu*, os contratos tinham sido reduzidos a escrito. No tocante à restituição da coisa na sequência da resolução por incumprimento, o tribunal acolhe o princípio da equiparação decorrente do art. 410º, nº 1 CC, até porque o bem se encontrava em poder do promitente-locatário.
A solução deve acolher-se. No entanto, no aresto parece aplicar-se a norma sem mais. Ora, o art. 21º, tal como de resto todo o DL 149/95, apenas alude ao contrato de locação financeira, não se referindo o diploma, em local algum, ao contrato-promessa. Parece-nos todavia que o recurso ao art. 21º só pode ser efectuado pela via da interpretação extensiva.

que advenham para este prejuízos de vária ordem no quadro da actividade que exerce.

Na verdade, a não entrega da coisa importa, do ponto de vista do locador, importa a impossibilidade (temporária) de a alienar ou de a onerar.

Por outro lado, pode provocar, na perspectiva do locatário, um desinteresse em relação à própria coisa, que se pode repercutir não só na sua manutenção e na sua conservação, mas também noutras vertentes, como, *v.g.*, na possível utilização indevida do bem ou até numa eventual deterioração acentuada[668].

§ 3. Processamento e deferimento da providência

O carácter urgente da providência cautelar (art. 382º, nº 1 do CPC), a celeridade que se pretende na decisão (art. 382º, nº 2 do CPC) e até a não influência da decisão final no julgamento da acção principal (art. 383º, nº 4 do CPC) legitimam a adopção de procedimentos mais simplificados e mais aligeirados quando confrontados com os que subjazem a uma acção.

Em regra, tal sucede, por um lado, ao nível da prova a produzir, sendo agora suficiente a probabilidade séria da existência do direito (art. 387º, nº 1 do CPC), e ao nível da demonstração da lesão invocada, bastando que se mostre ser fundado o seu receio (art. 381º, nº 1 do CPC). Realce-se ainda que, em geral, não se decreta a providência se o dano que ela provocar ao requerido for maior que o prejuízo a que o requerente quer obstar (art. 387º, nº 2 do CPC).

Ora, o procedimento especificado de entrega imediata da coisa locada[669] tem alguns pontos de contacto, mas também outros aspectos em que diverge do procedimento cautelar comum aludido. Senão vejamos.

---

[668] O Ac. Rel. Lisboa, de 6.11.2003 (Maria Manuela Gomes), justifica em concreto o interesse do locador na impossibilidade de "recolocar [o bem] no mercado, evitando-se dessa forma não só a degradação e desvalorização inerentes ao uso e decurso do tempo, como até situações de imobilidade comercial" (p. 4, www.dgsi.pt).

[669] O valor do procedimento cautelar em causa é o do prejuízo que se pretende evitar e não o do valor dos bens. Aplica-se assim a regra geral constante do art. 305º, nº 1 CPC, que alude ao valor representativo da "utilidade económica imediata do pedido"; cfr. ainda o art. 313º, nº 3, al. d) CPC. Neste sentido, o Ac. Rel. Porto, de 17.5.2001 (Mário Fernandes), www.dgsi.pt. No

Tal como este, aquele exige que o locador ofereça uma prova sumária dos requisitos já referidos[670].

Note-se que é *conditio sine qua non* do deferimento desta providência especificada a alegação e a demonstração por parte do locador "[d]a probabilidade séria da verificação dos requisitos" (art. 21º, nº 4 do DL 149//95), ou seja, a causa concreta do incumprimento no caso de resolução do contrato (ou a caducidade do contrato pelo decurso do prazo) e a factualidade que está na sua base[671].

O locador não necessita porém de alegar, nem de demonstrar, o justificado receio da sua lesão. Tal receio, como de resto entende a doutrina e a jurisprudência dominantes, é presumido (*jure et de jure*) por lei, independentemente do tipo de bem (móvel ou imóvel) em causa. As razões que o fundamentam decorrem do uso continuado da coisa pelo locatário,

---

caso, o requerente tinha fixado o valor de 750.001$00 ao procedimento, sendo que o tribunal de primeira instância entendeu que o valor devia ser fixado em 51.310.000$00, dado que era esse o valor dos bens. O tribunal de recurso considerou que "não se demonstrando que o valor dado inicialmente pelo requerente contrarie manifestamente a realidade, nada obsta a que se aceite o valor por ele adiantado" (pp. 1 e 3). Cfr. ainda o Ac. STJ, de 23.1.1996 (João de Sousa), BMJ, nº 453, 1996, p. 401.

Em matéria de competência territorial, por força da aplicação subsidiária das regras gerais (art. 21, nº 7 DL 149/95), o procedimento deve ser instaurado no tribunal onde deve ser proposta a acção principal (...). Caso tenha sido estipulado no contrato de locação financeira um foro específico, o tribunal onde deve ser instaurada a providência é aquele que se encontra contratualmente previsto (neste sentido, cfr. o Ac. Rel. Porto, de 15.1.2004 (Pedro Antunes), o Ac. Rel. Lisboa, de 29.6.2000 – sumário (Salazar Casanova), ambos em www.dgsi.pt). Deve notar-se, no entanto, que quanto a este último aspecto, há que atender ao regime jurídico das cláusulas contratuais gerais, especificamente ao art. 19º, al. g) DL 446/85. Aí se dispõe que são relativamente proibidas as cláusulas que, consoante o quadro negocial padronizado, "estabeleçam um foro competente que envolva graves inconvenientes para uma das partes, sem que os interesses da outra o justifiquem".

[670] "...excepto a do pedido de cancelamento do registo, ficando o tribunal obrigado à consulta do registo, a efectuar, sempre que as condições técnicas o permitam, por via electrónica" (parte final do nº 2 do art. 21º do DL 149/95).

[671] *Vide* o Ac. Rel. Porto, de 24.9.1996 – sumário (Cândido de Lemos), e o Ac. Rel. Lisboa, de 1.2.1996 – sumário (Martins Ramires), www.dgsi.pt.

O conceito indeterminado usado na norma (probabilidade séria) é também empregue noutros procedimentos cautelares, tais como o arresto (art. 406º do CPC), o embargo de obra nova (art. 418º do CPC), o arrolamento (art. 424º do CPC) ou a apreensão de veículos (art. 16º DL 54/75, de 12 de Fevereiro).

o que determina pelo menos o seu desgaste, com o inerente prejuízo para o proprietário, *in casu* o locador[672].

Acresce que não se exige também para o deferimento da providência que o tribunal pondere nos eventuais prejuízos que possam dela resultar[673].

No entanto, o juiz pode determinar que o locador preste caução adequada, seja por depósito bancário à ordem do tribunal, seja por qualquer outro meio legalmente admissível (art. 21º, nº 5 do DL 149/95; art. 387º, nº 3 do CPC)[674].

Deve ainda assinalar-se que o requerido (locatário financeiro) só será ouvido quando a sua audiência não puser em risco sério "o fim ou a eficácia da providência" (art. 21º, nº 3 do DL 149/95).

O regime não é assim diverso do princípio vigente no quadro das providências cautelares comuns (art. 385º, nº 1 do CPC), aplicando-se consequentemente todo o normativo[675].

---

[672] Ver António Geraldes, Temas da Reforma do Processo Civil, Vol. IV, Coimbra, 2001, p. 309. Na jurisprudência, cfr. o Ac. Rel. Lisboa, de 6.11.2003 (Maria Manuela Gomes), p. 4, www.dgsi.pt, o Ac. STJ, de 27.6.2002 – sumário (Bruto da Costa), www.dgsi.pt, o Ac. STJ, de 1.7.1999 (Sousa Inês), p. 2, www.dgsi.pt, o Ac. Rel. Lisboa, de 28.1.1999 (Santos Bernardino), CJ, 1999, I, p. 97, o Ac. Rel. Lisboa, de 11.7.1996 – sumário (Quinta Gomes), www.dgsi.pt, o Ac. Rel. Lisboa, de 18.6.1996 – sumário (Dinis Nunes),www.dgsi.pt.

[673] Neste sentido, cfr. o Ac. STJ, de 27.6.2002 – sumário (Bruto da Costa), www.dgsi.pt, o Ac. Rel. Lisboa, de 11.7.1996 – sumário (Quinta Gomes), www.dgsi.pt, o Ac. Rel. Lisboa, de 18.6.1996 – sumário (Dinis Nunes),www.dgsi.pt

[674] No Ac. Rel. Porto, de 15.4.2010 (Filipe Caroço), www.dgsi.pt, observa-se que "o juiz exigirá do requerente a prestação de caução apenas quando, em razão das circunstâncias do caso, a mesma se revele necessária à salvaguarda dos direitos do requerido que, por força da providência, se vê desapossado do bem, com alguma probabilidade de vir a ficar prejudicado, nomeadamente, caso lhe venha a ser definitivamente reconhecido o seu direito. Mas esse risco há-de resultar traduzido nos factos indiciariamente provados, designadamente por alegação do requerido interessado".
Ver ainda o Ac. Rel. Lisboa, de 3.2.2005 (Pereira Rodrigues), www.dgsi.pt, p. 3 (o tribunal entendeu que a penhora – no caso não existia sequer registo definitivo da mesma, mas tão só um registo provisório, efectuado em 27.2.2004, por o sujeito passivo não ser o titular inscrito, o que não permite que a execução prossiga para a venda do automóvel – não é obstáculo à providência cautelar especificada; defendeu o tribunal que a penhora terá de ser levantada, entregando-se o veículo ao locador, requerente, após o seu levantamento).

[675] Determina-se aí que "o tribunal ouvirá o requerido, excepto quando puser em risco sério o fim ou a eficácia da providência".

Compete assim ao requerente alegar factos concretos e determinados que permitam concluir que a audiência do requerido põe em sério risco o propósito da providência (*v.g.*, a subtracção ou a ocultação dos bens pelo locatário).

§ 4. Efeitos do procedimento cautelar decretado

Um dos efeitos do procedimento cautelar decretado em favor do locador consiste no dever do requerido (locatário financeiro) de entrega da coisa ao requerente, a qual deve ser imediata (art. 21º, nº 1, parte final do DL 149/95).

Tal entrega é ordenada independentemente de quem se encontrar na detenção efectiva da coisa, sem prejuízo do recurso por parte do detentor (não locatário) à figura dos embargos de terceiro, desde que preenchidos os seus requisitos[676].

Caso se trate de um bem sujeito a registo, há lugar ainda, como afirmámos, ao cancelamento do registo da locação financeira (art. 21º, nº 1, *in fine* do DL 149/95)[677].

No quadro da providência decretada cabe referir um outro efeito, este mediato: a atribuição ao locador da disponibilidade da coisa (art. 21º, nº 6 e art. 7º do DL 149/95).

Resulta do exposto que o locador pode dispor da coisa, apesar de a sua situação jurídica não se encontrar em absoluto definida. Tutela-se aqui, mais uma vez, o interesse patrimonial do locador. Mostra-se, assim, pos-

---

[676] Afirma-se no Ac. Rel. Lisboa, de 2.12.2004 (Fernanda Isabel Pereira) – CJ, 2004, V, p. 107 – que se mostra possível a um terceiro por esta afectado o recurso à figura dos embargos de terceiro (art. 351º do CPC). No caso, uma dada entidade, tendo um direito de crédito decorrente de "despesas de parqueamento do veículo" veio invocar a existência de um direito de retenção obstando assim à entrega. Ora, tal direito permite ao seu titular o recurso às acções de defesa da posse (arts. 754º, 758º e 670º, al. a) e 1285º do CC). Sustentou o tribunal que só através do recurso aos embargos de terceiro se pode defender o eventual direito de retenção sobre o veículo, de sorte que não pode a "mera invocação de tal direito, seja perante a requerente, seja perante o tribunal fora do âmbito do incidente de embargos de terceiro, paralisar a execução da providência cautelar decretada" (ver o aresto cit., p. 108).

[677] "... a efectuar por via electrónica sempre que as condições técnicas o permitam" (art. 21º, nº 1 do DL 149/95).

sível a venda, a locação ou mesmo a "locação financeira" da coisa restituída (art. 7º do DL 149/95).

A protecção do locador não prejudica, porém, quer a admissibilidade de recurso da providência nos termos gerais, quer uma eventual pretensão ressarcitória do locatário, (porque, *v.g.*, o locador deixou caducar a providência ou porque a acção principal foi decidida em favor do locatário)[678-679].

---

[678] Ver o Ac. STJ, de 6.5.1997 – sumário (Torres Paulo), www.dgsi.pt.
[679] Refere o Ac. Rel. Évora, de 7.12.1994 – sumário (Matos Canas), BMJ, nº 442, 1995, p. 279 – que o próprio locatário financeiro tem legitimidade para, só por si, inclusivamente desacompanhado do locador, propor providência cautelar não especificada para apreensão judicial dos bens locados.

Capítulo XIII
Natureza jurídica

§ 1. Razão de ordem. § 2. Contrato de locação. § 3. Venda a prestações com reserva de propriedade. § 4. Locação financeira enquanto negócio situado entre a locação e a venda a prestações. § 5. Contrato nominado misto. § 6. Contrato de crédito *sui generis*. § 7. Posição adoptada: a locação financeira como um contrato de crédito com características específicas.

§ 1. Razão de ordem
Têm sido múltiplas as teorias apresentadas na tentativa de enquadrar dogmaticamente o contrato de locação financeira.

Optamos por descrever as orientações de maior relevo e por analisar, à medida do desenvolvimento da exposição, os defeitos e as virtudes de cada uma delas, no sentido de perspectivar e de auxiliar na construção da nossa opinião.

Cabe ainda referir que, para a larga maioria destas teses, a figura civilista da locação é valorizada. Nuns casos isoladamente, noutras hipóteses em paralelo com outros insitutos. A posição que reconduz o negócio à venda a prestações e a orientação que releva a sua vertente creditícia são as únicas que relativizam aquele instituto de cariz civilista.

§ 2. Contrato de locação
Um sector doutrinário afirma que a locação financeira configura um mero negócio de locação, em virtude de a sua vertente essencial residir na con-

cessão do gozo (temporário) de uma coisa, tendo como contrapartida uma remuneração[680].

Identifica-se assim a locação financeira com esta específica *relação de troca*, justificando-se ainda o entendimento na aplicabilidade ao negócio em estudo da maior parte das normas da locação.

Outros autores, não se afastando do instituto em causa, consideram-no ligado a uma opção de aquisição[681].

Ainda dentro deste quadro, outros também sustentam que se trata de uma locação com "finalidade financeira"[682].

Se bem que se possam reconhecer algumas afinidades com a mera locação[683], em particular atenta a aplicabilidade de algumas regras do regime jurídico, a assimilação da locação financeira à figura prevista no Código Civil traz dificuldades de vária ordem.

Para o contestar, mostra-se suficiente a enunciação de alguns dos pontos estudados no próprio regime jurídico do contrato de locação financeira e de algumas das qualificações anteriormente propostas por nós.

Desde logo, assinale-se o conteúdo das obrigações das partes: a *concessão do gozo da coisa* (que não envolve, segundo cremos, a responsabilidade pela sua entrega) tem um âmbito diverso do correspondente *dever de proporcionar o seu gozo*.

Acresce que as rendas pagas pelo locatário financeiro – enquanto prestações fraccionadas – têm um alcance diverso, não se limitando a retribuir o mero gozo da coisa, como ocorre na locação.

---

[680] Neste sentido, entre outros, V. Tabet, "La locazione di beni strumentali (leasing)", BBTC, 1973, II, pp. 294 ss., Cabanilla Sánchez, "El leasing financiero y la Ley de venta a plazos de bienes muebles, ADC, 1980, pp. 759 ss., Vara de Paz, "Leasing financiero", em Nuevas entidades, figuras contractuales y garantias en el mercado financiero", Madrid, 1990, pp. 549 ss. e, da mesma autora, "Naturaleza y régimen jurídico del contrato de leasing", RDBB, 2001, pp. 193 ss.

[681] Vincenzo Buonocore, La locazione financiaria nell'ordinamento italiano, em Il leasing. Profili privatistici e tributari, Milano, 1995, pp. 85 ss.

[682] Jímenez de Parga/Gispert Pastor, "La operación de leasing es una operación de crédito?", RDBB, 1988, pp. 487 ss.

[683] Ver, quanto às características próximas, Leite de Campos, "Locação financeira (Leasing) e locação", ROA, 2002, pp. 760 e 761 e pp. 770 ss. (releve-se que o autor se distancia da recondução à mera locação).

Por sua vez, as cláusulas de vencimento antecipado que envolvem a perda do benefício do prazo para o locatário financeiro não são compatíveis com a disciplina da locação.

A exoneração de responsabilidade do locador financeiro pelos vícios do bem locado manifesta igualmente divergências assinaláveis em relação àquela.

Observe-se que a recondução à mera locação não explica o direito de escolha que assiste ao locatário financeiro, do qual resulta de resto uma forte incompatibilidade com a assimilação pretendida.

As outras variantes desta construção não são também de acolher. Aquela, porque mantendo os traços e o núcleo central na locação, com todas as divergências assinaladas, apenas reconhece que a sua particularidade é a da existência de uma "opção de aquisição". Esta, em virtude de, para além de fortemente enraizada na locação, apenas acessoriamente e a título auxiliar reconhecer a sua vertente financeira.

§ 3. Venda a prestações com reserva de propriedade

Em sentido oposto à orientação anterior, consideram outros que a locação financeira tem fortes afinidades com a venda a prestações com reserva de propriedade (e entrega antecipada da coisa)[684].

Assim, aplicam *in casu* o art. 1526º CCIt.[685], em virtude de considerarem que as rendas da locação financeiras são parcelas do preço (*ratte di prezzo*), entrando assim o negócio na lógica da compra e venda.

---

[684] Esta tese tem tido alguns dos seus seguidores em Itália. Ver, entre outros, Bonfante, Il contratto di vendita, em Contratti commerciali, a cura di Cottino, no Tratatto dir. comm. dir. pubblico economico, Diretto da Galgano, XVI, Padova, 1991, pp. 150 ss., e Costanza, Il contratto atipico, Milano, 1981, pp. 164 ss.
Parece sustentar essa afinidade o Ac. Rel. Lisboa, de 26.4.2001 – sumário (Margarida Vieira de Almeida), www.dgsi.pt.
[685] A disposição do código italiano, relativa à venda a prestações com reserva de propriedade, tem natureza imperativa. Determina o seu nº 1 que em caso de incumprimento do comprador o vendedor deve restituir as prestações vencidas (ressalvado o direito a uma compensação pelo uso da coisa, para além do ressarcimento do dano). Por sua vez, o nº 2 dispõe que, estando perante uma estipulação que atribua as prestações já pagas ao vendedor a título de indemnização, o juiz pode, segundo as circunstâncias, reduzir a indemnização convencionada. O nº 3 do art. 1526º consagra que tais regras se aplicam aos contratos de locação, posto

Embora também aqui se possam identificar alguns pontos de contacto (*v.g.*, quanto ao risco de perda ou de deterioração da coisa)[686], esta posição é igualmente de rejeitar.

Vejamos alguns dos argumentos, sem pretendermos ser exaustivos, até porque ao longo deste trabalho já várias vezes fizemos a comparação.

Desde logo, pode observar-se que o conteúdo do direito de propriedade do locador financeiro não é semelhante ao do direito de propriedade do vendedor a prestações.

A diferença é, como vimos, visível ao nível do mecanismo da transferência da propriedade: a aquisição da propriedade pelo locatário financeiro é meramente eventual, sendo que a concretizar-se impõe uma ulterior manifestação de vontade da parte deste e a conclusão de um ulterior e novo negócio; na compra e venda a prestações a transmissão da propriedade opera automaticamente com o pagamento da última prestação. Portanto, o alienante não suporta o risco da restituição do bem no caso de cumprimento integral do contrato.

Também a obrigação de entrega da coisa tem contornos *sui generis* na locação financeira que divergem do correspondente dever que grava sobre o vendedor a prestações, aqui um típico vendedor[687].

§ 4. Locação financeira enquanto negócio situado entre a locação e a venda a prestações

Sustenta-se ainda que a locação financeira, em razão da aplicabilidade de algumas das normas relativas à locação e de outras disposições referentes à venda a prestações com reserva de propriedade, não se pode subsumir a nenhum desses contratos típicos.

---

que convencionada a aquisição da propriedade pelo locatário no termo do prazo. Ver, sobre a temática, Giorgio Cian e Alberto Trabucchi, Commentario breve al Codice Civile, 5ª Ed., Padova, 1997, pp. 1459 a 1501.

[686] Ver, quanto aos aspectos próximos entre os dois contratos, Leite de Campos, "Locação financeira (leasing) e locação", cit., pp. 766 ss. (assinala o autor que "parece evidente que existem também muitas coincidências..." entre os negócios).

[687] *Vide* o confronto estabelecido no Ac. Rel. Lisboa, de 19.5.1992 (Machado Soares), www.dgsi.pt, pp. 3 e 4.

Enquadra-se, assim, numa zona intermédia entre a locação e a venda a prestações, estando todavia mais próxima desta[688].

Se bem que algumas das regras da locação sejam aplicáveis à locação financeira, como resulta *a contrario* do art. 17º do DL 149/95 (referente à resolução) e directamente dos arts. 9º e 10º DL 149/95, já o mesmo não se diga das disposições específicas da venda a prestações (por exemplo, o art. 934º do CC não é empregue no caso), sem prejuízo, porém, do recurso ao art. 781º do CC, embora este não seja um normativo aplicável exclusivamente à venda a prestações. Deste modo, não parece que a locação financeira esteja mais próxima desta, como sustentam os partidários da tese em destaque.

Acresce que situar o contrato numa zona cinzenta e indefinida acarreta uma perda da especificidade e da individualidade do negócio em causa, não se revelando ainda a vertente financeira que o envolve.

Por outro lado, como bem observa criticamente Nicolò Visalli, não se pode cometer ao intérprete a tarefa de operar uma selecção da norma a aplicar em relação à diferença e à identidade tipológica que releva com tais contratos nominados sem oferecer um critério básico a seguir em relação às variantes mencionadas[689].

§ 5. Contrato nominado misto
Leite de Campos desenvolve a tese de que a locação financeira contém elementos de dois contratos típicos: a compra e venda e a locação. Conclui o autor que se trata de um contrato nominado misto[690].

---

[688] Esta parece ser a construção que subjaz ao pensamento de Giorgio de Nova, Il contratto di leasing, cit., pp. 17 a 21.
[689] "La problematica del *leasing* finanziario...", cit., p. 667.
[690] A locação financeira, cit., p. 141.
No mesmo sentido se posicionam Romano Martinez e Fuzeta da Ponte, Garantias de cumprimento, cit., p. 197. Ver também Romano Martinez, Contratos Comerciais, Apontamentos, Cascais, 2001, pp. 59 ss.
Cfr. ainda Jorge Costa Soares, "Sobre a locação financeira pública de equipamento militar", p. 599 (afirma o autor que se trata de "um contrato misto porque nele se contêm e conjugam os elementos característicos de diversos contratos típicos, designadamente do contrato de locação e do contrato de compra e venda, sem embargo de também ser defen-

Começando por analisar o *nomen juris* "locação financeira", observa Leite de Campos que os termos usados se relacionam com os dois negócios enunciados. Assim, o emprego daquele reporta-se ao contrato de locação. Por outro lado, a utilização deste faz apelo ao contrato de compra e venda.

Todavia, não deixa o jurista de afirmar que a operação globalmente considerada se traduz numa união de contratos (de locação financeira e de compra e venda[691]), pois tais negócios encontram-se ligados por um "vínculo final", de modo que "a geração e o funcionamento de cada uma das relações contratuais está de tal modo unida à outra que cada pretensão de uma das partes está dependente de um cumprimento em relação à outra"[692].

Para o autor, a ligação contratual reflecte-se desde o momento da escolha prévia do bem pelo locador, que determina a aquisição pelo locatário e a posterior cedência do seu gozo, e interfere no próprio regime jurí-

sável que, como o correr dos tempos, a locação financeira deu origem a um novo *tipo* contratual").

Num outro enquadramento, aludem outros a um contrato com causa mista, no qual se combinam causas de três negócios distintos: da locação, da venda com reserva de propriedade e do mútuo.

É o caso de Moitinho de Almeida que considera ser este é um "negócio misto", mas "com elementos da locação, da venda e do mútuo, sendo os relacionados com este último, sem dúvida, os dominantes e que explicam o afastamento de certas regras do primeiro" ("A locação financeira (*leasing*)", cit., p. 11).

Neste sentido, na jurisprudência portuguesa, cfr. o Ac. Rel. Lisboa, de 18.2.1997 – sumário (Quinta Gomes), www.dgsi.pt.

Ver ainda os arestos dos tribunais italianos que sustentam tal opinião, citados por Francesco Galgano, Diritto Commerciale, L' imprenditore, 4ª Ed., Bologna, 1991, p. 215.

Diversamente, Rui Pinto Duarte entende que "o núcleo do contrato de locação financeira corresponde no Direito português, à essência de uma locação, pese embora o facto de algumas, não poucas, das normas especiais sobre a locação financeira contrariarem o regime geral da locação. A esta parte do contrato de locação financeira acresce uma outra consistente num contrato-promessa unilateral sobre a coisa locada. E como entre estas duas componentes do contrato não existe mais do que um nexo de dependência funcional, a expender-se uma qualificação doutrinária, ela terá de ser a de que a locação financeira é uma união ou coligação de contratos (e não um contrato misto) – Escritos sobre leasing..., cit., p. 83.

[691] Que, segundo Leite de Campos, "constituem partes de um percurso negocial" (A locação financeira, cit., p. 139).

[692] "Ensaio de análise tipológica...", cit., p. 72.

dico, de tal sorte que o locatário deve demandar o vendedor no caso de vícios da coisa[693-694].

Aproximando-se desta construção, Calvão da Silva alude à "bifunção ou dupla causa do *leasing*", caracterizando este como um contrato *sui generis*[695]. Sustenta o autor ainda que, "pelas duas causas próprias de contratos típicos nele coenvolvidos, o leasing é um contrato misto erguido pela lei portuguesa a contrato típico ou nominado"[696].

Esta bifuncionalidade é legal, baseando-se, para Calvão da Silva, na coexistência de uma dupla função por referência a dois deveres principais (e intimamente conexos) do locador: o de adquirir a coisa e o de conceder o gozo[697].

Se bem que concordemos, como assinala Leite de Campos, que exista uma conexão intrínseca e íntima entre os contratos de compra e venda e de locação financeira que faz operar determinados efeitos jurídicos, afastamos, contudo, o entendimento do autor quer do ponto de vista terminológico, quer sob o prisma da estrutura do contrato.

Por outro lado, deve referir-se que a ligação estreita entre as duas obrigações mencionadas por Calvão da Silva tem, para nós, do ponto de vista substancial, uma única finalidade: a de permitir a concessão, por parte do locador, de um financiamento[698] ao locatário.

---

[693] "Ensaio de análise tipológica...", cit., pp. 72 e 73.
[694] Como afirma o autor, o procedimento seguido foi o seguinte: projectar "o contrato de locação financeira como um contrato misto", do qual resulta uma "combinação de elementos contratuais típicos diversos", indicando a que "contratos foram buscados os elementos para a sua construção", terminando, ulteriormente, por "o conceber numa coligação de contratos" (A locação financeira, cit., p. 127).
Aderindo a esta orientação, entre outros, o Ac. STJ, de 21.5.1998 (Garcia Marques), BMJ, nº 477, 1998, o Ac. Rel. Lisboa, de 20.9.1994 (Araújo Cordeiro), CJ, 1994, IV, p. 89.
[695] "Locação financeira e garantia bancária", cit., p. 29.
[696] "Locação financeira e garantia bancária", cit., p. 29, nota 21, *in fine*.
[697] O locador não adquire apenas a coisa ao fornecedor, mas fá-lo porque está obrigado a conceder o gozo do objecto, o qual "não pode cumprir senão através da instrumental entrega da coisa ao locatário" ("Locação financeira e garantia bancária", cit., p. 29). Prossegue o autor "sem esquecer a chamada opção de compra que o locador tem de dar ao locatário" ("Locação financeira e garantia bancária", cit., p. 29, nota 21, parte final).
[698] Aproveitamos aqui a expressão usada pelo legislador (locação <u>financeira</u> – sublinhado nosso).

§ 6. Contrato de crédito *sui generis*[699]

Relevando a causa de financiamento do contrato de locação financeira, outro sector doutrinário assume a natureza creditícia deste negócio.

No entanto, há matizes distintas que relevam para cada um dos autores que a defendem.

Assim, na doutrina italiana, Leo realça a dupla função de financiamento: ao fornecedor e ao locatário. A concessão do crédito não se destina assim só a financiar a aquisição, mas ainda a alienação correspondente[700]. Já Renato Clarizia realça que "a aquisição do bem (e a manutenção da propriedade) por parte do locador é instrumental à sua concessão em locação financeira, à realização do financiamento"[701-702].

---

[699] Afastam em geral os autores a assimilação da locação financeira ao mútuo. É o caso de Leite de Campos, A locação financeira, cit., p. 138 (alude-se que "o facto de no contrato de locação financeira a entrega da propriedade do bem ser substituída pela concessão do seu uso, descaracteriza aquele contrato ainda mais em relação ao *tipo* mútuo, mesmo perante a sugestiva ideia do *mútuo da coisa*), e também em "Locação financeira (Leasing) e locação", cit., p. 769 (refere também o jurista que "a caracterização da locação financeira como mútuo de dinheiro suscita graves objecções, pois implica desconhecimento do significado das obrigações específicas do locador na relação contratual, bem como das estruturas jurídicas dos dois contratos"; aliás, Leite de Campos afasta também a proximidade com os contratos de crédito, em virtude de se "desvalorizar a regulamentação jurídica do contrato de locação financeira", que é "diversa da regulamentação jurídica dos contratos de crédito", afirmando ainda que se salienta "a função financeira do contrato de locação financeira em prejuízo da sua estrutura jurídica" – últ. ob. cit., p. 766).

Esta é também a posição de Calvão da Silva (observa o autor, ainda no quadro do anterior regime, que a sociedade de locação financeira não concede um crédito ao locatário para que este compre a coisa e a integre no seu património – logo não é contrato de crédito" ("Locação financeira e garantia bancária", cit., p. 20); aduz mais à frente que "o leasing não pode reduzir-se a mero contrato de financiamento. A função de financiamento decorre de um dos deveres principais do locador – o dever de adquirir (ou construir) a coisa nos termos acordados... Mas outro dos deveres principais do locador é o de conceder o gozo da coisa... Logo a função da concessão do gozo ... é essencial e fundamental à construção do leasing, tal qual ele se encontra disciplinado na lei portuguesa" (últ. ob. cit., p. 28).

Calandra Buonaura diferencia a locação financeira do mútuo em razão do seu objecto, da causa do contrato e da posição jurídica do locador financeiro/mutuante ("Orientamenti della dottrina in tema di locazione finanziaria", RDCiv., 1978, II, pp. 194 ss.).

G. Ferrarini também contesta a assimilação ao mútuo, dado que "falta a atribuição de uma soma de dinheiro e a obrigação de restituir o *tantundem*" (La locazione..., cit., p. 5).

[700] Leo, "L'essenza del credito e il leasing finanziario", Riv. Soc., 1978, pp. 117 ss.

[701] I contratti nuovi, cit., pp. 175 (afirma ainda o autor que o financiamento se realiza não com a entrega de dinheiro, mas com a atribuição da disponibilidade de um bem).

Na doutrina espanhola, Garcia Garnica qualifica-o como um contrato de crédito *sui generis*[703]. González Castilla designa-o como um contrato de financiamento atípico[704], afirmando que não se pode confundir com um mútuo ordinário, que considera de "carácter real", realçando todavia que o "*leasing financia o uso e a possível aquisição do bem*"[705].

Salientam-se assim as particularidades da locação financeira em relação ao empréstimo ordinário de dinheiro, relativamente ao qual é, de resto, uma alternativa[706].

Releva-se também a tendencial correspondência entre o preço da compra (pago pelo locador, na qualidade de adquirente, ao vendedor) e a remuneração devida pelo locatário, bem como a conexão existente entre a compra do bem pelo locador e a concessão do seu gozo.

Aduzem-se ainda outras manifestações da função creditícia da locação financeira: a circunstância de o locatário suportar os riscos conexos ao uso do bem e o facto de o "empréstimo" se realizar com a atribuição da disponibilidade de uma coisa (e não com a entrega directa do dinheiro).

---

[702] Ver ainda as inúmeras citações efectuadas por Mauro Bussani relativas aos autores italianos partidários da tese da vertente creditícia da locação financeira (Proprietà-Garanzia..., cit., p. 48, nota 6).

[703] García Garnica, El régimen jurídico..., cit., pp. 179 e 180.

[704] González Castilla, Leasing financiero mobiliario, cit., pp. 166 ss.
Também em Itália esta orientação tem muitos seguidores. Alessandro Munari refere-se também a um "negócio de financiamento" (ob. cit., p. 229). Para o autor "a concessão do crédito não consiste no simples pagamento de uma soma ao fornecedor, da qual não pode derivar para o locatário *sic et simpliciter* a obrigação de restituição do *tantundem*, mas sim na antecipação de um dado valor para empregar num escopo relevante deduzido do negócio de financiamento e indicado do *sovvenuto* (vínculo de destinação da soma pecuniária), do qual resulta a atribuição de uma disponibilidade, de uma *utilas* em sentido pecuniário, ao utilizador e correlativamente a indisponibilidade da soma no que toca ao financiador durante todo o período da operação (vínculo de indisponibilidade do bem)" – aut. e ob. cit., p. 230. Ver Leo, "L'essenza del credito...", cit., pp. 115 ss.

[705] González Castilla, Leasing financiero mobiliario, cit., p. 174. Similarmente, Leo, "L'essenza del credito...", cit., p. 117.
Parece ser este o entendimento expresso no Ac. STJ, de 22.1.2004 (Salvador da Costa), p. 3, www.dgsi.pt.
Na doutrina alemã, seguindo esta perspectiva, ver as menções efectuadas por Leite de Campos, "Ensaio de análise tipológica...", p. 51, nota 87.

[706] Alguns autores, de resto, aplicam analogicamente à locação financeira algumas disposições do mútuo (Leo, "L'essenza del credito e il leasing finanziario", Riv. Soc., 1978, pp. 115 ss.) Alessandro Munari, Il leasing finanziario..., cit., pp. 155 ss.

Porém, esta tese tem sido contestada por outros autores. Os argumentos usados são variados.

Por um lado, observa-se que o locador não empresta qualquer soma ao locatário, aduzindo-se que se a operação consistisse "num verdadeiro mútuo pareceria mais lógico que fosse o próprio locatário quem adquirisse e pagasse o bem directamente ao locador"[707].

Por sua vez, Giorgio De Nova considera que "para que se possa falar de um contrato de crédito é necessário que, por um lado, haja a atribuição de uma quantia em dinheiro em favor do *sovvenuto* e, por outro, a obrigação deste último de restituir, decorrido um certo tempo, o *tantundem*".

Ora, para o autor, o segundo elemento falha, ainda que se possa defender que o bem "substitui... a soma de dinheiro". Mas, ressalva, é claro que se trata aqui de "um entendimento figurado"[708].

Por sua vez, G. Caselli observa que, no plano prático, as diferenças entre os contratos de financiamento e de locação financeira são evidentes: "uma coisa é afirmar que o credor pode, caso pretenda, assegurar a satisfação do crédito com o bem objecto de garantia, outra é dizer que o credor deve necessariamente recolocar o bem no mercado, para poder exigir do devedor a diferença entre o valor das rendas vincendas e a soma resultante da venda"[709-710].

§ 7. Posição adoptada: a locação financeira como um contrato de crédito com características específicas

Uma nota prévia se impõe para se compreender melhor a posição adoptada: a aproximação que realizamos aos contratos de crédito[711] apoia-se, em larga medida, no confronto com alguns negócios de natureza creditícia que têm na sua base uma estrutura trilateral. Pensamos fundamen-

---

[707] Navarro Chincilla, "El contrato de arrendamiento financiero mobiliário", cit., p. 1173.
[708] Giorgio de Nova, Il contratto di leasing, cit., p. 19 (embora o reconheça que envolve uma vertente financeira).
[709] G. Caselli, "Leasing", CI, 1985, p. 233.
[710] Contra tal recondução, Mauro Bussani, Proprietà-garanzia..., cit., p. 49.
[711] Quanto aos elementos do negócio de crédito, ver José Simões Patrício, Direito do crédito. Introdução, Lisboa, 1994, pp. 43 ss. Aliás, o autor integra a locação financeira nas designadas "técnicas modernas" de crédito bancário (ob. cit., pp. 34 e 35).

talmente na venda financiada por terceiro e nas operações que envolvem a utilização de cartões de crédito.

Ora, em função das operações enunciadas, podem encontrar-se certas afinidades com a locação financeira quando se considera, em particular, a relação jurídica estabelecida entre o financiador e o mutuário (ou o titular do cartão de crédito).

Este é, a nosso ver, um ponto de partida relevante para os confrontar.

Em termos estruturais (e formais) há, contudo, divergências.

Nos dois exemplos citados, é o mutuário ou o titular do cartão de crédito que celebra dois contratos, um com o credor (o de crédito), outro com o vendedor (o de compra e venda).

Na locação financeira, ao invés, é o próprio locador que integra o eixo nuclear da operação, concluindo ele (originariamente) dois contratos, um com o vendedor (o de compra e venda), outro com o locatário (o de locação financeira), embora possa ainda celebrar com este último, no futuro, um outro negócio (agora de aquisição).

Estas diferenças, porém, não mostram qualquer tipo de incompatibilidade com a qualificação proposta, mas apenas pretendem assinalar a sua semelhança a nível substancial[712].

Posto isto, começando por analisar a figura do locador, deve relevar-se que este é, em regra, uma sociedade de locação financeira ou uma instituição de crédito, portanto um intermediário financeiro. Aqui se manifesta, desde logo, a vertente creditícia do negócio. No art. 4º, nº 1, al. b) do DL 298/92, alude-se à actividade das instituições de crédito, afirmando-se que os bancos podem efectuar "operações de crédito, incluindo... [a] locação financeira..." (cfr. ainda o art. 2º, nº 1, parte final DL 298/92).

Quanto ao contrato de locação financeira, relembrem-se os moldes em que se concretiza: por indicação do locatário, o locador adquire uma

---

[712] Aliás, em todos estes casos, pode falar-se da existência de uma união de contratos, com efeitos jurídicos específicos. Ver sobre a temática no quadro da locação financeira, Gravato Morais, "Locação financeira e desconformidade da coisa com o contrato", SI, 2005, pp. 721 ss. e, neste estudo, *supra* CAP. VII e, quanto a esta figura em geral, Gravato Morais, União de contratos de crédito e de venda para consumo, cit., pp. 389 ss. e 400 ss., estas especificamente quanto ao mútuo para consumo. Rejeitamos por isso, como se expressou, a existência de um único contrato plurilateral.

coisa, que de todo (física e materialmente) desconhece, no propósito de conceder àquele o seu gozo.

É certo que o locador não entrega directamente ao locatário qualquer soma em dinheiro para este posteriormente este utilizar na aquisição de um bem. Mas a cessão do gozo da coisa, incorpora, entre outros elementos, o valor entregue ao vendedor pelo comprador (e locador financeiro).

Daí que, no negócio em análise, se possa afirmar que a concessão do crédito ao locatário se cinde em dois momentos:

– em primeiro lugar, mediante a entrega do dinheiro pelo comprador (locador) ao fornecedor, que no caso é um dever resultante do contrato de compra e venda (art. 879º, al. c) do CC);
– depois, através da concessão do gozo da coisa ao locatário, aqui o beneficiário do crédito.

O elemento de conexão entre estes dois elementos é justamente o contrato de locação financeira.

Atentemos em duas circunstâncias sintomáticas. O locador adquire o bem porque é uma obrigação decorrente do negócio em análise. Por sua vez, o fornecedor entrega directamente a coisa ao locatário, como que *saltando*, por via da união de contratos existente, por cima do locador.

Aliás, do ponto de vista prático, a operação assemelha-se à venda financiada por terceiro[713] nalguns aspectos: também aqui, em regra, a entrega do dinheiro mutuado é feita directamente ao vendedor e não ao consumidor (como também na operação global que envolve o pagamento com cartão de crédito); de igual sorte, é o mutuário que se dirige ao vendedor, escolhendo a coisa financiada (embora neste caso ele próprio a adquira). Dele porém diverge noutros: o financiador não compra a coisa, nem cede o seu gozo, conquanto em regra também reserve para si a sua propriedade (para efeito de garantia)[714].

---

[713] Divergindo do mero empréstimo pessoal (também dito crédito não finalizado), em que o mutuário pode usar a soma entrega para o propósito que bem lhe aprouver.
[714] Contestamos a admissibilidade de tal reserva de domínio (ver Gravato Morais, "Reserva de propriedade a favor do financiador", Cadernos de Direito Privado, 6, Abril/Junho 2004, pp. 49 ss.).

Pode, pois, sustentar-se que a função creditícia assume contornos específicos: opera através da disponibilidade de um bem. Sendo até legítimo afirmar-se que este é um "crédito finalizado".

Não deixa, todavia, de se reconhecer que alguns contornos da operação diferem dos termos em que se realizam os típicos contratos de crédito. Contudo, nela se assemelha também quando atentamos na prestação principal do locatário financeiro: a restituição do *tantundem*[715].

É esse o propósito fundamental do locador e, por isso, ele procura articular todos os meios de defesa ao seu alcance tendo como propósito o reembolso do *valor mutuado* (recorrendo, tal como num típico financiamento aos títulos cambiários subscritos em branco, assim como às garantias pessoais, não dispensando, entre outros, a fiança ou o aval).

De resto, tal proximidade decorre da própria similitude das cláusulas contratuais, em particular no que toca às consequências do incumprimento do locatário: usam-se os mesmos meios de defesa dos outros contratos de crédito (a perda do benefício do prazo, o direito de resolução por incumprimento de uma só prestação de renda, a cláusula penal)[716].

No entanto, como sabemos, o locador mantém-se na vigência do contrato o *proprietário jurídico* (mas não económico) da coisa, conquanto dela se desinteresse.

Este desinteresse tem repercussões no plano jurídico que reflectem, em especial, a vertente creditícia da locação financeira: a exoneração da responsabilidade do locador pela entrega de uma coisa conforme; e a isenção da responsabilidade do locador no caso de perda ou de deterioração da coisa.

Mas, paralelamente, o locador financeiro permanece proprietário apenas e tão só na medida dos seus objectivos, ou seja, tendo em vista a restituição da coisa em caso de incumprimento, *maxime* quanto à obrigação de reembolso do *tantundem*, sem esquecer a sua instrumentalidade em relação ao financiamento. Ora, aquele é também o propósito do típico financiador, conquanto muitas vezes o consiga recorrendo a outros mecanismos (*v.g.*, ao penhor ou à hipoteca do bem, já que não é o seu proprietário, ao contrário do locador financeiro).

---

[715] A mesma ideia é expressa no aresto do *Tribunal de Monza, 7 ottobre 2002*, GI, 2003.
[716] González Castilla, Leasing financiero mobiliario, cit., p. 109.

Pode aduzir-se, no entanto, que esta tese desconsidera um elemento importante: o direito de aquisição do locatário no final do contrato. Assim, não entendemos. O crédito pode assumir uma dupla faceta: ou se limita apenas ao financiamento do gozo da coisa, caso esta não seja adquirida; ou contempla não só o gozo mas ainda a aquisição[717]. Aliás, o preço a pagar representa também uma parcela do financiamento concedido pelo locador. Mas também se poderia concluir, como o faz Alessandro Munari, que o exercício do direito de compra não interfere no "equilíbrio negocial" nem na "configuração do contrato em termos de financiamento"[718].

A qualificação que propomos é susceptível de se reflectir, de igual sorte, na expressão usada pelo legislador para designar o contrato: "locação financeira". Deste último termo emerge o aspecto financeiro do negócio. Com aquela locução realça-se o modo como ocorre o financiamento, ou seja, através da concessão do gozo da coisa.

Esta é, parece-nos, a razão de ser da locação financeira, o entendimento que capta melhor os seus contornos. Aliás, as considerações efectuadas mostram com rigor a motivação que subjaz ao regime jurídico em análise e que perpassa também por todo o clausulado contratual.

---

[717] Se não fosse o crédito concedido para financiar o gozo, o locatário por via de regra não tinha disponibilidade financeira que lhe permitisse adquirir o bem.
[718] Il leasing finanziario..., cit., p. 217 e p. 221.

ÍNDICE DE JURISPRUDÊNCIA MAIS CITADA

2011
Ac. Rel. Lisboa, de 9.6.2011, www.dgsi.pt
Ac. STJ, de 14.4.2011, www.dgsi.pt
Ac. STJ, de 1.2.2011, www.dgsi.pt
Ac. Rel. Porto, de 6.1.2011, www.dgsi.pt
Ac. Rel. Guimarães, de 25.1.2011, www.dgsi.pt

2010
Ac. STJ, de 12.10.2010, www.dgsi.pt
Ac. Rel. Coimbra de 28.4.2010, www.dgsi.pt
Ac. Rel. Porto, de 15.4.2010, www.dgsi.pt

2009
Ac. STJ, de 18.6.2009, www.dgsi.pt
Ac. Rel. Lisboa, de 2.7.2009, www.dgsi.pt
Ac. STJ, de 21.5.2009, www.dgsi.pt
Ac. STJ, de 28.4.2009, www.dgsi.pt

2008
Ac. STJ, de 27.11.2008, www.dgsi.pt
Ac. STJ, de 10.7.2008, www.dgsi.pt
Ac. STJ, de 24.6.2008, www.dgsi.pt
Ac. STJ, de 15.5.2008, www.dgsi.pt.
Ac. Rel. Lisboa, de 10.4.2008, www.dgsi.pt
Ac. Rel. Porto, 11.3.2008, www.dgsi.pt

2007
Ac. STJ, de 13.11.2007, www.dgsi.pt
Ac. Rel. Porto, de 25.9.2007, www.dgsi.pt
Ac. Rel. Guimarães, de 19.4.2007, www.dgsi.pt
Ac. Rel. Porto, de 13.3.2007, www.dgsi.pt
Ac. STJ, de 8.3.2007, www.dgsi.pt

2006
Ac. Rel. Porto, de 26.11.2006, www.dgsi.pt

2005
Ac. Rel. Lisboa, de 15.12.2005, www.dgsi.pt
Ac. Rel. Porto, de 24.10.2005, www.dgsi.pt
Ac. Rel. Porto, 20.10.2005, www.dgsi.pt
Ac. STJ, de 12.7.2005, www.dgsi.pt
Ac. Rel. Lisboa, de 23.6.2005, www.dgsi.pt
Ac. Rel. Porto, de 10.3.2005, www.dgsi.pt
Ac. Rel. Porto, de 24.2.2005, www.dgsi.pt
Ac. Rel. Porto, de 14.2.2005, www.dgsi.pt

Ac. Rel. Lisboa, de 3.2.2005, www.dgsi.pt

2004
Ac. STJ, de 22.12.2004, www.dgsi.pt
Ac. Rel. Porto, de 20.12.2004, www.dgsi.pt
Ac. Rel. Lisboa, de 7.12.2004, www.dgsi.pt
Ac. Rel. Lisboa, de 2.12.2004, CJ, 2004, V, pp. 106 ss.
Ac. Rel. Guimarães, de 6.10.2004, CJ, 2004, I, pp. 280 ss.
Ac. STJ, de 23.9.2004, www.dgsi.pt
Ac. Rel. Lisboa, de 8.7.2004, www.dgsi.pt
Ac. STJ, de 29.4.2004, www.dgsi.pt
Ac. STJ, de 11.3.2004, www.dgsi.pt
Ac. STJ, de 19.2.2004, www.dgsi.pt
Ac. Rel. Lisboa, de 7.2.2004, www.dgsi.pt
Ac. Rel. Porto, de 15.1.2004, www.dgsi.pt

2003
Ac. STJ, de 11.12.2003, www.dgsi.pt
Ac. STJ, de 13.11.2003, www.dgsi.pt
Ac. Rel. Lisboa, de 6.11.2003, www.dgsi.pt
Ac. Rel. Lisboa, de 28.10.2003, CJ, 2003, IV, pp. 121 ss.
Ac. Rel. Lisboa, de 5.6.2003, www.dgsi.pt
Ac. Rel. Lisboa, de 20.5.2003, www.dgsi.pt
Ac. Rel. Porto, de 20.3.2003, www.dgsi.pt
Ac. STJ, de 18.3.2003, www.dgsi.pt
Ac. Rel. Évora, de 13.3.2003, CJ, 2003, II, pp. 231 ss.
Ac. Rel. Coimbra, de 25.2.2003 – sumário, www.dgsi.pt
Ac. STJ, de 18.2.2003, www.dgsi.pt

Ac. STJ, de 6.2.2003, www.dgsi.pt
Ac. STJ, de 4.2.2003, www.dgsi.pt
Ac. STJ, de 30.1.2003, www.dgsi.pt
Ac. STJ, de 23.1.2003, www.dgsi.pt
Ac. STJ, de 23.1.2003, www.dgsi.pt
Ac. STJ, de 16.1.2003, www.dgsi.pt
Ac. Rel. Lisboa, de 6.1.2003, www.dgsi.pt
Ac. STJ, de 14.1.2003, www.dgsi.pt

2002
Ac. STJ, de 5.12.2002, www.dgsi.pt
Ac. STJ, de 12.11.2002, www.dgsi.pt
Ac. STJ, de 7.11.2002, www.dgsi.pt
Ac. STJ, de 5.11.2002, www.dgsi.pt
Ac. Rel. Porto, de 5.11.2002, www.dgsi.pt
Ac. STJ, de 24.10.2002, www.dgsi.pt
Ac. STJ, de 17.10.2002, www.dgsi.pt
Ac. STJ, de 17.10.2002, www.dgsi.pt
Ac. STJ, de 10.10.2002, www.dgsi.pt
Ac. STJ, de 19.9.2002, www.dgsi.pt
Ac. STJ, de 9.7.2002, www.dgsi.pt
Ac. STJ, de 4.7.2002, www.dgsi.pt
Ac. STJ, de 4.7.2002, www.dgsi.pt
Ac. Rel. Lisboa, de 27.6.2002, CJ, 2002, III, pp. 113 ss.
Ac. STJ, de 28.5.2002, www.dgsi.pt
Ac. STJ, de 28.5.2002, www.dgsi.pt
Ac. STJ, de 28.5.2002, www.dgsi.pt
Ac. STJ, de 28.5.2002, www.dgsi.pt
Ac. STJ, de 14.5.2002, www.dgsi.pt
Ac. STJ, de 9.5.2002, www.dgsi.pt
Ac. STJ, de 9.5.2002, www.dgsi.pt
Ac. STJ, de 2.5.2002, CJ, Ac. STJ, 2002, II, pp. 43 ss.
Ac. STJ, de 30.4.2002, www.dgsi.pt
Ac. STJ, de 23.4.2002, www.dgsi.pt
Ac. STJ, de 18.4.2002, www.dgsi.pt
Ac. Rel. Porto, de 9.4.2002 – sumário, www.dgsi.pt
Ac. STJ, de 9.4.2002, www.dgsi.pt
Ac. STJ, de 4.4.2002, www.dgsi.pt

Ac. Rel. Porto, de 2.4.2002, www.dgsi.pt
Ac. STJ, de 19.3.2002, www.dgsi.pt
Ac. Rel. Coimbra, de 5.2.2002 – sumário, www.dgsi.pt
Ac. Rel. Lisboa, de 29.1.2002, CJ, 2002, I, pp. 94 ss.
Ac. Rel. Porto, de 28.1.2002, www.dgsi.pt
Ac. STJ, de 10.1.2002, CJ, 2002, I, pp. 161 ss.

2001
Ac. Rel. Porto, de 10.12.2001, www.dgsi.pt
Ac. Rel. Lisboa, de 29.11.2001, www.dgsi.pt
Ac. Rel. Porto, de 18.10.2001, www.dgsi.pt
Ac. Rel. Lisboa, de 12.7.2001 – sumário, www.dgsi.pt
Ac. Rel. Porto, de 17.5.2001, www.dgsi.pt
Ac. Rel. Lisboa, de 8.5.2001, www.dgsi.pt
Ac. STJ, de 13.3.2001, CJ, Ac. STJ, 2001, I, pp. 163 ss.
Ac. STJ, de 15.2.2001 – sumário, www.dgsi.pt
Ac. Rel. Porto, de 13.2.2001, www.dgsi.pt
Ac. Rel. Lisboa, de 12.1.2001, CJ, 2001, IV, pp. 85 ss.

2000
Ac. STJ, de 14.11.2000, CJ, Ac. STJ, III, p. 121
Ac. Trib. Const., de 10.10.2000, BMJ, nº 500, 2000, pp. 25 ss.
Ac. STJ, de 4.10.2000, CJ, Ac. STJ, 2000, III, pp. 59 ss.
(também em BMJ, nº 496, 2000, pp. 264 ss.)
Ac. Rel. Lisboa, de 3.10.2000, www.dgsi.pt
Ac. Rel. Coimbra, de 13.6.2000, www.dgsi.pt
Ac. Rel. Lisboa, de 1.6.2000, CJ, 2000, III, pp. 109 ss.
Ac. STJ, de 13.4.2000, BMJ, nº 496, 2000, pp. 249 ss.
Ac. STA, de 12.4.2000 – sumário, BMJ, nº 496, 2000, p. 299
Ac. Rel. Porto, de 3.4.2000, BMJ, nº 496, 2000, pp. 311 e 312
Ac. Rel. Lisboa, de 15.3.2000, CJ, 2000, II, pp. 94 ss.
Ac. Rel. Porto, de 14.3.2000 – sumário, www.dgsi.pt
Ac. STJ, de 17.2.2000, BMJ, nº 494, 2000, pp. 312 ss.
Ac. STJ, de 10.2.2000, CJ, Ac. STJ, 2000, I, pp. 76 ss.
Ac. Rel. Porto, de 5.1.2000, CJ, 2000, I, pp. 227 ss.

1999
Ac. STJ, de 16.12.1999, www.dgsi.pt
Ac. Rel. Porto, de 7.12.1999 – sumário, BMJ, nº 492, 2000, pp. 487 ss.
Ac. STJ, de 28.11.1999, CJ, Ac. STJ, 1999, III, pp. 128 ss.
Ac. STJ, de 23.11.1999, CJ, Ac. STJ, 1999, III, pp. 97 ss.
Ac. Rel. Lisboa, de 28.10.1999, www.dgsi.pt
Ac. STJ, de 7.10.1999, CJ, Ac. STJ, 1999, III, pp. 49 ss.
Ac. STJ, de 7.7.1999, www.dgsi.pt
Ac. STJ, de 1.7.1999, www.dgsi.pt
Ac. Rel. Lisboa, de 20.5.1999, CJ, 1999, III, pp. 107 ss.
Ac. STJ, de 18.5.1999, BMJ, nº 487, 1999, pp. 334 ss.
Ac. STJ, de 27.4.1999, BMJ, nº 486, 1999, pp. 333 ss.

Ac. STJ, de 27.4.1999, CJ, Ac. STJ, 1999, II, pp. 68 ss.
Ac. STJ, de 18.2.1999, CJ, Ac. STJ, 1999, I, pp. 114 ss.
Ac. STJ, de 9.2.1999, www.dgsi.pt
Ac. STJ, de 9.2.1999, CJ, Ac. STJ, 1999, I, pp. 97 ss.
Ac. Rel. Lisboa, de 28.1.1999, CJ, 1999, I, pp. 88 ss.
Ac. STJ, de 20.1.1999, CJ, Ac. STJ, 1999, I, pp. 41 ss.

1998
Ac. STJ, de 15.12.1998, www.dgsi.pt
Ac. Rel. Porto, de 2.11.1998, www.dgsi.pt (sumário)
Ac. STJ, de 20.10.1998, BMJ, nº 405, 1991, pp. 465 ss.
Ac. STJ, de 6.10.1998, BMJ, nº 480, 1998, pp. 441 ss.
Ac. Rel. Lisboa, de 24.9.1998 – sumário, www.dgsi.pt
Ac. STJ, de 2.7.1998, BMJ, nº 479, 1998, pp. 471 ss.
Ac. STJ, de 4.6.1998, www.dgsi.pt
Ac. STJ, de 21.5.1998, BMJ, nº 477, 1998, pp. 489 ss.
Ac. Rel. Lisboa, de 5.5.1998, CJ, 1998, III, pp. 77 ss.
Ac. Rel. Porto, de 17.3.1998, www.dgsi.pt
Ac. Rel. Lisboa, de 5.3.1998, CJ, 1998, II, pp. 85 ss.
Ac. STJ, de 5.2.1998, BMJ, nº 474, 1998, pp. 431 ss.
Ac. STJ, de 27.1.1998 – sumário, www.dgsi.pt
Ac. Rel. Lisboa, de 22.1.1998, www.dgsi.pt
Ac. STJ, de 20.1.1998, BMJ, nº 473, 1998, pp. 467 ss.

1997
Ac. STJ, de 5.11.1997, CJ, Ac. STJ, 1997, III, pp. 120 ss.
Ac. STJ, de 14.10.1997, BMJ, nº 470, 1997, pp. 637 ss.
Ac. STJ, de 9.10.1997 – sumário, www.dgsi.pt
Ac. Rel. Coimbra, de 30.9.1997 – sumário, BMJ, nº 469, 1997, p. 661
Ac. Rel. Coimbra, de 24.6.1997, RLJ, nº 3890, pp. 147 ss.
Ac. Rel. Porto, de 20.5.1997, www.dgsi.pt
Ac. Rel. Coimbra, de 20.5.1997, CJ, 1997, II, pp. 14 ss.
Ac. Rel. Porto, de 12.5.1997, www.dgsi.pt
Ac. Rel. Porto, de 28.4.1997, www.dgsi.pt
Ac. Rel. Lisboa, de 13.2.1997, www.dgsi.pt

1996
Ac. Rel. Coimbra, de 15.10.1996, CJ, 1996, IV, pp. 39 ss.
Ac. STA, de 5.6.1996 – sumário, BMJ, nº 458, 1996, pp. 377 e 378
Ac. Rel. Porto, de 5.3.1996 – sumário, www.dgsi.pt
Ac. STJ, de 23.1.1996, BMJ, nº 453, 1996, pp. 401 ss.
Ac. Rel. Porto, de 1.1.1996 – sumário, www.dgsi.pt

1995
Ac. STJ, de 30.11.1995, CJ, Ac. STJ, 1995, III, pp. 132 ss.
Ac. STA, de 8.11.1995, BMJ, nº 451, 1995, pp. 196 ss.
Ac. Rel. Porto, de 6.11.1995 – sumário, www.dgsi.pt
Ac. Rel. Lisboa, de 10.10.1995, CJ, 1995, V, pp. 95 ss.
Ac. STJ, de 18.5.1995, CJ, 1995, II, pp. 94 ss.

Ac. Rel. Porto, de 9.5.1995, www.dgsi.pt
Ac. Rel. Porto, de 4.5.1995, CJ, 1995, III, pp. 89 ss.
Ac. Rel. Porto, de 27.4.1995, www.dgsi.pt
Ac. Rel. Lisboa, de 27.4.1995, CJ, 1995, II, pp. 120 ss.
Ac. Rel. Lisboa, de 6.4.1995, BMJ, nº 446, 1995, pp. 342 ss.
Ac. Rel. Coimbra, de 21.2.1995, CJ, 1995, I, pp. 46 ss.

1994
Ac. Rel. Évora, de 7.12.1994 – sumário, BMJ, nº 442, 1994, p. 279
Ac. STJ, de 22.11.1994 – sumário, www.dgsi.pt
Ac. STJ, de 22.11.1994, CJ, 1994, III, pp. 155 ss.
Ac. STJ, de 17.11.1994, BMJ, nº 441, 1994, pp. 274 ss.
Ac. Rel. Lisboa, de 8.11.1994, www.dgsi.pt
Ac. Rel. Lisboa, de 8.11.1994, www.dgsi.pt
Ac. STJ, de 3.11.1994, www.dgsi.pt
Ac. Rel. Lisboa, de 20.9.1994 – sumário, www.dgsi.pt
Ac. Rel. Lisboa, de 20.9.1994, CJ, 1994, IV, pp. 88 ss.
Ac. Rel. Lisboa, de 7.7.1994, CJ, 1994, IV, pp. 79 ss.
Ac. STJ, de 5.7.1994, www.dgsi.pt
Ac. STJ, de 5.7.1994, BMJ, nº 439, 1994, pp. 516 ss.
(também em CJ, 1994, II, pp. 170 ss.)
Ac. Rel. Porto, de 14.6.1994 – sumário, www.dgsi.pt
Ac. STJ, de 5.5.1994 – sumário, www.dgsi.pt
Ac. Rel. Lisboa, de 21.4.1994, CJ, 1994, II, pp. 125 ss.
Ac. Rel. Lisboa, de 24.2.1994, CJ, 1994, I, pp. 137 ss.
Ac. Rel. Lisboa, de 3.2.1994, CJ, 1994, I, pp. 118 ss.
Ac. Rel. Lisboa, de 25.1.1994, www.dgsi.pt

1993
Ac. Rel. Coimbra, de 23.11.1993, CJ, 1993, V, pp. 38 ss.
Ac. Rel. Porto, de 23.11.1993, CJ, 1993, V, pp. 225 ss.
Ac. Rel. Porto, de 28.9.1993, CJ, 1993, IV, pp. 215 ss.
Ac. Rel. Porto, de 12.7.1993 – sumário, www.dgsi.pt
Ac. STJ, de 17.3.1993, CJ, Ac. STJ, 1993, II, pp. 8 ss.
Ac. STJ, de 9.3.1993, CJ, 1993, II, pp. 8 ss.

1992
Ac. Rel. Lisboa, de 21.5.1992, CJ, 1992, III, pp. 179 ss.
Ac. Rel. Lisboa, de 19.5.1992, www.dgsi.pt
Ac. Rel. Lisboa, de 19.5.1992, CJ, 1992, III, pp. 179 ss.
Ac. Rel. Lisboa, de 27.2.1992, CJ, 1992, I, pp. 172 ss.
Ac. Rel. Porto, de 4.2.1992 – sumário, www.dgsi.pt

1991
Ac. Rel. Lisboa, de 4.7.1991, CJ, 1991, IV, pp. 170 ss.
Ac. STJ, de 7.3.1991, BMJ, nº 405, 1991, pp. 465 ss.

1990
Ac. Rel Lisboa, de 13.3.1990, CJ, 1990, II, pp. 129 ss.
Ac. Rel. Lisboa, de 25.1.1990, CJ, 1990, I, pp. 149 ss.

1989
Ac. Rel. Lisboa, de 29.6.1989, CJ, 1989, IV, pp. 111 ss.

1988
Ac. Rel. Lisboa, de 7.1.1988, CJ, 1988, I, pp. 107 ss.

1985
Ac. Rel. Lisboa, de 15.10.1985, CJ, 1985, IV, pp. 135 ss.

1984
Ac. Rel. Porto, de 11.10.1984, CJ, 1984, IV, pp. 223 ss.

BIBLIOGRAFIA

ALCARO, Francesco
- "Contratti tipo di prestiti personali", RDC, 1978, p. I, pp. 107 ss.

ALMEIDA COSTA, Mário Júlio
- Direito das Obrigações, 10ª Ed., Reelaborada, Coimbra, 2006

ANDRADE, Manuel de
- Teoria geral da relação jurídica, Vol. II, Coimbra, 1992 (Reimpressão)

ANSELMO VAZ, Teresa
- Alguns aspectos do contrato de compra e venda a prestações e contratos análogos, Coimbra, 1995

ANTUNES VARELA, João de Matos
- Das Obrigações em geral, Vol. I, 10ª Ed., Revista e Actualizada, 4ª reimpressão da Edição de 2000, Coimbra, 2006
- Das Obrigações em geral, Vol. II, Reimpressão da 7ª Ed. (1997), Coimbra, 2001

BALDI, Roberto
- Il contratto di agenzia, 5ª Ed., Milano, 1992

BAPTISTA MACHADO, João
- "Pressupostos da resolução por incumprimento", em João Baptista Machado, Obra dispersa, Vol. I, Braga, 1991, pp. 125 ss.
- "A cláusula do razoável", em João Baptista Machado, Obra dispersa, Vol. I, Braga, 1991, pp. 457 ss.

BARBIERA, Lelio
- "Vizi della cosa concessa in leasing e diritti dell'utilizzatore", GI, 2000, pp. 1136 ss.

BELLANTUONO, Giuseppe
- "La resoluzione del contratto di leasing fra codice civile e condizioni generali", FI, 1994, I, pp. 3477 ss.

BELLARDINI, Massimo
- "In tema di clausola di esonero del concedente peri l rischio di perimento del bene oggetto del contratto di *leasing*", GI, 1998, pp. 656 ss.

BENLLOCH, Maria Pillar
- Régimen jurídico del seguro de caución, Navarra, 1996

BONFANTE
- Il contratto di vendita, em Contratti commerciali, a cura di Cottino, no Trattato dir. comm. dir. pubblico economico, Diretto da Francesco Galgano, XVI, Padova, 1991

BRANDÃO PROENÇA, José Carlos
- A resolução do contrato no direito civil. Do enquadramento e do regime, Coimbra, 1996

BRITO, Maria Helena
- O contrato de concessão comercial, Coimbra, 1990

BUONAURA, Calandra
- "Orientamenti della dottrina in tema di locazione finanziaria", RDCiv., 1978, II, pp. 194 ss.

BUONOCORE, Vincenzo
- "Il leasing", em I contratti del commercio, dell' industria e del mercato finanziario, Diretto da Francesco Galgano, Torino, 1996, pp. 605 ss.
- "La locazione finanziaria nell'ordinamento italiano", em Il leasing. Profili privatistici e tributari, Milano, 1995
- "Il contratto di leasing", em Contratti d'impresa, II, Diretto da Vincenzo Buonocore e Angelo Luminoso, Milano, 1993

BUSSANI, Mauro
- Proprietà – garanzia e contratto. Formule e regole nel leasing finanziario, Trento, 1992
- "Locazione finanziaria", RDCivile, 1986, II, pp. 585 ss.

CALVÃO DA SILVA, João
- "Anotação aos Ac. do STJ, de 29.6.1999, e da Rel. Lisboa, de 15.3.2000", RLJ, nºs 3908 e 3909, pp. 362 ss.
- Direito Bancário, Coimbra, 2001
- "Locação financeira e garantia bancária", em Estudos de Direito Comercial (Pareceres), Coimbra, 1999, pp. 5 ss.

CANARIS, Claus-Wilhelm
- "Grundprobleme des Finanzierungsleasing im Lichte des Verbraucherkreditgesetzes", ZIP, 1993, pp. 401 ss.

CASO, Roberto
- "I meccanismi triangolari del 'leasing alla francese': riflessione della resoluzione della vendita sul contratto di «crédit-bail»", FI, I, pp. 2158 ss.

CECCHERINI, Aldo
- "Leasing e patto di riacquisto", Giust. Civ., 1996, Parte Prima, pp. 1396 ss.

CHAMPAUD, C.
- "Le leasing", JCP, 1965, I, pp. 1 ss.

CHINDEMI, Domenico
- "Leasing di autovettura non immatricolata: diritti ed obblighi delle parti", NGCC, 2003, I, pp. 440 ss.
- "Invalidità della clausola di inversione del rischio in caso di mancata consegna del bene nel contratto di *leasing*", NGCC, 2000, pp. 324 ss.
- "Sul termine prescrizionale dei canoni del contratto di *leasing* e dei relativi interessi", NGCC, 1998, I, pp. 575 ss.

CIAN, Giorgio e TRABUCCHI, Alberto
- Commentario breve al Codice Civile, 5ª Ed., Padova, 1997

CLARIZIA, Renato
- I contratti nuovi. Factoring. Locazione finanziaria, Torino, 1999

COLAVOLPE, Alessandro
- "Contratto di *leasing* finanziario, contratto di «small rent» e contratto di noleggio-*back*: profili di differenziazione", CI, 2004, 3, pp. 1069 ss.

COSTA ANDRADE, Margarida
- A locação financeira de acções e o direito português, Coimbra, 2007

COSTA SANTOS, Jorge
- "Sobre a locação financeira pública de equipamento militar", em Estudos em Homenagem ao Professor Doutor Pedro Soares Martínez, Vol. II, Ciências Jurídico-económicas, Coimbra, 2000, pp. 585 ss.

COSTANZA
- Il contratto atipico, Milano, 1981

COUTO GONÇALVES, Luís
- Manual de Direito Industrial. Patentes. Marcas. Concorrência desleal, Coimbra, 2005

COUTINHO DE ABREU, Jorge
- Curso de Direito Comercial, Vol. I, Reimpressão da 7ª Ed., 2009

CREMONESE, Andrea
- "Il *leasing* in Francia", CIE, 2004, I, pp. 144 ss.

DE NOVA, Giorgio
- Il contratto di leasing, 3ª Ed., Milano, 1995
- Nuovi contratti, Torino, 1990

DUARTE, Paulo
- "Algumas questões sobre o ALD", Estudos de Direito do Consumidor, 3, Coimbra, 2001, pp. 301 ss.

ENGRÁCIA ANTUNES, José
- Os grupos de sociedades, 2ª Ed., Rev. e Act., Coimbra, 2002

FERRARINI, G.
- La locazione finanziaria, Milano, 1977

FERREIRA DE ALMEIDA, Carlos
- Direito do consumo, Coimbra, 2005
- Contratos, I, 2ª Ed., Coimbra, 2003
- "Orientações de política legislativa adoptadas pela Directiva 1999/44//CE sobre venda de bens de consumo. Comparação com o direito português vigente", Themis, 2001, pp. 109 ss.
- Texto e enunciado na teoria do negócio jurídico, I e II, Coimbra, 1992

FERREIRA, Amâncio
- Curso de Processo de Execução, 6ª Ed., Rev. e Act., 2004

FERRER CORREIA, A.
- "Notas para o estudo do contrato de garantia bancária", RDE, 1982, separata, pp. 247 ss.
- Lições de Direito Comercial, Vol. III, Letra de Câmbio, Coimbra, 1975

FRAGALI, M.
- Del mutuo, arts. 1813º-1822º, 2ª Ed., Ampliata e Aggiornata, Milano, 1981

FRANZ, Ulrich
- Der Einwendungsdurchgriff gemäß § 9 Absatz 3 Verbraucherkreditgetsetz, Baden-Baden, 1996

GALGANO, Francesco
- Diritto Commerciale, L' imprenditore, 4ª Ed., Bologna, 1991

GALLI FONSECA, Elena
- "Collegamento negoziale e efficacia della clausole compromissória: il leasing e altre storie", RTDPC, 2000, pp. 1085 ss.

GALVÃO TELLES, Inocêncio
- Manual dos Contratos em Geral, 4ª Ed., Coimbra, 2002
- Direito das Obrigações, 7ª Ed., Rev. e Act., Coimbra, 1997
- Manual dos contratos em geral, 3ª Ed., Lisboa, 1965

GARCIA GARNICA, María del Carmen
- El régimen jurídico del leasing financiero inmobiliario en España, Navarra, 2001

GERALDES, António
- Temas da Reforma do Processo Civil, Vol. IV, Coimbra, 2001

GERNHUBER, Joachim
- Das Schuldverhältnis, Tübingen, 1989

GHIA, Lucio
- I contratti di finanziamento dell'impresa. Leasing e factoring, Milano, 1997

GOMES, Fátima
- "Garantia bancária autónoma à primeira solicitação", DJ, 1994, pp. 20 ss.

GOMES SANTOS, José Carlos
- "Enquadramento fiscal da locação financeira em Portugal", CTF, nºs 319//321, 1985, pp. 195 ss.

GONZÁLEZ CASTILLA, Francisco
- Leasing financiero mobiliario. Contenido del contrato y atribución del riesgo en la prática contractual y la jurisprudencia, Madrid, 2002

GORGONI, Marilena
- Il Credito al Consumo, Milano, 1994
- "Credito al consumo e leasing traslativo al consumo", RTDPC, 1992, pp. 1123 ss.

GRAF VON WESTPHALEN, Friedrich
- Der Leasingvertrag, 5. Auflage, 1998

GRAVATO MORAIS, Fernando de
- Crédito aos consumidores – Anotação ao DL 133/2009, Coimbra, 2010
- Contrato-promessa em geral. Contrato-promessa em especial, Coimbra, 2009
- "Do crédito ao consumo ao crédito aos consumidores", *Revista do Centro de Estudos Judiciários (CEJ)*, 2009, 2º Semestre, nº 12, pp. 59 a 82
- "Perda do benefício do prazo na dívida liquidável em prestações", *Maia Jurídica*, 2007, nº 2, pp. 79 a 92 [apenas publicado em Janeiro de 2009]
- "Responsabilidade pelo pagamento das despesas do condomínio relativas a imóvel dado em locação financeira" – anotação ao Acórdão do Tribunal da Relação do Porto, de 14.3.2006, *Cadernos de Direito Privado*, nº 20, 2008, pp. 50 a 60
- "Locação financeira de estabelecimento comercial", Nos 20 Anos do Código das Sociedades Comerciais, Homenagem aos Profs. Doutores Ferrer Correia, Orlando de Carvalho e Vasco Lobo Xavier, Coimbra, 2007, pp. 620 a 635
- "Locação financeira e desconformidade da coisa com o contrato", SI, 2005, pp. 697 ss.
- Alienação e oneração de estabelecimento comercial, Coimbra, 2005
- "Reserva de propriedade a favor do financiador", Cadernos de Direito Privado, 6, Abril/Junho 2004, pp. 49 ss.
- União de contratos de crédito e de venda para consumo. Efeitos para o financiador do incumprimento pelo vendedor, Coimbra, 2004
- "Do regime jurídico do crédito ao consumo", SI, 2000, pp. 375 ss.

HENRIQUE MESQUITA, Manuel
- "Anotação ao Ac. Rel. Coimbra, de 24.6.1997", RLJ, Ano 131, nº 3890, pp. 152 ss.
- Obrigações reais e ónus reais, Coimbra, 1990

HOWELLS, Geraint
- Consumer debt, London, 1993

INGINO, Giovanni
- "Risoluzione del contratto di leasing e clausola di destinazione del ricavato dalla vendita del bene a vantaggio dell'utilizzatore", em Recesso e risoluzione dei contratti, a cura di Giorgio di Nova, Milano, 1994

INZITARI, Bruno
- "Riflessioni sul contratto plurilaterale", RTDPC, 1973, pp. 476 ss.

JANUÁRIO GOMES,
- Assunção fidejussória de dívida. Sobre o sentido e o âmbito da vinculação como fiador, Coimbra, 2000

JARDIM, Mónica
- A garantia autónoma, Coimbra, 2002

KAMMEL, Volker
- Der Anwendungsbereich des Verbraucherkreditgesetzes unter Beschränkung auf Kreditverträge, Köln, 1996

LAPERTOSA, Flavio
- "Vizi della cosa e tutela dell'utilizzazione nel leasing finanziario", Giust. Civ., 1987, II, pp. 264 ss.

LEBRE DE FREITAS, José
- Acção executiva à face do Código revisto, Coimbra, 2001

LEITE DE CAMPOS, Diogo
- "Locação financeira (Leasing) e locação", ROA, 2002, pp. 759 ss.
- A locação financeira, Lisboa, 1994
- "Ensaio de análise tipológica do contrato de locação financeira", BFD, 1987, pp. 1 ss.
- "A locação financeira na óptica do utente", ROA, 1983, pp. 319 ss.
- "Nota sobre a admissibilidade da locação financeira restitutiva ("lease-back") no direito português", ROA, 1982, pp. 775 ss.

LEO, E. M.
- "L'essenza del credito e il leasing finanziario", Riv. Soc., 1978, pp. 61 ss.

LIEB, Manfred
- "§ 9 Verbraucherkreditgesetz und Finanzierungsleasing", WM, 1991, pp. 1533 ss. (e em Das neue Verbraucherkreditgesetz: Erste Erfahrungen und Probleme, herg. Walther Hadding/Klaus Hopt, Frankfurt am Main, pp. 91 ss.).

LIMA PINHEIRO, Lima
- A cláusula de reserva de propriedade, Coimbra, 1988

LOBO XAVIER, Vasco
- "Venda a prestações: algumas notas sobre os artigos 934º e 935º do Código Civil", RDES, 1974, pp. 199 ss.

LOPES FERREIRA, E.
- "A locação financeira imobiliária em Portugal", BOA, nº 25, 1984, pp. 4 ss.

LÓPEZ FRÍAS, Ana
- Los contratos conexos, Estudios de supuestos concretos y ensayo de una construcción doctrinal, Barcelona, 1994

LUCCHINI, Emanuele
- "La risoluzione del contratto di *leasing* finanziario", RTDPC, 1991, pp. 491 ss.

LUMINOSO, Ângelo
- "Lease-back, mercato e divieto del patto commissorio". GC, 2000, I, pp. 489 ss.
- I contratti tipici e atipici, Milano, 1995

MADEIRA RODRIGUES
- Das letras: aval e protesto, Coimbra, 2002

MAIORCA, Sergio
- "Contratto plurilaterale", EGT, 1988, IX, pp. 1 ss.

MARÍN LÓPEZ, Manuel Jesús
- "El arrendamiento financiero", em Tratado de los Derechos de Garantía, Navarra, 2002, pp. 1021 ss.

MARLOTH-SAUERWEIN, Birgit
- Leasing und das Verbraucherkreditgesetz, Frankfurt am Main, 1992

MASTRORILLI, Annachiara
- "Clausole di esonero da responsabilità per vizi del bene, contratto atípico, condizioni generali di contratto", Quadrimestre, 1993, pp. 745 ss.
- "Inadempimento del fornitore, rischio contrattuale, tutela dell'utilizatore", FI, I, 1993, pp. 2144 ss.

MELSHEIMER, Horst-O.
- Verbraucherschutz durch § 9 Abs. 3 VKrG im Finanzierungsleasing, Frankfurt am Main, 1994

MENÉRES CAMPOS, Isabel
- Da hipoteca. Caracterização, constituição e efeitos, Coimbra, 2003

MENEZES CORDEIRO, António
- Tratado de Direito Civil Português, I, 2ª Ed., Coimbra, 2000
- Direito das Obrigações, Vol. III, 2ª Ed., Rev. e Amp., Lisboa, 1991

MENEZES LEITÃO, Luís
- Cessão de créditos, Coimbra, 2005
- Direito das Obrigações, Vol. III, 6ª Ed., Coimbra, 2009
- Direito das Obrigações, Vol. II, 7ª Ed., Coimbra, 2010

MESSINEO, Francesco
- "Contratto plurilaterale e contratto associativo", ED, X, 1966, pp. 139 ss.

MOITINHO DE ALMEIDA, José Carlos
- "A locação financeira (Leasing)", BMJ, nº 231, 1973, pp. 5 ss.

MONTICELLI, Salvatore
- "Leasing", BBTC, I, 1989, pp. 97 ss.

MOTA PINTO, Carlos Alberto
- Teoria Geral do Direito Civil, 3ª Ed. Act., Coimbra, 1986
- Cessão da posição contratual, Coimbra, 1982
- "Uma nova modalidade jurídica de financiamento industrial: o *leasing*", CTF, nº 99, 1967, pp. 231 ss.

MOTA PINTO, Paulo
- "Conformidade e garantias na venda de bens de consumo. A Directiva 1999/44/CE e o direito português", Estudos de Direito do Consumidor, 2, Coimbra, 2000, pp. 197 ss.

MÜLLER-SARNOWSKI, Barbara
- "Privat-Pkw-Leasingverträge und das neue Verbraucherkreditgesetz", DAR, 1992, pp. 81 ss.

MUNARI, Alessandro
- Il leasing finanziario nella teoria dei crediti di scopo, Milano, 1989
- Münchener Kommentar zum Bürgerlichen Gesetzbuch, Band 3, Schuldrecht, Besonderer Teil, 3. Aufl., München, 1995

NAPPI, Filippo
- "Sul c.d. patto di riacquisto nella locazione finanziaria: per un inquadramento sistemático nella categoria dei Garantieverträge", CI, 1995, 1, pp. 207 ss.

NAVARRO CHINCILLA, J. J.
- "El contrato de arrendamiento financiero mobiliario", em Contratos Bancarios Y Parabancarios, Valladolid, 1998, pp. 1139 ss.

NIVARRA, Luca e ROMAGNO, Giuseppe
- Il mutuo, Milano, 2000

OLIVEIRA ASCENSÃO, José
- Direito Comercial, Títulos de Crédito, III, Coimbra, 1993

ORTIZ, Illescas
- "El leasing, aproximación a los problemas planteados por nuevo contrato", RDMercantil, 1971, pp. 91 a 96.

PALAMARA, Luca
- "Regime della risoluzione del contratto di locazione finanziaria per inadempimento dell'utilizzatore", Giust. Civ., 1998, Parte Prima, pp. 139 ss.

PALANDT, Otto
- Gesetz zur Modernisierung des Schuldrechts, 61. Aufl., München, 2002

PARGA, Jímenez e PASTOR, Gispert
- "La operación de leasing es una operación de crédito?", RDBB, 1988, pp. 487 ss.

PARLEANI, G.
- "Le contrat de *lease-back*", RTDComm., 1973, pp. 699 ss.

PASCUA, Sánchez-Parodi
- Leasing financiero mobiliario, Madrid, 1989

PERALTA, Ana Maria
- A posição jurídica do comprador na compra e venda com reserva de propriedade, Coimbra, 1990

PEREIRA DE ALMEIDA, António
- Direito Comercial, 3º vol., Lisboa, 1988

PEREIRA COELHO, F.
- Arrendamento. Direito substantivo e processual, Coimbra, 1988

PERLINGIERI, Pietro
- "Cessioni dei crediti", EGT, VI, 1988, pp. 1 ss.
- Codice Civile Annotato con la dottrina e giurisprudenza (art. 1173º a 1570º), Libro IV, Torino, 1980

PESTANA DE VASVONCELOS, Duarte
- "A locação financeira", ROA, 1985, pp. 262 ss.

PESTANA DE VASCONCELOS, Luís
- O contrato de cessão financeira (factoring), Coimbra, 1999

PHILIPPOSSIAN, Pascal
- Le crédit-bail et le leasing. Outils de financements locatifs, Montreal, 1998

PINTO COELHO, José
- Lições de Direito Comercial, 2º vol., As letras, Fascículo V, 2ª parte, Lisboa, 1946

PINTO, Rui
- "A execução e terceiros – em especial na penhora e na venda", Themis, 2004, A reforma da acção executiva, Vol. II, pp. 227 ss.
- "Penhora e alienação de outros direitos. Execução especializada sobre créditos e execução sobre direitos não creditícios na reforma da acção executiva", Themis, A reforma da acção executiva, 2003, pp. 133 ss.

PINTO DUARTE, Rui
- Escritos sobre *Leasing* e *Factoring*, Cascais, 2001

PINTO FURTADO, Jorge
- Curso de Direito das Sociedades, 3ª Ed. Coimbra, 2000

PINTO MONTEIRO, António
- Cláusula penal e indemnização, Coimbra, 1990

RAPOSO, Mário
- "O leasing de navios", BOA, nº 25, 1984, pp. 8 ss.

REAL PÉREZ, A.
- "El incumplimento del proveedor en el marco de la relación jurídica de *leasing* – Comentario a la Sentencia del Tribunal Supremo de 26 de febrero de 1996", RDP, 1998, pp. 386 ss.

REBELLO DE SOUSA, Pedro
- "Do contrato de leasing", BOA, nº 25, 1984, pp. 11 ss.

REINKING, Kurt e NIEßEN, Thomas
- "Problemschwerpunkte im Verbraucherkreditgesetz – Eine erste Bilanz", ZIP, 1991, pp. 634 ss.

REMÉDIO MARQUES,
- A penhora e a reforma do processo civil. Em especial a penhora de depósitos bancários e de estabelecimento, Lisboa, 2000
- Curso de processo executivo comum à face do código revisto, Coimbra, 2000

RESCIO, Alberto
- La traslazione del rischio contrattuale nel leasing, Milano, 1989

RIBEIRO DE FARIA, Jorge
- Direito das Obrigações, Vols. I e II, Coimbra, 1990

RIVA, I.
- "Il contratto di *sale and lease-back* e il divieto di patto commissorio", CI, 2001, pp. 300 ss.

RODOLFO LA TORRE, Massimo
- Manuale della Locazione Finanziaria, Milano, 2002

RODRIGUEZ-ROVIRA
- "Incumplimento de la obligación de entrega en los contratos de leasing", Comentario de la SAP de Santa Cruz de Tenerife de 26 de septiembre de 1992, RDBB, 1993, pp. 1171 ss.

ROJO AJURIA, L.
- "Comentario a la STS de 26 de junio de 1989", Cuadernos Civitas de Jurisprudencia Civil, 1989, pp. 595 ss.
- Leasing financiero, Madrid, 1987

ROMANO MARTINEZ, Pedro
- Da Cessação do Contrato, 2ª Ed., Coimbra, 2006
- Contratos Comerciais, Apontamentos, Cascais, 2001
- Direito das Obrigações, 2ª Ed., Coimbra, 2007 (3ª reimpressão da edição de 2001)
- Cumprimento defeituoso em especial na compra e venda e na empreitada, 1994

RUBIRA, Buitrago
- El leasing mobiliário y su jurisprudência, Navarra, 1998

SÁNCHEZ, Cabanilla
- "La configuración del arrendamiento financiero por Ley de 29 de julio de 1988 en la jurisprudencia y en el Convénio sobre Leasing Internacional", ADC, 1989, pp. 961 ss.
- "El leasing financiero y la Ley de venta a plazos de bienes muebles", ADC, 1980, pp. 759 ss.

SANCHEZ MIGUEL, M. C.
- "Incumplimiento del contrato de leasing como causa de oposición al juicio ejecutivo de letra de cambio. Sentencia de la AP de Barcelona de 5 de julio de 1986", RDBB, 1987, pp. 411 ss.

SEBASTIO, Francesca
- "Leasing e concorrenza", Giustizia Civile, 1999, I, pp. 3397 ss.

SENDIM, Paulo
- Letra de Câmbio, L.U. de Genebra, vol. I, Circulação cambiária, Lisboa, 1980
- Letra de câmbio, LU de Genebra, Vol. II, Obrigações e garantias cambiárias, Lisboa, 1982

SENDIM, Paulo e MENDES, Evaristo
- A natureza do aval e a questão da necessidade ou não de protesto para accionar o avalista do aceitante, Coimbra, 1991

SIMÕES PATRÍCIO, José
- Direito do crédito. Introdução, Lisboa, 1994

SIMONETTO, Ernesto
- Los contratos de credito, tradução de Juan Martínez Valencia, Barcelona, 1958

SOARES, Ângela e MOURA RAMOS, Rui
- Contratos internacionais, Coimbra, 1995

GARCÍA SOLÉ, F.
- "La subrogación en los derechos de la compañía de leasing frente al proveedor o vendedor", Act. Civil, 1989, pp. 1057 ss.

TABET, A.,
- "La locazione di beni strumentali (leasing)", BBTC, 1973, II, pp. 287 ss.

TACKE, Helmut R.
- Leasing, 3 Auflage, Stuttgart, 1999

TEIXEIRA DE SOUSA, Miguel
- Acção executiva singular, Lisboa, 1998

TETI, R.
- Il mutuo, Trattato de Diritto Privato, 12, Dir. Pietro Rescigno, Torino, 1992

TIEDTKE, Klaus
- "Zur Sachmängelhaftung des Leasinggebers", JZ, 1991, pp. 907 ss.

VARA DE PAZ,
- "Leasing financiero", em Nuevas entidades, figuras contractuales y garantias en el mercado financiero, Madrid, 1990
- "Naturaleza y régimen jurídico del contrato de leasing", RDBB, 2001, pp. 193 ss.

VAZ SERRA, Adriano
- "Fiança e figuras análogas", BMJ (nº 71), 1957, pp. 19 ss.
- "Títulos de crédito", BMJ (nº 61), 1956, pp. 5 ss.
- "Títulos de crédito", BMJ (nº 60), 1956, pp. 5 ss.
- "Penhor", BMJ (nº 58), 1956, pp. 17 ss.
- "Cessão de créditos ou de outros direitos", BMJ, nº especial, 1955, pp. 5 ss.

VEIGA DE FARIA, Maria Teresa
- "*Leasing* e locação financeira: aspectos contabilísticos, financeiros e fiscais", CTF, nºs 307-309, 1984, pp. 429 ss.

VENTURA, Raúl
- Fusão, cisão, transformação de sociedades, Coimbra, 1990

VILLAR URIBARRI, J. M.
- Régimen jurídico del leasing, Madrid, 1993

VISALLI, Nicolò
- "La problematica del *leasing* finanziario come tipo contrattuale", RDCivile, Parte II, 2000, pp. 643 ss.

ZAHN, Herbert
- "Neues Recht des Leasingvertrages durch das Verbraucherkreditgesetz", DB, 1991, pp. 81 ss.
- "Leasingvertrag und Widerrufsbelehrung nach dem Verbraucherkreditgesetz", DB, 1991, pp. 687 ss.
- "Leasingpraxis nach Inkrafttreten des Verbraucherkreditgesetzes", DB, 1991, pp. 2171 ss.

ÍNDICE GERAL

ABREVIATURAS	9
PLANO	13

CAPÍTULO I Origem, evolução, razões da afirmação e enquadramento legal

§ 1. Origem e evolução	23
§ 2. Razões da afirmação	25
§ 3. Enquadramento legal	27
1. Outros ordenamentos jurídicos	27
2. O ordenamento jurídico português	29

CAPÍTULO II Caracterização, modalidades, figuras afins e situações específicas

§ 1. Caracterização	35
§ 2. Modalidades	40
1. Locação financeira mobiliária e imobiliária	40
2. Locação financeira de bens corpóreos e de bens incorpóreos	43
3. Locação financeira para consumo e empresarial	51
4. Locação financeira de amortização integral e de amortização parcial	54
§ 3. Outras formas de locação financeira	55
1. Locação financeira restitutiva	55
2. *Locação financeira* de bens objecto de restituição	59
§ 4. Figuras afins	60
1. Locação	61
2. Locação operacional	62

3. *Renting* — 64
4. Locação com opção de compra — 66
5. Locação-venda — 67
6. Venda a prestações com reserva de propriedade — 69
7. Aluguer de longa duração — 71

CAPÍTULO III Sujeitos do contrato de locação financeira
§ 1. Os sujeitos do contrato de locação financeira — 76
1. O locador financeiro — 76
1.1. Tipos de locador financeiro — 76
1.2. As sociedades de locação financeira — 77
    1.2.1. O quadro legal: antecedentes e a situação actual — 77
    1.2.2. O objecto das sociedades de locação financeira — 78
    1.2.3. Constituição de consórcios para a realização de *operações* de locação financeira — 80
    1.2.4. Actos proibidos — 81
2. O locatário financeiro — 81
§ 2. O fornecedor como sujeito que participa na operação globalmente considerada — 82

CAPÍTULO IV Formação, celebração e eficácia do contrato de locação financeira
§ 1. Formação do contrato — 83
§ 2. Celebração do contrato — 85
1. O contrato de locação financeira como contrato de adesão — 85
2. Forma e formalidades — 87
2.1. Bens móveis não sujeitos a registo — 88
2.2. Bens móveis sujeitos a registo — 88
2.3. Bens imóveis — 88
2.4. O caso especial dos bens de consumo — 90
3. Publicidade — 90
§ 4. Eficácia — 92

CAPÍTULO V Prestações do locador e do locatário
§ 1. Prestações do locador financeiro: deveres — 95
1. Dever de aquisição da coisa (ou de mandar construir a coisa) — 95
1.1. Seus contornos — 95

1.2. Algumas questões	96
1.2.1. Da exclusão da responsabilidade do locador por incumprimento do dever de adquirir a coisa	96
1.2.1.1. Existência de convenção das partes	96
1.2.1.2. Omissão contratual	97
1.2.2. Recusa do fornecedor em celebrar o contrato de compra e venda com o locador	97
1.2.3. Efeitos da aquisição da coisa pelo locador financeiro	98
1.3. Qualificação do dever de aquisição do locador financeiro	99
2. Obrigação de concessão do gozo da coisa para os fins a que se destina	99
2.1. Caracterização	99
2.2. O caso particular da falta de entrega dos documentos do veículo automóvel	100
3. Dever de venda do bem ao locatário no termo do contrato	102
§ 2. Prestações do locador financeiro (cont.): direitos	102
1. Direito à defesa da integridade do bem	103
2. Direito de examinar o bem	103
3. Direito do locador a fazer seus, sem compensações, os elementos incorporados no bem pelo locatário	104
§ 3. Prestações do locatário financeiro: obrigações	104
1. Obrigação de pagamento da renda	104
1.1. Pagamento da renda	104
1.1.1. Caracterização	104
1.1.2. Tipos de rendas	105
1.1.3. Outros aspectos: a liberdade contratual	105
1.1.4. Elementos integrados na prestação	106
1.1.5. Função	106
1.1.6. Natureza da obrigação de pagamento da renda	107
1.2. Incumprimento da obrigação de pagamento	110
1.2.1. A mora e os respectivos juros	111
1.2.2. Cláusula de vencimento antecipado das rendas vincendas	111
1.2.2.1. Cláusula tipo e suas consequências	111
1.2.2.2. Valor jurídico da cláusula tipo	112
1.2.2.3. Possibilidades de regulamentação convencional e consequências no caso de omissão contratual	114
1.2.2.4. As prestações vincendas e os juros remuneratórios em especial	115

1.2.3. Cláusula resolutiva expressa — 116
1.2.3.1. Cláusula tipo — 116
1.2.3.2. Admissibilidade — 116
1.2.3.3. Consequências da consagração da cláusula resolutiva tipo — 119
2. Obrigação de pagamento das despesas correntes necessárias à fruição das partes comuns de edifício e aos serviços de interesse comum, no caso de locação financeira de fracção autónoma — 121
2.1. Se o locador financeiro pode exigir do locatário financeiro o pagamento das prestações do condomínio — 121
2.2. Se o condomínio pode exigir do locatário financeiro o pagamento das prestações — 121
2.3. Se o condomínio pode exigir do locador financeiro o pagamento das prestações — 122
2.3.1. Os interesses em jogo — 123
2.3.2. A situação do locatário financeiro e a situação do proprietário de bem hipotecado — 126
2.3.3. O registo da locação financeira — 127
2.3.4. A acta da reunião de condomínio como título executivo — 127
3. Obrigação de facultar ao locador o exame do bem locado — 128
4. Obrigação de não utilizar o bem a fim diverso a que se destina — 129
5. Obrigação de não mover o bem para local diferente do contratualmente previsto — 129
6. Obrigação de manutenção e de conservação da coisa locada — 130
7. Obrigação de realizar as reparações, urgentes ou necessárias, assim como quaisquer obras ordenadas por autoridade pública — 130
8. Obrigação de não proporcionar a outrem o gozo do bem locado — 131
9. Obrigação de comunicar a cedência do gozo da coisa locada, quando permitida ou quando autorizada legalmente — 132
10. Obrigação de aviso imediato ao locador sempre que se verifique dado circunstancialismo — 132
11. Obrigação de efectuar o seguro da coisa locada — 133
12. Obrigação de restituição do bem — 133
13. Obrigação de pagamento de outros encargos — 134
§ 4. Prestações do locatário financeiro (cont.): direitos — 135
1. Direito de usar e de fruir o bem locado — 135
2. Direito a defender a integridade do bem e o seu gozo, nos termos do seu direito — 136

3. Direito a usar das acções possessórias, mesmo contra o locador ... 136
4. Direito a onerar, total ou parcialmente, o seu direito, mediante autorização expressa do locador ... 138
5. Direito a exercer, na locação financeira de fracção autónoma, os direitos próprios do locador, com excepção dos que, pela sua natureza, somente por aquele possam ser exercidos ... 138
6. Direito a adquirir o bem locado, findo o contrato, pelo preço estipulado ... 139

CAPÍTULO VI Duração do contrato, transmissibilidade da posição jurídica e cessão do crédito
§ 1. Duração do contrato ... 141
§ 2. Transmissibilidade das posições jurídicas ... 143
1. A posição jurídica do locador ... 143
2. A posição jurídica do locatário ... 145
2.1. Pessoa física ... 146
   2.1.1. Transmissão entre vivos ... 146
      2.1.1.1. Regra geral ... 146
      2.1.1.2. Locação financeira de bens de equipamento ... 148
         a) Pressupostos da transmissão da posição contratual de locatário financeiro; em especial, o conceito de bem de equipamento ... 148
         b) Efeitos da verificação dos requisitos ... 154
         c) A comunicação da cessão do gozo da coisa em especial ... 155
   2.1.2. Transmissão por morte ... 158
      2.1.2.1. Regra geral ... 158
      2.1.2.2. Locação financeira de bens de equipamento ... 158
2.2. Pessoa colectiva ... 159
   2.2.1. Transmissão da posição jurídica ... 159
   2.2.2. Extinção da pessoa colectiva ... 159
§ 3. Cessão do crédito ... 162
1. Admissibilidade jurídica ... 163
2. Regime aplicável ... 164

CAPÍTULO VII A coisa locada e as suas vicissitudes

SECÇÃO PRIMEIRA A propriedade da coisa locada
§ 1. Especialidades da propriedade da coisa locada ... 167
§ 2. Função do direito de propriedade ... 169

SECÇÃO SEGUNDA Entrega da coisa dada em locação financeira
§ 1. Entrega da coisa locada   171
1.   Omissão de entrega da coisa   171
1.1. Orientações doutrinárias e jurisprudenciais   171
    1.1.1. Posição que defende a responsabilidade do locador no caso
       de omissão da entrega do bem   172
    1.1.2. Posição que sustenta a exoneração da responsabilidade
       do locador no caso de omissão da entrega do bem   173
1.2. Posição adoptada   176
    1.2.1. Seus argumentos   176
    1.2.2. O auto de recepção do bem   179

SECÇÃO TERCEIRA Desconformidade da coisa com o contrato
§ 1. Sequência   184
§ 2. Desconformidade da coisa com o contrato no regime jurídico
    da locação financeira   184
1.   A exoneração da responsabilidade do locador como regra geral   184
1.1. Enquadramento legal   184
1.2. Orientações existentes   185
1.3. Posição adoptada   186
1.4. Casos de exoneração da responsabilidade   187
    1.4.1. Vícios do bem locado   187
    1.4.2. Inadequação face aos fins do contrato   188
    1.4.3. O bem locado   188
1.5. A exoneração da responsabilidade do locador e o direito
    do locatário reagir perante o fornecedor do bem: sua conexão   188
1.6. Casos de não exoneração da responsabilidade do locador   190
2.   Responsabilidade do vendedor perante o locatário   190
2.1. Âmbito da tutela do locatário   191
2.2. Sentido da locução "pode [exercer]"   192
2.3. Razão de ser da protecção do locatário   192
3.   Meios de defesa do locatário perante o vendedor   194
3.1. Considerações gerais   194
3.2. Desconformidade no momento da entrega: a recusa da prestação
    pelo locatário   194
3.3. Desconformidade constatada em momento posterior ao da
    entrega   195

3.3.1. Apreciação analítica dos meios de defesa do locatário perante o vendedor	195
3.3.1.1. Direito ao exacto cumprimento do contrato, sob a forma de reparação ou de substituição da coisa	196
3.3.1.2. Excepção de não cumprimento do contrato	196
3.3.1.3. Redução do preço e resolução do contrato de compra e venda	196
a) Orientações existentes	196
b) Posição adoptada	199
3.3.1.4. Direito à indemnização	200
3.4. Prazos	201
4. Efeitos na locação financeira do exercício dos direitos junto do vendedor	202
4.1. Orientações vigentes	202
4.2. Posição adoptada: utilização de um método analítico	203
4.2.1. Reparação e substituição da coisa; a excepção de não cumprimento	203
4.2.2. Redução do preço e resolução do contrato	204
4.2.2.1. Posições existentes	204
4.2.2.2. Orientação acolhida	205
a) Repercussão do direito à redução do preço ou do direito à resolução da venda na locação financeira	205
b) Em especial, a relação de liquidação subsequente à resolução dos contratos	206
4.2.3. Direito à indemnização	207
5. Dever de comunicação do vício ao locador	207
6. Utilização pelo comprador (locador) dos meios de defesa perante o vendedor	209
7. Quadro que concretiza as possíveis pretensões do locatário financeiro	211
8. Enquadramento dogmático	212
§ 3. Locação financeira para consumo e desconformidade da coisa com o contrato	217
1. A locação financeira como um contrato de crédito ao consumo	217
2. Aplicabilidade do regime especial dos contratos coligados à locação financeira para consumo	218
3. Direitos do consumidor (locatário financeiro)	222
3.1. Considerações gerais	222

3.2. Direitos do consumidor (locatário financeiro): método analítico   224
3.3. Relações de liquidação subsequentes à resolução dos contratos   225

SECÇÃO QUARTA Ilegitimidade do locador ou deficiência do seu direito
§ 1. Ilegitimidade do locador ou deficiência do seu direito   227
1. Responsabilidade do locador   227
1.1. Considerações gerais   227
1.2. Os vícios de direito em especial   228
2. Meios de defesa do locatário perante o locador   230

SECÇÃO QUINTA Risco de perda e risco de deterioração da coisa
§ 1. Imputação do risco ao locatário financeiro: alcance e razão de ser   233
§ 2. Obrigação de segurar a coisa   235
§ 3. Perda total e deterioração parcial da coisa   236

CAPÍTULO VIII Cessação do contrato
§ 1. Mútuo acordo   240
§ 2. Caducidade   240
§ 3. Resolução   242
1. Termos resolutivos gerais   242
2. Resolução do contrato pelo locador   243
2.1. Tipos de resolução   243
2.2. Alguns casos de incumprimento do locatário   245
    2.2.1. Não cumprimento da cláusula de fim   245
    2.2.2. Não cumprimento da obrigação de pagamento da renda   246
2.3. Efeitos da resolução por incumprimento do locatário   247
    2.3.1. Previsão contratual de um núcleo comum de deveres a cargo do locatário   247
    2.3.2. Análise casuística   248
        a) Dever de restituição imediata do bem locado e questões conexas   248
        b) Obrigação de pagamento das rendas vencidas e não pagas até à data da resolução   250
        c) Obrigação de pagamento de uma quantia igual a 20% da soma das rendas vincendas   251
        d) Dever de pagamento das despesas relacionadas com a coisa não realizadas pelo locatário   261
3. Resolução do contrato pelo locatário   262

§ 4. Revogação da declaração negocial dirigida à celebração
do contrato de locação financeira para consumo 263

CAPÍTULO IX Garantias
§ 1. Garantias pessoais 267
1. Fiança 267
2. Aval 270
3. Seguro-caução 274
4. Pacto de reaquisição 278
§ 2. Garantias reais (breve referência) 283
1. Penhor 284
2. Hipoteca 285

CAPÍTULO X Penhora e locação financeira
§ 1. Penhora da expectativa de aquisição 287
1. Caracterização 287
2. Particularidades 290
2.1. O auto de penhora e a notificação da penhora 290
2.2. Apreensão da coisa 291
2.3. Vicissitudes que interferem na penhora 293
2.4. Meios de defesa 294
§ 2. Penhora da coisa 295
1. O exequente é credor do locador 295
2. O exequente é credor do locatário 297

CAPÍTULO XI O direito de escolha do locatário no termo do prazo
§ 1. O direito de escolha do locatário no termo do prazo:
considerações gerais 299
§ 2. A tríplice escolha do locatário 301
1. Aquisição do bem 301
1.1. Questões de qualificação 301
1.2. Questões conexas 304
    1.2.1. Exercício antecipado do direito de compra do objecto 304
    1.2.2. Cessão do direito de aquisição 305
2. Restituição da coisa locada por efeito do não exercício do direito
de aquisição 306
3. Prorrogação do contrato 307

ÍNDICE GERAL

CAPÍTULO XII Providência cautelar de entrega judicial
§ 1. Antecedentes e quadro actual — 309
§ 2. Pressupostos de admissibilidade do procedimento cautelar e sua razão de ser — 311
§ 3. Processamento e diferimento da providência — 314
§ 4. Efeitos do procedimento cautelar decretado — 317

CAPÍTULO XIII Natureza jurídica
§ 1. Razão de ordem — 319
§ 2. Contrato de locação — 319
§ 3. Venda a prestações com reserva de propriedade — 321
§ 4. Locação financeira enquanto negócio situado entre a locação e a venda a prestações — 322
§ 5. Contrato nominado misto — 323
§ 6. Contrato de crédito *sui generis* — 326
§ 7. Posição adoptada: a locação financeira como um contrato de crédito com características específicas — 328

ÍNDICE DE JURISPRUDÊNCIA — 333
BIBLIOGRAFIA — 339
ÍNDICE GERAL — 349